KB272012

도요토미 히데요시

다케다 간지 지음
박현석 편역

玄 人

도요토미 히데요시
豊臣 秀吉

다케다 간지
(武田 完二)

* 일러두기

1. 이 책의 내용 중 일부는 출판사의 견해와 다름을 밝혀둔다.

2. 이해의 편의를 돕기 위해 인물 및 지명 등의 뒤에 작은 글씨를 덧붙여 가능한 한 많은 정보를 제공할 수 있도록 노력했다.

3. 본문 속 일본어 표기의 경우 'か'와 'た' 계열의 글이 어두에 올 때도 원래의 발음을 살려 'ㅋ', 'ㅌ' 등으로 표기하였다.
   예) 교토→쿄토 / 도쿄→토쿄 / 지바→치바

4. 일본어의 '大'가 장음 '오'로 발음되는 경우, 장음을 살려서 '오오'로 표기하였다.
   예) 오사카→오오사카

5. 한자를 일본어로 읽은 경우는 ( ) 안에 넣었으며, 우리말로 읽은 경우는 [ ] 안에 넣어 표기했다. 우리말과 일본어가 섞여 있는 경우에도 [ ] 안에 넣어 표기했다.

6. 단위환산은 대략적인 수치를 ( ) 안에 넣어 표시했다.

7. 인명 및 지명, 사건 등에 여러 가지 설이 존재하여 다른 책과 차이가 있을 수 있으나 되도록 원서에 따랐으며, 명백히 오류라고 인정되는 부분만 손보았다.
   명백한 오류나 오탈자가 발견되면 출판사 이메일(gensang@naver.com)이나 블로그(https://blog.naver.com/gensang)로 제보해주시기 바란다.

8. 일본의 관직은 대부분 4등급으로 나뉘어 있었는데 대체로 장관을 '카미', 차관을 '스케', 삼등관을 '조', 사등관을 '사칸'이라고 했다. 예를 들어 '사마노카미'는 사마라는 관청의 장관을 말하며, '카즈사노스케'는 카즈사라는 지방의 차관을 말한다. 일본의 역사에서는 이러한 관직명이 사람의 호칭으로 쓰이는 경우가 매우 흔해서 읽는 이를 혼란스럽게 한다. 이에 그 관직명이 지역의 관리를 나타낼 때에는 지명 뒤에 (지)를 붙여 표기했다. 위 예의 양 명칭에 공통적으로 들어가는 일본어 '노'는 우리말의 소유격인 '의'와 같은 뜻임도 아울러 밝혀둔다.

서

좋든 싫든 하나의 재주, 하나의 능력이 뛰어나 천고에 칭송받을 만한 업적을 남겼거나, 국가에 공적을 쌓아 이름을 청사에 남긴 인물은 물론 범상치 않은 천성을 타고난 것일 테지만, 그들로 하여금 그 천성을 살려 마침내는 커다란 업적을 이루게 한 것은 특히 그들의 끊임없는 각고의 노력일 것이다. 동서고금을 통틀어서 처음에는 그다지 두각을 드러내지 못했으나 후에 비범한 인물로 성장한 사례는 적지 않을 테지만 예로부터 지금까지 각고의 노력 없이 대성한 사람은 단 한 사람도 없었다.

토요토미 히데요시(豊臣 秀吉)가 오와리노쿠니1) 나카무라(中村)에 살던 가난한 농민의 아들로 태어나 입신출세하여 마침내는 관백·태정대신2)의 자리에까지 올랐으며, 난마처럼 어지럽게 얽혀 있던 일본을 통일한 불세출의 영웅이 되었다는 사실은 일본 사람이라면 모르는 자가 없을 정도의 업적이지만, 그가 어떤 인간이었는지, 그리고 전례를 찾아보기 어려울 정도의 입신출세가 어떻게 해서 이루어졌는지에 대해서 참된 이해를 가지고 있는 사람은 그리 많지 않은 듯하다.

히데요시의 입신출세가 언뜻 너무나도 약진적이고, 또 그 공적이 너무나도 현저하기에 그 화려함에만 현혹되어 오로지 그의 뛰어난 재주에만 주목할 뿐, 그의 인간적인 모습이나 그의 비정상적인 출세 속에

---

1) 尾張国. 책 뒤의 '일본의 옛 행정구역명' 44번 참조. 이하, 쿠니명 뒤에 번호만 첨부하여 표기하겠다.
2) 관백[関白칸파쿠]은 임금을 대신하여 정치를 행하던 직책. 태정대신[太政大臣다이조다이진]은 조정의 최고 국가기관인 태정관의 장관.

숨겨져 있는 50년 동안의 인고에 대해서는 올바른 인식을 갖지 못하고 오히려 천박한 영웅관에만 지배받고 있던 것이 지금까지의 수많은 히데요시관은 아니었을지.

그는 비범한 사람이라는 생각이 지나칠 정도로 강하다. 물론 그가 비범한 영재였음에는 틀림이 없지만, 그로 하여금 대업을 이룰 수 있게 한 것은 무엇보다 그의 비할 데 없는 각고의 노력이었다.

현대인이 히데요시에게 공명하여 무한한 교훈을 얻을 수 있는 첫 번째 요소가 바로 거기에 있으리라.

히데요시의 생애는 마치 천마가 하늘을 달리듯 순조로운 출세의 역사였다고 대부분의 사람들이 이해하고 있다. 그러나 그의 입신출세조차도 그 대부분은 주로 40세 이후에 속하는 일이었다. 그에게는 천재일우의 기회였던 야마자키 전투(山崎の戰)는 그가 48세 때의 일이었는데, 그때 그는 노부나가(信長)의 부하 중에서도 반드시 발군의 존재였다고는 말할 수 없었다. 그러나 그때까지 거의 50년에 가까운 각고의 노력으로 갈고 닦은 실력을 한곳에 응집시켜 보란 듯이 행운을 잡아 화려한 모습으로 단번에 천하의 무대에 뛰어오를 수 있었던 것이다. 이러한 집념, 그때까지의 인고와 부단한 노력이야말로 무엇보다 우리의 가슴을 울리고 게으른 마음을 흩어놓는 커다란 교훈이 아닐 수 없다.

히데요시의 뛰어난 재주는 주로 그의 헤아리기 어려운 지모에 있다고 보는 것이 세상의 상식이다. 그리고 대부분의 사람들은 그의 교활함과 종잡을 수 없는 간지[奸智]를 즐겨 입에 담으며 그를 미워하기도 하고 통쾌해 하기도 한다. 그러나 히데요시의 지모가 제아무리 뛰어난 것이었다 할지라도 그것만으로 그러한 대업과 훌륭한 무사 통제가 가능했을 리 없다. 특히 에도(江戶) 시대에 행해진 악선전으로 이후의 세상에서 갖게 된 히데요시의 이미지 가운데 많은 부분을 차지하고 있는 교활함과 잔꾀 등으로는 결코 천하를 잡을 수 없었을 것이다. 히데요시를 이와 같은 모습으로 이해하는 것은 언어도단이자 영웅 히데요시를 모독하는 일이며, 한편으로는 국민정신을 더럽히는 일이기도 하다.

인간 히데요시는 끊임없이 샘솟는 인정과 깊이를 알 수 없는 인간미를 가진 자였다. 그가 단기간에 천하를 통일하여 커다란 기량을 갖춘 장수라고 칭송받은 것은 오로지 그 특유의 인덕[人德] 때문이었다. 예나 지금이나 지[智]나 힘만으로는 결코 대업을 이룰 수 없는 법이며, 또 명장이나 명군이라 불리는 커다란 인물이 될 수는 없는 법이다.

어쨌든 나는 히데요시를 일본의 국민적 쾌남아이자 위인으로 여기고 있기에 그를 연구하면 연구할수록 그의 커다란 그릇을 알게 되어 인간적인 친밀감을 느끼게 된다.

레오나르도 다 빈치가,

"저 종소리를 들어보게. 울리는 종은 하나지만 소리를 듣는 사람의 마음에 따라서 참으로 다양하게 들리는 법이라네."라고 말한 것처럼 히데요시도 역시 그를 보고 느끼는 사람들의 마음에 따라서 여러 가지 모습으로 비칠 것이다.

현대의 경향으로 보자면, 히데요시를 필설로 논하는 것은 일종의 영웅주의 찬미로 인식되어 오히려 비속하게 여겨지고 있는 듯하다. 하지만 그것은 종전의 수많은 천박한 자들이 자신의 저열한 인식에 바탕을 둔 일그러진 히데요시관으로 국민을 속여온 것이 하나의 이유이며, 한편으로는 세상 사람들이 히데요시에 대한 표면적인 관찰만으로 갖게 된 일지반해[一知半解]로 참된 히데요시를 오인한 것이 또 하나의 이유인 듯하다.

나는 여러 책을 통해서 엿본 인간 히데요시를 그려내기 위해서 그의 생애를 이야기했다. 그의 63년 동안에 걸친 생애야말로 입지분투[立志奮鬪]의 생애이자, 감격으로 가득한 미담의 집적이다.

나는 영웅주의를 찬미하는 자도 아니고 그것을 고취하려는 자도 아니다. 단지 위대한 인간 히데요시의 분투적 생애 속에, 평범한 사람들의 인생수업에 커다란 도움을 줄 만한 것이 다수 숨겨져 있음을 깨달았기에 그것을 사람들에게 전하고 싶다는 마음에서 이 원고를 집필한 것일 뿐이다.

제1편 인고 50년

1. 히데요시의 출생

『태합 소생기[3]』에 의하면 히데요시는 텐분(天文) 5년(1536)에 태어났다. 아버지는 키노시타 야에몬(木下 弥右衛門)으로 오와리노쿠니 아이치군(愛知郡) 나카무라고(中村郷)의 나카나카무라(中々村) 사람이다. 처음에는 오다 노부나가(織田 信長)의 아버지인 노부히데(信秀)의 조총 보병으로 곳곳의 전투에 참여했으나 마침내는 부상을 당해 몸을 마음대로 움직일 수 없었기에 고향으로 귀농했다. 어머니는 같은 군 고키소무라(御器所村) 출신으로 실명은 알 수 없으나 야에몬에게 시집온 뒤 여자아이를 먼저 낳았고, 뒤이어 사내아이를 낳았다. 여자아이는 훗날의 즈이류인(瑞龍院히데쓰구의 어머니)이며, 사내아이가 바로 훗날의 태합[4]인 히데요시다.

그런데 히데요시가 8세 되던 해에 아버지 야에몬이 세상을 떠났기에 청상과부가 된 어머니는 두 아이들을 기르며 나카나카무라에 머물러 있었다.

그 무렵 오다 노부히데 밑에서 다도에 관한 일을 맡아서 하던

---

3) [太閤素生記(타이코소세이키)] 히데요시의 생애를 기록한 전기. 1625~1676년 사이에 쓰치야 토모사다(土屋 知貞)가 편찬한 책. 자신이 들은 내용을 기록한 책으로 특히 다른 사료에는 없는 히데요시의 전반기를 기술하여 히데요시 전설의 근간이 된 책이다.
4) [太閤타이코] 관백의 자리를 아들에게 물려준 자.

자 가운데 치쿠아미(竹阿弥)라는 사람이 있었다. 같은 나카나카무라 사람이었는데 병에 걸렸기에 주군의 집에서 나와 나카나카무라로 돌아왔다. 마을 사람들이 마침 잘 됐다며 치쿠아미를 야에몬의 미망인에게 소개시켜주었다. 이렇게 해서 치쿠아미는 데릴사위처럼 그 집으로 들어가게 되었다. 이후 히데요시의 어머니는 치쿠아미와의 사이에서 1남 1녀를 낳았다. 사내아이는 치쿠아미의 아들이었기에 코치쿠(子竹)라고 불렸다. 그가 훗날 야마토다이나곤(大和大納言)이 되는 토요토미 히데나가(秀長)이며, 여자아이는 이에야스(家康)와 정략결혼을 한 아사히노카타(朝日の方)다.

히데요시의 출생에 관해서 정확한 것(고증의 결과)이라고 사학자들 사이에서 단정된 것은 겨우 이 정도뿐이다.

오늘날에야 사학이 발달한 덕분에 히데요시의 출생은 비록 간단하기는 하지만 거의 정확하다 싶은 곳까지 명료하게 밝혀졌으나, 옛날에-그것도 히데요시가 살아 있을 당시부터- 그것은 매우 신비한 수수께끼였다. 히데요시가 불세출의 영웅이었기에 여러 가지 이설이 발생할 가능성은 매우 높았다. 이하, 이설의 주요한 것에 대해서 설명을 시도해보겠다.

2. 히데요시의 출생에 관한 이설

(1) 태양 회태[懷胎]설

히데요시가 태양신이 점지해준 아이라는 전설은 동시대 이후 오늘날에 이르기까지 세속에서 끊임없이 전해지는 이야기다. 후세의 그것은 『호안 태합기5)』에 <어느 날, 어머니가 품속으로 태양이 들어오는 꿈을 꾸었고 이후 회임·탄생했기에 아명을 히요시마루(日吉丸)라고 했다.>라고 기술된 내용에 바탕을 둔 것인데, 히데요시가 살아 있을 때의 이러한 설의 출처는 히데요시 자신이었던 듯하다. 그는 예를 들어서 예전에 겐페이6)의 무사들이, '제 몇 십 몇 대 천황의 몇 대손……'이라고 외쳐댔던 것처럼 출생을 자랑할 만한 재료가 없었기에 히데요시답게 대담하게도 태양 운운하는 말을 꺼내 우민[愚民]을 놀라게 했으며 세상, 특히 외국인에게 허세를 부렸다. 히데요시 정도의 사내가 (기독교도들이 '성모 마리아는 처녀의 몸으로 그리스도를 잉태했다.'라고 말하는 것을 믿지 않았던 것처럼) 자신의 어머니가 '태양을 품에 안은 이후부터 임신을 했단다.'라고 말한 것을 진심으로 믿었을 리 없으니, 아마도 아버지인 야에몬의 동글동글하고 반짝반짝 빛나는 민머리가 어머니의 품으로 파고들던 모습이라도 떠올려, 빛이 온 우주에 넘쳐나는 아침 해가 어머니의 품속으로 들어왔다는 굉장한 설을 창작해낸

---

5) [甫庵太閤記호안타이코키] 여러 가지 타이코키(태합기) 가운데서도 가장 유명한 것으로 유학자·의사·군학자였던 오제 호안(小瀨 甫庵)의 작품이다. 1626년에 초판이 나왔으며 에도 시대(1603~1868)에 몇 번이고 발행금지처분을 받았었다.

6) 源平. 미나모토(源) 씨와 타이라(平) 씨를 아울러 이르던 말. 두 집안은 무사 집안으로 서로 정권을 다투었다.

것이리라.

원래 우민은—우민적 자질을 충분히 갖추고 있는 사회인의 대부분도 역시— 보통 이상의 일에 대해서 평범하지 않은 이유를 발견해내지 않고는 만족하지 못하는 경향을 가지고 있다. 그렇기에 오와리의 나카무라에 살던 가난한 농민의 아들이 노부나가 공의 짚신을 담당하던 신분에서 출세하여 끝내는 천하의 권세를 쥐었다는 파격적인 사실을 단순히 평범한 인사[人事]의 집적이라고 해석하기에는 애를 먹었을 것임에 틀림없다. 이거 마침 잘 됐구나 하고 히데요시는 태양이 어머니의 품속으로, 라는 그럴듯한 허풍을 떨며 가만히 미소 지었으리라. 대체로 사회적 성공을 거둔 자는 자기 나름대로의 방식을 가진 자기선전가로 대부분은 교묘한 사기꾼에 가까운 법인데, 히데요시 정도의 거물쯤 되면 태양신이 점지해준 아이라고 자칭해도 아주 우스운 소리라고만은 들리지 않는 법이다. 우민들은 반신반의하면서도 언제부턴가 이 있을 수 없는 일을 조금씩 믿게 되었다.

그러자 그는 외국에 대해서도 '나는 태양신이 점지해준 아이다.'라고 자랑해대기 시작했다. 텐쇼(天正) 18년(1590) 9월 15일자로 필리핀의 태수에게 보낸 공문서에서는, 〈나, 태어날 때부터 천하를 다스릴 기서[奇瑞]가 있었기에 장년부터 국가를 영유했으며 10년도 지나지 않아서 탄환만큼의 땅 한 점 남기지 않고 나라를 전부 통일했다.〉라고 큰소리를 쳤다. 뒤이어 같은 해 11월에 조선의 왕에게 보낸 국서에서는, 〈나, 원래는 비루하고 보잘것없는 신하였다. 그러나 내가 태중에 있었을 때, 자모께서 태양이 품속으로 들어오는 꿈을 꾸셨다. 관상쟁이가 말하기를, 햇빛이 비추지 않는 곳 없으니 장년이 되면 전 세계에 어진 덕을 펼쳐 사해에서 위명[威名]을 얻을 자, 여기에 어떤 의문이 있겠는가, 라고 말했다. 이러한 기이함으로 인해서 적으로 맞서는 자 자연히 쇄파되고, 싸우면 곧 이기며, 공격하면 곧 취하지 않을 수 없다. ……〉라고 자랑했다. 명나라의 사자를 인견했을 때도, 태양이 어머니의 품속으로 들어와 태어난 나이니 어마어마한 일을 해낼 힘이 있다고 허세를 부리며 위협했다고 한다.

(2) 천황의 사생아설

먼저 마쓰나가 테이토쿠[7]의 『대은기[戴恩記]』에 나오는 문장을 인용하겠다.

〈어느 날, 히데요시 공 언제나 궁에 들 때면 옷을 갈아입는 숙소인 세야쿠인(施薬院)에서 말하기를, "나, 오와리의 민간에서 태어나 풀 베는 법은 알아도 붓을 쥐는 법은 알지 못한다. 더구나 노래나 시가의 길에는 더더욱 멀지만 뜻밖에도 조정과 인연을 맺게 되었다. 그런데 우리 어머니가 젊었을 때 어소의 부엌에서 하녀로 일한 적이 있었다. 그때 우연한 계기로 천황을 가까이서 모신 적이 있었다고 한다. 그날 밤의 꿈에 수많은 향합이 이세노쿠니(伊勢国. 42)에서 하리마노쿠니(播磨国. 27)를 향해 하늘을 빼곡히 메우며 날아갔고, 신이 손에 쥐는 물건이 다수 나타나는 꿈을 꾼 뒤 나를 회임했다고 한다. 이 꿈이 길조라 여겨졌기에 노부나가 공으로부터 종이우산을 받아 하리마로 출발하여……."〉

---

7) 松永 貞徳(1571~1654). 에도 시대의 가인. 가학집[歌學集]인 『대은기(타이온키)』를 집필했다.

이것이 근본이 되어 히데요시가 천황의 사생아라는 허무맹랑한 이야기가 생겨난 것인데, 그 필자인 테이토쿠는 히데요시를 가까이서 모시던 자로 그런 그가 진지하게 기록한 것을 보면 필시 히데요시가 이런 말을 했던 것임에 틀림없으리라. 그러나 이러한 히데요시의 창작은 히데요시답지 않다. 참으로 욕구불만으로 가득한(한편으로는 불경하기 짝이 없는) 졸작이라는 느낌이다. 더구나 테이토쿠의 붓에 의한 이야기인 탓인지 말투까지 히데요시답지 않다.

또한 히데요시의 유히쓰(祐筆서기)로 있던 오오무라 유코(大村由己)가 쓴 『히데요시 사기[秀吉事記히데요시지키]』에는 또 다른 종류의 천황 사생아설이 전해진다.

＜그 출생을 살펴보면, 할아버지·할머니가 궁궐에서 일했다. 하기 추나곤(萩 中納言)이었다. 지금의 오오만도코로(大政所히데요시의 생모)가 3세 되던 해의 가을, 어떤 사람이 참언하여 귀양을 가게 되어 오와리의 히호(飛保) 무라쿠모(村雲)라는 곳에서 귀양살이를 하며 춘추를 보냈다. 또한 나이 든 자의 말에 의하면 무라쿠모의 거처에 도읍 사람이 읊은 노래가 한 수 있는데 읊은 사람은 알 수 없다고 한다. '바라보는 도읍의 달에 걸린 달무리 바라보는 집도 속세로구나' 그 추나곤의 노래일까. 오오만도코로, 어렸을 때 상경한 적이 있었다. 금중에서 일하기를 이삼 년, 시골로 돌아온 이후 곧 한 아이가 태어났다. 그가 곧 전하(히데요시)다.＞

이는 텐쇼 13년(1585)에 히데요시가 직접 이야기하는 것을 유코가 그대로 적은 것이라고 하니 이것도 역시 히데요시의 머리에서 나온 것임에 틀림없으리라.

히데요시가 예를 들어서 토쿠가와 이에야스(德川 家康)처럼 진심으로 가계[家系]를 날조할 생각이었다면(토쿠가와 씨는 처음 헤이시(平氏타이라 씨)—마쓰다이라(松平) 씨는 즉 이를 나타내는 것이라고 했다.—를 칭했으면서, 훗날에는 겐지(源氏미나모토 씨)의 후손 닛타(新田) 씨에서 나왔다고 했다.) 이렇게 거듭 엉터리 같은 소리를 하지 않고 식자나 학자들을 모아 연구케 하여 은밀히 훌륭한 토요토미 씨의 가계를 제조해냈을 것이다. 그러나 히데요시는 그렇게 하지 않았다. 그때그때 기염을 토했을 뿐이다. '영웅은 사람을 속인다.'라는 말도 있듯이 영웅이야말로 어떤 의미에서는 일대의 사기꾼이지만, 출생에 대한 거짓말을 만들어내는 점에 있어서 히데요시는 매우 순진한 허풍을 떤 것에 불과한 듯하다.

한편 토요토미 씨가 몰락한 지 얼마 지나지 않았을 무렵(1624)에 완성된 『동국태평기[東国太平記토고쿠타이헤이키]』에서는, 〈전기에서 말하는 히데요시의 출생은 자세하지가 않다. 커다란 덕을 칭하기 위해서 여러 가지 기설[奇説]을 적어놓았으나, 전부 믿을 수 없다.〉라고 적어놓고도, 그 추나곤의 이야기를 꺼내들었다. 즉, 〈일설에 의하면 히데요시의 아버지는 원래 오다 노부히데 밑에서 철포를 다루던 자로 키노시타 야에몬이라는 사람이었는데, 그 자리에서 물러나 자신의 집이 있는 오와리노쿠니 아이치군 나카무라로 돌아와서 살았다. 어머니는 같은 군의 고키소무라 사람이다. 모치하기 추나곤(持萩 中納言)의 딸이라고 한다. 추나곤에게 죄가 있어서 오와리의 무라쿠모로 유배를 왔으며, 딸이 하나 있었는데 그녀가 2세 때 추나곤이 세상을 떠났다. 그러자 미망인은 딸을 데리고 쿄토로 올라갔으나, 세월이 흘러 도읍에서 병란이 일어나 머물기 어려워졌기에 딸이 16세 되던 해에 다시 오와리로 내려와 살았고 딸이 18세 되던 해에 야에몬에게 시집을 보냈다. 둘 사이에서 여자아이 하나와 뒤이어 텐분 5년(1536)인 병신[丙申]년 정월 초하루 아침에 남자아이가 태어났다. 그가 곧 히데요시다. …… 히데요시의 누나는 훗날 같은 쿠니 안 오쓰노무라(乙之村)의 농민인 야스케(弥介)에게 시집 갔다. 야스케는 훗날 미요시 요시후사(三好 吉房)를 칭했다. 그가 곧 관백 히데쓰구(秀次)의 아버지다.〉라고 적었다. (추나곤의 딸이라는 것 외에는 잘못된 부분이 없다.)

그런데 이 추나곤의 딸이라는 설에는 유코의 기술과 얼마간 차이가 있다. 그 가운데 약간 눈에 띄는 점은 우선 성에 '모치하기'라고 '모치'가 더해졌다는 점이다. (이는 『백화수필[白華隨筆햣카즈이히쓰]』이라고 역사가들이 곧잘 인용하는 책의 내용과 동일하다. 거기에는 〈『텐쇼키(天正記)』를 고려할 때 토요토미 히데요시의 어머니는 모치하기 추나곤의 딸이다.〉라고 되어 있다. 『텐쇼키』가 모치하기의 출처인 듯하다.)

다음은 그 귀인인 추나곤의 딸, 어머니와 함께 도읍으로 올라갔다가 병란을 피해서 다시 오와리의 초야에서 살고 있던 가인이 애석하게도 무지렁이 농민인 야에몬의 아내가 되었다는 점이다. 그렇기에 그녀가 낳은 사내아이 히데요시는 그녀가 도읍에 있을 때 잉태한, 누구인지 알 수 없는 사람의 사생아가 아닐까 여겨진 것이다.

어쨌든 『동국태평기』의 저자는 히데요시에게 누나가 있었다는 점과 아버지는 틀림없이 야에몬이었다는 점과 어머니가 모치하기 추나곤의 딸이었다는, 매우 의심스럽지만 정확한 사실이라며 전해지고 있던 설을 감안해서, 앞서 이야기한 것과 같은 결론에 도달한 것인 듯하다. 저자가 책의 간기[刊記]에 〈이 책은 듣고 본 사실을 적은 것이다.〉라고 특기해놓았을 정도이니 함부로 막 쓴 것이라고는 여겨지지 않는다. 그렇다면 그 무렵 오오만도코로는 모치하기 추나곤의 딸이라는 설이 사실인 것처럼 전해지고 있었다는 점은 쉽게 상상해볼 수 있으리라.

그러나 이것이 허설[虛說]이라는 점도 틀림없는 사실이다. 무엇보다 하기 추나곤이네 모치하기 추나곤이네 하는 사람은 이 세상에 존재하지 않았다. 무릇 '나곤'이라고 하면 태정대신에 버금가는 고관으로 경우에 따라서는 그를 대신하여 정치를 행해야 하는 자리다. 오늘날로 말하자면 적어도 장관급의 관위다. 그럼에도 불구하고 하기네, 모치하기네 하는 추나곤은 궁정의 문서에도 그 외의 어떠한 기록에도 이름이 등장하지 않는다고 하니 이는 틀림없이 창작적 가공인물이리라. 또한 무라쿠모노사토네, 히호의 무라쿠모네 하는 곳도 없다고 한다. (하구리고오리(葉栗郡)에 있었는데 지금은 무라쿠노(村久野)라고 한다고 기술한 자도 있다.) 와타나베 세이유(渡辺 世祐) 박사에 의하면, 이 무라쿠모라는 이름은 즈이류인(히데요시의 누나, 히데쓰구의 어머니)이 쿄토 카미교(上京)의 무라쿠모에 절을 세웠기에 거기서 따온 듯하다는 것이다. 그렇다면 이 창작을 날조해내는 데 재료가 된 지명도 출처를 짐작할 수 있을 듯하다.

(3) 그 외의 이설

그 외에 히데요시를 치쿠아미의 친아들이라 하기도 하고, 아명을 코치쿠라 하기도 하는 설이 있으나, 이는 히데요시의 어머니가 치쿠아미와 재혼한 탓에 그 의붓아들인 히데요시가 잘 모르는 사람들에게 친아들이라 여겨지기도 하고, '치쿠아미의 아들이라면 그 코치쿠를 말하는 거겠지.'라는 등의 말이 원인이 되어 히데요시 와 히데나가를 혼동했기에 생겨난 이설이리라. 히데요시가 치쿠아 미의 아들이 아니라는 증거로, 히데요시가 히데나가(코치쿠)의 무능 함을 답답히 여겨, "나와 씨가 다르기에"라고 말했다고 『노인이야 기[老人物語로진모노가타리]』가 전하고 있다.

그런데 조금 특이한 설은, 히데요시는 오오만도코로가 낳은 '사생아'라는 설이다. 여기에도 2종류가 있다. 하나는 『비슈 지략 [尾州志略비슈시랴쿠]』이라는 곳에 등장하는 것으로 그의 아버지를 오와리 하치스카(蜂須賀)에 있는 렌게지(蓮華寺)의 승려라고 했 다. 둘째는 『헤이호 소설[平豊小説헤이호쇼세쓰]』이라는 책에 나오는 설로, 거기에는 오오만도코로(당시는 이름 불명의 아무개)가 요메 코(ヨメ子)를 낳았으며, 그 아이를 데리고 야에몬에게 시집 갔다고 되어 있다. 그러나 둘 모두 근거가 매우 약한 설이다. (하치스카에 렌게지라는 절도 없다고 한다.)

이 히데요시 사생아설에는 어느 정도 그럴듯한 이유가 있다. 『헤이호 소설』은 에도 중기 이후에 만들어진 것인데, 히데요시가 그 정도의 인물이 되어 어머니에게는 오오만도코로라는 칭호를 주청했으면서, 아버지에 대해서는 아무런 관위도 주지 않았으며 묘[廟]도 건립하지 않고 추선[追善]했다는 이야기도 듣지 못했다 는 사실에 근거하여, '아마도 아버지가 누구인지 모르기 때문일 것이다.'라고 생각했기 때문이다.

히데요시 정도의 지위에 올랐다면 아버지의 증위증관[贈位贈 官], 추선 공양 따위는 식은 죽 먹기와도 같은 일이었을 것이다.

그런데도 그것을 하지 않은 데에는 어떤 이유가 있었던 것이리라.
―오늘날의 역사가 대부분은, 아버지라고는 하지만 가난한 농민이
었던 아버지를 과장스럽게 세상에 끌어내기를 원하지 않았던 것
아닐까 생각하고 있다.

3. 생년월·아명에 관한 이설

(1) 히데요시의 생년월

『소생기』에는 원숭이해인 텐분 5년(1536) 정월 초하루, 새해의 첫 번째 해가 떠오름과 동시에 히데요시가 첫 울음소리를 올렸다고 적혀 있다. '태양'이 모태로 들어오는 꿈을 꾼 뒤 임신했다는 설과 참으로 잘 어울리는 듯하지만, 여기에도 이설이 있다.

오오타 규이치[8]의 저서인 『임관기[任官記닌칸기][9]』는 히데요시의 출생을 정유년인 텐분 6년 2월 6일이라고 기록했다. 아직 양력이네 음력이네 하는 구분이 없던 시절이니 '양력으로는 2월 6일, 음력으로는 1월 1일'이라는 식의 셈법이 아니라는 점은 명료하다. 햇수조차 1년이 다르다.

그런데 그 저자가 히데요시의 측근에 있던 유히쓰(일종의 비서)로 이 『임관기』는 히데요시가 관백에 오른 텐쇼 13년(1585)의 저작이며 또 결코 허황된 저술이 아니니, 이 설이 가장 정확하지 않을까 추측되는 조건들을 갖추고 있다. 그럼에도 불구하고, <이 글(태합기)은 오오타 규이치가 쓴 것에 의지했다.>고 자서에서 밝히고 오로지 그 설에 따른 오제 호안조차 『임관기』에 기록된 히데요시의 생년월은 묵살하고 예의 '태양이 어머니의 품으로 들어온 꿈'만을 기록했

---

8) 太田 牛一(1527~1613). 오와리노쿠니 카스가이군 출신으로 노부나가·히데요시의 우히쓰(서기)로 일했다. 오다 노부나가의 전기인 『신장공기[信長公記]』도 저술했는데, 이는 사료로써도 높은 가치를 인정받고 있다. 『신장공기(오다 노부나가)』(2025.3. 현인)를 참조하시기 바란다.

9) 오오타 규이치가 토요토미 히데요시에 관해서 쓴 책은 『태합군기[太閤軍記타이코군키]』다. 『임관기』는 히데요시의 또 다른 유히쓰인 오오무라 유코가 쓴 『관백 임관기』를 말하는 듯하다. 저자의 오류인 듯.

을 뿐, 연월일에 대해서는 언급하지 않은 것은 어째서일까?

『임관기』에서는 〈종종 전하(히데요시)의 훌륭한 행동을 보면 단순히 전생에서의 커다란 선행이나 선덕에 의한 것이 아니라, 천지신명께서 이 세상에 출현하시어 커다란 이름을 떨치시는 듯하다는 생각이 든다. 탄생한 연월을 헤아려보면 정유 2월 6일의 길일이다. 주역 64괘 중 '복[復]의 육사[六四]'에 해당한다. 그 사[辭]에서 말하기를 '복'은 천지의 마음을 보는 것이다. 주[註]를 보면, 커다란 부와 만물을 소유한다. 뇌동풍행[雷動風行]. 또 말하기를, 그러한 지위에 올라 이 사에 어울릴 만한 사람이다.〉라고 그 생년월일을 주역의 사를 끌어들여 풀이했다. 너무나도 잔재주를 부린 느낌이라 오히려 믿을 수 없게 되어버렸다.

다음으로 『소생기』에 이어서 믿을 만한 자료 가운데 하나라 여겨지고 있는 『조부이야기[祖父物語 소후모노가타리]』에는, 〈태합은 원숭이해 6월 15일, 키요스(淸須) 미스노(ミスノ 나카지마군 미즈노)의 가우토(ガウ戸), 라는 곳에서 태어났다.〉라고 되어 있다. 월과 일 모두 『소생기』와 다르지만 원숭이해라는 점만은 일치한다.

그 외에 『공경보임[公卿補任 쿠교호닌]』(상고시대부터 메이지 원년까지 공경의 관위를 연도별로 표기한 관원록)에는 '텐분 5년(1536)생'이라고 기록되어 있으며, 『대신보임[大臣補任 다이진호닌]』에는 〈케이초(慶長) 3년(1598) 8월 흥[薨], 63세〉라고 기록되어 있어서 텐분 5년에 태어났다는 설에 따르고 있다. 따라서 월일은 모르겠으나 원숭이해에 태어난 것만은 틀림없는 사실이라 여겨진다.

(2) 히데요시의 아명

세상 일반에서는 그의 아명을 히요시마루(日吉丸)라고 전하고 있다. 이는 호안의 『태합기』에 <어느 날, 어머니가 품속으로 태양이 들어오는 꿈을 꾸었고 이후 회임·탄생했기에 아명을 히요시마루라고 했다.>라고 적힌 내용을 근거로 전해진 것으로, 사실과는 전혀 다르다. 오와리 나카무라에 사는 가난한 농민의 아들에게 히요시마루라고 귀족의 도련님과도 같은 이름을 지어주었을 리가 없다.

<아명을 코치쿠라고 했다.>는 기술이 오류임도 앞서 말했다.

이 히요시마루설, 코치쿠설은 히데요시가 살아 있을 때부터 알려진 것이었는데 『소생기』의 저자는 그 2개의 이름 모두 잘못 알려진 것임을 특기했다. <'두 이름 모두 믿을 수 없다.'라고 같은 곳(나카나카무라) 사람이 이야기한 것을 들었다. 나카나카무라의 다이칸(代官)인 이나쿠마 스케에몬(稲熊 助右衛門)이라는 자는 노부나가 공의 활을 맡았었다. 그의 딸, 히데요시와 비슷한 나이다. 그 딸, 나의 양어머니가 늘 이렇게 말했다.>라고.

그렇다면 히데요시의 진짜 아명은 무엇이었을까? 『소생기』는, <아명은 원숭이[猿사루]. 이후 고쳐서 토키치로(藤吉郎)>라고 명확하고 분명하게, 자신을 가지고 기록했다. 히데요시는 아명을 원숭이라고 했던 것이다. 그의 얼굴이 원숭이를 닮아서 '원숭이'라는 별명이 붙은 것이 아니라, 그의 아명이 '원숭이'였기에 원숭이와 관련된 여러 가지 속설이 만들어진 것이다. 노부나가가 히데요시를 '원숭이, 원숭이'라고 부르며 아꼈던 것도 그의 생김새를 보고 웃음을 참지 못하며 놀리기 위한 것이 아니었다.

하지만 '아무리 그래도 원숭이는 좀'이라고 생각하는 사람도 없지는 않으리라. 그러나 그 당시의 풍습으로 보자면 특별히 이상할 것도 없는 일이다. 무릇 일본에는 예로부터 지금까지 태어난 연월에 기인해서 이름을 짓는 습관이 있다. 오늘날과는 달리 육십갑자를 매우 중히 여겼던 옛날에는 그것을 태어난 아이의 이름으로 삼는 자가 많았다. 예를 들어서 히데요시와 가장 친분이 깊었던 마에다 토시이에(前田 利家)는 무술[戊戌]년인 텐분 7년(1538)에 태어 났기에 아명을 이누치요(犬千代)라고 했다. 히데요시도 그러한 식으로 원숭이해에 태어났기에 간단히 '원숭이'라고 불렸던 것이 다. '이누치요는 상관없지만, 원숭이는 좀'이라고 생각하는 사람이 있을지도 모르겠으나, 토시이에는 태어날 때부터 이미 소유 영지가 2천 관(2만 섬 정도)인 아라코(荒子) 성주의 도련님이었고, 히데요시는 불행하게도 나카나카무라에 사는 소작농의 아들에 불과했다는 사실을 생각한다면 원숭이라는 짧은 이름도 결코 이상할 것은 없는 이야기다. 실제로 『신장공기』에 나타난 바에 의하면, 혼노지의 변[本能寺の変] 때 노부나가 부자와 함께 혼노지 및 니조(二条) 성에서 목숨을 잃은 사람들 중에 무라세 토라(村瀬 虎)·모리 이와 (毛利 岩)·타카하시 후지(高橋 藤) 등 짧은 이름이 등장하며, 젊은 하인들의 이름 가운데는 성도 모르는 채 이와·쿠마(熊) 등만 으로 불린 사람들도 있다. (원숭이는 아무래도 사실이 아닌 듯하다 고 생각하여, 사루노스케(猿之助)라고 했을지도 모른다며 참으로 정성스럽게 광대의 이름 같은 것을 바친 역사가도 있다.)

(3) 히요시마루의 출처

호안의 『태합기』에서 히데요시의 아명을 히요시마루라고 한 것에서부터 시작하여, 그 후 오늘에 이르기까지 세상에서는 그것을 사실로 믿고 있다. (그러나 그것이 잘못임은 이미 이야기했다.) 그렇다면 히요시마루라는 이름은 어디에서 온 것일까?

호안이 히요시마루라고 부른 것은 태양 회태에 기인한 것이라는 설도 있으나, 후쿠모토 니치난(福本 日南) 씨는 다음과 같은 설을 제기했다. 히요시마루라는 이름은 아마도 호안의 창작으로, 그것을 태양설과 연결 짓고 있으나 태양과 히요시는 아무런 관계도 없다는 것이다. 아래에 니치난 씨의 설을 잠깐 소개해보겠다.

〈히요시라는 말은 원래 오우미노쿠니(近江国. 40) 히요시(日吉) 신사(산노 신을 모심)에서 온 것이다. 엔랴쿠지(延曆寺)의 승도들이 히에이잔(比叡山)에 모셔놓고 존숭하고 있던 산노곤겐[10]은, 혹은 히에(日枝) 신사라고도 불렸다. (히에이잔은 원래 히에(ヒエ)의 산[山]으로, 히에이(比叡)는 가차자[假借字]다.) 그 히에(日枝)를 가칭[佳稱]하여 히에(日吉)라고도 쓰는데, 이것이 세속에서 히요시라고 잘못 불리기에 이르렀다.

한편, 원숭이는 산노의 권속이라 믿어진다. 히에이잔에 원숭이가 모여 살았던 때문인지는 모르겠으나, 어쨌든 산노와 원숭이는 매우 밀접한 사이라 여겨졌었다. 이에 히데요시의 아명을 원숭이였다고 써서는 관백의 존엄을 크게 훼손하는 것이라고 생각했기에 호안은 히데요시의 이름인 원숭이에서 산노를 떠올려 히요시(日吉)라는 이름을 고안해낸 것인 듯하다.〉

후쿠모토 니치난 씨는 이렇게 주장했는데, 참으로 그럴듯하다. 한편 니치난 씨는 태합(히데요시)과 히에산노와의 관계를 통해서도

---

10) 山王權現. 히에이잔의 산악신앙·일본의 신도·천태종이 융합되어 탄생한 신.

히요시마루라는 이름의 출처를 이야기했다.

〈칸에이(寬永) 14년(1637), 토쿠가와 막부[德川幕府]는 쿄토 히가시야마(東山) 아미다가미네(阿弥陀ヶ峰)의 기슭에 있던 태합의 묘를 무참히도 파괴해버렸다. 이에 히에이잔 엔랴쿠지의 자스11)인 묘호인노미야(妙法院の宮) 교넨(尭然) 법친왕12)이 이를 매우 애석하게 여겼는지, 그 자리에 히에산노의 신사를 지었다. 이후 일반적으로 히요시 신사라고 하면 곧 토요쿠니다이묘진13)을 연상하게 되었다. 여기에서 태합의 아명을 히요시마루라고 하겠다는 생각도 나온 것이리라.〉 (호안의 『태합기』는 칸에이 시절 초반에 완성되었다고 일컬어지고 있으나, 그것은 사마천[司馬遷]의 『사기[史記]』가 천한[天漢] 3년(기원전98)에 완성되었다고 일컬어지고 있지만 그 이후에 집대성된 것처럼 『태합기』도 칸에이 말년 이후에 완성된 것이리라. 또한 호안은 칸에이 7년(1630)에 사망했다고도 일컬어지고 있으나, 메이레키(明暦) 3년(1657)에도 여전히 살아 있었다는 설도 있으니, 이 사건과 호안의 명명이 전혀 관계없는 일이라고는 말할 수 없으리라고 말했다.)

(4) 히데요시와 원숭이

히데요시는 원숭이라는 이름으로 마쓰시타 유키쓰나(松下 之綱) 밑에서 일했으며, 오다 노부나가의 짚신을 담당하는 역할을 맡았었다. 노부나가는 호방하고 활달한 성격에 장난기도 많은

---

11) 座主. 엔랴쿠지의 장.
12) [法親王] 황자 가운데 출가한 이후 친왕이 된 자.
13) 豊国大明神. 토요토미 히데요시 사후, 그를 신격화하여 부여한 이름.

사람이었기에 히데요시를 '원숭이, 원숭이' 하며 친근하게 불렀다. 사정을 잘 모르는 사람들은, '그가 원숭이를 닮았기에 원숭이, 원숭이 하고 부른 것이리라.'라고 생각할지도 모른다. 실제로 이 원숭이는 진짜 원숭이처럼 동작이 민첩하고 남들보다 지혜로워서 영리하게 일했기에 노부나가도 그를 아꼈으며, 누구보다 크게 등용했다. 이와 같은 그의 출세가 사람들을 놀라게 하여 인구에 회자되자 옛 동료들이나 처음에는 그보다 윗자리에 있던 사람들의 질시도 있었을 것이고, 또 야유하려는 마음에서 말한 자도 있었을 테지만, 어쨌든 "토키치로는 원숭이를 닮았다."라는 말이 나돌기 시작한 듯하다. 히데요시의 얼굴이 원숭이를 닮았다는 둥, 그 거동이 마치 원숭이 같다는 둥 하는 전설은 아마도 이와 같은 험담이나 야유에서 온 것인 듯하다.

　책 가운데서 이러한 전설을 쓴 것은 『태합소생기』다. 거기에는 마쓰시타 유키쓰나가 처음 히쿠마가와(曳馬川)의 다리에서 원숭이 히데요시를 보았을 때의 감상으로, <원숭이인가 싶으면 사람, 사람인가 싶으면 원숭이>라고 기록되어 있으며, 또 원숭이를 데리고 친구인 이이오 부젠(지)노카미(飯尾 豊前守)를 방문했을 때에도,
　"오늘 길에서 기이한 형상을 한 자를 보았네. 원숭이인가 싶어서 보면 사람, 사람인가 싶어서 보면 원숭이라네. 한번 보게."라고 말하며 원숭이 소년을 보여주었다고 한다. 이에 주인을 비롯하여 아내와 딸까지 나와서 보았는데 아니나 다를까 마쓰시타의 말처럼 마치 원숭이 같았다. 별 희한한 녀석도 다 있다며 밤을 내주었더니 입으로 껍질을 벗겨서 아작아작 씹는 입모양이 원숭이 그대로였다.
　만약 이것이 얼마간의 진실을 담고 있다면 그 이름인 원숭이와

지저분한 몸을 보고 유키쓰나가 일부러 장난스럽게 소개한 것 정도일지도 모르겠다. 그러자 뿌리까지 유머리스트이자 영리한 원숭이 소년 역시 사람들을 기쁘게 해주기 위해서 일부러 원숭이 흉내를 낸 것일지도 모르겠다. 있을 법한 이야기라는 생각이 든다. 한편 이이오 집안에서는 이 원숭이가 마음에 들었기에 목욕을 시켜서 몸을 깨끗이 하게 하고 새 옷을 주어 갈아입게 했다. 그러자 이거 참 놀랍게도 <그 모습이 맑아서 처음의 용모와는 달랐다.>라고, 마치 연극에서 배우가 빠르게 모습을 바꿔 1인 2역을 하는 것처럼 묘사했다.

그런데 그 이후에 나온 책 가운데는 이때 원숭이가, <중인방에 뛰어오르기도 하고 기둥을 타기도 하는 등 몸이 가볍기가 원숭이 같았다.>라는 등 참으로 정성스럽게도 허풍을 떠는 것들조차 나타났다. 참으로 어처구니없는 이야기다. 이러한 이야기들 덕분에 전설상에서 히데요시는 완전히 원숭이를 닮은 사람이 되어버려, "내가 원숭이를 닮은 것이 아니라, 원숭이가 나를 닮은 걸세."라고 궁색한 변명을 했다는 한심한 이야기까지 제조된 것이다.

니시무라 신지(西村 眞次) 씨는 대략 다음과 같이 말했다.

히데요시가 원숭이를 닮았기에 원숭이라고 불렸다거나, 혹은 원숭이해에 태어났기에 원숭이라는 이름을 붙였다거나 여러 가지 설이 있지만, 내 생각에 당시 '원숭이'는 일종의 거지를 가리키는 말이었으니, 유키쓰나가 만났을 때의 히데요시도 그런 의미에서 원숭이라고 불린 것이 아닐까 싶다. 오타 규이치의 『신장공기』 속에도, <미노와 오우미의 접경지에 야마나카(山中)라는 곳이 있다. 몸에 장애가 있는 자가 비와 이슬에 젖으며 그 길가에서

구걸을 하고 있었다. …… 그에 대한 대가인지 살해한 자의 자손은
대대로 몸에 장애를 가지고 태어나며, 저처럼 구걸을 합니다. 세상
에서는 저 자를 '야마나카의 원숭이'라고 부릅니다.〉라는 기록이
있는데, 이 '원숭이도' 거지라는 의미다, 라고. 그러나 어쨌든
나는 '그의 생년이 원숭이해이기에 아명을 원숭이라고 했다.'는
설에 따르기로 하겠다.

그런데 조선의 유성룡[柳成龍]이 저술한 『징비록[懲毖錄]』에
〈히데요시는 용모가 작고 남루하고 낯빛이 검어서 다른 이와 다를
바가 없었다. 단, 눈빛이 번뜩여서 사람을 쏘는 듯한 느낌이었다.〉라
고 기록되어 있으니, 혹은 원숭이에 가까운 생김새였을지도 모르겠
다.

4. 히데요시의 소년 시절

(1) 코묘지의 심부름꾼

원숭이는 8세 때 이미 이 세상의 커다란 불행을 맛보았다. 아버지 야에몬이 세상을 떠난 것이었다.

그러나 어머니가 곧 치쿠아미와 같이 살게 되었기에 원숭이와 누나는 치쿠아미를 양아버지로 두게 되었다. (『소생기』 등에 의하면 치쿠아미가 데릴사위와 다름없이 어머니의 집으로 들어왔다고 하니 일반적으로는 어머니가 재혼해서 아이들을 데리고 갔다고는 하나, 예전부터 살던 집에서 그대로 살며 키노시타라는 성도 그대로 썼을 것이다.)

니치난 씨는 이에 대해서, 원숭이가 대여섯 살 때의 일이 아니면 안 된다고 주장했다. 어머니와 치쿠아미 사이에서 코치쿠(히데나가)와 아사히노카타가 태어났다는 사실은 앞서 이야기했는데, 그 아사히노카타(후에 이에야스의 부인이 된다.)는 토쿠가와의 가신이 쓴 (따라서 믿을 수밖에 없는) 『이귀소전[以貴小傳이키쇼덴]』에 〈텐쇼 18년(1590) 정월 14일에 주라쿠(聚楽)에서 세상을 떠났다. 향년 48세.〉라고 기록되어 있어서, 역산을 해보면 텐분 12년(1543), 즉 원숭이가 8세 때 태어난 셈이 된다. 따라서 야에몬의 죽음을 그보다 이전이라고 생각하지 않는다면 코치쿠가 태어날 여유가 없어지게 된다. 그런데 계보를 비롯하여 여러 책에서 히데나가의 죽음(1591 정월 22일)을 52세 때의 일이라고 적고 있으니 이를 바탕으로 추산해보면 코치쿠의 출생은 텐분 9년(1540), 즉 원숭이 5세 때가 아니면 안 된다. 이러한 사실들로 미루어보아, 생부인

야에몬의 죽음은 아무래도 원숭이 5세 이전인 듯하다는 주장이다. 이것도 매우 그럴듯한 말이다.

그런데 히데요시의 누나인 즈이류인이 건립한 즈이류지(瑞龍寺)에 전하는 키노시타 가의 계보에는 역시 텐분 12년(1543) 1월 2일, 즉 원숭이가 8세 되던 해에 야에몬이 죽은 것으로 기록되어 있다고 하는데, 어느 것이 사실인지 분명히는 알 수가 없다.

어쨌든 데릴사위인 치쿠아미는 병든 몸이었다. 게다가 다도에 관한 일을 하던 자였기에 가난한 농민으로서 능숙하게 일을 했으리라고는 여겨지지 않는다. 그랬기에 새로운 남편이 생겼다고는 하지만, 원숭이의 어머니는 생활이 조금도 편해지지 않았던 듯하다. 이에 가난한 살림에 입이라도 줄이기 위해서 당시의 풍습대로 원숭이를 같은 쿠니 안에 있는 코묘지(光明寺)의 심부름하는 아이로 보냈다.

그러나 원숭이는 놀라울 만큼 개구쟁이여서 스님이 경문을 가르쳐도 조금도 외우려 하지 않았다. 그런데 누군가가 군사에 관한 이야기를 하면 열심히 들었을 뿐만 아니라 잘 기억하기도 하고 크게 깨달음을 얻는 듯한 모습이었다. 어쨌든 심부름꾼 생활 2년을 이렇게 보내서 원숭이는 10세가 되었다.

『태합기』에 의하면 이제 겨우 10세가 된 원숭이가 어느 날 갑자기, "출가가 다 뭐야, 결국 구걸하는 거잖아. 이 난세에 사내로 태어나서 구걸 수업을 하다니, 그런 멍청한 짓이 어디 있어."라고 말했다고 한다. 그리고 남 몰래 결심한 바가 있었는지 이후부터는 오로지 절에서 쫓겨날 짓만 골라서 했다. 한심하기 짝이 없는 장난에 싸움박질, 스님도 더는 어찌할 길이 없었기에 파문하고 부모에게 돌려보내기로 결정했다. 마치 기다리고 있기라도 했다는 듯 원숭이는 크게 기뻐했으나, 스님이 '이러이러한 일 때문'이라고 아버지에게 사정을 이야기하면 아버지에게 야단을 맞을 뿐만 아니라, 그보다 가엾은 어머니가 걱정을 하기도 하고 사람들을 볼 낯을 잃게 되기도 할 테니, 여기에는 원숭이도 큰일이다 싶어서 팔짱을 끼고 생각에 잠겼다. 잠시 후, 열 살짜리 꼬맹이가 "그래."하고 크게 끄덕이더니 커다란 목소리로 외쳤다. "야이 중놈아. 트집을 잡아서 나를 내쫓기만 해봐라. 절에 불을 질러서 송두리째 재로 만들어버릴 테니!" 스님과 동자승들은 원숭이가 떠들어대는 말을 듣고 깜짝 놀랐다. 아니, 스님은 완전히 겁을 먹었다. 원숭이라면 그 정도의 일은 충분히 하고도 남을 테니.

이에 스님도 한껏 머리를 짜내서 원숭이와 타협하기로 했다. 고향 집에 대한 선물로 옷가지와 부채를 주고, 원숭이에게는 결코 허물이 없으며 절에 사정이 생겨서 돌려보내는 것이라고 부모에게 둘러대겠다는 조건에 원숭이도 동의했기에 스님을 따라서 자신의 집으로 돌아갔다.

원숭이는 이렇게 해서, 스님이 되어 세상을 버리지 않으면 안 될 운명을 스스로 걷어찼다.

(2) 방랑

그렇게 집으로 돌아오기는 했으나 워낙 가난한 농민이었기에 원숭이 한 사람을 더 데리고 있을 만한 형편은 되지 못했다. 언제까지고 부모의 슬하에 머물며 골목대장이 되어 동네 아이들을 데리고 전쟁놀이를 하고만 있을 수도 없는 일이었다. 10세가 된 원숭이는 곧 하인으로 일을 하기 위해서 집을 나설 수밖에 없었다.

이렇게 해서 원숭이는 하인으로 일하기 시작했으나 (전하는 바에 의하면) 영웅이 될 큰 그릇은 상식에 얽매이지 않고 분방했으며, 커다란 뜻에 마음이 조급해져서 비천한 일을 하는 자신을 도저히 참을 수가 없었다. 3개월쯤 일하다 한심하다는 생각이 들어서 그냥 돌아와버리고 말았다. 부모들은 다시 새로운 일자리를 찾아내어 데리고 갔다. 그러자 이번에는 쫓겨나서 집으로 돌아오고 말았다. 이런 식으로 여기서 3개월, 저기서 반년, 근방의 곳곳을 전전했으나 원숭이가 진득하게 붙어서 진심으로 일을 하는 곳은 없었다. 아마도 원숭이는, '나의 주인으로 삼을 만한 가치가 조금도 없다.'라고 애송이 주제에 주인을 평하기도 하고, 혹은 '이런 일을 평생 해봐야 출세하지 못한다.'라고 생각하기도 했던 것이리라. 무릇 가난한 집안의 아들로 커다란 뜻을 품고 있는 자는 사람들에게 쉽게 받아들여지지 못하는 법이다. "뭐야, 치쿠아미의 양아들이잖아. 애송이 주제에 분수도 모르고."라는 식으로 경멸당하기도 하고, 야단을 맞기도 했을 뿐, 원숭이의 재능을 알아보고 그를 키워주려는 자는 아무도 없었던 것이리라. 준마도 백락[伯樂]을 만나기 전까지는 그 가치를 인정받지 못하여 냉대를 받는 법이다.

어쨌든 원숭이는 이렇게 해서 16세의 봄을 맞이하게 되었다.

텐분 20년(1551), 뜻을 세운 원숭이는 돌아가신 아버지가 가난한 가운데서도 아들을 위해 남겨준 영락전[永樂錢] 10냥 가운데서 얼마간을 들고 나카나카무라에 있는 자신의 집을 나섰다. 그는 우선 키요스(淸洲)로 갔다. 거기서 바늘 1다발을 사들여 길을 가며 그것을 팔아 노잣돈으로 삼았으며, 토고쿠14)를 마음에 두었다. 토고쿠에는 쇼군15) 아시카가16) 가의 지류인 이마가와(今川) 씨, 호조(北条) 씨 등의 호족이 있으니, 그 집안의 맞춤한 사람 밑으로 들어가서 몸을 일으켜야겠다고 생각한 것이리라.

(3) 마쓰시타 가로 들어가다

토오토우미노쿠니(遠江国. 52)의 하마마쓰(浜松)까지 간 원숭이는 그 마을 외곽에 있는 히쿠마가와의 다리에서 지친 발걸음을 쉬고 있었다. 그때 원숭이는 시커멓게 변해버린, 그래도 처음에는 흰 무명이었던 옷을 입고 그야말로 거지꼴을 하고 있었다.

그러한 때에 그곳으로 마침 훌륭한 무사의 행렬이 다가왔다. 그는 니시즈카(西塚)의 성주(쿠노(久能)라고 전해진 것은 잘못이다.)인 마쓰시타 카헤에 유키쓰나(松下 嘉兵衛 之綱)였다. 마쓰시타는 하마마쓰의 성주이자 함께 이마가와 씨의 막하에 들어 있는 이이오 부젠(지)노카미를 방문하는 길에 이 다리로 접어든 것이었다.

문득 길가에서 쉬고 있는 원숭이의 모습을 본 마쓰시타는, 매우 지저분한 차림새의 애송이이지만 어딘가 범상치 않은 얼굴을 하고 있는 녀석이라 생각했던 것이리라, 말을 옆으로 몰아가서 질문을 던졌다.

"너는 어느 곳 사람으로, 대체 무엇 때문에 여기에 있는 것이냐?"

"네, 오와리 사람입니다만, 지금부터 토고쿠에 있는 무가로 가서 일을 해볼까 싶어 길을 가던 중입니다."

---

14) 東国. 쿄토의 동쪽 지방, 주로 지금의 칸토 지방(토쿄와 사이타마·군마·토치기·이바라키·치바 현)을 일컫는다. 반도(坂東)·칸핫슈(関八州)라고도 불렸다.
15) 将軍. 세이이타이쇼군(征夷大将軍)의 줄임말로 막부의 최고 권력자를 말한다.
16) 足利. 일본 역사상 2번째 막부인 무로마치 막부[室町幕府]의 쇼군 집안.

“하하하. 너의 그 차림새와 얼굴로 봐서는 그리 쉽게 받아줄 사람이 있을 것 같지도 않구나.”라고 약을 올리기라도 하듯 자신의 생각을 말하자, 원숭이가 눈을 들어 마쓰시타의 모습을 가만히 바라보더니 곧,

“나리께서는 대장의 기량을 갖추지 못한 분이신 듯합니다. 자신의 마음에 들지 않으면 다른 사람의 마음에도 들지 않을 것이라 생각하고 계신 듯합니다만, 그것은 좁은 소견입니다. 세상은 그러한 것이 아닌 듯합니다.”라고 말하며 고개를 돌렸다. 이 말을 듣고, 그 모습을 본 마쓰시타는 내심 크게 놀랐다.

“그렇다면 어떻게 생각하느냐? 나의 가신이 될 마음은 있느냐?”

그런데 원숭이는 고개를 갸웃하며 생각에 잠긴 듯한 모습으로 좀처럼 자신을 채용해달라고는 말하지 않았다.

“무슨 생각을 그리 하는 게냐?”

“그게, 나리의 지위를 생각하고 있는 중입니다.”

“무엇이라? 재미있는 말을 하는 녀석이로구나. 그래 어디 한번 맞춰보아라. 어느 정도라고 생각하느냐?”

“글쎄요.”라며 원숭이는 고개를 두어 번 더 갸웃거리더니,

“대충 8천 섬에서 1만 섬 정도인 듯합니다.”

“음.”

원숭이가 맞혔기에 마쓰시타는 깜짝 놀랐다.

“왜 그렇게 생각했느냐?”

“오와리에서 5천 섬을 받는 사람과 비교해보면 나리 쪽이 더 나은 듯하지만, 1만 섬을 받는 사람과 비교하면 조금은 떨어지는 듯해서 우선은 8천 섬이라고 보았습니다. 거기에 이 부근은 오와리

에 비해서 풍습이 조금 뒤떨어지는 듯하기에 어쩌면 1만 섬 정도의 인물일지도 모르겠다고 생각한 것입니다.”

마쓰시타는 더욱 놀라지 않을 수 없었다. 지저분한 애송이 주제에 그 안력도 그렇고 뛰어난 통찰력도 그렇고, 도무지 심상한 아이라고는 여겨지지 않았다. 마쓰시타는 매우 감탄해서 이 아이를 반드시 자신의 밑에 두어야겠다고 생각했다.

“네가 일을 함에 있어서 뭔가 처리해야 할 문제나 상의해야 할 사람이 있느냐?”

“없습니다. 저만 승낙한다면 아무런 문제도 없습니다.”

이에 마쓰시타는 그 자리에서 원숭이를 채용하고 수행자들 속에 포함시켜 이이오 부젠노카미를 방문했다. 주객이 이런저런 이야기를 나누다가 마쓰시타가 문득 오늘 오는 길에 이상한 아이를 채용하게 된 일을 이이오에게 들려주었다. 이이오도 매우 흥미롭게 여겨 처자까지 불러다 원숭이를 보았다. (속설에 의하면 이 자리에서 원숭이가 진짜 원숭이처럼 여러 가지 재주를 부렸다고 하는데, 단지 허황된 이야기에 지나지 않는다는 사실은 앞서 이야기했으니 여기서는 생략하겠다.) 어쨌든 그 원숭이를 보게 되었는데 참으로 지저분하기는 했으나, 어딘가 결코 범상치 않은 구석도 있는 듯했다. 이에 목욕을 시키고 입던 것이기는 하나 옷을 가져다 갈아입히고 몸단장을 하게 하니 몰라볼 정도로 훌륭한 청년이 되었다. 마침 주연이 시작된 참이었기에 노래를 하나 불러보지 않겠느냐고 했더니 원숭이는 쑥스러워하는 기색도 없이 시골에서 부르던 노래를 재미있는 가락으로 부르기 시작했다.

이이오 일가는 원숭이에게 커다란 흥미를 느껴 이 젊은이를 집안의 하인으로 부리고 싶으니 꼭 좀 양보해달라고 마쓰시타에게 청했다. 이에 마쓰시타가 원숭이에게 말했다.

"너는 참 운이 좋은 아이로구나. 이 댁의 주인장부터 안방마님, 따님까지 네가 마음에 드니 자신들에게 달라고 하시는구나. 기껏 하신 청이기에 이 댁으로 보내려 한다만, 너는 어떻게 생각하느냐?"

그런데 뜻밖에도 원숭이는 불만이라는 듯,

"참으로 의외의 말씀을 하십니다. 그리 하실 생각이시라면 저는 이 자리에서 모시기를 그만두기로 하겠습니다."라고 몸을 바로하며 말했다.

"그건 또 어째서냐?"

"무릇 주종관계에 있어서 주인은 신참자를 1년은 부려보고 가망이 없다 싶으면 집에서 내보내고, 종은 3년은 일해보고 미래에 대한 희망이 없다 싶으면 그 집에서 나오는 것이 오늘날의 관습입니다. 그런데 나리께서는 저를 오늘 채용하셨다가 오늘 다른 곳으로 가라고 말씀하십니다. 이러한 일은 도리에 맞지 않는다 여겨지니 제가 먼저 그만두기로 하겠습니다."

애송이이기는 하나 일리 있는 말이었기에 마쓰시타는 알겠다며 이이오의 청을 거절한 뒤 원숭이를 데리고 자신의 성인 시니즈카로 돌아갔다.

(4) 마쓰시타 가를 떠난 사정

원숭이는 마쓰시타 가에서 햇수로 3년을 일했다. 밤낮으로 성실하게 일했기에 곧 화살 창고를 담당하는 자리에 발탁되었다. 그러자 그는 개 한 마리를 잘 길들여서 경비에 임했기에 이전처럼 종종 화살이 사라지는 일이 줄어들게 되었다. 마쓰시타가 원숭이의 지혜와 성실함을 아껴서 점차 중요한 자리에 등용했기에 마침내는 곳간의 공금 및 물자를 출납하는 일을 맡게 되었다. 겨우 18세에 회계주임이 된 셈이었다. 원숭이가 얼마나 충성스럽고 성실하게 일해서 주인으로부터 신용을 얻었는지를 알 수 있는 부분이다. 그러자 집안에서 일하는 자들, 특히 동료들이 원숭이를 매우 미워하기 시작했다. 그것은 신참자인 원숭이가 주인에게 중히 여겨져 출세한 것을 질시했기 때문만은 아니었다. 원숭이처럼 모든 면에서 꼼꼼하고 엄격하게 재화를 출납하면 같은 역할을 맡은 동료들이 콩고물을 주워먹을 수 없을 뿐만 아니라, 야금야금 눈속임을 할 수도 없어지기 때문이었다. 게다가 그가 너무 충실하게 일하면 그 결과 이전에 회계를 담당했던 자들의 허물이 밝혀질 우려도 있었다. 이에 어디에서나 그런 것처럼 원숭이에 대한 동료들의 반감이 마침내는 배척운동이 되어 나타났다. 우선 '녀석은 주인에게 아첨을 하여 좋지 않다.'는 등의 말로 원숭이의 인격이 열등한 것처럼 험담을 하기 시작했다. 뒤이어 걸핏하면 트집을 잡기 시작했다. 지갑이 없어지면 그건 원숭이가 훔쳐간 것이라고 했으며, 인롱 [印籠]이 안 보이면 바로 원숭이가 미심쩍다며 가장 불명예스러운 날치기 죄를 원숭이에게 뒤집어씌워 주인에게 은밀히 그 내용을 고해바치는 수법이 거듭 쓰였다.

그러나 마쓰시타는 그처럼 유치한 배척운동에는 결코 넘어가지 않았다. 마쓰시타는 어디까지고 원숭이를 믿었으며, 원숭이도 역시 언제까지나 주인에게 충실해서 주인의 눈을 속이는 듯한 일은 조금도 하지 않았다. 그 결과 원숭이에 대한 동료들의 원한은 더욱 깊어만 갔다. 그리고, "이렇게 된 이상 원숭이를 은밀히 제거하는 것 외에 달리 원한을 풀 길이 없다."라는 말까지 오가게 되었다.

마쓰시타는 이러한 형세를 알고 있었다. 이에 원숭이에게 무슨 일이 벌어져서는 안되겠다고 생각했기에, 어느 날 원숭이를 불러 집안 사람들의 정세를 들려주고,

"네게는 딱하게 되었다만 상황이 이러하니 너를 위해서라도 이곳을 떠나는 것이 좋을 듯하다."라며 이별의 뜻으로 영락전 300푼을 내주고 그만 집에서 나가게 했다. (참으로 보잘것없는 퇴직금이다.) 원숭이는 생각해주는 마음은 고맙지만 집에서 나갈 수는 없다고 반대했다. 지금까지 열심히 일해서 주인으로부터도 인정을 받게 되었는데 여러 가지 모함 속에서 이대로 떠나버린다면 모든 것이 허사로 돌아갈 뿐만 아니라, 더없이 불명예스러운 일이라고 생각했기 때문이었다. 그러나 마쓰시타는 원숭이가 머무는 것은 서로에게 좋은 일이 아니라며 결단코 떠나야 한다고 설득했다. 이에 원숭이도 더는 버티지 못하고 풀이 죽은 채 니시즈카를 떠났다. 당시 원숭이는 18세였다.

그런데 세상에는 히데요시가 마쓰시타의 집에서 황금을 횡령하여 나온 것으로 전해지고 있다. 이 설은 호안의 『태합기』에서 시작되었는데, 이 설이 유명해진 것은 라이 산요(賴 山陽)가 『일본외사[日本外史니혼가이시]』에 이 이야기를 사실인 것처럼 실었기 때문이다. 즉, 『일본외사』에는, <20세 무렵에 토오토우미로 가서 토호인 마쓰시타 유키쓰나의 하인이 되었다. (여기에서부터 벌써 오류가 있다.) 유키쓰나가 그의 재간을 아껴서 매사에 그를 썼으며, 이름을 요스케(与助)라고 불렀다. 하루는 유키쓰나가 조용히 불러서, "너

는 오와리 사람이다. 오다 씨가 쓰는 갑옷에 대해서 아는 것이 있느냐?"라고 물었다. 그에 대해서 요스케는, "천하의 갑옷은 전부 철판을 맞대어 만드는 오케가와(桶皮)지만, 오와리만은 도마루(胴円)를 사용합니다. 오른쪽 옆구리에 등나무로 장치를 해서 몸을 뜻대로 굽힐 수 있습니다."라고 대답했다. 유키쓰나는, "도마루를 한 벌 손에 넣고 싶구나. 네가 가서 사오도록 하라."라며 곧 황금 6냥을 주어 그를 보냈다. 요스케는 길을 가다, '이것을 훔쳐서 벼슬길에 오르는 자금으로 쓰자. 만약 뜻을 얻는다면 이를 갚기는 어려운 일이 아닐 것이다. 작은 일에 연연해서는 안 된다.'라고 생각했다. 곧 오와리로 들어가 숙부를 찾아가서 상의했다. 숙부는 그의 생각에 찬성하고 오다 씨를 섬기라고 권했다.>라고 되어 있다.

　당시 이러한 종류의 일은 아마도 있을 법한 일이었으리라. 그러나 히데요시의 경우는 횡령이 아니었다. 아마도 호안이 흥미를 본위로 하여 창작한 내용으로 사실이 아닐 것이다. 원숭이의 그 후의 행동이나 심사를 관찰해봐도 그러한 일이 있었으리고는 여겨지지 않는다. 호안은 (그것을 재미있어하며 써내려간 산요도) 성실한 원숭이의 모습에 커다란 상처를 준 셈이다. 뿐만 아니라 그와 같은 날조를 세상에 유포하여 얼마나 많은 청소년들을 좋지 않은 길로 인도했는지 알 수 없다.

　(5) 노부나가의 짚신 담당

　주인에게서 받은 영락전 겨우 300푼을 노잣돈 삼아 원숭이는 고향인 오와리를 향해 길을 떠났다. 그 도중에 오다 씨의 성이 있는 마을인 키요스에 들러 아버지의 지인으로 노부나가의 하인들 가운데 우두머리 격인 이치와카(一若)라는 사람을 찾아갔다. 그것은 이치와카에게 부탁하여 오다 가에서 일하고 싶었기 때문이었다. 그 무렵 노부나가는 아직 어린 나이로 장래 어떤 인물이 될지 알 수 없는 상태였으나, 누가 뭐래도 아버지 노부히데 때부터 오와리에 뿌리를 내린 다이묘[17]로 상당한 세력을 가지고 있었으며, 또한 서서히 영걸의 모습을 내보이기 시작하고 있던 차였다. 마쓰시타 가에서 쫓겨난 원숭이는 장래가 촉망되는 대장 밑에서 일하며 훗날을 기약하기로 마음먹은 듯하다.

불쑥 찾아온 원숭이의 모습을 본 이치와카가,

"오오, 너는 원숭이 아니냐."라고 한편으로는 놀라고 한편으로는 기뻐하며,

"너의 행방을 3년이나 알 수 없었기에 어머님께서 얼마나 걱정하셨는지 모른다. 대체 어디를 돌아다녔던 게냐. 어쨌든 들어오너라, 얘기나 들어보자."라고 친절하게 맞아주었다.

원숭이도 이치와카의 친절에 기뻐하며, 지금까지의 일들을 들려주고 아저씨의 힘으로 오다 가에서 꼭 일을 하게 해달라고 청했다.

"그래, 걱정할 것 없다. 이 집안과는 너희 아버지 때부터 인연이 있었으니 틀림없이 일을 할 수 있도록 내가 자리를 마련하마. 하지만 어머님의 걱정이 이만저만이 아니니 서둘러 고향으로 가서 얼굴을 보여드리고 오도록 해라."라고 권했기에 우선은 고향의 어머니를 보러 갔다. 어머니는 놀라움과 기쁨에 눈물을 흘렸다.

---

17) 大名. 넓은 영지를 가진 무사.

그리고 곧 어머니의 허락을 얻어 원숭이는 다시 키요스로 갔다. 마침내 이치와카의 주선으로 노부나가 공의 짚신을 담당하는 임무를 맡아 오다 가에서 일하게 되었다. 때는 텐분 22년(1553), 원숭이가 18세 되던 해였다. 이것이 히데요시 입신출세의 첫걸음이었는데, 설마 30년 뒤에 천하를 통일하는 커다란 인물이 될 줄은 일자리를 봐준 이치와카는 물론, 커다란 뜻을 품고 있던 원숭이 자신조차도 상상치 못했을 것임에 틀림없다.

5. 충성스럽고 성실한 가신(연못 속의 잠룡)

원숭이가 오다 가의 짚신 담당으로 있던 시절에도 여러 가지 일화가 전해진다.

어느 날 밤, 노부나가는 언제나처럼 안채의 방으로 은밀히 들어갔다. 원숭이가 그를 모시고 갔다. 마침 겨울로 바깥의 밤공기는 매우 차가웠다. 제아무리 주인을 수행해서 온 것이라고는 하지만, 다른 사람이 따뜻한 이불 속에서 운우[雲雨]의 정을 나누는 동안 밤새 문 밖에서 기다린다는 것은 꽤나 괴로운 일이었다.

마침내 새벽이 가까워졌기에 노부나가가 방에서 나왔다. 원숭이가 주인 앞에 얼른 짚신을 가지런히 놓았다. 그런데 그 짚신을 신던 노부나가가 노한 얼굴로 호통을 쳤다.

"원숭이! 네놈, 나의 짚신을 깔고 앉았겠다!"

추운 밤에 밤새도록 찬 공기 속에 놓여 있던 짚신은 당연히 차가워야 할 터, 그런데 차갑기는커녕 어딘가 온기까지 느껴졌기 때문이었다.

"천만의 말씀이십니다. 이렇게 추운 날이니 신으실 때 차가워서는 안 되겠다 생각하여 밤새도록 품에 품어 따뜻하게 해둔 것입니다."

이를 들은 노부나가는,

"흠, 그런 것이냐."라고만 말했으나 원숭이의 마음을 기꺼이 여긴 것은 말할 필요도 없는 일이었다. 이후부터 노부나가는 안채의 방에 들 때면 가능한 한 그를 데리고 가려 했다. 다른 사람 같았으면 그다지 반갑지만도 않은 일이라고 생각했을 테지만 원숭이는 크게 기뻐했다. 다른 사람이 당번일 때에도 담당 우두머리에게 말하여 자신이 대신 갔다. 다른 사람들은 정말 고마운 일이라며 기뻐했다. 원숭이가 남들이 싫어하는 일을 스스로 나서서 한 것은, 조금이라도 주군에게 접근할 기회를 만들어 친밀한 관계를 형성하고 또 자신의 재능과 충실하게 일하는 모습을 인정받기 위해서였다.

어느 날, 성의 정문인 마쓰노키도(松の木門) 밑을 원숭이가 지나고 있었다. 그때 곁에 있던 옹이구멍에서 갑자기 물이 튀어나와 원숭이의 얼굴을 적셨다. 물은 어딘가 뜨뜻미지근했다. 퍼뜩 놀라서 뒤로 물러났으나 그것은 누군가가 안에서 원숭이를 향해 오줌을 뿌린 것이었다. 불같이 화를 내며 원숭이는,

"누구냐……. 무례한 짓을 한 놈이."라며 문 안으로 뛰어들었다.

"날세, 나. 너무 화내지 말게."

"나라니, 누구냐?"

"사부로(三郎)일세."

사부로란 노부나가다.

"뭐, 주군이시라고? 하지만 아무리 주군이시라도 이건 경우가 다릅니다. 소변을 뒤집어쓰고 그냥 있을 수는 없습니다."라며 곁으로 다가가서 덤벼들려 했다. 여기에는 노부나가도 화를 내지 못하고,

"그만 참게, 더는 하지 않을 테니. 사실은 자네를 시험해본 걸세. 앞으로는 중히 쓸 테니 화내지 말게."라며 달래주었다. 사람을 시험하는 것은 노부나가의 주특기였다. 오로지 주군의 뜻에 따르려고만 하는 원숭이의 태도를 보고, 비굴하게 무슨 일이든 주군을 기쁘게만 하면 반드시 좋은 일이 있을 것이라 생각하고 있는 아첨꾼

같은 가신은 아닌지 시험해봐야겠다고 기회를 엿보고 있었던 것이다. 지금 이렇게 해서, 경우에 따라서는 주군이라 할지라도 사과를 받아내야 한다고 생각한 원숭이의 기개와 굽힐 줄 모르는 자존심을 보고 흔쾌히 여긴 듯했다. 원숭이도 주군의 사과를 받았으니, 그래도 참을 수 없다고 말할 수는 없는 일이었다. 기분은 좋지 않았으나 그대로 참았다.

그로부터 얼마 지나지 않아서 원숭이는 하인들의 우두머리가 되었다. 이에 원숭이는 이름을 키노시타 토키치로(木下 藤吉郎)라고 바꿨다.

토키치로가 노부나가의 짚신 담당으로 일하기 시작한 것은 텐분 22년(1553)으로 그의 나이는 18세, 그리고 『신장공기』 등에 군대의 부장으로 그 이름이 등장하기 시작한 것은 에이로쿠(永祿) 11년(1568)으로 그의 나이 33세 때였다. 그 15년쯤 되는 기간 동안의 눈부신 약진에 대해서는 하인들의 우두머리가 되었다는 이야기 외에 확실한 사료가 거의 남아 있지 않다. 호안의 『태합기』를 비롯하여 몇몇 문헌에 키요스 성의 공사나 그 외의 여러 가지 재기에 넘치는 일화들이 전해지나, 그러한 것들은 전부 전설이다.

아무튼 그 사이인 에이로쿠 3년(1560)에 그 유명한 오케하자마 전투18)가 있었다. 이는 노부나가의 다가올 운명을 결정지은 중요한 사건이었으나, 당시 25세였던 토키치로는 아직 신분이 낮았기에 표면적으로 드러나는 활동은 좀처럼 할 수가 없었다. 세상에는

---

18) 桶狭間の戦. 5월 19일에 오다 노부나가 군이 이마가와 요시모토 군에게 습격을 가하여 요시모토를 베고 대승을 거둔 전투. 노부나가가 세상에 이름을 알리는 결정적인 계기가 되었다.

노부나가의 병사들이 비바람을 뚫고 덴가쿠하자마(田楽狭間)에 있는 이마가와 요시모토의 본진에 습격을 가했을 때, 붉은색 진바오리[19]를 입은 키노시타 토키치로가 큰칼을 휘두를 때마다 마치 검술 연습을 하듯 기합을 넣어 다른 사람들의 시선을 한몸에 받았다고 전해진다. 그러나 당시 토키치로는 아직 그와 같은 진바오리를 입을 수 있을 만한 신분이 아니었다. 더구나 전광석화처럼 빠르게 움직여야만 하는 습격에서 그처럼 보란 듯이 행동한다는 것은 있을 수 없는 일이다. 만약 그랬다면 혈기 왕성하고 성격이 급한 노부나가에게 혼쭐이 났을 것이며, 이후 중히 쓰이는 일도 없었을 것이다.

이듬해, 토키치로는 오네네(お禰々)와 결혼하고 새살림을 차렸다. 그 소박한, 아니 더없이 보잘것없는 신혼 첫날밤의 전설 때문에 아직 신분이 매우 낮은 것처럼 여겨지고 있으나, 그 무렵에는 이미 어느 정도 신분이 있는 자리에 올랐을 것이라 추정된다.

에이로쿠 6년(1563) 8월(토키치로가 노부나가 밑에서 일한 지 11년째), 노부나가는 미노노쿠니(美濃国. 45)로 군대를 내었다. 토키치로도 종군했다. 그 무렵 토키치로가 어느 정도의 신분이었는지는 분명히 알 수 없으나, 벌써 얼마간의 부하들을 데리고 돌아다닐 수 있을 만큼은 되었던 듯하다. 이에 선천적으로 화려한 것을 좋아하고 과시하기를 좋아하며 이채로움을 내보이기 좋아하는 토키치로는 자신의 조그만 부대를 나타내기 위해서 깃발을 세웠다. 무릇 깃발이란, 어느 정도 규모를 갖춘 부대의 부장이 아니면

---

19) 陣羽織. 진중에서 입던 소매가 없는 상의.

세울 수 없는 법이다. 그럼에도 토키치로는 자신의 분수도 모른 채 깃발을 세워놓고 자랑스러워했다. 어느 날, 그것이 노부나가의 눈에 띄었다.

"응? 낯선 깃발이 지나는데. 저건 누구의 부대냐?"

"키노시타 토키치로의 부대입니다."

근시의 대답을 들은 노부나가는 벌컥 화를 냈다.

"토키치로를 불러라."

무슨 일인가 싶어 찾아온 토키치로는 화가 나서 시뻘겋게 달아오른 주군을 보았다. 가까이 다가가자 성큼성큼 앞으로 온 주군이 아무런 말도 하지 않고 다짜고짜 따귀를 때렸다. 거기에는 여러 장수들과 잡병들도 있었는데 모두가 그 모습을 바라보았다.

"누구의 허락을 받아 그런 물건을 들고 돌아다니는 것이냐! 참람되기 짝이 없구나. 앞으로 또 그런 건방진 짓을 한다면 용서하지 않을 것이다."라고 호통을 치고, 노부나가는 부하에게 명령하여 그 깃대를 잘라버리게 했다. 토키치로는 참으로 할 말이 없었다.

"죄송합니다."라고 사과하여 간신히 용서를 받고 물러났다. 사람들이 지켜보는 가운데서 뺨을 맞아 체면을 완전히 구겼으나, 그 정도의 일은 마음에도 두지 않았으며 주군을 원망하는 마음도 품지 않고 이후의 전투에 한층 더 열심히 임했다.

에이로쿠 8년(1565) 가을, 노부나가는 니시미노(西美濃)의 세력을 이끌고 가서 스노마타(墨股)에 진을 쳤다.

그 진중에서 후쿠토미 헤이자에몬(福富 平左衛門)이라는 자의 칼에 달려 있던 금룡[金龍] 장식을 누군가가 훔쳐갔다. 여러 가지로 수색을 해보았으나 훔친 자를 밝혀낼 수가 없었다. 그런데 그것을 도둑맞았을 무렵, 후쿠토미의 진에 들어갔던 것은 토키치로밖에 없었으며, 다른 자는 누구도 들어간 적이 없었으니 범인은 토키치로일 것이라는 소문이 돌기 시작했다. 토키치로는 열화와 같이 분개했다. 그러나 진범이 따로 나오지 않는 이상 토키치로는 혐의를 벗을 수가 없었다.

이에 토키치로는 무슨 수를 써서라도 진범을 붙들어 이러한 오명을 씻어야겠다고 생각했다. 그는, ‘범인 스스로가 그 장식을 사용할 수는 없을 테니 반드시 돈으로 바꾸려 할 것이다. 돈으로 바꾸려면 아무래도 전당포로 가져가야 한다. 그런데 이 부근에서 훔친 물건을 전당잡히려면 틀림없이 쓰시마(津嶋)로 가져갈 것이다.’라고 생각했다. 토키치로는 곧 쓰시마로 갔다. 그리고 전당포에 이러이러한 물건을 가지고 오는 자가 있을 테니 그 즉시 말을 전해주면 섭섭지 않게 사례하겠다고 미리 말을 해두었다.

그러한 일이 있었는지도 모르고 마침내 물건을 훔친 자가 쓰시마의 전당포에 모습을 드러냈다. 미리 준비를 해두었기에 독 안에 든 쥐나 다름없어서 그 도둑은 곧 잡히고 말았다. 토키치로는 범인을 데리고 스노마타 진영으로 가서 자신의 결백을 밝혀 오명을 씻어냈다. 뿐만 아니라 그의 재지와 기만한 조치가 노부나가를 감탄케 하는 행운까지도 얻을 수 있었다.

앞서도 이야기한 것처럼 호안은 자신의 『태합기』에서 원숭이가 마쓰시타 유키쓰나의 돈을 훔쳐 달아났다고 없는 죄를 만들어 누명을 씌워, 토키치로가 천성적으로 교활한 사내였다는 인상을 오늘날의 사람들에게까지 주었으나, 토키치로는 그처럼 졸렬함과 교활함을 가진 사내가 아니었다. 누구보다도 가난했던 평민이 커다란 성공을 거두는 과정에서 얼마간은 교활하다는 평을 들을 만한 행동이 필요한 경우도 물론 있었을 테지만, 누구나 부도덕한 짓이라 여길 만한(특히 남의 물건을 훔치는 등의) 행동은 결코 하지 않았다. 그런 비열한 식견을 가진 자가 큰일을 이룰 계획을 품었다는 것은 있을 수 없는 일이다.

토키치로가 아직 낮은 신분에 있을 때의 일이었다. 어느 날 밤, 친하게 지내는 친구들이 모여 이런저런 담론으로 이야기꽃을 피우고 있었다. 그러다 각자 장래에 대해서 커다란 포부를 이야기하게 되었다.

"자네는 장래에 어떤 일을 하고 싶은가?"라는 것이 이야기의 시작이었다. 당시는 그야말로 실력주의의 세상이었다. 힘만 있다면 한 성의 주인도, 한 쿠니의 영주도, 아니 잘만 하면 천하를 호령하는 대영웅이 되지 말라는 법도 없는 시절이었기에, 야망으로 불타오르는 혈기왕성한 청년들은 더 없이 호방하게 여러 가지 이상과 꿈과도 같은 대망을 반드시 이루겠다는 심정으로 서로 돌아가며 이야기했다. 어떤 자는 하다못해 커다란 쿠니의 영주 정도는 되고 싶다고 말했다. 어떤 자는 세이이타이쇼군이 될 수는 없을까 하며 커다란 한숨을 내쉬었다. 이때 전설에는 동료들이 조그만 꿈만 얘기했기에 그들을 깜짝 놀라게 해줄 생각으로 평소부터 몽상하고 있던 대로, "주군이신 노부나가 공 같은 인물을 몇 명이고 거느린 위대한 인물이 될 생각이다."라고 큰소리를 쳐서 근직한 사람들로부터 주제도 모르는 참람된 놈이라며 두들겨 맞은 것으로 되어 있다. 이를 들은 사람들도 그 허풍쟁이 히데요시라면 그런 말을 했을 법하다며 유쾌하게 생각했을 테지만, 히데요시 언행록에는 전혀 반대되는 내용이 적혀 있다.

드디어 토키치로의 차례가 되었다. 그는 빙그레 웃고 있었다.

"자네는 어떤가?"

'누구보다 허풍이 세고 담대한 자 아닌가? 아주 커다란 생각을 품고 있겠지?'라며 모두가 토키치로의 대답을 기대하고 있었다.

"나 말인가? 난 지금 오로지 600섬을 받는 자가 되고 싶다는 생각뿐일세."

자리에 있던 사람들 모두가 한꺼번에 웃음을 터뜨렸다.

"이보게, 키노시타. 평소의 허풍과는 전혀 어울리지 않는 말 아닌가."라고 놀리는 자까지 있었다.

"이거 참 한심할 정도로 쩨쩨한 생각을 가지고 있군."이라며 매우 뜻밖이라는 듯 중얼거린 자도 있었다. 그러자 사람들 사이에서 다시 왁자지껄 웃음소리가 일었다. 그때 토키치로가 타이르는 듯한 말투로 사뭇 진지하게 말했다.

"아니, 쩨쩨한 생각이 아닐세. 자네들이 말한 것은 전부 꿈과 같은 이야기들 아닌가? 전부 뜬구름을 잡는 것 같은 이야기들 아닌가? 내가 한 것은 확신을 가지고 한 말일세. 나는 지금 300섬을 받는 신분이지만, 여기에 이르기까지 이만저만 고생을 한 게 아닐세. 하지만 여기까지 오고 나니 나도 상당히 자신감이 생겼네. 지금까지보다 더 열심히 일을 하면 틀림없이 600섬은 받을 수 있을 것 같다는 생각이 드네. 그 대신 600섬을 받게 된다면 그 다음에는 1,200섬을 바라겠네. 그렇게 1,200섬에 이르는 것은 지금까지 300섬에 이른 것보다 오히려 더 쉬울지도 모르네. 그 다음은 어디까지 갈 수 있을지, 가슴 속에 남몰래 품은 것은 있으나 아직은 꿈과 같은 일이라 알 수가 없네."

토키치로는 어디까지나 실천주의적인 사내였다. 대업을 달성한 그이니 몽상은 어디까지고 끝이 없었다. 야망은 활활 불타오르고 있었다. 그러나 헛되이 꿈만을 좇아 현실을 단번에 도약할 수 없다는 사실도 잘 알고 있었다. 인생은 일종의 도박이라고 하지만, 주사위놀이와는 달리 오로지 실력만이 중시되는 세상에서 (그것도 남의 아래에서 일하는 자의 신분으로) 한 걸음씩 전진하는 것 이외에 성공할 방법이 없다는 사실을 충분히 알고 있었다. 동시에 성공의 속도는 눈덩이와 같아서 커질수록 급속도로 크기를 더해간 다는 사실도 잘 알고 있었다. 토키치로는 일부의 천박한 자들이 생각하고 있는 것처럼, 결코 공허한 허풍을 떨어서 (그리고 교활한 재간만을 부려서) 대업을 이룬 것이 아니었다. 그러한 재간은 단지 그의 끊임없는 노력과 정진의 효과를 100% 발휘하는 데 도움이 되었을 뿐이었다. 그가 이룬 대성공의 근본은 어디까지나 현실에 임해서 일 보 전진, 다시 일 보 전진하는 순차적 노력주의에 있었다. 그렇다고 해서 그가 단지 현실주의자이기만 했다고 단정 지으려는 것은 아니다. 그의 일 보 전진주의를 인도한 것은, 처음에 는 스스로도 분명히 인식조차 할 수 없었을 만큼 원대한 야망이었다. 그 원대한 야망에 따라서 정신에 박차를 가하여 한 걸음씩 실력을 쌓아나갔던 것이다. 그리고 한 걸음씩 전진할 때마다 그 모호했던 이상의 모습이 점차 분명하게 모습을 드러내기 시작했던 것이다. 그는 어디까지나 로맨티시스트였다. 로맨티시스트는 대체로 이상 주의자다. 그러나 그는, 현실을 떠난 이상은 실현할 수 없다는 사실도 명확하고 분명하게 파악하고 있었다.

토키치로의 비약적인 입신은 에이로쿠 7·8년(1564·5) 무렵부터 시작된 듯하다.

그 무렵의 주군인 노부나가는 배후의 토쿠가와·타케다(武田) 씨와 타협하여 불가침조약을 맺어서 후방의 근심을 없앤 뒤, 쿄토로 올라가려 면밀한 준비 공작을 부지런히 펼치며 종종 미노로 출병하여 사이토(斎藤) 씨에게 타격을 주고 있었다. 이러한 시기에 토키치로도 어떤 일엔가 참가했을 테지만, 아직 신분이 낮아서 겉으로 드러나는 활약은 할 수 없었던 듯하다.

그러나 토키치로는 그러한 때에도 차근차근 장래의 커다란 활약에 자산이 될 만한 준비를 게을리하지 않았다. 예를 들어서 자신의 일족이자 친척인 키노시타·아사노(浅野)·스기하라(杉原) 등과의 관계를 한층 더 굳건히 했으며, 한편으로는 동료나 후배들에게 정성껏 후의를 베풀어 스스로 그들의 중심이 될 기반을 닦아나가고 있었다. 그러한 자들뿐만이 아니다. 미노의 산야에 숨어 있는 무사나 산적의 우두머리들과도 은밀히 연락을 취해서 만약의 사태가 벌어지면 그들을 이용할 계획까지 세워두었다고 한다.

『신장공기』에 키노시타 토키치로라는 이름이 처음 등장하는 것은 에이로쿠 11년 9월(33세), 노부나가가 스스로도 출마하여 오우미노쿠니의 사사키 조테이(佐々木 承禎롯카쿠 요시카타) 부자를 쳤을 때다. 『호칸20)』에 토키치로의 전공이 기록된 것도 이때가 처음이다. 키요스 성 수축 때 아케치 미쓰히데21)와 논쟁 끝에 자신이

---

20) 豊鑑. 전국시대에서 에도 시대 초기의 무장이었던 타케나카 시게카도(竹中 重門. 1573~1631)가 집필한 토요토미 히데요시의 전기.
21) 明智 光秀(1516?~1582). 오다 노부나가의 사천왕 가운데 하나로 꼽혔을 만큼 중히 쓰였으나 1582년에 배반하여 혼노지의 변을 일으켰다. 당시로는 드물게 학문을

공사를 감독하여 대성공을 거두었다거나, 에이로쿠 9년(1566)에 자청하여 미노 스노마타에 요새를 쌓아 사이토 씨의 병사를 막는 공을 세웠다는 설도 있으나 확실한 사실은 알 수 없다.

그에 앞서(같은 해 8월 초) 노부나가는 아시카가 요시아키(足利義昭)를 옹호하여 그를 입경시키려 군대를 서쪽으로 나아가게 했는데, 그 길목에 있는 사사키 조테이에게 사자를 보내서 미요시 정벌에 가담하여 군의 길잡이 역할을 맡아달라고 권했다. 그러나 조테이는 전부터 미요시 편에 가담해 있었기에 아무런 대답도 주지 않았다. 노부나가는 7일 동안 대답을 기다렸으나 사자는 끝내 오지 않았다. 이에 노부나가는 우선 사사키를 토벌하기로 결심하고 9월에 다시 대군을 이끌고 서진하여 아이치가와(愛知川)에 진을 쳤다. 그리고 사사키의 거성인 칸논지(観音寺) 성으로 밀고 들어갔다. 오다니(小谷) 성의 아자이 나가마사(浅井 長政)도 인척관계에 있었기에 병사를 내어 노부나가 군에 참가했다.

이때 사사키에게 속해 있던 성인 미쓰쿠리(箕作)·와다야마(和田山) 이하 18개 성이 방비를 갖추고 오다 군에 대항했다. 이에 노부나가는 수많은 부장들에게 명령하여 그들 성을 공격케 했는데, 미쓰쿠리 성으로 향한 것이 사쿠마 노부모리(佐久間 信盛)·키노시타 토키치로·니와 나가히데(丹羽 長秀)·아자이 마사즈미(浅井 政澄) 4장수였다고 『신장공기』에는 기록되어 있다. 키노시타 토키치로를 제외한 다른 3명은 모두 오다 씨의 숙장[宿將]으로 쟁쟁한 무사들이었다. 그러한 자들과 어깨를 나란히 했으며, 게다가 그

갖춘 무장이었으며, 변을 일으킨 이유에 대해서도 여러 가지 논의가 있다. 당사에서 발행한 『아케치 미쓰히데』(현인. 2019.11.)을 참고하시기 바란다.

두 번째에 키노시타 토키치로의 이름이 있다는 것은 이미 그 무렵부터 토키치로가 약진하여 오다 가의 주요한(준간부급) 지위를 얻었다는 사실을 이야기해준다.

미쓰쿠리 성은 그날로 떨어졌으며 이튿날인 9월 13일에는 칸논지 성도 떨어졌고, 사사키 부자는 코가(甲賀)의 산속으로 달아났다. 그 이후부터 토키치로는 매해 오다와 관련된 기록에 이름을 드러내며 명장으로서의 모습을 거침없이 발휘한다. 텐분 22년(1553) 18세의 나이로 노부나가의 짚신을 담당하던 날부터 이날까지 15년여, 이름도 없던 낮은 신분에서 고생을 거듭하여 보란 듯이 이러한 지위에까지 오른 것이었다.

이후부터 히데요시의 운명은 밤의 어둠이 점차 걷히고 시시각각으로 아침 해가 동쪽 하늘로 오르듯 밝고 활기찬 것이 되었다.

이듬해인 에이로쿠 12년(1569)에는 노부나가가 이세노쿠니(伊勢国. 42)의 키타바타케 토모노리(北畠 具教)를 공격하여 그의 오카와치(大河内) 성을 포위했다. 이처럼 성을 감싸고 공격하기를 60일, 마침내 항복을 받아내 이세를 자신의 손에 넣었는데, 토키치로도 종군하여 4갈래 공격군 가운데 서쪽 공격군의 필두 대장을 명령받았을 정도였다. 이때 그의 분전은 상당히 격렬한 것이어서 명예로운 부상을 입었다.

그 이듬해인 겐키(元亀) 원년(1570) 4월 하순에는 노부나가의 에치젠노쿠니(越前国. 46) 정벌(아사쿠라 요시카게)이 행해졌다. 순식간에 카나가사키(金ヶ崎) 성을 함락시켰으며 요시카게는 달아났지만, 아사쿠라와 밀접한 관계에 있던 오다니의 아자이 씨가 노부나가에 맞서서 일어났으며, 도망 중이던 사사키 조테이까지 옛 가신들을

모아 노부나가를 치려 했기에 노부나가는 급히 군대를 물릴 수밖에 없었다. 형세는 매우 위험했다. 이때 일단 점거한 카나가사키 성을 지키게 하기 위해서 남긴 자가 키노시타 토키치로였다.

이후 유명한 아네가와(姉川) 전투 뒤에 그는 노부나가의 명령에 따라서 적의 요코야마(横山) 성을 공격하여 떨어뜨렸으며, 그곳의 수비를 명령받았다. 그곳에 머물며 지근거리에 있는 아자이의 거성인 오다니 성에 대항하는 사명을 띠고 있었던 것이다.

같은 해 9월, 노부나가가 오오사카(大阪) 이시야마(石山) 성 혼간지(本願寺)의 코사(光佐)와 맹렬한 전투를 감행했을 때, 정면 공격군의 대장인 아케치 미쓰히데에 대해서 배후의 대장을 맡은 것이 키노시타 토키치로였다.

그 이후 노부나가의 아자이·아사쿠라 정벌, 엔랴쿠지 화공, 나가시마(長島) 잇코잇키[22] 정벌 등에서 맡았던 히데요시의 역할에 대해서는 생략하기로 하겠다. 그런데 그 무렵(1571년까지) 히데요시는 아직 키노시타 토키치로라는 이름을 쓰고 있었다. 『신장공기』에 겐키 3년 8월에 노부나가가 에치젠의 아사쿠라를 견제하기 위해 오우미의 토라고젠야마(虎御前山지금의 토라히메야마. 오다니 성의 남쪽)에 새로운 성을 쌓았을 때, 〈하시바(羽柴) 토키치로를 지휘자로 남겼다[23].〉라고 되어 있어서 이 무렵부터 그가 하시바라는 성을 쓰기 시작했다는 사실을 알 수 있다. 이 하시바라는 성은 오다

---

22) 一向一揆. 전국시대에 정토진종 혼간지 교단(잇코슈)의 신도들이 일으킨 저항운동인 잇키(민중봉기)를 일컫는 말.
23) 당사에서 발행한 『신장공기』(2025.6)에는 토라고젠야마 성에서의 일까지를 '키노시타'라고 옮겼다. 이는 명백한 오류로 독자 여러분께 사과의 말씀 올린다. 이후 판을 거듭할 때 바로잡도록 하겠다.

가의 으뜸가는 숙장인 시바타 카쓰이에(柴田 勝家)와 니와 나가히데 두 사람의 성을 합쳐서 만들었다는 것은 누구나 알고 있는 사실이다.

전설에 의하면 히데요시는 점차 입신함에 따라서 이전까지 쓰던 키노시타는 어딘가 가난한 농민의 냄새가 나는 듯하여 스스로 하시바라 고친 것이라고 한다. 사람들이 그 유래를 물으면 그는 껄껄 웃으며,

"나도 장래에는 니와 나리나 하시바 나리처럼 되고 싶기에 두 나리의 성을 한 글자씩 실례해서 그 무용의 덕을 보려 하는 것일세." 라고 대답했다고 한다. (오늘날에는 성명철학이라는 깊고 초과학적이고 미묘한 철학에 기반하여 이름을 바꾸면 운세가 열린다고 하는데, 집안이나 출생이 중요했으나 그것이 엉망으로 마구 뒤얽혀 있던 전국시대에는 과시를 위해서 성을 바꾸는 자들이 적지 않았다. 그 대표적인 예가 어디를 떠돌던 자인지도 분명하게 알려지지 않은 이세 신쿠로 나가우지(伊勢 新九郎 長氏)가 칸토(関東)의 유서 깊은 집안인 호조 씨를 칭하여 오다와라 호조(小田原 北条) 씨의 기원이 된 일이다.) 겉으로는 시바타와 니와를 존경한다고 말하여 그들의 환심을 사려 했지만, 내심으로는 '나는 니와와 시바타 두 사람을 합쳐놓은 정도로 훌륭한 명장이 되겠다.'고 생각했던 것이리라.

그런데 『소생기』에는, 하시바라는 성은 노부나가로부터 하사받은 것이라고 기록되어 있다. 히데요시 외에 니와는 코레즈미(惟住), 아케치 미쓰히데는 코레토(惟任)라는 성을 노부나가로부터 받은 예가 있으니 어쩌면 이 설이 사실일지도 모르겠다.

텐쇼 원년(1573), 노부나가와 사이가 벌어진 쇼군 요시아키는 여러 쿠니로 거듭 격문을 보내 호족들을 자신의 편으로 끌어들임으로 해서 노부나가를 고립시켜 그의 실각을 꾀하려 했다. 이에 노부나가가 곧 병사들을 이끌고 기후(岐阜)를 출발, 쿄토로 들어가서 시위하자 요시아키는 바로 우는소리를 하며 화목을 청했다. 그렇게까지 했음에도 불구하고 일단 노부나가가 군대를 무르자 다시 3천의 병사들을 모아 우지(宇治)의 마키시마(槇島)로 들어가 맞섰으며, 니조 성에도 군대를 두어 공격해 들어오는 노부나가를 양면에서 협공하려 했다. 물론 노부나가가 일격을 가하자 곧 남쪽으로 달아나 후켄지(普賢寺)로 들어갔으며, 이제는 그냥 넘어가지 않으리라 생각했기에 머리를 깎고 쇼잔도큐(昌山道休)라는 이름의 승려가 되어 노부나가에게 용서를 빌었다. 노부나가는 그를 카와치노쿠니(河内国. 35)의 와카에(若江)에 유폐시키기로 했다. 『신장공기』에 의하면 이때(7월) 호송을 하시바 치쿠젠(지)노카미(筑前守) 히데요시에게 명했다고 되어 있다. 이것으로 그 무렵 히데요시는 벌써 치쿠젠노카미에 임관되어 당당히 다이묘다운 격식을 부여받았음을 알 수 있다.

뒤이어 8월에는 노부나가의 숙적이었던 오우미의 아자이, 에치젠의 아사쿠라가 마침내 토멸되었다. 여기서도 히데요시는 커다란 공을 세웠기에 8월 28일, 아자이 씨의 거성이었던 오다니 성을 받아 세상에 크게 체면을 세웠다. 이렇게 해서 히데요시는 일약 고슈 오다니 22만 섬의 다이묘가 되었다. 당시 나이는 38세였다.

극히 충실한 가신이었으며, 또 매우 영리해서 주군의 마음을 잘 읽었기에 일거수일투족 모두가 노부나가를 기쁘게 했을 것이라 여겨질 정도의 히데요시가 노부나가의 커다란 노여움을 사서 파면 당한 적이 있었다.

　그것은 텐쇼 5년(1577) 8월의 일이었다. 노부나가는 예전부터 한 번은 부딪쳐야 할 것이라 예상하고 있던 우에스기 켄신(上杉 謙信)을 치기로 했다. 그 준비는 여러 해에 걸쳐서 진행되고 있었다. 마침내 무쓰노쿠니(陸奥国. 68)에서는 요네자와(米沢)의 다테 테루무네(伊達 輝宗)·아이즈(会津)의 아시나 모리우지(蘆名 盛氏), 에치고노쿠니(越後国. 65)에서는 혼조 시게나가(本庄 繁長)가 노부나가에 호응하여 일어났으며, 노부나가는 시바타 카쓰이에를 사령관으로 삼고 하시바 히데요시 등에게도 명하여 호쿠리쿠24) 지방으로 들어가게 했다. 이때 히데요시는 카쓰이에와 마음이 맞지 않는 일이 자주 있었는지, (혹은 다른 이유가 있었는지) 무단으로 자신의 군을 물러나게 했다. 카쓰이에는 어쩔 수 없이 조카인 사쿠마 겐바 모리마사(佐久間 玄蕃 盛政)와 함께 우에스기 군에 맞섰다. (그러나 이때는 싸우지 않고 양 군이 물러났다.)

　이는 노부나가를 격노케 만들기에 충분한 일이었다. 히데요시는 커다란 노여움을 사서 그저 근신하며 명령을 기다릴 수밖에 없었다. 다행히 노부나가의 노여움은 곧 풀렸으며, 노부나가는 히데요시의 재능을 크게 써야 한다는 사실을 잘 알고 있었기에 다시 중용하여 그해 10월에 그를 추고쿠25) 견제의 총대장으로 임명하여 출발시켰다. 히데요시의 이른바 추고쿠 정벌이 이렇게 시작된 것이었다.

---

24) 北陸. 혼슈(本州) 중앙부의 동해에 면한 지역. 니가타·토야마·이시카와·후쿠이 현.
25) 中国. 혼슈 서부에 위치한 지방. 톳토리·시마네·오카야마·히로시마·야마구치 현.

6. 히데요시의 추고쿠 정벌

텐쇼 5년(1577) 10월 23일, 하시바 히데요시는 추고쿠 정벌의
총대장을 명령받았으며, 동시에 붉은 우산도 하사받았다. 무가의
붉은 우산은 천황이 내리는 셋토[26]와 비견할 만한 것으로, 그것은
주군의 대리자로 정벌에 나선다는 사실을 의미하는 것이었다.
이때 노부나가는,

"이번 정벌에 있어서 필요한 임기응변의 조치는 전부 그대에게
맡기겠네. 한바탕 정벌의 공을 세우도록 하게. 그리하면 추고쿠를
그대에게 주겠네. 추고쿠를 평정하고 나면 다시 나아가 큐슈[27]를
공략하여 그를 복속시키게. 원군은 속속 보내줄 테니 얼마든지
청해도 좋네."라고 말했다.

히데요시는 삼가 명을 받들고,

"명령, 감사히 받들겠습니다. 특히 붉은 우산까지 내어주셨으니
각 군에 마음껏 명령을 내려 추고쿠를 따르게 하는 일은 이미
히데요시의 마음속에 있습니다. 그에 관해서 황공하오나 드릴
말씀이 있습니다. 제가 곰곰이 생각해보니, 근신 가운데 노노무라
(野々村)·후쿠토미·야베(矢部)·모리(森) 등은 지금까지 적지 않
은 공을 세웠으나 아직 커다란 은상은 받지 못한 듯 여겨집니다.
히데요시가 추고쿠를 평정하고 나면 그곳은 모쪼록 위의 사람들에
게 영지로 내리도록 현려 있으시기 바랍니다. 히데요시는 명령하신

---

26) 節刀. 장군이 출정할 때 천황이 내려주는 칼.
27) 九州. 일본 열도의 4대 섬 가운데 하나로 혼슈의 남서쪽에 있는 큰 섬. 후쿠오카·
    오오이타·사가·나가사키·쿠마모토·미야자키·카고시마 현.

대로 틀림없이 큐슈로 치고 들어가서 사이카이[28]를 전부 평정하도록 하겠습니다."

"그래, 어쨌든 마음껏 해보아라."

"그런 다음에는 큐슈의 세수 1년분을 받아 양식을 저장하고 병선을 만들어 곧 조선으로 공격해 들어가겠습니다. 그때에 이르러서는 은상으로 반드시 조선을 받고 싶습니다. 단번에 계림 8도를 평정한 뒤, 8도의 병사들을 이끌고 명을 쳐서 400여 주도 손에 넣고 싶습니다."

"아하하하, 또 치쿠젠(히데요시)의 그 허풍이란 말이냐. 그래, 알았다. 너의 커다란 활약을 지켜보기로 하겠다."

이렇게 해서 히데요시는 공략지의 처분에 대한 권능까지도 위임받아 추고쿠탄다이[29]로서 출발했다고 전해진다.

이에 대해서 세상 사람들은 노부나가가 평소 질투심 강한 대장이었기에 그의 심기를 건드릴까 두려워하여, 또 하나는 비정상적일 정도의 이번 발탁이 근신들의 질투심을 사서 뜻밖의 결과를 불러오지 않도록 하기 위해서 일부러 이런 말을 하여, 추고쿠를 자신의 땅으로 삼을 뜻이 없다는 사실을 내보인 것이라고 평한다. 계산이 치밀하고 멀리까지 내다볼 줄 아는 히데요시였으니 그와 같은 일까지 염두에 두었을지도 모르겠다. 어쨌든 그의 큰소리는 노부나가의 유쾌하고 커다란 웃음을 불러일으켰고, 근신들에게 히데요시의 호기로움을 즐거이 여기게 만들었을 뿐이니, 그 실현을 예상한 사람은 아무도 없었으리라. 아니, 히데요시 자신조차 얼마나 진심을

---

28) 西海. 지금의 큐슈 지방을 일컫는 말.
29) 中国探題. 추고쿠 지방의 군사·행정을 관장하던 직책.

담아서 조선·중국 정벌을 입에 담은 것인지 의심스러웠을 테지만,
어쨌든 조선을 취하고 중국을 치겠다는 몽상이 이때 이미 히데요시
의 가슴속에 다소나마 있었다는 사실만은 알 수 있다. '기둥만큼
바라서 바늘만큼 얻는다.'는 속담도 있지만, 또 한편으로는 '하다못
해 이것만은.'이라고 바랐던 일이 실현되고 그 뒤에 더 커다란
일을 바라게 되어 점차 승승장구, 마침내는 커다란 성공을 거두어,
'아아, 그 무렵 이와 같은 일은 꿈처럼 여겨져 실현할 수 있으리라고
는 생각지도 못했다.'라고 감탄하게 되는 경우도 아주 없지는
않을 것이다. 히데요시야말로 바로 그러한 성공자 가운데 대표적인
인물이었다.

한편, 노부나가에게 인사를 하고 나온 히데요시는 문 앞에서부터
하사받은 붉은 우산을 바로 펼치게 했다. 망루 위에 있던 노부나가가
문득 그 모습을 보고,

"저기를 좀 보게, 히데요시가 벌써 저 우산을 쓰고 있네."라며
크게 웃었다고 전해진다.

그럼 여기서 당시의 추고쿠 형세를 잠시 살펴보기로 하겠다.

이전에 추고쿠의 대부분을 영유하여 무로마치 시대[30]의 다이다
이묘(大大名)로 일본 제일의 호세를 자랑하던 야마구치(山口)의
오오우치(大内) 씨는 벌써 몰락하고 그 뒤를 이어서 모리(毛利)
씨가 발흥하여 스오노쿠니(周防国. 16)·나가토노쿠니(長門国.
17)·빈고노쿠니(備後国. 20)·빗추노쿠니(備中国. 22)·이와미노
쿠니(石見国. 19)·이즈모노쿠니(出雲国. 21)·호우키노쿠니(伯

---

30) [室町時代(1336~1573)] 아시카가 씨가 무로마치에 막부를 두었던 시절. 협의의
   전국시대도 무로마치 시대에 포함된다.

耆国. 25) 및 시코쿠[31]의 이요노쿠니(伊予国. 12)가 그 세력 아래에 있었다. 원래 산인 지방[32] 일대에서는 아마고(尼子) 씨가 세력을 떨치고 있었으나, 모리 씨와 충돌한 결과 마침내는 판세가 완전히 뒤바뀌어 야마나카 유키모리(山中 幸盛_{유명한 시카노스케}) 등의 분투도 결국은 물거품이 되어버리고 말았다. 그리고 노부나가가 전성기를 맞이했을 때에는 모리 모토나리(毛利 元就)의 손자인 테루모토(輝元)가 당주로서 두 숙부인 킷카와 모토하루(吉川 元春)·코바야카와 타카카게(小早川 隆景)의 도움을 얻어 세력을 더욱 확장하고 있었다.

비젠노쿠니(備前国. 23)에서는 코지마 타카노리(児島 高徳)의 후예를 칭하는 우키타 나오이에(宇喜多 直家)가 자리를 잡고 미마사카노쿠니(美作国. 24) 및 빗추노쿠니(備中国. 22)의 일부를 병합했으며, 모리 씨와 손을 잡고 곧 서쪽으로 내려오려 하는 노부나가에 대항할 기세를 내보였다. 특히 모리 씨는, 한편으로는 이시야마 혼간지를 돕고 한편으로는 아시카가 요시아키와 결탁하여 노부나가를 견제하기 위한 책략을 부지런히 세웠다.

이에 노부나가는 쿄토로 달아나 있던 아마고 카쓰히사(尼子 勝久)를 도와 재기를 꾀하게 했다. 카쓰히사는 우선 타지마노쿠니(但馬国. 28)로 들어갔으며 뒤이어 이나바노쿠니(因幡国. 29)·오키노쿠니(隠岐国. 30)를 빼앗아서 아마고 씨의 옛 세력을 만회하기 위해 분투를 거듭했는데, 그 세력은 가볍게 볼 만한 것이 아니었다.

---

31) 四国. 일본 열도의 4대 섬 가운데 하나로 혼슈 동남쪽에 위치. 토쿠시마·카가와·에히메·코치 현으로 이루어져 있다.
32) 山陰地方. 혼슈 서부 가운데 동해에 면한 지방. 책 뒤 지도의 산인도 참조.

노부나가가 혼간지와 화목한 이후 모리 씨는 노부나가와 타협하여 표면적으로 두 사람은 친선관계를 유지하고 있는 형국이 되었다. 그런데 노부나가가 아마고 씨를 돕고 있다는 사실을 알게 된 모리 씨는, 우선 요시아키와 결탁하고 노부나가에게 서장을 보내 그의 불신의 죄를 탓함과 동시에 군대를 이나바로 내어 와카사(若佐) 성의 아마고 카쓰히사를 향해 맹공을 퍼부었다. 카쓰히사는 끝내 버티지 못하고 달아나 다시 쿄토로 들어갔다.

그 무렵 하리마노쿠니에 뿌리를 내리고 있던 아카마쓰(赤松)·벳쇼(別所)·코데라(小寺)·우라가미(浦上) 등이 우키타 씨의 압박에 시달리다 노부나가에게 도움을 청했다. 이렇게 해서 노부나가는 부장 히데요시를 추고쿠로 보내게 된 것이었다.

10월에 하리마로 들어간 히데요시는, 히메지(姬路) 성을 근거지로 삼아 순식간에 쿠니 안의 여러 성을 굴복시키고 타지마로 들어가 타케다(竹田) 성을 빼앗았다. 그곳을 동생인 히데나가에게 지키게 한 뒤, 11월에는 우키타에 속해 있던 성인 코즈키(上月) 성을 격파했으며, 후쿠하라(福原) 성을 떨어뜨려 하리마 일원 대부분을 오다 씨 세력하에 두었다. 히데요시의 공을 기쁘게 여긴 노부나가는 하리마를 히데요시에게 주어 그곳을 추고쿠 경영의 근거지로 삼게 했다. 이에 히데요시는 아마고 카쓰히사를 코즈키 성에 두어 모리 군에 대항토록 했으며, 스스로는 점진적인 서진을 계획했다.

마침내 텐쇼 6년(1578)이 되었다. 2월에 미키(三木)의 성주인 벳쇼 나가하루(別所 長治)가 갑자기 히데요시에게 반기를 들고 일어났다. 모리 씨가 그를 도왔다. 벳쇼 씨는 하리마의 호족으로 예전부터 쿠니 안의 신망을 얻고 있던 자였다. 따라서 그의 향배[向

背]는 히데요시에게 매우 중요한 일이었다. 이에 히데요시는 사자를 보내어 나가하루의 반성을 촉구했으나 그는 들으려 하지도 않았다. 이제는 실력으로 압도해버리는 것 외에 달리 방법이 없었다.

그러한 때에 킷카와·코바야카와 두 장수가 3만 5천의 대군을 이끌고 코즈키 성을 공격하기 시작했으며, 우키타 나오이에도 역시 1만 4천의 병사들을 이끌고 와서 참전했다는 보고가 들어왔다. 히데요시는 곧 코즈키 성 구원에 나서서 타카쿠라야마(高倉山)에 진을 치고 모리 군과 맞섰으며, 한편으로는 노부나가에게 구원군을 청했다. 노부나가는 타키가와 카즈마스(瀧川 一益)·니와 나가히데 등에게 2만의 병력을 이끌고 가서 돕게 했다. 동시에 오다 노부타다(織田 信忠)도 달려가서 미키 성을 공략했다.

코즈키 성의 양쪽 군은 서로 대치한 채 작은 싸움만 주고받았을 뿐, 결전은 치르지 못하고 있었다. 이에 히데요시는 작전을 바꾸어 미키 성을 먼저 빼앗을 계획을 세우고 코즈키 성으로는 사람을 보내어 성에서 물러나 본군에 합류하라는 명령을 내렸다. 그러나 적의 포위망이 엄중했기에 카쓰히사는 성에서 빠져나오지 못하고 헛되이 시간만 보내다 성 안의 식량이 완전히 떨어져 7월 3일에 마침내는 자결하고 말았다.

한편 미키 성 쪽에서는 노부타다를 주장으로 하여 공격을 계속 퍼붓고 있었다. 히데요시는 벳쇼 씨의 지성[枝城]인 카미요시(神吉)·시카타(志方) 두 성을 떨어뜨려서 가지치기를 한 뒤 전군을 들어 미키 성으로 밀고 들어갔다. 그러나 성의 병사들도 굳게 지켜서 쉽게 떨어질 것 같지 않았다. 이에 히데요시는 급하게 공격하다 병력의 손실을 보느니 멀리서 포위하는 전술을 쓰는 편이 낫겠다고 판단하여 성을 멀리서 포위한 채 원군이나 식량이 성으로 들어가지 못하게 했다. 모리 씨는 식량 반입을 종종 시도해보았으나, 그때마다 히데요시에게 막혀 목적을 이룰 수 없었다. 이렇게 해서 미키 성은 완전히 고립되었다. 그래도 결코 항복하려 들지 않았다. 그러나 그로부터 18개월 뒤, 형세가 바뀌지 않으리라 판단한 나가하루는 마침내 자결했으며, 성은 떨어졌다. 이렇게 해서 하리마는 완전히 히데요시의 손에 들어오게 되었다. 추고쿠 정벌에 나선 지 3년째 되던 해의 일이었다.

이때 보여준 나가하루의 태도는 무사도의 정수라 여겨지고 있다. 『벳쇼 나가하루키(別所長治記)』에 의하면 나가하루는 동생인 토모유키(友之)와 함께 자결했다. 그에 앞서 그는 글 하나를 적진의 아사노 야헤에(淺野 彌兵衛)에게 보냈다. 자신들이 할복할 테니 사졸 등에게는 연민을 베풀어 목숨을 살려주기 바란다고 적혀 있었다. 히데요시는 곧 답장을 써서 희망하는 대로 군졸은 사면하겠다는 뜻을 전하고, 동시에 술과 안주를 보내 그의 비장한 죽음을 축복했다. 그때 히데요시의 편지 속에는,

＜대장의 사병을 사랑하는 마음, 참으로 전대미문이오. 양장[良將]이라 하지 않을 수 없소. 그 깊은 마음에 감격하여 흐르는 눈물을 금할 길이 없소.＞라는 문구가 있었다고 한다.

이에 앞서 비젠의 우키타 나오이에는 오다 군의 기세가 드높은 것을 보고 도저히 적으로 맞서기 어렵겠다 생각했기에 사람을 노부나가에게로 보내서 항복을 청했다. 노부나가는 이를 흔쾌히 받아들였다. 이렇게 해서 비젠·미마사카 두 쿠니는 싸움도 하지

않고 오다 씨의 세력 안으로 들어오게 되었다.

그러한 때에 노부나가는 산인 지방 경략을 위한 첫걸음으로 우선 탄바노쿠니(丹波国. 32)·탄고노쿠니(丹後国. 31)를 정벌하기 위해서 아케치 미쓰히데·호소카와 후지타카(細川 藤孝유사이) 두 장수를 파견했다. 텐쇼 7년(1579) 10월, 탄바를 완전히 손에 넣었기에 노부나가는 그곳을 미쓰히데에게 주었다. 후지타카는 더욱 전진하여 탄고를 쳤으며, 이듬해 8월에 그곳도 완전히 점령하여 그곳을 하사받았다.

이렇게 해서 추고쿠 경영이 마침내 본격적으로 시작되었다. 히데요시도 마침내는 강호 모리 씨를 치지 않으면 안 되었다. 때는 정벌을 시작한 지도 벌써 4년이 지난 텐쇼 8년(1580)이었다.

그 무렵, 이나바에는 야마나 토요쿠니(山名 豊国)라는 자가 뿌리를 내리고 있었는데 타지마에 지성을 쌓아놓고 오다 씨에게 대항할 기세를 내보이고 있었다. 히데요시는 우선 주변의 잡풀들을 제거하여 모리 정벌에 전력을 쏟아부을 수 있는 조건을 만들려 했다. 즉, 동생 히데나가와 함께 타지마로 공격해 들어가서 그곳을 곧 점령하고, 뒤이어 이나바로 들어갔으며, 텐쇼 8년 5월에는 시카노(鹿野) 성을 공략하고 뒤돌아서 바로 톳토리(鳥取) 성으로 공격해 들어가려 했다. 그러나 오로지 싸워서 이기는 것만이 목적은 아니었기에 우선은 토요쿠니에게 글을 보내서 항복을 권했다. 토요쿠니는 권고에 응하려 했다. 그런데 부하들이 거기에 반대했다. 그들은 주군인 토요쿠니를 내쫓고 사람을 모리 씨에게 보내서 응원군을 요청했다.

킷카와 모토하루(이즈모)는 킷카와 쓰네이에(吉川 経家)를 대장으로 삼아 톳토리 성을 돕게 했다. 동시에 바닷길을 통해서 식량을 옮겨 톳토리 성에 공급하려 했다. 탄바에 있던 호소카와 후지타카의 부하 수군이 이 사실을 알고 운송선을 급히 들이쳐 모리 군에게 커다란 타격을 주었다. 그러자 쓰네이에는 톳토리 성 밖에 마루야마 (丸山) 성을 쌓아 서로 도우며 히데요시에게 대항할 준비를 시작했다.

정벌을 시작한 지 5년째인 텐쇼 9년(1581) 6월, 히데요시는 이윽고 2만의 병사들을 이끌고 톳토리 성으로 접근하여 보루를 쌓고 울타리를 두르고 성을 포위했다. 이에 기껏 쌓은 마루야마 성과의 연락은 완전히 끊겼으며 톳토리 성 안의 식량은 이미 떨어졌다. 사태가 이렇게 되자 쓰네이에는 성 안 사람들을 구하기 위해서 성문을 열고 자신은 자결했다.

톳토리 성 공격에 관한 일화도 하나 전해진다.

당시 톳토리 성에는 비전투원을 합쳐서 4천여 명이 들어가 있었다. 히데요시는,

'톳토리는 이름 높은 성이고 지금은 겨울이라 식량도 풍부하게 저장해둔 듯하니 급하게 쳐도 떨어지지 않을 것이다. 차라리 내년 봄까지 기다렸다가 공격하면 식량은 줄어들 것이며, 더욱 장기전을 펼치면 가을의 수확을 성 안으로 들이지 못하게 되어 결국에는 성문을 열 수밖에 없을 것이다.'라고 생각했기에 텐쇼 8년(1580) 겨울에 일단 톳토리로 압박해 들어갔으나 이듬해까지 공격을 늦추기로 했다.

이때 히데요시는 기묘한 책략을 발휘했다. <커다란 배 수십 척을 마련해 사졸을 상인처럼 꾸미게 하고 수많은 금은을 싣게

한 뒤, 와카사노쿠니(若狭国. 39)에서 이나바로 건너가 쌀·보리·콩 외에 무엇이든 군량이 될 만한 것을 사들이게 했는데, 그 가격을 평소의 2배로 하여 사들였기에 백성들은 물론 모리시타(森下)·야마구치(山口) 등 적의 부장들까지도 계책인 줄은 꿈에도 모르고 당장의 물욕에 눈이 어두워져서 군자금으로 쓰겠다는 핑계로 군량을 절반 넘게 내어 돈으로 바꾸고는 기뻐하는 우를 범했다. 겨울에서부터 봄까지 사들이고 또 사들여 배에 가득 싣고 당당하게 돌아왔다.〉고 『진서태합기[真書太閤記신쇼타이코키]』에 기록되어 있다. 이때 성 안에는 겨우 3개월분 정도의 식량밖에 남아 있지 않았다. 킷카와 쓰네이에가 놀라서 근린으로부터 식량을 사들이려 했으나 바닥이 나버렸기에 모리 씨가 배로 수송하려 했지만 그것도 포위군에게 차단당해서 목적을 이룰 수 없었다. 이렇게 해서 거의 싸워보지도 못하고 어쩔 수 없이 성문을 열기에 이르렀던 것이다.

뒤이어 마루야마 성도 함락되었기에 히데요시는 말머리를 돌려 빗추로 공격해 들어갔다.

그때 킷카와 모토하루는 원군을 데리고 이나바로 향하고 있었다. 호우키의 우마야마(馬山)까지 갔을 때 톳토리 성이 함락되었다는 소식을 들었는데, 히데요시가 마침 빗추로 들어가 있었기에 이때다 싶어 우선은 주변의 각 성을 탈환하고 톳토리 성을 향해서 점차 진군해 나갔다. 호우키의 우에시(羽衣石) 성과 이와쿠라(岩倉) 성은 히데요시 편에 서 있었기에 모토하루는 우선 이들을 치려 했다. 히데요시는 모토하루와 결전을 치르는 것은 전국적으로 봐서 득될 것이 없다고 생각했기에 두 성에는 단지 식량만 보급한 채 엄중하게 방비할 것을 당부해두고 자신은 병사들을 물러 히메지로 돌아갔다. 그러자 모토하루도 곧 이즈모의 토미타(富田)로 돌아갔다.

텐쇼 9년(1581)도 저물어갈 무렵 히데요시는 하리마의 히메지를 출발하여 오다 가의 본성인 아즈치(安土)로 향했다. 수많은 헌상품과 함께 노부나가에게 연말의 인사를 하기 위해서.

곧 텐쇼 10년의 정월이 되었다. 히데요시는 주군에게 새해 인사를 하고 히메지로 돌아갔다. 같은 달 9일, 우키타 나오이에가 세상을 떠났기에 고아가 된 히데이에(秀家)를 자신의 아들처럼 기르기로 하고 우키타의 영지였던 비젠·미마사카 및 빗추의 절반을 안도33) 해달라고 주군에게 청했다. 이렇게 해서 히데요시는 자신의 영지인 하리마 외에도 이나바·타지마와 우키타의 옛 영지인 3개 주, 그리고 호우키의 절반을 합쳐서 7개 주를 다스리게 되었다.

이에 앞서 모리 테루모토는 우키타 나오이에가 동맹을 깨고 오다 씨에게 항복했다는 사실을 알고 크게 분노하여 병사들을 비젠·미마사카로 내어 우키타 씨의 근거지를 뒤엎으려 했다. 이에 히데요시는 곧 1만 5천의 병사들을 이끌고 빗추로 들어가서 무기메시야마(麦飯山) 성을 빼앗아 위용을 내보이고 우선은 히메지로 돌아왔다. 뒤이어 2월에는 관내의 병사들을 소집했으며, 3월에 들어서서 3만의 병사들을 이끌고 다시 빗추로 들어갔다. 이렇게 해서 4월까지 스쿠모즈카(巢雲塚)·칸무리야마(冠山)·카와야(河屋)·미야지야마(宮路山) 등의 각 성을 무너뜨리고 마침내 타카마쓰(高松) 성으로 밀고 들어갔다.

---

33) 安堵. 소유지나 소유권을 그대로 인정하는 것.

때는 히데요시가 추고쿠 정벌을 시작한 지 6년째인 텐쇼 10년
(1582) 4월 27일이었다. 타카마쓰 성에 대한 공격이 시작되었다.
성에서는 모리 쪽의 용장인 시미즈 무네하루(清水 宗治)가 완고하
게 방어전을 펼치고 있었기에 성이 쉽게는 떨어질 것 같지 않았다.
마침 장마철이었다. 아시모리가와(足守川)와 나가노가와(長野
川) 두 강의 수위가 점차 높아졌다. 이에 히데요시는 대대적인
공사를 시작하여 두 강의 물을 막아 강을 범람케 했다. 흙탕물이
주변의 낮은 지대로 콸콸 흘러들어 성은 곧 물에 잠기기 시작했다.
하루하루 수량을 더해가며 점차 성 안으로 밀려들어 마침내는
물 위에 떠 있는 성 같은 모습을 연출하기에 이르렀다. 이에 포위군
은 기뻐 떠들어대며 물구경을 했다. 그러나 성 안 병사들의 비참함은
이만저만한 것이 아니었다. 이것이 유명한 타카마쓰 수공이다.

급보를 접한 모리 테루모토는 스스로가 출진했으며, 모토하루·
타카카게 두 숙부도 합류케 하여 타카마쓰 성을 구원하기 위해
급히 달려갔다. 총 병력은 2만, 맞은편 기슭에 도달했다. 히데요시가
요지에 군세를 배치하여 둑을 무너뜨리지 못하도록 굳게 지켰기에
모리의 대군도 전혀 손을 쓸 수가 없었다. 이쪽 기슭에서는 하시바
군이 함성을 지르며 기세를 올렸다. 노부나가 공이 곧 대군을
이끌고 지원을 올 것이라고 했기에 그들의 사기는 날로 높아져갈
뿐이었다. 그에 반해서 맞은편 기슭의 모리 세력은 대군을 끌어안은
채 그저 헛되이 대치만 할 뿐이었기에 사졸들은 나날이 지루함을
느꼈으며 사기도 시시각각으로 떨어져갈 뿐이었다.

테루모토는 마침내 두 숙부와 상의하여 강화를 맺기로 했다.
6월 2일, 안코쿠지 에케이(安国寺 恵瓊)가 사자가 되어 히데요시

진영으로 찾아왔다. 모리 쪽의 강화 조건은 빗추·빈고노쿠니(備後國. 20) 및 호우키·이나바·미마사카 5개 쿠니를 오다 씨에게 할양하는 대신 타카마쓰 성의 사졸의 목숨을 구해달라는 것이었다. 그러나 히데요시는 곧 주군이 올 테니 그 이후에 담판하는 것이 좋겠다고 생각했기에 그 제의를 받아들이지 않았다. 에케이는 어떻게 해서든 이번 화의를 성립시키고 싶었기에 무네하루를 자결케 하고 그의 목숨으로 강화를 맺으려 했다.

그런데 3일이 되자 혼노지에서의 흉보가 히데요시 진영으로 갑자기 날아들었다. 히데요시는 급히 화의를 맺지 않으면 안 되었다. 마침 잘 되었다며 4일에 에케이를 불러들여 화의에 대한 상의를 다시 시작했다. 무네하루를 자결케 할 것, 그 대신 빗추는 카와베가와(川辺川강), 호우키는 야바시리가와(矢走川강)를 경계선으로 하여 할양하면 된다는 것(빈고는 포함되지 않았다.)이 히데요시의 조건이었다. 테루모토는 이를 받아들였다. 이 조건으로 화의는 성립되었으며 무네하루는 자결했고 타카마쓰 성은 문을 열었다. 이렇게 해서 추고쿠 정벌은 그 목적을 완전히 이루었다.

히데요시는 곧 전군에 철수를 명령했다. 6일에는 자신도 유유히 타카마쓰를 떠났다. 그리고 7일 밤에 히메지로 돌아왔으며 조금도 유예하지 않고 출진 준비를 서둘러 아케치 미쓰히데와의 결전을 펼치기 위해 급거 상경길에 올랐다.

7. 아케치 미쓰히데와의 결전

(1) 히메지에서의 하루

7일 밤, 히메지에 도착한 히데요시는 8일 하루는 인마를 쉬게 하라고 명령했다. 그러나 그와 막료들은 그날 밤에도 쉬지 않았다. 그들은 우선 면밀하게 작전을 짰다. 그리고 부하들에게 역할을 분담하고 한 치의 빈틈도 없이 만반의 준비를 갖추었다.

『카와스미 태합기[川角太閤記]』에 의하면 이때 히데요시는 재정담당관을 불러서,

"텐슈34)에 금은이 어느 정도 있는지 살펴보고 오너라."라고 명령했다. 잠시 후 담당관이,

"은자 750관쯤, 금자 800여 개가 있습니다."라고 보고했다.

"알겠다. 이제는 금이든 은이든 한 푼도 남길 필요 없다. 전부를 하치스카 히코에몬(蜂須賀 彦右衛門)에게 보내서, 잡병과 철포·활 부대의 우두머리들을 불러 그 봉록에 따라 나누어주라고 전해라."

히데요시는 성 안에 있던 금은을 전부 하급 사졸들에게 주었다고 한다.

이번 결전이야말로 일생일대의 운명을 건 싸움으로, 이기면 패자가 될 후보 가운데서도 선두에 서게 되지만, 만일 패하면 일신·일가의 몰락은 물론 가신들도 목숨을 잃거나 모든 것을 잃고 떠도는 신세가 될 터였다. 그 자신은 물론 장병들 모두가 목숨을

---

34) 天主(天守). 성의 중심건물을 일컫는다. 텐슈카쿠(天守閣).

걸고 싸워야만 하는 건곤일척의 순간에 금은을 아낄 필요는 어디에
도 없었다. 이기면 다시 얻기 쉬울 것이며, 지면 더더욱 필요 없는
물건. 생사를 앞에 둔 우리 장병들, 특히 평소 경제적 어려움을
겪었던 사졸들과 하다못해 싸움 전에라도 기쁨을 함께 나누고,
또 유족을 즐겁게 해주자는 그 특유의 깊은 생각과 인정에 바탕을
둔 조치였다. 이러한 말과 함께 뜻밖의 금은을 얻은 사졸들은
용기가 샘솟는 듯했으며, 우리 주군을 위해서 무슨 일이 있어도
미쓰히데의 목을 베겠다고 굳게 결심했다.

모든 준비가 갖추어졌다. 이에 아까부터 자신을 보고 싶어 했던
어머니의 방으로 찾아가 정성껏 위로를 했다. 그는,

'이것이 이번 생에서의 마지막 작별이 될지도 모른다.'고 마음속
으로 몰래 생각했다.

"그럼, 목욕이라도 한번 할까."

욕조에 들어가 느긋한 마음으로 여행에서 쌓인 먼지와 피로를
풀었다. 잠시 후, 히데요시는 목욕탕 안에서 근시를 불러,

"오늘 밤 10시 무렵에 첫 번째 나발, 자정 무렵에 두 번째 나발을
불게 하라. 세 번째 나발이 모두 모이라는 신호임을 사람들에게
전하라."라고 명했다.

목욕을 마친 뒤 히메지 성을 지킬 매형 미요시 카즈미치(三好
一路요시후사)·코이데 하리마(지)노카미(小出 播磨守)를 불러서 은밀
히 후사를 부탁했다.

"불행하게도 싸움에서 졌다는 소식이 들려오면 가장 먼저 어머니
와 아내를 그대들이 가장 적당하다고 믿는 방법대로 조치해주게.
그리고 성 안의 물건은 하나도 남기지 말고 전부 소각해버리게."

이제 모든 준비가 끝났다. 이제는 한 조각 미련도 남지 않았다. 히데요시는 조용히 식사를 한 뒤, 비로소 잠자리에 들었다. 몇 시간쯤 깊은 잠에 빠졌다. 충분히 잠을 자고 나서 눈을 뜨니 곧 두 번째 나발. 바로 옷을 갈아입고 근시를 뒤따르게 하여 말을 몰아 성문으로. 거기에는 벌써 넘쳐나는 전의를 불태우며 인마들이 분주히 오가고 있었다.

그러한 가운데 세 번째 나발. 밤도 벌써 희미하게 밝아오기 시작했을 무렵, 성 밖의 이나미노(印南野)에서 열병하고 그대로 말머리를 동쪽으로 향해 당당하게 채찍을 휘둘렀다.

(2) 미쓰히데 및 각 장수들의 동정

6월 2일 새벽에 모반을 결행한 미쓰히데는 노부나가 부자의 자결을 틀림없이 확인한 뒤 쿄토 내외로 병사들을 보내 오다 씨에 속한 자를 수색하게 했으며, 발견하는 즉시 목숨을 빼앗게 했다. 시민들은 두려움에 마음이 편하지 못했다.

한편 마에다 겐이(前田 玄以)는 노부타다의 마지막 명령에 따라서 기후로 가기 위해 쿄토를 탈출했다. 기후 성에 있는 노부타다의 적자 산보시마루(三法師丸)를 키요스로 옮겨 안전을 도모하기 위해서였다. 겐이는 그 도중에 아즈치에 들러 급보를 전했다. 아즈치 성에는 노부나가의 부인과 어린 자녀들이 있었으며, 오우미 히노(日野)의 성주인 가모우 카타히데(蒲生 賢秀)가 성을 지키고 있었다. 흉보를 접한 아즈치 성 사람들은 상하를 막론하고 경악과 근심에 빠져 어찌해야 좋을지 모를 지경에 이르렀다. 성을 지키고 있던 카타히데는 곧 히노로 급히 사람을 보내서 아들 추자부로(忠

三郎노부나가의 사위인 우지사토)를 불러, 그날로 부인과 자녀들을 데리고 히노 성으로 갔으며 방어진을 굳게 펼쳐 미쓰히데의 내습에 대비했다.

미쓰히데는 자신의 반역이 각 장수들과 민중에게 어떠한 영향을 줄지 불안하게 여기고 있었다. 쿄토의 시민들은 공포에 사로잡혔으며 세상의 추이에 커다란 불안을 느꼈기에 어수선하고 소란스러운 혼란상태에 빠져 있었다. 밤이 되어도 시민들은 잠자리에 들지 못했다.

미쓰히데의 마음은 자책과 불안에 사로잡혀서 무엇인가에 쫓기듯 동요하고 있었다. 그러나 우물쭈물하고 있어서는 더욱 좋지 않았기에 곧 아즈치 성을 공격하기 위해 세타(勢多)까지 밀고 들어갔다. 그 땅에는 야마오카 미마사카(지)노카미(山岡 美作守) 형제가 있었는데 미쓰히데는 그들에게 자신과 뜻을 같이할 것을 권했다. 그러나 형제는 미쓰히데의 사자를 죽이고 세타의 다리를 불태워버렸다. 더는 진군할 수 없게 되어버린 미쓰히데는 그날은 일단 자신의 본성인 사카모토(坂本) 성으로 물러났다.

한편 그는 쿄토의 서쪽을 지키기 위해 야마자키 가까이에 있는 세이류지(青龍寺) 성을 손에 넣고 아케치 카쓰베에(明智 勝兵衛)로 하여금 그곳을 지키게 했다.

3일에 드디어 아즈치 성으로 공격해 들어갔다. 성은 이미 빈껍데기였다. 그는 텐슈카쿠로 올라가 저장해두었던 금은·무기·재보를 전부 꺼내 부하들에게 나누어주고 그 유명한 성에 불을 질렀다. 뒤이어 나가하마(長浜)·사와야마(佐和山) 성 등을 점령했다.

미쓰히데는 히노 성의 가모우 부자에게 오우미의 절반을 줄 테니 자신에게 가담하라고 권했다. 그러나 이 역시도 거절당했다. 그의 편에 서겠다는 자는 아직 한 사람도 나타나지 않았다. 이에 그는 야마토노쿠니(大和国. 37) 코오리야마(郡山)의 쓰쓰이 준케이(筒井 順慶)에게 서장을 보내서 만약 자신과 뜻을 같이한다면 6개 쿠니를 주고 인질 겸 약속의 징표로 자신의 아들을 양자로 보내겠다고 제안했다. 쓰쓰이는 미쓰히데의 친한 벗으로 예전부터 미쓰히데의 비호를 받고 있었다. 미쓰히데는, 적어도 쓰쓰이만은 자신의 편에 서줄 것이라 믿었으나 그 역시도 시원한 답장은 주지 않고 천하의 형세를 관망하는 자세를 취했다.

탄바노쿠니의 주인인 호소카와 후지타카는 예전부터 미쓰히데와는 특별한 관계에 있었다. 그의 아들인 타다오키(忠興)의 아내(유명한 가라샤 부인)가 미쓰히데의 딸이었다. 그랬기에 미쓰히데는 물론 세상 사람 모두 그들 부자야말로 당연히 미쓰히데 편에 설 것이라고 생각했다. 그런데 그들은 미쓰히데가 반역했다는 소식을 듣고는 가라샤 부인을 산중에 유폐하고 자신들 부자는 함께 머리를 깎아 조의를 표하는 등 오로지 미쓰히데의 공모자가 아니라는 사실을 내보이기에 급급했다. 미쓰히데는 타다오키에게,

"나의 이번 기도는 너희들의 장래를 생각해서 한 일이다."라고 분발을 촉구했으나 아무런 효과도 없었다.

쓰쓰이도 그렇고, 특히 호소카와 부자도 그렇고 당연히 힘이 되어줄 것이라 생각했던 자들조차 이러한 형편이었기에 미쓰히데는 고독함 속에서 적료함을 느끼지 않을 수 없었다. 그는 내성적인 사람이었던 만큼 새삼스럽게 커다란 자책감이 느껴졌다. 천하는 이미 나의 것이라는 마음이 드는 한편으로 이와 같은 엄연한 현실이

눈앞에 있었기에 말로 표현할 수 없을 만큼의 불안과 초조함에 휩싸이지 않을 수 없었다.

한편 아즈치에서 노부나가와 대면하고 성대한 향응을 받은 토쿠가와 이에야스는 내친김에 쿄토를 구경하고 형승의 땅인 오오사카까지 둘러본 뒤 야마토지(大和路도로)를 따라서 자신의 쿠니로 돌아갈 계획이었기에 카와치의 이이모리야마(飯盛山)까지 갔을 때 혼노지의 변에 대한 소식을 들었다.

'지금이야말로 나의 재능을 발휘할 때다.'라고 보았기에 서둘러 자신의 쿠니로 돌아가려 했으나 이가고에(伊賀越고개)에서 노부시35)를 만나 간신히 이가노쿠니(伊賀国. 41)로 들어갔으며, 커다란 탈 없이 자신의 쿠니로 돌아갈 수 있었다.

노부나가의 아들 가운데는 적자인 노부오36)와 서자인 노부타카(信孝) 두 사람이 있었다. 노부타카는 아버지의 시코쿠 정벌 명령에 따라서 사카이(堺)까지 진출해 있었는데, 아버지의 부고를 듣고 서둘러 오오사카로 돌아갔다. 복수전을 펼칠 생각이었던 것이다. 마침 군중에 있던 오다 노부즈미(織田 信澄사촌형)는 미쓰히데의 사위이기도 했으며, 자신의 아버지(노부유키)가 노부나가에게 살해당한 일을 원망하고 있기도 했기에 이 절호의 기회에 장인인 미쓰히데와 손을 잡으려 하는 기색이 엿보였다. 이 사실을 안 노부타카는 함께 있던 노부나가의 숙장 니와 나가히데와 함께 그를 제거했다. 이러한 일에 시간을 빼앗겨서 갑자기는 쿄토로 올라가려 하지

---

35) 野伏(野武士). 산야에 숨어서 패잔병 등의 무기를 탈취하기도 하던 지역 무사, 혹은 토민의 무리로 거의 산적이나 다를 바 없었다.
36) 信雄. 오다 노부나가의 차남으로 이름을 노부오로 읽어야 한다는 설과 노부카쓰로 읽어야 한다는 설이 있다. 여기서는 원서에 따라 노부오로 읽겠다.

않았다.

한편 노부나가의 적자인 노부오는 자신의 영지인 이세에 있었는
데 부형의 변사를 듣고 크게 분노했으며 바로 군대를 내어 미쓰히데
를 칠 준비를 하고 있었다. 그런데 매제인 히노의 가모우 우지사토
(蒲生 氏郷)로부터 구원 요청이 있었기에 병사들을 스즈카(鈴鹿)
너머로 진군케 하여 오우미의 남부인 쓰치야마(土山)에 진을 치고
미쓰히데가 히노로 공격해 들어오면 협공을 가하려 기다리고 있었
다.

마침내 쿄토로 들어간 미쓰히데는 벌써 천하를 쥔 듯한 마음으로
입궁하여 천황을 배알하고 쇼시다이37)를 임명받아 쿄토의 시정에
임했다. 그는 우선 쿄토의 민심을 거두기 위해 쿄토에서의 치고센
(地子銭토지세)을 면제하겠다고 선포하고, 무라사키노(紫野)의 다
이토쿠지(大德寺)를 비롯하여 쿄토 오산[五山] 이하의 각 절에
기진하여 종교계 리더들을 자신의 편으로 만듦과 동시에 자기
소망의 성취를 부처에게 빌었다. 그때 황자인 노부히토(誠仁)
친왕38)이 미쓰히데에게 특별히 사람을 보내서 쿄토 안을 소란스럽
게 하지 말라는 주의를 주었다. 미쓰히데는 삼가 영지를 받들겠다고
대답했다.

그는 오다의 부하 장수 가운데 시바타 카쓰이에와 하시바 히데요
시에게만은 얼마간 두려움을 느끼고 있었다. 그러나 카쓰이에는
지금 호쿠리쿠에 머물며 강호인 우에스기 씨와 대치 중이었으며,
히데요시는 추고쿠의 모리와 대진 중으로 노부나가에게 원군을

---

37) 所司代. 쿄토의 경비와 정무를 취급하던 자.
38) [親王] 적출에 해당하는 황자·황손을 이르는 말.

청했을 정도이니 그들이 그렇게 갑자기 돌아올 수 있으리라고는 전혀 생각지 않았다. 그가 대망을 이루기 위해서는 그야말로 절호의 기회였다. 이처럼 하늘이 주신 기회에 킨키[39]를 평정하여 자신을 따르게 하면 정세에 따라서 눈치를 보며 움직이는 장수들이 자신에게 투항해올 것은 불을 보듯 뻔한 일이었다.

애초부터 미쓰히데가 반역을 일으켜 노부나가를 쓰러뜨린 일은 이론적으로도 실제적으로도 천인공노할 행동임에는 틀림없었으나, 당시에는 후세 사람들이 생각하는 것만큼 터무니없는 짓이라고는 여겨지지 않았다. 실제로 그는 자신이 태어난 미노노쿠니에서 사이토 도산(斎藤 道三)이 미쓰히데 등의 종가이자 주군인 토키(土岐) 씨를 쓰러뜨리고 자립한 일을 보았다. 전국의 무장이 혹은 아버지를 살해하고, 혹은 주군을 살해하고 자신이 그 자리를 대신한 실례는 얼마든지 있었다. 그러한 경우에 천하의 민심이 찬탈자를 미워한 것은 말할 필요도 없는 사실이지만, 찬탈자에게 실력만 있다면 그 미워하는 마음도 곧 찬탈을 당연히 여기는 마음으로 바꿀 수 있었다.

그러나 그러한 그의 생각에는 여러 가지 착오가 있었다. 그가 노부나가를 쓰러뜨린 일은, 도산이 토키 씨를 쓰러뜨린 것과는 천하에 미치는 영향이 달랐다. 토키 씨는 단지 1개 쿠니의 영주에 불과했으나, 노부나가는 일본 통일이라는 커다란 사명을 이루어 나가고 있던 시대의 대표적 인물이었다. 따라서 그는 황실을 등에 업고 있었으며 쟁쟁한 부하들의 신뢰를 얻고 있었다. 또한 미쓰히데

---

39) 近畿. 쿄토 부근의 지방을 일컫는 말로 쿄토·오오사카·효고·나라·와카야마·시가·미에 현.

와 같은 급의 숙장들 가운데 그에게 대항할 만한 인재가 얼마든지 있었다. 이처럼 그의 생각이 어긋난 것이라는 사실을 내보일 시기가 시시각각으로 다가오고 있었다.

강적인 하시바 히데요시가 벌써 셋쓰노쿠니(摂津国. 33)에 육박했다는 정보를 들은 미쓰히데는 깜짝 놀랐다. 이에 미쓰히데는 히데요시를 요격하여 단번에 격멸하기 위해서 망설임 없이 1만 5천의 병사들을 이끌고 서둘러 쿄토의 가도를 남하했다. 그는 우선 세이류지 성으로 들어가 히데요시 군을 맞기 위해 부대의 배치를 서둘렀다. 일반적으로 미쓰히데 따위는 애초부터 히데요시의 적이 아니었다고 생각하는 사람들이 많은 듯하지만, 결코 그렇지 않았다. 양자 모두 자신이 조금 유력하다고 생각했을 테지만, 아마도 서로 호각지세여서 이번 결전에서 누가 이길지는 말하자면 시운[時運]에 달려 있었다고 해도 좋으리라.

(3) 야마자키 결전

야마자키 전투, 특히 하시바 쪽 연합군에 관해서는 이전의 기록들에 차이가 있어서 현재 학자들의 설에도 여러 가지가 있지만, 그러한 내용들을 참조하고 여러 고증을 참고하여 아마도 정확할 것이라 여겨지는 부분만을 대략하여 다음에 기술하겠다.

히데요시는 11일에 벌써 아마가사키(尼ヶ崎)에 도착했다. 그때 그의 병력은 1만여 명에 지나지 않았다. 워낙 급하게 동쪽으로 향했기에 전 병력을 모을 여유가 없었던 것이다. 『무공잡기[武功雜記부코잣키]』에 의하면 마침 오오사카에 있던 산시치(三七) 노부타카도 함께 있던 오다 가의 숙장인 니와 나가히데, 노부나가의 젖형제인

아리오카(有岡)의 이케다 노부테루(池田 信輝) 등과 함께 히데요시의 진으로 가서 회의를 했다고 한다. (이에 대해서 야마지 아이잔 씨를 비롯하여 부정하는 설도 있으나, 그들이 어떤 형식으로든 히데요시와 협의한 것만은 틀림없는 사실이다.)

12일에 셋쓰 텐마텐진(天満天神)의 바바(馬場)로 들어갔으며, 그날 밤에는 토미타에서 묵었다. 이처럼 히데요시가 오오사카 부근에서 시간을 보낼 수밖에 없었던 이유는 노부타카 이하 여러 장수들과 연합군을 조직하지 않으면 안 되었기 때문이었다. 자신만의 병력으로 미쓰히데와 결전을 치르면 이길 수 있을지 장담할 수 없었다. 특히 주군의 피를 물려받은 노부타카가 자신이 가는 길의 도중에 있는데 그를 무시한 채 홀로 앞서 나간다는 것은, 이러한 경우 있을 수 없는 일이었다. 그렇다고 해서 노부타카를 주장으로 삼고 자신은 그 아래의 일개 부장이 되어서는 이번 건곤일척의 호기를 자기 운명의 결정적 개척에 이용할 수 없게 된다. 따라서 그 스스로가 리더가 되어 노부타카 이하의 각 장수들을 적당히 이용하지 않으면 안 되었다. 이 미묘한 교섭을 위해서 많은 시간이 필요했던 것이라 여겨진다. 그렇게 해서 결국은 노부타카·나가히데·노부테루·호리 큐타로 히데마사(堀 久太郎 秀政)·이바라키(茨木)의 나카가와 세베에 키요히데(中川 瀬兵衛 清秀)·타카쓰키(高槻)의 타카야마 우콘 나가후사(高山 右近 長房) 등을 자신의 군에 연합시켰다. 여기에 이르자 이번 싸움은 결국 히데요시군에 승산이 있다고 여겨지게 되었다. 이때 이케다·호리·나카가와·타카야마 등은 매우 적극적으로 선두를 다투었으나, 노부타카는 참으로 떨떠름한 기색을 내보였다. 그는 노부나가의 아들로서 자신보다 신분이 낮은 일개 히데요시의 지휘를 받아야 한다는 사실이 마음에 들지 않았던 것인 듯하다. 이에 그는 좀처럼 출발하려 들지 않았으며, 가장 뒤에서 마지못해 따라가는 상황으로 전의는 물론 매우 미약했다.

히데요시는 연합군을 가운뎃길(중앙군), 하천길(좌군), 산길(우군) 세 갈래로 나누어 나란히 나아가도록 했다. 그는 13일 새벽에 텐진바바(天神馬場)를 출발, 스이타(吹田)를 지나 요도가와(淀川)의 우측 기슭을 따라서 쿄토로 향했다.

이미 세이류지 성에 있던 미쓰히데는 히데요시 군을 야마자키의 좁고 험한 길에서 요격하여 히데요시가 가장 장기로 삼고 있는 야전을 펼치지 못하도록 하는 전법을 쓰려했다. 이는 틀림없이 적절한 작전이었다.

12일 무렵부터 이미 양쪽 군의 정찰대가 활발하게 움직이고 있었다.

13일의 이른 아침, 미쓰히데는 엔메이지가와(円明寺川강)의 왼쪽 기슭에 전군을 배치하기 시작했다. 제1대는 고굉지신인 사이토 쿠라노스케 토시미쓰(斎藤 内蔵介 利三), 제2대는 아토지 사다히데(阿閉 貞秀)가 지휘했으며, 스스로는 예비대를 이끌고 후방에 머물렀는데, 오전 중에 이미 포진을 마쳤다. 그곳에 포진한 병력은 1만 6천. 마쓰다 마사치카(松田 政近)에게 따로 2천을 주어 텐노잔(天王山)으로 향하게 했다. 내습해오는 적군을 산 위에서 내려다보며 활·철포를 퍼붓겠다는 작전이었다.

히데요시 군의 선봉은 오후 4시가 되어서야 마침내 야마자키에 도착했다. 히데요시 쪽의 제1대는 타카야마 나가후사가 이끌었으며, 제2대는 나카가와 키요히데가 지휘했고, 히데요시는 예비군을 이끌고 그 후방에서 전진했다. 그 병력은 총 2만 6천 명. 이쪽도 역시 텐노잔의 지리적 이점을 확보하기 위해서 호리오 요시하루(堀尾 吉晴)가 가벼운 갑옷을 입은 4천의 병사들을 이끌고 급히 산을 오르기 시작했다.

하시바 쪽은 곧 싸움을 시작했다. 그러나 아케치 군도 매우 맹렬하게 응전해서 북상하는 히데요시 군을 깨뜨릴 기세였다. 이러한 전황을 만회하기 위해서 히데요시는 우군인 이케다 노부테루를 우익인 요도가와 기슭의 샛길로 은밀히 빠져나가게 해서 아케치 군 좌익의 배후를 치게 했다. 어떤 이유에서인지는 모르겠으나 그곳은 미쓰히데가 방심하고 있던 곳이었다. 그로 인해서 형세가 역전되었다. (미우라 박사 등은 이 일로 인해서 전투가 결정되었다고 보고 있다.) 그러나 아케치 군도 물러서지 않고 용맹하게 싸웠기에 싸움은 더욱 치열해졌다. 이미 양쪽 군은 제2선의 예비대를 투입하여 맹렬하게 충돌하고 있었다. 난군, 혼전, 양쪽 모두 사력을 다해서 싸웠으며, 일진일퇴 쉽게는 승패를 가늠할 수 없는 상황이었다. 이렇게 되자 양 군의 운명은 텐노잔으로 향한 두 부대의 활약에 따라서 결정될 듯했다.

미우라 박사는 양 군 사이에 싸움다운 싸움은 거의 없었으며 의기충천한 연합군에게 아케치 군이 바로 패한 것처럼 말했을 뿐만 아니라 특히 텐노잔 쟁탈 등은 일종의 군담이자 왜곡된 기록으로 아마도 그러한 사실조차 없었을 것이라고 이야기하고, 설령 아케치 군이 그곳을 쟁탈했다 할지라도 전황에는 아무런 영향도 주지 못했을 것(단, 이 일에 관해서는 군사전문가의 고견을 듣고 싶다.)이라고 주장했다. 하지만 참모본부에서 편찬한 『일본전사[日本戰史]』의 「야마자키전[山崎戰]」에서는 완전히 반대로 이야기하여, 앞서 기술한 것처럼 양 군이 맹렬한 전투를 펼쳤으며 텐노잔의 쟁탈이 승패를 갈랐다고 말하고 있다.

어쨌든 텐노잔에는 아케치 군이 먼저 오르기 시작했으니 당연히 적보다 앞서 정상을 점령했어야 했다. 그런데 어떻게 된 일인지 등반에 시간이 걸려서 다 올라왔다 싶은 순간, 히데요시 쪽의 호리오가 먼저 정상을 차지한 참이었다. 하시바 군이 곧 발포를 개시하여 방어군을 향해 맹렬히 사격했기에 아케치 군은 달리 손을 쓸 방법이 없었다. 얼마 버티지 못하고 뿔뿔이 흩어져 무너지고 말았다. 이렇게 해서 싸움은 겨우 몇 시간 만에 결판이 나고 말았다. 이 싸움에서의 전사자는 아케치 군이 약 3천 명, 연합군 쪽은 3천 5백 명이었다. 이 사실만 봐도 얼마나 맹렬한 전투였는지 추측할 수 있으리라.

야마자키 전투는 결코 대규모 전투는 아니었으나 그것이 천하, 특히 히데요시의 운명에 준 영향은 참으로 커다란 것이었다. 미쓰히데는 결코 약했던 것이 아니다. 또한 히데요시의 사병이 미쓰히데 군에 비해서 반드시 강했던 것도 아니었다. 그러나 미쓰히데에게는 불의[不義]라는 치명적인 약점이 있었다. 그렇기에 특별한 관계에 있던 자들까지도 그의 편에 가담하기를 꺼렸을 정도였다. 한편 히데요시는 미쓰히데를 비롯하여 오다의 숙장들에 비해서 지위가 훨씬 낮았으며, 특히 그의 급속한 승진을 질시하는 자들에게 반감을 사고 있었기에 미쓰히데와 마찬가지로, 아니 그 이상으로 동지들을 규합할 수 있을 만큼의 신분적 편의를 가지고 있지 못했다. 그러나 그에게는 '돌아가신 주군을 위한 복수전'이라는 훌륭한 명분이 있었다. 그 어떠한 시대에도 양자의 세력에 커다란 차이가 없는 한, 정의를 앞세운 자 쪽을 편드는 사람이 더 많으며, 사기도 높은 것은 당연한 일이다.

『카네미 경 일기[兼見卿記카네미쿄키]』에 의하면 13일에는 아침부터 비가 내렸는데 신시(申時오후 4시 무렵)부터 야마자키 쪽에서 포성이 들려왔으며 몇 시간 동안 그치지 않더니 밤이 되자 아케치 쪽이 궤멸하여 달아나 돌아왔다고 적혀 있다. 이는 쿄토에 있던 경의 수기다.

야마자키에서 패한 미쓰히데는 3천의 병사들을 이끌고 세이류지 성으로 들어갔으나 때를 놓치지 않고 공격해 들어온 하시바 군을 막아낼 수 없었기에 밤의 어둠을 틈타 몇 명의 부하들과 함께 북쪽으로 달아났다. 우선은 사카모토로 들어가서 재기를 꾀할 생각이었다. 장대비가 내리는 가운데 어둠 속에서 길을 헤매며 후시미(伏見) 북쪽의 오구루스무라(小栗栖村)까지 갔을 때, 갑자기 나타난 토적[土賊]의 습격을 받아 비참하게도 토민의 죽창에 목숨을 잃고 말았다. 당시 나이는 57세, 히데요시보다 열 살이 많았다. 함께 달아난 무사들도 뿔뿔이 흩어졌기에 그가 목숨을 잃었다는 사실조차 알지 못했다.

이 싸움에서 쓰쓰이 준케이는 미쓰히데 편에 서서 야마자키 부근의 호라가토우게(洞ヶ峠)에 진을 치고 있었으나, 양쪽 군의 형세를 지켜보기만 했을 뿐 산에서 내려오지 않아 마침내는 미쓰히데를 그대로 죽게 내버려두었다고 전해진다. 이에 오늘날까지도 기회주의를 준케이 방식이라고 부르고, 또 호라가토우게를 지킨다

고 말하기도 하지만, 최근의 연구에 의하면 그는 결코 호라가토우게에 와 있지 않았다. 그는 당시 야마토 1개 쿠니를 영유한 다이다이묘로서 처음에는 미쓰히데와의 관계 때문에 거취를 결정하지 못했으나, 11일에는 이미 히데요시 편에 서서 연락을 주고받았다.

(4) 전투 일화

히데요시는 미쓰히데에게 모반의 뜻이 있음을 진작부터 알고 있었다고 하는 전설이 있다.

미쓰히데는 탄바노쿠니에 봉해져 카메야마(亀山) 성을 근거지로 삼았는데, 그 성을 슈잔(周山)이라고 불렀다. 당시로서는 드물게 학자이기도 했던 그는 자신을 중국 주[周]나라의 무왕[武王]에 비겼으며 노부나가를 은[殷]나라의 주왕[紂王]에 비겨서, 언젠가는 토벌하여 자신이 그 자리를 대신하겠다고 남몰래 생각하고 있었기 때문이었다.

미쓰히데의 거동을 보고 그의 속내를 일찌감치 꿰뚫어본 히데요시는 성격이 호방하고 쾌활해서 무엇이든 서슴지 않고 말하는 사내였기에 어느 날 미쓰히데와 만났을 때 웃으며 이렇게 말했다.

"요즘 들리는 소문에 의하면 귀하께서는 밤이면 슈잔을 공사하여 모반을 꾀하고 계신다고 하던데 설마 사실은 아니겠지요?"

깜짝 놀란 미쓰히데는 어찌해야 좋을지 모르겠다는 듯한 얼굴로,

"무슨 말씀이신가 했더니, 참으로 실없는 소리를 하십니다."라며 쓴웃음을 지었을 뿐, 그대로 입을 다물어버리고 말았다고 한다.

아마 이것 역시 후대 사람들의 날조일 테지만, 어쨌든 미쓰히데가 노부나가에게 의혹 내지는 적어도 불신을 품고 있었다는 점만은

사실인 듯하다. 그는 히데요시와는 성격이 정반대여서 언제나 침착했으며 말 한마디 행동 하나도 허투루 하지 않는, 늘 마음속에 무엇인가 있는 것처럼 보이는 사내였던 듯하다. 거기다 학자적인 사내였기에 일개 무변[武弁]에 불과한 문맹의 무장들을 내심 경멸하는 듯한 풍이 있어서 사람들과 친하게 지내지 못했다. 그가 발군의 명장이었음에도 불구하고 노부나가가 좋아하지 않았으며, 동료나 후배들로부터 경원시 되어 아군이 적었던 것도 이러한 점에 원인이 있었던 듯하다.

어쨌든 미쓰히데와 히데요시 두 사람은 노부나가의 부하들 가운데서도 틀림없이 뛰어난 인재였지만, 당시는 두 사람 모두 인망이라는 점에서 시바타·니와·타키가와 등(미쓰히데를 포함하면 오다의 사천왕)보다는 훨씬 하위에 있었다. 따라서 그들의 세력은 태합(히데요시) 사후의 이에야스와는 비교도 되지 않을 정도의 것이었다. 그러나 그들 두 사람은, '만약 노부나가 공이 중도에서 쓰러진다면 유업을 이어서 천하를 리드할 자는 바로 나다.'라는 자신감을 가지고 있었다.

그에 관련된 일화가 하나 있다.

히데요시의 '추고쿠 회군' 때, 진중에 세야쿠인 히데나리(施薬院 秀成니와 젠소)라는 자가 (아마도 군의로) 있었다. 히데요시는 그의 임무를 풀어주고 이제는 도읍으로 돌아가도 좋다고 했다. 그때 히데요시는,

"그대는 행복한 사람일세. 이후 천하를 취할 자는 나 아니면 휴가(日向미쓰히데) 둘 중 하나일 걸세. 그런데 두 사람 모두 평소부터 그대를 아꼈으니 누가 세상을 취하든 틀림없이 입신할 수 있을

걸세. 그대는 나보다 먼저 도읍으로 가서 휴가에게 치쿠젠(히데요시)이 곧 상경하여 자웅을 겨룰 것이라 말했다고 전해주게."라고 말했다. 히데나리는 서둘러 쿄토로 향했는데, 시모토바(下鳥羽)까지 갔을 때, 이미 남하를 시작한 미쓰히데를 만났다. 바로 찾아가서 히데요시의 말을 전하자,

"어차피 천하는 나나 하시바가 취하게 될 걸세. 어쨌든 그대는 운을 타고난 사람일세. 두 사람 모두와 친하니 말일세. 틀림없이 출세할 수 있을 걸세."라고 미쓰히데도 똑같은 말을 했다.

전투 전날 밤, 히데요시는 호리오 요시하루에게 정찰을 명하며 이렇게 말했다.

"적 앞의 인가는 모두 달아나서 빈집이 되었을 테니 정찰대는 빈집에 숨어서 적이 오는지를 정찰하도록 하게. 만약 습격해오는 적이 보이면 가능한 한 인가에서 떨어져 있는 가장 작은 집에 불을 질러 신호를 하도록 하게. 결코 인가가 늘어서 있는 곳에 불을 질러서는 안 되네. 작은 집 하나만 불태워도 밤이니 불길은 충분히 보일 걸세."

그는 미쓰히데 군이 혹시 오오사카 부근까지 진격해올까 대비를 하려 했던 것인데, 그러한 때조차 세심하게 주의를 주어 민중에게 쓸데없는 피해를 조금이라도 주지 않으려 마음을 썼던 것이다.

노부타카는 13일 정오 무렵에 마침내 히데요시의 진 가까이까지 왔다. 히데요시는 훗날 (같은 해 10월 18일자로 노부타카의 노신에게, 자신은 노부타카에 대해서 이심[異心]을 품고 있지 않다는 뜻을 밝힌 서장 속에) 이렇게 썼다.

<13일 정오 무렵, 강을 건너오시는 동안 치쿠젠도 마중을 위해서

달려나가 뵈었는데, 나리께서는 눈물을 흘리셨으며, 치쿠젠도 달리 드릴 말씀이 없었습니다.

노부타카 나리를 선두에 세우고 그 뒤를 따라서 돌아가신 노부나가 공의 원통함을 풀어드리려 한 것은 저도 이전부터 각오하고 있던 일이었습니다.

설령 제가 전장으로 달려가지 않았다 할지라도 결국은 노부타카 나리께서 아케치의 목을 치셨으리라는 사실은 말할 필요도 없이 쉽게 상상해볼 수 있는 일입니다. 그렇다고는 하나 제가 모리와의 싸움도 내팽개치고 한시라도 빨리 달려가 노부타카 나리에게 '천하의 명예'를 드려야겠다며 진력한 일에는 제 나름대로의 각오가 필요했습니다.

누가 뭐래도 노부타카 나리를 위해서 진력했으니 각별한 은상과 칭찬을 얻을 수 있으리라 생각했는데, 제게 대해서 특별한 감사도 하지 않으시고 다른 자들과 같이 취급하신다는 것은 참으로 뜻밖의 일이기에 당혹감을 느끼고 있습니다.〉

이는 히데요시의 주장이나, 어쨌든 당시 히데요시와 노부타카의 입장이 어떠한 것이었는지를 추측해볼 수 있는 자료다.

한편 싸움이 한창 절정에 이르렀을 무렵, 노부타카의 부대가 적군의 맹공을 받아 위기에 빠졌다. 그때 제2대의 대장인 나카가와 키요히데가 자기 휘하의 병사들로 하여금 그 적의 측면을 치게 했다. 덕분에 노부타카 부대는 다시 세력을 회복하여 마침내는 적을 격파할 수 있었다.

노부타카는 키요히데의 후의에 크게 감사하여 싸움이 끝난 뒤에 그가 있는 곳으로 가서 감사의 뜻을 전했다. 그때 마침 히데요시가

옆을 지났다. 히데요시는 말 위에서 내리지도 않고,

"키요히데, 애 많이 썼네. 고생했네, 고생했어."라고 내뱉듯 말하고 그대로 달려갔다. 키요히데는 히데요시에게 속하여 싸우기는 했으나, 물론 그의 부하는 아니었다. 그는 눈을 둥그렇게 뜨고 히데요시의 뒷모습을 바라보며,

"제길, 치쿠젠은 벌써 천하를 손에 넣은 줄 알고 있군."이라고 중얼거렸다. 히데요시의 안중에 다른 사람은 이미 없었다. 벌써 천하를 손에 넣은 듯한 기분이었다.

이튿날인 14일, 쿄토로 들어가 미쓰히데의 머리를 손에 넣은 히데요시는 그것을 혼노지에 내걸었다. 그때 몸통은 없었으나, 이후 그것까지 손에 넣었기에 목과 함께 아와타구치(粟田口)에서 책형에 처했다. 미쓰히데의 목숨을 빼앗은 토민들은 히데요시로부터 커다란 은상을 받을 줄 알았으나, 대장을 함부로 죽인 무례한 자들이라며 그들을 책망하고 미쓰히데를 위해서 비참한 죽음을 맞이한 것을 위로해주었다고 한다.

한편, 히데요시는 병사들을 미쓰히데의 거성인 탄바의 카메야마로 보내서 성을 치게 하고, 그의 아들인 미쓰요시(光慶)를 베었다. 아케치 미쓰하루(明智 光春)는 오오쓰(大津)에서 목숨을 잃었으며, 사이토 토시미쓰는 달아나서 카타다(堅田)에 몸을 숨겼으나 더위를 먹어 병에 걸려 있을 때 발견되어 미쓰히데의 유해와 함께 아와타구치에서 책형에 처해졌다.

8. 패권을 쥐려 하는 자

야마자키에서의 일전으로 미쓰히데를 분쇄하여 단번에 주군의 원수를 갚은 히데요시는 저절로 천하의 인심에게 존경과 친애의 정을 느끼게 했다. 다시 말하자면 인기의 중심이 되어 실력을 만천하가 인정케 한 것이었다. 그리고 노부타카 이하 여러 장수들과 함께 유유히 아즈치로 들어갔다.

아즈치에는 이미 노부오 등이 들어와 있었기에 이들도 함께 다시 키요스로 향했다. 미노·오와리에는 이러한 혼란을 틈타서 준동하는 무리가 있었으나, 그러한 자들을 압도하며 키요스로 들어갔다. 그곳은 마에다 겐이 등이 기후에 있던 고아 산보시마루를 데리고 와서 지키고 있었다. 뒤이어 에치젠에서 시바타 카쓰이에가 왔으며, 타키가와 카즈마스·모리 나가요시(森 長可_{란마루의 형}) 등도 모였다. 이처럼 오다 가의 부장들 모두가 키요스로 집결했다.

(1) 키요스 회의

6월 18일부터 이른바 키요스 회의가 시작되었다.

우선은 누구를 오다 가의 후계자로 삼을 것인지가 가장 커다란 문제였다. 노부나가의 아들로는 둘째 아들인 노부오와 셋째 아들인 노부타카가 있었다. 두 사람은 같은 나이로 25세의 청년이었다. 그런데 노부나가의 후계자였던 노부타다의 아들인 산보시마루도 있었다. 노부타카는 자신이 오다 가의 당주가 되기를 희망했기에 책동을 부리고 있었다. 그는 서자였으나 형인 노부오를 불초한 아들로 아버지의 뒤를 잇기에 적합한 인물이 아니라고 경멸하고 있었다. (그 자신도 딱히 비범한 사내는 아니었던 듯하나, 그 후에도 활발히 책동을 계속한 사실을 생각해보면 노부오만큼 무능한 사람은 아니었던 듯하다.) 그리고 산보시마루는 아직 어린아이에 불과하니 이러한 비상시에 오다 가의 당주로 삼기에는 적당하지 않다는 것이 그의 주장이었다. 숙장들의 필두인 카쓰이에는 노부타카와 뜻을 같이하고 있었다.

한편 히데요시 입장에서 생각해보자면, 노부타카가 당주가 되고 시바타 카쓰이에가 그를 도와 그 일당과 함께 노부나가의 유업을 이어나가게 되면 그도 역시 그 아래로 들어갈 수밖에 없을 터였다. 만약 그가 자신의 커다란 재능으로 그들과 대립하게 된다면 제2의 미쓰히데가 되어야 할 위험이 있었다. 히데요시에게 있어서 그것은 원하는 바가 아니었기에 무슨 일이 있어도 어린 손자인 산보시마루를 끌어안고 스스로가 그 옹립자가 되어 당장 리더가 될 필요가 있었다.

개중에는 노부오를 세우는 것이 순서라고 주장하는 자도 있었다. 다시 말해서 그들은 그럴 듯한 명목하에 자신들에게 유리한 자를 당주로 세워서 이번 기회에 날개를 펼치려 꾀한 것이었다.

그러나 명목상으로는 히데요시의 주장에 순리적인 근거가 있었다. 노부오는 이미 이세의 키타바타케(北畠) 씨의 뒤를 이어서 키타바타케 노부오를 칭하고 있었다. 그리고 노부타카 역시 이세의 칸베(神戸) 씨의 양자가 되어 칸베 노부타카를 이름으로 쓰고 있었다. 이들 모두 단지 아버지의 정략에 따라서 양자로 들어간 것에 지나지 않았으나, 어쨌든 일단 다른 집안으로 들어가 그 후계자가 된 사람이 다시 오다 가로 돌아와 후계자가 된다는 것은,

실질적 후계자였던 노부타다의 아들인 산보시마루가 있으니 후계자 문제에 관한 일본의 오랜 통념에 반하는 일이었다. 이 순리론을 정면으로 내세워 흔드는 히데요시의 주장에는 찬성하는 자도 많았으며, 반대하는 자들도 그 주장을 근본적으로 반대할 수는 없었다. 니와 나가히데 같은 자는 은밀히 히데요시와 뜻을 같이하고 있었다. 특히 복수전으로 인해서 히데요시의 입장은 예전과 전혀 다른 것이 되어 있었다.

결국 히데요시의 주장이 받아들여져 산보시마루를 당주로 결정했다. 그러나 현실적으로는 어린아이였기에 그 어떠한 일도 할 수 없으니, 노부타카를 그 후견인으로 삼아 아즈치 성의 수축이 끝날 때까지 새로이 그의 거성이 된 기후에 머물게 하기로 했다. 즉, 히데요시파가 카쓰이에파의 희망을 어느 정도 받아들이는 형식으로 타협하여 일이 마무리 지어진 것이었다. 그리고 노부오는 키요스에 머물며 돌아가신 주군의 발상지를 다스리기로 했다.

다음으로는 정령[政令]을 어떻게 할까가 문제였다. 이는 시바타·하시바·니와·이케다 네 사람이 쿄토 로쿠조의 관아로 관리를 번갈아 파견하여 정치에 임하게 하기로 결정되었다.

세 번째로는 논공행상이 커다란 문제가 되었다. 이는 즉, 노부나가의 영지였던 곳과 미쓰히데의 영지였던 곳을 어떻게 처분할까 하는 문제였다. 결국은 오다 일족과 각 장수들이 적당히 배분하기로 결정되었는데 여기서 중요한 점은 히데요시가 야마자키를 영유하고, 그 대신 카쓰이에가 히데요시의 옛 영지였던 나가하마를 얻게 되었다는 사실이다. 둘 모두 쿄토 부근에 발판을 마련한 것이다. 이때 히데요시는 수훈 제1이었음에도 불구하고 행상 문제에 관해서는 굳이 욕심을 부리지 않았으며 의외로 부드러운 자세를 취했다. 거기에 그의 원려[遠慮]가 있었던 것이다. 하지만 똑같이 쿄토를 중심으로 하여 발판을 마련한 카쓰이에와 히데요시였으나, 두 곳을 비교해보자면 쿄토에서 가까운 야마자키와 멀리 오우미의 북쪽에 치우쳐 있는 나가하마를 같은 선상에서 논할 수 없다는 점은 명백한 사실이었다.

한편, 이 회의의 결과 카쓰이에는 오다 가의 인척이 되었다. 앞서 아자이 나가마사의 아내였던 노부나가의 동생 오이치(於市요도기미 등의 어머니)는 아자이 씨 몰락 이후 과부가 되어 오빠에게로 돌아와 있었는데, 이번에 카쓰이에의 아내가 되기로 결정되었던 것이다. 노부나가와 그의 큰아들이 세상을 떠나서 불안한 상태에 놓인 오다 가를 위해서 숙장의 필두인 카쓰이에를 그 기둥으로 삼겠다는 것이었다. 이 오이치와 카쓰이에의 결혼을 아자이 씨 몰락 직후의 일이라 보고, 그때 미인인 오이치를 둘러싸고 카쓰이에 와 히데요시가 다투었기에 카쓰이에(및 그의 일당인 노부타카)와 히데요시의 사이가 벌어져 그 후부터는 사사건건 충돌했다는 전설 이 있다. 그러나 이는 『시즈가타케(賤ヶ岳) 전투기』를 재미있게 만들기 위한 날조인 듯하다.

(2) 히데요시의 위망

키요스 회의가 끝나자 쿄토로 들어간 히데요시는 혼노지의 주군 이 자결한 곳으로 찾아가 죽음을 애도했다. 이때 히데요시는 대대적 으로 법회를 열고 싶었으나, 다른 혈연자와 옛 선배들이 여럿 있는데 지금 자신이 나서서는 아무래도 복수전의 공을 과시하는 듯 보여 오히려 세상의 반감을 살 우려가 있었기에 그만두었다. 그 무렵 조정에서 히데요시의 훈공을 치하하여 종4위하에 서임하고 우콘에노추조(右近衛中将)에 임명하겠다는 의견을 전달했으나 그는 이것도 고사하고 받지 않았다. 이는 7월의 일이었다.

마침내 자신의 거성인 히메지로 돌아온 히데요시는 부하들의 논공행상을 하고 앞으로 행해야 할 커다란 여러 계획의 실행에 들어갔다. 그 계획 가운데서도 야마자키에 지성을 쌓는 것은 매우 중요한 일이었다. 이전에 히데요시는 종전의 히메지 성(아카마쓰 씨 이후부터의 성)을 확장 개축하여 추고쿠 경영의 본거지로 삼고 있었는데, 이제 천하의 대변동기를 맞이하여 히메지에 머물러 있어서는 중앙에서의 활약을 마음껏 펼칠 수 없었기에 우선은 야마자키의 타카라데라(宝寺지명)에 지성을 쌓았다.

그 무렵 히데요시의 위망[威望]은 더욱 높아져만 가고 있었다. 그는 예전부터 이미 노부나가 휘하의 위재[偉才]로 노부나가로부터 인정받았으며, 다른 숙장들의 질시의 대상이 되기도 했으나 그들도 역시 어느 정도는 그를 인정하지 않을 수 없었다. 그러나 그 당시에는 거물인 오다 노부나가의 그늘에 있기도 했고, 다른 수많은 선배들도 있었기에 충분히 광채를 발할 수는 없었다. 그런데 이제는 노부나가가 세상을 떠나서 도토리 키 재기 같은 상황이 되자 순간 그의 위대함이 사람들의 눈에 띄기 시작했다. 특히 야마자키에서의 일전으로 인기의 중심에 서자 그러한 느낌이 한층 더 커졌다. 노부나가의 옛 부하들은 자연스럽게 가신들의 필두인 카쓰이에와 신진 세력인 히데요시 두 사람을 중심으로 하여 두 파로 나뉘는 형세를 보였다. 이때 인물이라는 점에 있어서나 일반의 인기라는 점에 있어서나 히데요시 쪽이 훨씬 더 앞서 있었다는 것은 말할 필요도 없는 사실이다. 특히 노부나가 시절, 기성세력에 짓눌려 있던 신진, 즉 뛰어난 자질을 가지고 있으면서도 낮은 자리에 머물러야 했던 무리들이 옛 전통에 구속받을 필요가 없는 히데요시 편에 선 것은 매우 자연스러운 경향이었다.

이러한 정세는 카쓰이에 및 그 일당들이 가장 염려하고 혐오하는 일이었다. 카쓰이에 등은 어떻게든 기회를 만들어 지금 히데요시를 제거하지 않으면 안 되었다.

전하는 말에 의하면 노부타카와 카쓰이에는 히데요시를 유인해 내기 위해서,

"망군[亡君]의 대법회를 열 예정이니 나오라."라고 말했다. 그러나 히데요시는 그들의 의도를 간파했기에,

"그 취지에는 적극 찬성합니다만, 노부나가 공의 법회를 열기 위해서는 무엇보다 먼저 공을 모실 새로운 절을 건립하지 않으면 안 될 것입니다. 그것이 완성되면 그곳에서 성대히 여는 것이 좋을 듯합니다."라고 대답했다. 히데요시가 이렇게 나오자 카쓰이에 등은 억지로 반대할 수도 없었기에 8·9월 두 달 동안 밤낮 가리지 않고 대가람 신축에 몰두했다고 한다. 그 사이에 히데요시는 크게 병사를 기르고 식량을 비축하고 동지들을 규합하는 일에 은밀히 힘을 쏟았다.

이제는 됐다고 생각한 히데요시는 10월 초, 정병 2만여를 이끌고 갑자기 쿄토로 올라갔다. 카쓰이에 등은 당황하여 절은 그대로 내버려둔 채 서둘러 각자 자신들의 영지로 물러났다.

같은 달 3일, 조정에서 히데요시를 새로이 종5위하 사콘에노쇼쇼

(左近衛少将)에 임명하겠다는 뜻을 밝혀왔다. (전에보다 낮았다.) 히데요시는 감사히 받았다.

11일부터 히데요시 주최로 무라사키노 다이토쿠지에서 17일 동안 노부나가를 위한 대법회가 열렸다. 히데요시는 앞서 했던 말은 까맣게 잊었다는 듯 카쓰이에 등에게도 소식을 전했으나 속임수에 빠진 그들이 올 리는 물론 없었다. 하지만 수많은 다이묘와 쇼묘40)들이 참석했다. 법회는 매우 성대하고 엄숙하게 진행되었으며, 참가한 자들은 새삼스레 추회의 눈물을 흘렸다. 13일에는 조정으로부터 종1위 태정대신을 증위[贈位]하겠다는 선지까지 받아 그것을 영전에서 읽었는데 그때는 갑자기 흐느껴 우는 소리가 장내에 가득했다. 이렇게 해서 노부나가의 위패는 '총견원전증대상국일품태엄거사41)'가 되었다. 세상 사람들은 미쓰히데가 반역을 일으킨 이유로 들고 있는 '노부나가 잔인설'의 영향을 받아 그가 냉혹하고 무정한 사람인 듯 상상하고 있지만, 사실은 반드시 그렇지만도 않아서 노부나가는 매우 따뜻한 피, 부하를 아끼는 두터운 정을 가지고 있었다. 잔인하고 매정하게 여겨지는 경향도 틀림없이 가지고 있었던 듯하지만, 그것은 그의 준엄함, 특히 무능한 자나 자신의 기질에 맞지 않는 행동을 하는 자, 그에게 불충하다고 여겨지는 자에 대한 엄격함이었다. 수많은 맹장들이 수족처럼 움직이면서도 불만을 품지 않았던 것은 단지 두려움이나 이해관계 때문만은 아니었다. 어쨌든 옛 가신들은 생전의 주군을 그리워하며 법회를 마쳤다. 위패는 곧 건립될 소켄인(総見院)에 안치하기로

---

40) 小名. 다이묘보다는 영지가 적었던 무사.
41) 総見院殿贈大相国一品泰嚴居土. 소켄인덴조다이쇼코쿠잇폰타이겐코지.

했는데, 히데요시는 그 건립비용 가운데 은 1천 개, 난탑[卵塔] 건설비 가운데 은자 25개를 바쳤고 승려들을 위해서도 은자 135개를 주었으며 따로 전지[田地] 50섬을 기진했다.

이 법회가 열린 동안에도 히데요시와 카쓰이에 사이에 다툼이 있었다는 속설도 있으나 오지도 않은 자가 싸움을 했을 리가 없다. 어쨌든 이 일로 인하여 히데요시의 인망은 더욱 두터워졌다. 반대로 사정이야 어찌 됐든 참석조차 하지 않았던 시바타 카쓰이에 등의 일파는 비난의 대상이 될 수밖에 없었다.

당시의 이른바 인기라는 것은, 무장들 사이에서의 그것이 가장 중요했지만, 세상 곧 민중 사이에서의 인기도 결코 무시할 수 없는 것이었다. 특히 쿄토 시민의 그것은 쿄토를 중심으로 하여 패권을 쥐려 하는 자에게는 종종 절대적인 영향력을 가지고 있었다. 그런데 히데요시는 훈공이라는 점에 있어서도, 그 행동이라는 점에 있어서도, 그리고 그의 시원시원하고 사근사근한 성격이라는 점에 있어서도, 민중의 환호를 받기에 가장 어울리는 사람이었다. 거기에 그가 조정의 신임을 얻어 서임되는 은혜를 받았다는 사실 역시 쿄토 시민으로 하여금 히데요시를 경애하게 만든 유력한 원인이었다.

(3) 격화하는 암투

히데요시의 위망이 점점 더 높아지는 것을 본 노부타카·카쓰이에 일당은 더 이상 가만히 있을 수 없게 되었다. 그대로 내버려두면 벼락출세를 한 히데요시에게 천하를 빼앗길 위험이 있었다. 그것은 망부·망군에 대해서도 면목이 없는 일이라고 생각했을 뿐만 아니라, 무엇보다 자신들 지위의 전복을 의미하기도 했다. 이에 두 사람은 더욱 굳게 결탁했으며, 동지들과 함께 하루라도 빨리 히데요시를 쓰러뜨리지 않으면 안 될 상황에 이르렀다. 카쓰이에 일당에는 예전에 사천왕 가운데 한 사람으로 꼽히던 타키가와 카즈마스도 있었다. 이들 세 사람이 중심이 되어 중립적 입장에 있는 각 장수들을 자신들 편으로 끌어들이기 위해 활발하게 암약했다.

히데요시도 물론, 아니 그들보다 더 기민하게 자신의 당으로 인사를 모으기 위해 빈틈없이 행동했다. 노부오는 노부타카와 사이가 좋지 않았기에 자연스럽게 히데요시와 가깝게 지냈다. 그는 범용하고 불초한 아들이기는 했으나 특별히 어리석지는 않았으며, 노부타카처럼 재기가 넘치지는 않았으나 그 대신 넓은 아량을 가지고 있어서 오히려 사람들에게 친근감을 주었다. 히데요시는 오다 사천왕 가운데 한 사람인 니와 나가히데를 일찌감치 자신의 편으로 만들어 그의 옛 세력도 이용했으나, 노부오에게도 여러 가지로 활약하게 했다. 예를 들어 가모우 우지사토처럼, 아직 세력이 큰 다이묘는 아니나 재능이 있는 청년 등도 노부오와의 친분에 의해서 히데요시 편에 서게 되었다.

이처럼 두 당의 장수 쟁탈전이 맹렬하게 계속되었다. 호방한 히데요시는 과감하게 황금을 마구 뿌려댔다.

카쓰이에의 본거지는 에치젠인데 그 땅은 중앙으로 나오려면 교통이 불편했기에 대군을 내서 단번에 히데요시와 자웅을 겨루기에 매우 불리했다. 특히 10월(음력)이면 홋코쿠42)는 벌써 눈이

---

42) 北国. 주로 호쿠리쿠 지방을 일컫는다.

쌓여서 대군을 움직이기에는 더더욱 적합하지 않았다. 그는 하루라도 빨리 히데요시를 쓰러뜨리고 싶었으나, 이러한 계절에는 그것도 뜻대로 되지 않았기에 타키가와 카즈마스의 의견에 따라서 히데요시와 일시적으로 화목하여 그를 방심케 해놓은 뒤, 그 사이에 여러 가지 준비를 갖추어놓고 이듬해 봄에 눈이 녹기를 기다렸다가 카쓰이에는 북쪽에서, 노부타카는 기후에서, 그리고 카즈마스는 이세에서 일제히 일어나 히데요시를 치겠다는 계획을 세웠다. 엣추노쿠니(越中国. 49)의 맹장인 삿사 나리마사(佐々 成政)도 카쓰에에와 함께 군대를 내겠다고 약속했다. 이와 같은 비책이 세워졌기에 카쓰이에는 쓰루가(敦賀)의 마에다 토시이에를 사자로 삼아서 히데요시에게 화해를 청했다. 당시 토시이에는 홋코쿠의 맹주인 카쓰이에의 편에 설 수밖에 없었는데, 히데요시와도 예전부터 절친한 사이였기에 화해를 위해 힘쓰기에는 가장 적합한 인물이었다.

한편 히데요시는 카쓰이에 등에게 비책이 있으리라는 사실은 충분히 고려하고 있었으나, 어쨌든 기꺼이 제의에 찬성한다는 뜻으로 대답하고 토시이에의 노고를 치하하기 위해서 일부러 다실을 짓기도 하고 다도에 쓰는 명기를 구해오기도 해서 다도회를 개최하고 정중히 대접했다. 카쓰이에 등은 뜻대로 되었다며 가만히 미소 지었다.

한편 아즈치 성의 수축도 히데요시의 감독하에 진행되어 대략 완성되었기에 그는 노부타카에게 산보시마루를 기후에서 아즈치 성으로 옮기라고 전했다. 그러나 노부타카는 거기에 응하지 않았다. 오다 가의 당주, 명목상이기는 하나 각 장수들의 주군인 산보시마루를 히데요시의 세력하에 둔다는 것은 자신에게 불리한 일이기 때문이었다. 이에 히데요시는, 자신은 돌아가신 주군의 가신으로, 따라서 오다 가에 대해서 조금도 이심을 품고 있지 않다는 사실을 거듭 들려주었다. 그래도 노부타카는 응하지 않았다. 이는 키요스 회의의 결의를 무시하는 행동이었기에 히데요시가 노부타카를 압박할 이유는 이미 만들어진 셈이었다.

(4) 시작된 싸움

마침내 히데요시는 적의 기선을 제압하기 위해 공세에 나섰다. 다음 달인 11월 상순, 그는 5만의 대군을 이끌고 키타고슈(北江州)로 들어가 나가하마 성을 떨어뜨렸다. 이 성은 키요스 회의에서 카쓰이에가 중원 경영의 발판으로 삼기 위해 히데요시에게서 억지로 거두어들인 곳이었다. 수비를 맡고 있던 시바타 카쓰토요(柴田勝豊카쓰이에의 양자)는 히데요시에게 매수당하여 항복을 해버렸다. 히데요시는 비와코43) 북쪽에 있는 시즈가타케 일대에 3개의 요새를 지어 카쓰이에의 진출에 대비한 뒤, 말머리를 돌려 멀리 기후로 압박해 들어갔다. 기후 성은 삽시간에 니노마루44)까지 무너지고 말았으며, 노부타카는 당황하여 어쩔 줄 모르고 니와 나가히데에게 울며 매달려 화목을 청했다. 나가히데는 이때 이미 쓰쓰이 준케이·호소카와 타다오키·이케다 노부테루 등과 함께 히데요시를 따르고 있었다. 히데요시는 노부타카의 생모(노부나가의 첩)를 인질로 내놓고,

---

43) 琵琶湖. 시가 현에 있는 일본 최대의 호수. 쿄토 부근에 자리하여 역사적 사건의 중심지로 자주 등장한다.
44) 二の丸. 성의 중심지를 둘러싸고 있는 성곽을 혼마루(本丸)라고 하며, 그 혼마루를 바깥쪽에서 둘러싸고 있는 성곽을 니노마루라고 한다.

산보시마루를 보내라는 조건으로 화목을 허락했다.

포위를 푼 히데요시는 산보시마루를 받들고 아즈치로 물러나 어린 주군을 노부오에게 맡겨 거기에 두고, 나가하마 성에는 수비병을 남긴 채 같은 달 29일에 야마자키의 타카라데라 성으로 돌아왔다.

12월 23일, 히데요시는 아즈치로 가서 산보시마루를 알현하고 연말 인사의 예를 행한 뒤, 26일 타카라데라 성으로 돌아와 부하들의 노고를 위로하기 위해 성대한 잔치를 열었다. 이듬해인 텐쇼 11년(1583) 정월 초하루, 신년을 축하하는 술을 마시고 약간의 사람들만 거느린 채 타카라데라 성을 나와 준마에 채찍을 가하여 히메지로 곧장 달려갔다. 밤에는 벌써 본성에 도착했다. 히데요시는 데려온 자들을 각자의 집으로 돌려보내 휴식을 취하게 한 뒤, 자신은 그대로 축하연을 베풀어 히메지 성에 있는 장사들을 마음껏 즐기게 했다. 곧 자리에서 빠져나온 그는 사람들이 마음껏 마시고 노래하는 소리를 들으며 부하들의 전년도 공로에 보답하기 위해 은상 목록을 작성하기 시작했다. 답례품으로는 말·안장·칼·옷가지 등의 물건을 내놓았다. 목록이 완성되자 10명의 담당자를 선임하여 닷새 동안에 모든 준비를 마치라고 명령하고 천천히 식사를 한 뒤, 정월 들어 처음으로 잠자리에 들었다. 이미 2일의 정오 무렵이었다.

3일 정오 무렵이 되어서야 히데요시는 마침내 눈을 떴다. 24시간쯤 잠을 잔 것이었다.

"아아, 푹 잤더니 기분이 좋구나. 지금이라면 도깨비와 씨름을 해도 지지는 않을 게야."

기분 좋게 웃었다. 그리고 떡국을 먹은 다음 곧 사람들의 신년인사를 받았다.

7일에는 이미 쿄토로 나와 있었다. 이튿날 아즈치로 갔으며, 9일에는 어린 주군에게 연시의 인사를 올렸다. 이때 히데요시는 노부오와 회합하여 이세에 있는 타키가와 카즈마스를 칠 계획을 세웠다. 타키가와 카즈마스를 치는 동안 카쓰이에가 원군을 보낼지도 몰랐기에 니와 나가히데로 하여금 에치젠과의 경계에 방어공사를 진행하게 했으며, 시바타 카쓰토요와 함께 수비에 임하게 했다.

(5) 결전―시즈가타케 전투

정월 23일, 그는 느닷없이 이세로 침입했다. 카즈마스는 깜짝 놀라서 다급히 나가시마 성의 방어를 굳건히 하고 히데요시에게 대항하려 했다. 히데요시는 우선 카메야마 성을 공략하여 그곳을 노부오에게 진상하고 더욱 나아가 나가시마 성을 공격했다.

2월 7일, 오우미로부터 정보가 들어왔다. 홋코쿠는 아직 한풍이 매섭게 몰아치고 있지만 눈이 마침내 녹기 시작했기에 카쓰이에가 오우미로의 진출을 꾀하기 위해서 조카인 카가노쿠니(加賀国. 47) 오야마(尾山)의 성주인 사쿠마 모리마사를 선봉으로 삼아 군대를 출진케 했다는 것이었다. 히데요시는 곧 말머리를 돌려 오우미로 향했다. 10일에는 시즈가타케에 도착하여 텐진야마(天神山)에 진을 치고 각 장수들을 부근의 높은 지대에 배치했다.

그 무렵 카쓰이에의 선봉은 시즈가타케에서 북쪽으로 약 15리(6㎞)쯤 떨어져 있는 야나가세(柳ヶ瀬)까지 진출해 있었으며, 카쓰이에는 그 후방인 우치나카오야마(内中尾山)의 요해지에 본영을

설치하고 마에다 토시이에와 함께 머물러 있었다. 그리고 그는 비젠에 있는 옛 쇼군 아시카가 요시아키와 연락을 취해서 모리 테루모토로 하여금 히데요시의 후방을 위협하게 하려 했다.

히데요시 역시 에치고의 우에스기 카게카쓰(上杉 景勝)와 연락을 취해서 엣추로 진출하여 카쓰이에의 후방을 쳐달라고 의뢰했다.

3월 27일, 히데요시는 각 장수들을 다시 배치했다. 시바타 카쓰토요는 도기야마(堂木山)에, 호리 히데마사는 사네야마(左禰山)에, 나카가와 키요히데 등은 시즈가타케 오자키(尾崎)에, 하시바 히데나가(동생)는 타가미야마(田上山)에, 하치스카 마사카쓰(蜂須賀 正勝)는 키노모토(木之本)에 각각 포진케 했다. 뒤이어 나카가와 키요히데를 오오이와야마(大岩山)로 나아가게 했으며, 타카야마 시게토모(高山 重友)로 하여금 이와사키야마(岩崎山)의 요해지를 지키게 했다. 그리고 한 부대는 카쓰이에의 후방을 바다 위에서 견제하게 했으며, 유격대인 니와 나가히데는 비와코의 호숫가에서 쓰루가구치(敦賀口) 방면을 경계했다. 이 진영 배치는 적에 비해서 훨씬 더 정비된 것이었다. 그런 다음 히데요시는 일단 나가하마 성으로 물러났다.

4월 5일, 카쓰이에는 스스로 출마하여 사네야마의 진을 공격했다. 그러나 히데마사가 잘 방어했기에 하시바 쪽의 포진을 흔들지는 못했으며, 전국은 별다른 진전을 보이지 못했다. 같은 달 13일에는 도기먀아에 있는 카쓰토요 소속의 한 부장이 카쓰이에에 내응하여 일을 도모하려 했으나 사전에 발각되어 커다란 일로는 번지지 않았다. 내응하려던 자는 카쓰이에 쪽으로 달아났으며, 그가 인질로 맡겨두었던 자는 책형에 처해졌다.

그런데 16일, 기후에 있던 노부타카가 카쓰이에에 호응하여 일어나 히데요시를 배후에서부터 치려 한다는 정보가 들어왔다. 히데요시는 곧 미노로 향했으며, 17일에 오오가키(大垣)로 들어가 노부타카를 위협했다.

20일, 적의 맹장인 사쿠마 모리마사가 1만여 기를 이끌고 요고(余吾) 호수의 서쪽 기슭을 따라서 하시바 군의 후방으로 돌아들어가 나카가와 키요히데가 지키고 있는 오오이와야마의 보루에 맹공을 퍼부었다. 키요히데가 선전하여 잘 막았으나 진 뒤편에 불을 질렀기에 마침내는 패해서 그와 부하들 모두 전사하고 말았다. 카쓰이에는 모리마사에게 얼른 병사들을 거두어 돌아오라고 명령했으나 승리감에 젖어 있던 모리마사는 좀처럼 물러나려 하지 않았으며, 오히려 카쓰이에의 출동을 재촉했기에 카쓰이에도 어쩔 수 없이 본영을 떠나서 키쓰네즈카(狐塚)까지 똑바로 진군했다.

한편 하시바 히데나가가 급히 사람을 보내서 이러한 사실을 오오가키에 알렸다. 듣자마자 히데요시는 흔연히 여기며 자리에서 일어나 허리에 찬 칼을 슥 빼서 투구 정면에 대더니,

"궁시의 신, 싸움은 틀림없이 이길 것이다. 모두 출진 준비를 하라."라고 말하고 힘차게 달려나갔다. 호리오 요시하루·우지이에 사쿄(氏家 佐京) 등을 기후에 남겨 노부타카를 견제케 한 뒤, 스스로는 그대로 오우미를 향해 채찍을 들었다. 각 장병들이 대장에게 뒤처져서는 안 된다며 그 뒤를 따라 똑바로 달려나갔다.

『카와스미 태합기』에서는 이때 급히 달려나가는 군의 모습을 다음과 같이 기록했다.

<가는 길마다에 있는 촌장, 부농 등도 불러내서, "곳간을 열어

밥을 지어라. 말의 먹이에는 겨를 섞어라. 앞장서 평소 쌓아둔 쌀을 내어 밥을 지어라. 쌀의 값은 농민이 자신의 쌀을 내면 훗날 10배로 갚아주겠다. 서둘러라, 서둘러."라고 자신이 외치며 다녔다. "밥이 다 익으면 빈 가마니의 앞뒤, 가마니의 끝을 그대로 두어라. 가마니를 그릇 모양으로 잘라 안을 소금물로 잘 적시고 밥을 넣어라. 밥이 준비되면 우마에 실어 시즈가타케를 향해서 서둘러 나아가라. 쌀겨에는 나뭇가지나 종이 등을 표식으로 붙여라. 뒤따라오는 자들 중에는 지친 자들이 많을 것이다. '이것은 밥입니다. 드십시오, 드십시오.'라고 말하라. 틀림없이 배고픈 자들이 많을 것이다. 빼앗으려는 자가 있으면 그대로 빼앗게 두어라. '옷에 싸도 좋고, 수건 등에 싸도 좋습니다.'라고 말하여 마음껏 취하게 하라. 설령 빼앗은 밥이라 할지라도 앞으로 가져가면 전부 도움이 될 것이다. 표식이 있는 가마니를 밥이라 생각하여 취하려는 자가 있으면 '이것은 말의 먹이입니다만 필요하시다면 이것도 가져가시기 바랍니다.'라며 그것도 역시 건네주어라.">

이처럼 분주한 때에도 참으로 빈틈이 없는 히데요시였다.

칸논지(観音寺)까지 왔을 때에는 뒤에서부터 병사들이 뒤따라와 2천여 기쯤이 되었다. 이렇게 해서 그날 밤에 히데요시는 이미 시즈가타케에 도착했으며, 우선은 인마를 쉬게 했다.

이튿날인 21일의 이른 새벽, 히데요시는 벌써부터 모리마사를 공격하기 시작했다. 모리마사는 전날 밤에 히데요시가 착진했다는 소식을 듣고 그제서야 깊숙이까지 들어온 것을 후회하고 진용을 갖추어 은밀히 후퇴하려 했으나 전날의 격전으로 장졸들이 매우 지쳐 있어서 마음대로 움직일 수도 없을 때에 히데요시가 공격을 해왔기에 진지로 들어가 맞설 여유도 없이 진형은 곧 혼란에 빠지고 말았다. 히데요시의 휘하들이 그러한 적에게 맹공을 퍼부었다. 당시 아직 시동이었던 카토 키요마사(加藤 清正)·후쿠시마 마사노리(福島 正則)·카스야 타케노리(糟屋 武則)·와키자카 야스하루(脇坂 安治)·히라노 나가야스(平野 長泰)·카타기리 카쓰모토(片桐 且元)·카토 요시아키라(加藤 嘉明) 등, 이른바 시즈가타케의 일곱 창이라 불렸던 자들과, 세 자루 칼이라 불렸던 이시카와 카즈미쓰(石川 一光)·사쿠라이 사쿄(桜井 左吉)·이기 한시치로(伊木 半七郎) 등이 각자 사쿠마 휘하의 각 부대를 공격하여 부장의 목을 베었다.

히데요시는 달아나는 사쿠마 군을 더욱 추격했다. 각 보루에 있던 하시바 군도 한꺼번에 함성을 지르며 사방에서 공격했다. 모리마사는 마침내 달아날 곳을 잃고 산속으로 숨어버렸다.

모리마사가 패했다는 사실을 안 카쓰이에는 스스로 병사들을 이끌고 나아가 단번에 히데요시와 결전을 치르려 했으나, 휘하의 장졸들 가운데 싸워보지도 않고 달아나는 자들이 속출했기에 남은 병력은 겨우 3천밖에 되지 않았다. 이렇게 해서 승패가 대충 가늠이 되었기에 부하인 멘주 쇼스케(毛受 勝介)의 간언을 받아들여 싸울 마음을 거두었다. 멘주는 이때 카쓰이에의 깃발을 받아 주인 대신 힘껏 싸우다 전사하고 말았다. 그 사이에 카쓰이에는 북쪽으로 달아났다. 카쓰이에의 병사들이 싸워보지도 않고 달아난 것은 히데요시가 손을 써서 미리 매수해두었기 때문이라고 한다.

적이 북쪽으로 달아나버리자 히데요시는 서둘러 산에서 내려와,

"어수선하게 멀리까지 뒤를 쫓아서는 안 된다. 이 앞은 산간의

험한 곳이 많고, 카쓰이에는 예로부터 강자였으니 어딘가에 대비를 해두고 우리가 오기를 기다리고 있을지도 모른다."라며 각 부대들을 제지하여 우선은 군세를 정비하기에 힘썼다.

이날의 전투는 새벽부터 정오 무렵까지 격전이 펼쳐졌고, 6시 무렵까지도 각지에서 작은 전투들이 행해졌기에 적과 아군 모두에서 수많은 사상자들이 나왔다. 히데요시가 산에서 내려왔을 때도 곳곳에 양쪽 군의 사상자들이 어지러이 쓰러져 있었다. 그러한 자들 가운데는 아직 목숨이 붙어 있는 사람들이 많았는데, 초여름의 뜨거운 태양이 가차 없이 내리쬐고 있었기에 몸부림치며 괴로워하고 있었다. 이러한 모습을 본 히데요시는 가슴 아프게 생각하여 어떻게 해줄 수 없을까 궁리하고 있었는데, 문득 맞은편 산을 보니 마을의 남녀들이 여럿 모여서 각자 삿갓으로 해를 가린 채 싸움이 끝난 전장의 생생한 모습을 구경하고 있었다. 히데요시는 잡역부들에게,

"맞은편 산으로 급히 가서 구경하고 있는 자들에게, '너희들이 쓰고 있는 삿갓을 주어라. 그 대신 크게 상을 내리겠다.'라고 말하여 삿갓을 받아가지고 오너라."라고 명령했다. 잠시 후, 잡역부들이 삿갓을 가지고 돌아오자 히데요시는 부상자들에게 삿갓을 씌워주며 돌아다녔다. 그것을 본 사람들은,

"참으로 천하를 다스리려 하는 대장은 마음 씀씀이가 다르구나." 라며 감탄했다.

(6) 카쓰이에의 몰락

카쓰이에는 21일 저물녘에 자신의 거성인 키타노쇼(北ノ庄후쿠

이)로 돌아가 성을 지키고 있던 근신을 불러 시즈가타케에서의 패전을 알리고 서둘러 농성을 위한 수비태세를 갖추게 했다.

히데요시는 뒤를 쫓아 최후를 결정짓기 위해 적지 깊숙이 에치젠까지 들어갔다. 22일에는 후추(府中타케후)로 들어갔다. 그곳은 마에다 마타자에몬(又左衛門) 토시이에의 거성이었으나, 토시이에는 이미 히데요시의 권고에 따라서 항복을 한 상태였기에 히데요시는 그 성으로 향했다. 하시바 군은 승리감에 젖어서 기세등등했기에 함성을 지르며 성문으로 달려들었다. 그 모습을 본 성 안의 병사들은,

'드디어 하시바 군의 공격이 시작되었다. 마침내는 타케후(武生) 성을 쳐서 떨어뜨릴 심산인 듯하다.'라고 생각했기에 그들 역시 흥분하여 일제히 철포를 쏘기 시작했다. 후진에 머물며 이러한 모습을 본 히데요시는 서둘러 자신의 병사들을 진정시키고 퇴각을 명한 뒤, 스스로 깃발을 앞세워 병사 몇 명만을 데리고 성문으로 다가갔다. 성 안의 병사들이 이를 보고 다시 일제히 총구를 겨누었다.

"쏘지 말게, 쏘지 말게. 치쿠젠(히데요시) 일세."

커다란 목소리로 말했기에 성 안의 병사들도 총구를 거두었다. 히데요시는 그대로 성으로 들어가 토시이에와 대면하고 처자들의 인사를 받은 뒤, 찻물에 만 밥을 한 그릇 청했다. 그런 다음 토시이에의 병사들을 선봉으로 삼아 키타노쇼로 밀고 들어갔다.

23일, 키타노쇼 성은 대군에 둘러싸였으며, 곧 텐슈카쿠(성의 중심건물) 아래까지 적들이 밀고 들어왔다. 카쓰이에는 이미 최후를 직감했기에 그날 밤, 부인 오이치(노부나가의 동생)와 함께 성 안의

장수들과 결별의 잔치를 열었으며, 오이치는 전 남편인 나가마사와의 사이에서 태어난 차차(茶々 훗날의 요도기미, 당시 16·7세)를 히데요시에게 맡겼다. 이튿날인 24일, 카쓰이에는 우선 오이치의 소망에 따라서 그녀를 벤 뒤, 자신은 성 안에 불을 지르고 그 화염 속에서 자결했다. 키요스 회의가 행해진 날로부터 겨우 10개월 만에 히데요시의 경쟁자는 이처럼 덧없이 몰락하고 말았다.

(7) 잔당 토벌

파죽지세로 에치젠을 석권한 하시바 군은 더욱 진군하여 카가노쿠니로 침입했다. 노토노쿠니(能登国. 48)·엣추노쿠니의 무사들이 찾아와 항복을 했고, 에치고의 우에스기 카게카쓰도 인질을 내놓으며 화목을 청했다. 이렇게 해서 에치고까지 전부 히데요시의 손 안으로 들어왔기에 그는 토시이에에게 카나자와(金沢)를 주고, 니와 나가히데에게는 에치젠 및 카가의 2개 군을 주어 지금까지의 공로에 보답했다.

한편, 기후의 노부타카는 히데요시에 응해서 일어난 키요스의 노부오의 공격을 받아 패색이 짙었기에 작은 배를 타고 치타(知多) 반도의 우치미(内海)까지 달아났으나 적이 바짝 추격해왔기에 어찌할 줄 몰랐으며, 유일하게 의지하고 있던 카쓰이에마저 목숨을 잃었다는 사실을 알게 되었기에 완전히 절망하여 5월 2일에 노마(野間)의 쇼호지(正法寺)에서 자결했다. 예전에 히데요시에게 인질로 보내두었던 그의 생모도 이미 아즈치에서 책형에 처해진 이후였다.

이렇게 되자 타키가와 카즈마스도 이제는 적대시할 용기가 사라져버리고 말았다. 마침내 히데요시의 군문에 항복했으며, 에치젠의 오오노(大野)로 옮기게 되었다. 그의 성이었던 나가시마는 노부오에게 주었다.

이렇게 해서 히데요시에게 대항하던 일당은 허무하게도 무너졌다. 옛 세력은 완전히 무너지고 신흥 히데요시가 노부나가의 유업을 계승할 운명이 결정된 것이었다. 돌아보면 앞선 해의 6월, 노부나가의 흉보를 추고쿠에서 들은 날로부터 겨우 11개월, 그 사이 히데요시의 활약은 참으로 눈부신 것이었다. 그 민첩함과 정력, 세심하고 주도면밀한 계략과 용단은 도저히 범인이 접근할 수 없는 것이었다.

그러나 이것으로 천하가 그의 손으로 굴러들어온 것이라고는 아직 낙관할 수 없었다. 노부나가 아래에 있던 장수들은 이미 그의 휘하로 들어왔고, 새로이 호쿠리쿠 지방의 군웅들까지 그의 산하로 들어왔으며, 지방에 현존하는 변방의 영웅 따위는 생각할 것도 없었지만, 여전히 오다 씨 가운데 노부오가 있었으며, 토카이도45)에는 노부나가의 맹우인 토쿠가와 이에야스가 있었다. 이 두 사람을 어떻게 제어하느냐 하는 것이 앞길에 놓인 가장 커다란 과제였다.

---

45) 東海道. 일본의 옛 행정구역인 5기 7도 가운데 하나. 혼슈의 태평양 쪽에 면한 지방.

제2편 천하평정

1. 오오사카 축성

카쓰이에는 목숨을 잃었고 카즈마스는 항복했으며 나가히데·노부테루·토시이에 등은 부하가 되었기에, 이제 히데요시는 킨키 및 홋코쿠를 자신의 세력권 안에 두게 되었다. 이미 노부나가의 유업을 이었을 뿐만 아니라 천하평정의 대업을 한 걸음 더 전진시킨 것이었다. 이에 통일이라는 이상을 실현할 본거지로 장대한 성곽을 가질 필요가 생겼다. 따라서 예전부터 노부나가가 눈여겨 봐왔던 오오사카(옛 혼간지의 이시야마 성터)에 대규모 축성을 시작했다. 텐쇼 11년(1583) 5월, 노부타카가 목숨을 잃은 지 얼마 지나지 않은 시점에서부터 그 준비는 시작되었다.

공사를 시작한 것은 같은 해의 11월부터였던 듯하다. 히데요시는 각 제후들에게 명하여 30여 개 쿠니로부터 인부를 모으게 하고, 석재를 바닷길로 옮겨 우선 성벽 공사부터 시작했다. 축성 진행에 관해서는 사료가 없기에 분명하지 않으나, 당시의 서교(西敎) 선교사의 보고서에 의하면 대략 다음과 같았다.

〈1582년[46]부터 밤낮으로 3만 명의 인부가 일했으며, 공사가 진행됨에 따라서 인수는 몇 배가 되었으나 그래도 3년여가 걸려서

---

46) 본문의 내용과는 다르나 원서에 따르도록 하겠다.

마침내 낙성되었다. 돌담 축조에 종사한 인부는 그 숫자가 매우 많았는데, 각각 담당구역을 정해서 공사를 진척시켰다. 그런데 밤이면 해자에 물이 찼기에 그것을 퍼내는 것만 해도 커다란 일이었다. 돌담은 실로 거대한 돌로 쌓아서 높고 컸는데 오오사카에는 돌이 없었기에 멀리서 옮겨왔으며, 그것은 참으로 커다란 일이었다. 오오사카에서 200리(80km)·300리(120km) 정도 부근에 있는 다이묘들이 배로 돌을 옮겼다. 사카이 항구에서만도 매일 200척씩의 석재운반선이 출범했다. 천 척이 넘는 수많은 석재운반선이 뱃머리와 뱃고물을 맞물고 차례차례로 입항하는 모습도 종종 볼 수 있었다. 공사에 대한 감독은 매우 엄중해서 인부는 축석의 위치를 한 번이라도 틀리면 곧 몸과 머리가 떨어져버렸다. 다이묘들도 자기 소속의 인부가 줄어들거나 그들이 게으름을 피워 공사의 진척이 더디면 추방당하거나 관직을 빼앗겼다. 그들은 전전긍긍하며 오로지 공사를 서둘렀다. 이렇게 해서 완성된 오오사카 성은 하늘 높이 솟았으며, 그 누각에 칠한 금박이 빛나서 멀리서도 한눈에 알아볼 수 있었다.〉

일본의 사정에 어두운 외국인이 관찰한 내용이니 얼마간 감안해서 읽어야 할 테지만, 아마도 사실에서 그리 멀지 않은 상태였으리라 여겨진다. 어쨌든 인부가 7·8만에서 10만 명쯤 동원되었다는 기록이 있다.

텐슈카쿠는 8층이었다. 이를 5층이라고 적은 기록도 있으나 5층은 에도 시대에 세운 텐슈카쿠이고 7층이었던 아즈치 성보다 더 크게 세운 오오사카 성은 8층이었다고 한다. 기초를 단단히 쌓아올린 성벽은 단면이 오목한 곡선을 그리고 있고 커다란 돌을 썼기에 도저히 기어오를 수가 없었다. 지금도 남아 있는 오오테몬(大手門) 안의 돌은 그 1개만으로도 훌륭한 성벽을 이룰 정도로 거대하다. 해자의 깊이 또한 놀라운 것이어서 통로를 지나지 않고는 밖에서 도저히 들어갈 수가 없다. 그곳에 충분한 식량을 쌓아두고 굳게 지키면 밖에서 아무리 공격을 해도 당시의 전술로는 절대 떨어뜨릴 수 없는 성이었다. 단지 장대하고 견고하기만 한 것이 아니라, 모모야마 시대47) 양식의 특색을 가진 장엄하고 우아한 성이었다. 특히 금으로 만든 샤치호코48)가 햇빛을 받아 반짝이는 모습은 그 찬란함에 숨이 막힐 정도로 아름다웠다. 성이 완성되자 히데요시는 기쁨을 견디지 못하고,

〈살아 있는 혼의 성 돌담 쌓아올려, 높은 훈공 구름 위까지〉라는 노래를 읊었다고 전해진다.

오오사카 성은 물론 전쟁을 위한 성곽이기는 했으나, 동시에 사저[私邸]도 겸하고 있었다. 혼마루의 중앙에 8층짜리 텐슈카쿠가 솟아 있었다. 이는 하나의 전망탑으로써 전쟁에도 도움이 되었을 테지만, 주요한 목적은 위용을 내보이기 위한 하나의 광고탑이었다. 각 층에 무구·금은화·외국의 진귀한 그릇 등이 가득 들어차 있었다고 하니 한편으로는 장대한 창고 역할도 맡고 있었던 셈이다. 그 남쪽에 어전(저택)이 있었다. (그 후 케이초 시절(1596~1615), 여기에 커다란 저택이 지어졌으며, 천하의 정청[政廳]으로 삼았다. 이를 센조시키(千畳敷)라고 불렀다.) 센조시키 쪽으로 누문[樓門]이

---

47) [桃山時代] 일반적으로는 오다 노부나가가 정권을 쥐었던 아즈치 시대와 더불어 아즈치·모모야마 시대(1573~1603)라고 부른다.
48) 鯱. 용마루 양 끝에 장식하는 곤두선 물고기 모양의 장식물로 머리는 호랑이 같고 등에 가시가 돋쳐 있다.

있었다. 이것이 혼마루의 정문이다. 텐슈의 북쪽은 이른바 야마자토마루(山里丸)로 거기에 아녀자들의 거처도 있었으며, 운치 있는 다실 등도 있었다. 부인(훗날의 키타노만도코로)도 거기에 머물렀다. 훗날 요도기미(淀君)가 머물던 곳도 여기다. (아시타쿠루와(芦田曲輪)는 야마자토마루를 말하는 것이리라.) 그 북쪽이 혼마루의 후문인데 고쿠라쿠바시(極樂橋)로 니노마루(西の丸)와 연결되어 있다.

혼마루의 외곽은 해자를 사이에 두고 니노마루다. 그 서쪽(텐슈카쿠의 정서쪽)에 니시노마루가 있다. 여기에 첫 번째 측실인 쿄고쿠(京極) 씨(쿄고쿠 타카쓰구의 누나, 훗날의 마쓰노마루)를 두었다. 그녀가 처음에 니시노마루 마님이라고 불렸던 것은 그러한 이유에서였다. 니노마루 바깥으로 깊은 해자를 사이에 두고 산노마루(三の丸). 이곳은 히데요리(秀頼) 멸망 이후 시가지가 되었으나, 당시 북쪽은 요도가와, 동쪽은 야마토가와(大和川), 서쪽은 히가시요코보리가와(東横堀川), 남쪽은 물이 없는 해자로 이어지는 광대한 부분으로 둘레가 30리 8정(12.6km)이었다고 한다. 코라이바시(高麗橋)가 그 정문에 해당한다.

이 장대하기 짝이 없는 성곽은 히데요시의 부강함을 상징하는 것이자, 그것을 과시하기 위한 것이었다. 히데요시는 종종 사람을 끌고다니며 성 안을 보여주었다. 이는 사람들에게 자랑하여 경탄케 만들고, 또 이 정도의 성을 조영할 수 있는 히데요시의 부와 위력에 대해서 도저히 대항할 수 없으리라는 사실을 통감케 하기 위해서였다. (노부나가가 아즈치 성을 쌓았을 때도 역시 마찬가지였다.)

2. 이에야스와의 충돌(코마키야마 전투)

(1) 히데요시와 노부오의 관계

이미 노부나가의 유업을 계승하여 옛 동료들을 거의 자신의 산하로 모은 히데요시도 노부나가의 아들인 노부오만은 신하처럼 대할 수 없는 존재였다. 이세의 타키가와를 쳤을 때도, 카메야마 성과 나가시마 성을 그에게 바쳐 경의를 표하지 않을 수 없었다. 하지만 그로 하여금 (스스로 손을 쓰는 방법은 피하고) 노부타카를 제거하게 한 지금에 와서는, 더 이상 그를 이용해야 할 필요도 없었으며, 오히려 옛 주인의 아들로서 무슨 일에나 방해가 될 뿐이었다. 적당한 기회가 오면, 아니 어떤 구실만 만들어진다면 그를 주인 취급하지 않으면 안 되는 관계를 청산할 필요가 있었다.

노부오도 자신의 입장을 생각하지 않으면 안 되었다. 그는 아버지의 신하에서 벼락출세를 한 히데요시가 언제부턴가 아버지를 대신하게 되었다는 사실을 깨닫고는 새삼스레 안타까운 일이라고 생각했다. 특히 히데요시가 점차 자신을 무시하려 하고 있다는 사실이 불만이었다. 그러나 그를 압도하여 자신이 그를 대신할 수 없다는 사실도 분명히 알고 있었기에, 그를 견제하여 자신의 지위를 옹호하기 위해서는 누군가 유력한 후원자를 찾아내지 않으면 안 되었다. 그리고 그러한 자신의 희망을 의탁할 만한 자는 아버지의 맹우였던 토쿠가와 이에야스 단 한 사람뿐이라는 사실도 알고 있었다. 다행히 그는 예전에 이에야스와 친밀한 사이였기에 히데요시가 점차 세력을 얻어 자신을 안중에도 두지 않게 되어감에 따라서 이에야스에게 더욱 접근해갔다.

(2) 이에야스와 노부오

이에야스는 예전에 노부나가와 공수동맹을 맺고 오로지 동방 경영에만 전념했었다. 그들 사이에는, '둘 중 누가 됐든 천운을 얻어 경략에 성공한 자가 천하를 호령할 것. 그때 다른 한쪽은 무조건 그 아래로 들어갈 것'이라는 굳은 계약이 있었다. 노부나가도 그 정도로 이에야스의 인물과 역량에 경의를 표하고 있었던 것으로, 결코 부하라고는 생각지 않았다. 이러한 사실은 미쓰히데 반역의 도화선이 된, 아즈치에서 노부나가가 이에야스를 접대한 모습에서도 알 수 있다. 이에야스는 카와치에서 노부나가의 부고를 접한 순간, 지금이야말로 맹우를 대신하여 커다란 뜻을 이루어야 할 때라고 생각하고 미카와노쿠니(三河国. 51)로 돌아가자마자 곧 상경하여 우선 복수전을 펼치기 위한 출진 준비를 서둘렀다. 동시에 이세·오와리의 이름 있는 무사들에게도 참가를 권했으며, 멀리 오우미 코가의 무사에게도 기청문[起請文]을 보내서 연락을 취했다. 그리고 6월 14일에 오카자키(岡崎)를 출발하여 19일에 아쓰타(熱田)에 도착했는데, 그때 히데요시의 사자가 미쓰히데를 제거했다는 소식을 가지고 왔다. 그는 자기 소유의 쿠니가 지리적 이점을 가지고 있지 못하다는 사실을 안타깝게 여겼으리라. 어쩔 수 없이 하마마쓰로 물러났으며, 이후부터는 오로지 동방으로 세력을 확장하려 카이노쿠니(甲斐国. 56)·시나노노쿠니(信濃国. 57)의 경략에 임했다. 그 때문에 호조 씨와 충돌했으나, 이듬해 11월에는 호조 씨와도 화목하여 카이 및 시나노의 남반부 병합을 승인받았다. 이렇게 해서 이에야스는 미카와·토오토우미·스루가·

카이 및 시나노의 남부를 영유하는 커다란 세력이 되었다.

이에야스는 자신의 실력에 충분한 자신감을 가지고 있었지만, 천하의 대세가 히데요시를 중심으로 움직일 것이라는 사실은 잘 알고 있었다. 자연스럽게 언젠가는 그와 승부를 가려야 할 것이라는 사실도 계산에 넣고 있었다. 그때의 정세에 따라서 자신의 힘이 우세하다면 문제 삼을 필요도 없을 테지만, 만약 히데요시의 세력이 더욱 강대하다면 어쨌든 그에게 자신의 가치를 충분히 보여주어 스스로를 비싼 값에 팔아야겠다고 생각했다. 이러한 그의 마음은 그 후의 그의 행동으로 추측해볼 수 있다.

히데요시가 킨키 지방을 평정하고 시바타 카쓰이에를 토멸했을 때, 이에야스는 사람을 쿄토로 보내서 히데요시에게 차단지를 주어 축하의 뜻을 표했다. 히데요시도 역시 그러한 호의를 높이 사서 조정에 청하여 종3위 참의(參議산기)라는 벼슬을 내리게 했다. 그 무렵 히데요시는 겨우 종4위하 참의(5월 22일부)가 되었을 뿐으로, 이에야스쪽의 지위가 더 높았다. 이러한 사실로도 히데요시가 이에야스의 비위를 맞추려 했다는 사실을 알 수 있다.

노부오와 이에야스는 점점 더 친밀도를 더해갔다. 이에야스가 호조 씨와 다툴 무렵, 양자 사이에서 노력하여 화목하게 한 것도 노부오였다. (그것은 히데요시와 카쓰이에가 정면충돌을 하려 하던 때였다.) 그해도 저물었으며 카쓰이에·노부타카 등은 마침내 몰락했고, 노부오가 산보시를 데리고 아즈치에 있던 텐쇼 12년 (1584) 정월에 이에야스는 일부러 사람을 보내서 새해 인사를 하게 했다. 그 무렵, 히데요시의 노부오에 대한 불신의 태도는 더욱 고조되어 있었다. 노부오로서는 아버지의 후계자인 산보시를 끌어안고 천하를 호령할 생각이었으나, 히데요시는 그를 전혀 안중에도 두지 않았을 뿐만 아니라 다른 옛 신하들은 속속 아즈치로 신년인사를 왔음에도 히데요시는 끝내 찾아오지 않았다. 노부오는 히데요시에 대한 반감이 더욱 커졌다.

그해 2월, 이에야스는 하마마쓰에서 사카이 타다시게(酒井 忠重)를 밀사로 보내서 노부오에게 무엇인가를 고했다.

히데요시는 노부오와의 관계를 청산할 기회를 만들기 위해서 노부오의 노신 가운데 오와리 호시자키(星崎)의 성주인 오카다 나가토(지)노카미, 역시 오와리 야스가(安賀)의 성주인 아자이 타미야마루(浅井 田宮丸), 이세 마쓰가시마(松ヶ島)의 성주인 쓰가와 겐바노조 요시후유(津川 玄蕃允 義冬) 세 사람에게 이익을 주어, 그들이 마치 히데요시와 내통하고 있는 것처럼 보이게 했다. 그들은 주군 노부오를 무시하는 듯한 태도를 취했다. 크게 화가 난 노부오는 텐쇼 12년(1584) 3월에 그들을 거성인 나가시마로 불러들여 처단해버렸다. 이야말로 히데요시의 술수에 걸려든 셈이었다. 히데요시에게는 트집을 잡을 명분이 생겼다.

노부오도 그것이 히데요시와의 다툼의 계기가 되리라는 사실은 알고 있었다. 급히 서장을 이에야스에게로 보내서 만일의 사태가 벌어지면 모쪼록 도움을 달라고 청했다. 그러자 이에야스는 곧(3월 8일) 8천의 병사를 이끌고 하마마쓰를 출발하여 일부러 키요스까지 가서 노부오와 만나, 만약 히데요시가 출병하면 의[義]에 따라서 반드시 구원하겠다고 약속하고 전략을 세워서 노부오를 크게 격려했다. 때는 3월 13일이었다.

(3) 서전

아니나 다를까 히데요시는 곧 전투준비에 들어갔다.

정세가 급박하게 돌아가자 우선 외교전이 시작되었다. 노부오는 이에야스에게 도움을 청함과 동시에 시코쿠의 초소카베 모토치카(長曽我部 元親)에게 사정을 설명하고 원조를 의뢰했다. 오다·토쿠가와의 작전은 엣추의 삿사 나리마사에게 카가·에치젠을 위협케 하고, 모토치카로 하여금 오오사카를 치게 하고, 또 키이노쿠니(紀伊国. 36)의 네고로(根来)·사이가(雑賀)의 승려들에게도 오오사카로 병사를 보내게 하여 동서남북에서 서로 호응하여 히데요시를 공격하자는 것이었다. 히데요시도 결코 방심하지 않았다. 나리마사는 카가의 마에다 토시이에와 에치고의 우에스기 카게카쓰에게 협공케 했으며, 우에스기에게는 칸토에서 코신49)까지도 치게 해서 이에야스의 배후를 위협하겠다는 계획을 가지고 있었다.

히데요시 편에 선 미노 오오가키의 성주 이케다 노부테루와 그의 사위인 같은 쿠니 카나야마(金山)의 성주 모리 나가요시는 만단의 준비를 갖추고 공을 세울 때가 오기만을 기다리고 있었다. 오와리 이누야마(犬山)의 성주인 나카가와 사다나리(中川 定成)가 노부오의 명령에 따라서 이세로 출병하여 이누야마 성 안의 병사가 적다는 사실을 안 노부테루는 13일에 오오가키를 출발하여 급히 가서 곧 이누야마 성을 점령했다. 이는 서군(히데요시)의 첫 번째 성공이었다. (이케다 쇼뉴(池田 勝入), 혹은 쇼뉴사이(勝入齋)라고 불리는 사람이 바로 그다.)

---

49) 甲信. 카이노쿠니와 시나노노쿠니를 아울러 이르는 말.

　바로 그날, 이에야스는 키요스에서 노부오와 회견했다. 서군의 움직임을 본 이에야스는 히데요시의 주력이 이세를 치지 않고 노부오의 본거지로 밀고 들어오기 위해 미노에서 오와리, 특히 이누야마 방면으로 진출할 것이라는 사실을 깨달았기에, 기선을 제압하기 위해서 코마키야마(小牧山)를 점령하고 그곳에 요새를 쌓기 시작했다. 이는 동군(이에야스)의 대성공이었다. 코마키야마는 예전에 노부나가도 한때 근거지로 삼았던 땅인데, 키요스에서 30리(12km), 이누야마에서 25리(10km) 떨어져 있으며 오와리 평원에 우뚝 솟아 있는 구릉으로 부근의 평야를 한눈에 바라볼 수 있어서 서군의 움직임을 훤히 내려다볼 수 있고, 또 굉장한 요해지이기도 했다. 이에야스는 그 정상에 본영을 설치하고 카니시미즈(蟹清水)·키타토야마(北外山)·쓰다(津田)에 보루를 쌓아 반원형으로 방비공사를 하게 했으며, 오바타(小幡)에도 요새를 설치하여 미카와로 통하는 길을 지키게 했다.

　모리 나가요시는 노부테루의 수훈을 보고 크게 부러워하여 자신도 공을 세우기 위해 니와고오리(丹羽郡) 하구로(羽黒)로 진출하여 요새를 쌓고 키요스에 대해서 시위를 했다. 그러자 이에야스는 이세로 출동해 있던 사카이 타다쓰구(酒井 忠次)를 소환하여 키요스에 두었는데, 타다쓰구는 17일에 사카키바라 야스마사(榊原康政) 등과 하구로를 공격하여 나가요시를 격파했다. 나가요시는 커다란 손해를 입고 달아났다. 이 사실을 안 노부테루가 구원하려 했으나 중론이 그만두자는 쪽으로 기울었기에 이를 갈며 그만두었다. 타다쓰구 등도 역시 이에야스의 명령에 따라서 키요스로 퇴각했다.

한편 노부오의 영지인 이세에서는 히데요시의 달콤한 제안에 응한 옛 영주 타키가와 카즈마스가 대대적으로 약탈을 자행하고 있었다. 노부오는 이세를 지키기 위해서 이세의 북쪽으로 향했으며, 우선 적에게 점령당한 카메야마 성을 공격하여 그곳을 불태우고 미네(峰) 성을 수축하여 그곳에서 히데요시의 내습에 대비하기로 했다. 그러나 히데요시의 명령을 받은 가모우 우지사토 등이 공격했기에 성은 곧 떨어져버리고 말았다.

(4) 히데요시 출진

같은 달 19일, 히데요시는 오오사카를 출발하여 오와리로 향하려 했으나, 이에야스의 권유에 따라서 일어난 네고로·사이가의 승병들이 이즈미노쿠니(和泉国. 34)로 진출했기에 그 형세를 보기 위해 출발을 미루었다. 곧 키시와다(岸和田)의 성주인 나카무라 카즈우지(中村 一氏) 등이 무장봉기 군을 격퇴했기에 21일에 10만의 대군을 이끌고 오오사카를 출발, 27일에 키소가와(木曾川)를 건너서 이누야마 성으로 들어갔다. 그곳에서 여러 장수들과 논의하여 코마키야마에 대항하기 위한 성을 만들기로 하고, 우선 코마키야마에서 동쪽으로 5리(2km)쯤 떨어진 곳에 있는 요해지 후타에보리(二重堀)에 수비병을 두었으며, 북쪽으로 코마쓰데라야마(小松寺山)·우치쿠보야마(内窪山)·이와사키야마(岩崎山)·아오즈카(青塚) 등에 요새를 만들어 각 장수를 배치하고, 가쿠덴(楽田)에 본영을 설치하기 위해서 요새 구축을 서둘렀다. 10만 대군이 마을 곳곳에, 봉우리 곳곳에 진을 쳤기에 밤이 되면 그 횃불이 하늘을 불태우는 듯 여겨졌다.

그러나 양 군 모두 서로 정면대항을 이어가면서도 쉽사리 움직이려고는 하지 않았다.

4월 5일, 히데요시는 본영을 가쿠덴으로 옮겼다.

(5) 나가쿠테 전투

이케다 노부테루·모리 나가요시 등은 오와리 방면의 주력부대로서 커다란 공을 세우지 않으면 안 되었다. 그랬기에 피차 덧없이 대진하고만 있는 상황을 답답히 여겨 단번에 이에야스의 본거지인 미카와로 공격해 들어가기 위해서,

"지금 이에야스는 쿠니를 비우고 전장에 있으니, 그 허를 찌르고 싶습니다."라고 히데요시에게 청했다. 이것은 굉장한 묘책이지만, 동시에 매우 커다란 모험이기도 했기에 히데요시는 이를 허락하지 않았다. 그러나 노부테루가 자꾸만 원했기에 마침내는 허락하고, 그 대신 충분히 경계하여 경거망동하지 말고 곧장 달려나가라고 주의를 주었으며, 호리 히데마사와 조카인 미요시 히데쓰구(三好 秀次) 등에게 그 원조를 명했다. 노부테루 등은 펄쩍 뛸 듯이 기뻐하며 부대를 편성하여 선진은 노부테루와 그의 아들인 네노스케(子之助), 제2진은 모리 나가요시, 제3진은 히데마사, 후미는 히데쓰구가 맡기로 했으며, 2만여의 병사를 이끌고 4월 6일 한밤중에 가쿠덴을 출발해서 코마키야마를 오른쪽으로 보고 동쪽의 산을 따라 남하하여 시노기(篠木)·카시와기(柏木) 방면으로 향했다.

7일 이른 새벽, 노부테루 군은 이와사키 성 부근까지 진출했다. 성의 장수인 니와 우지쓰구(丹羽 氏次)는 이에야스를 따라서 코마키야마에 있었으며, 그의 동생인 우지시게(氏重)가 성을 지키고

있었는데 적의 계략을 알아채고 그 진로를 방해하려 했다. 노부테루는 히데요시의 훈계를 생각하여 작은 적 따위에는 눈길도 주지 않고 지나려 했으나, 총알이 날아와 자신의 말에 맞았기에, '이런 가소로운 놈들'하며 이와사키 성으로 공격해 들어가서 그곳을 점령했다.

이 사실을 일찌감치 탐지한 이에야스는 곧 오오스가 야스타카(大須賀 康高)·사카키바라 야스마사·미즈노 타다시게(水野 忠重)에게 4천의 병사를 이끌고 먼저 출발하게 했으며, 따로 혼다 히로타카(本多 広孝)를 류센지(龍泉寺)로 향하게 했고 코마키야마에는 사카이 타다쓰구·혼다 타다카쓰(本多 忠勝) 등을 남긴 채, 자신도 노부오와 함께 코마키야마를 출발하여 오바타 성으로 들어갔다.

노부테루는 이와사키 성에서 얻은 수급을 확인하는 등 유유히 머물러 있었다.

8일, 히데쓰구·히데마사 등의 군이 쉬고 있다는 사실을 안 사카키바라·미즈노 등의 선발대가 갑자기 배후에서부터 히데쓰구의 진영으로 돌격했다. 불의의 습격을 당한 히데쓰구는 방어전을 펼칠 여유도 없이 달아나버리고 말았다. 승세를 탄 토쿠가와 군은 나가쿠테(長久手) 방면으로 토요토미 군을 뒤쫓았다. 히데마사가 이를 맞아 응전했으나 커다란 손실을 입었다. 이에야스는 노부오와 4천의 병사들을 이끌고 이노코이시(猪子石)에서 진출하여 나가쿠테의 벌판인 마쓰하라(松原)에 진을 쳤다. 9일, 패한 병사들을 모은 호리 히데마사가 노부테루·나가요시와 합류하려다 이에야스 군을 만나 곧 패해서 퇴각했다. 노부테루·나가요시 등은 2정(218m)쯤 떨어진 마쓰야마(松山)의 벌판에 주둔하고 있었는데, 단번에 승패를 결정짓겠다는 듯 병사들을 정비하고 있을 때 적인 이이 나오마사(井伊直政)가 나가쿠테의 타쓰미(巽남동쪽)에서 공격해 들어왔다. 뒤이어 이에야스의 군이 여기에 가담했다. 양 군이 여기 서 사력을 다해 싸웠으나 먼저 나가요시가 유탄에 맞아 쓰러졌고, 뒤이어 노부테루 부자도 목숨을 잃었으며, 히데쓰구는 패하여 가쿠덴 쪽으로 달아났다. 이에야스 군이 급히 추격하여 얻은 수급이 1만여, 이에야스는 굳이 멀리까지 뒤쫓지 않고 오바타 성으로 돌아가서 휴식을 취했다.

가쿠덴에서 이 패보를 접한 히데요시는 급거 정병 2만여를 몰아 쳐 질풍처럼 나가쿠테로 향했다. 이를 본 코마키야마의 혼다 타다카 쓰의 한 부대가 거듭 히데요시 부대의 옆구리를 쳐서 길을 방해했다. 나가쿠테에 도착해보니 이에야스는 이미 오바타 성으로 들어간 뒤였다. 어쩔 수 없이 그날 밤은 류센지에서 묵고 이튿날 단번에 오바타 성을 공격하려 했다. 이에야스는 위험을 피하기 위해 노부오 와 함께 코마키야마로 이동하여 굳게 지켰다. 이때 히데요시는 이에야스가 승리한 여세를 몰아 추격해 올 것이라 생각했기에 이번 기회에 그의 목숨을 빼앗겠다며 단단히 마음먹고 있었다. 그런데 이에야스는 일찌감치 말머리를 돌려서 히데요시를 피했다. 소수의 지친 병사들을 데리고 새로 가세한 대군과 싸우는 것이 얼마나 어리석은 짓인지를 잘 알고 있었기 때문이었다. 제아무리 히데요시라 할지라도 이에야스의 신속하고 기민하며, 전략의 묘를 다한 행동에는 감탄하지 않을 수 없었다.

(6) 움직이지 않은 이에야스

그 후부터 양 군 모두 서로 대치하고만 있을 뿐 움직이지 않았다. 히데요시가 이에야스를 끌어내기 위해서 종종 유인책을 써보았으나 이에야스는 거기에 응하지 않았다. 전하는 말에 의하면, 히데요시는 어떻게 해서든 이에야스와 결전을 치르기 위해서 한번은 글을 보내 싸움을 걸었다. 그러자 이에야스는 히데요시를 비난하는 글을 보내어 역시 나와 싸우려 하지 않았다. 이에 히데요시는 크게 화가 나서 그대로 좌우의 사람들을 데리고 본영에서 달려나가 적과 가까운 곳에 있는 언덕으로 올라갔다. 그리고 말에서 내려 잠시 적 쪽을 살펴보다가 갑자기 뒤를 돌아서 옷깃을 휙 걷어올려 엉덩이를 까더니 커다란 목소리로,

"이에야스, 엉덩이나 먹어라."라고 말하며 엉덩이를 두드렸다. 이를 본 적군이 무례한 놈이라며 총구를 모아 저격했다. 소리를 울리며 탄환이 옆으로 떨어졌으나 히데요시는,

"총알이 내게 맞을 줄 아느냐."라며 태연한 얼굴로 유유히 물러났다고 한다.

뒤이어 히데요시는 노부오에게 속해 있던 미노의 성을 공격하여 이에야스의 병사들을 끌어내려 했으나 이에야스는 키요스로 들어갔고, 노부오는 나가시마에 머물며 거기에 응하지 않았다. 5월 1일, 히데요시가 출동하여 여러 성을 떨어뜨렸으며, 6월 10일에는 오오가키에 주둔했다.

이 무렵이었을까? 이에야스의 신하인 사카키바라 야스마사가 적의 예기[銳氣]를 꺾고 토쿠가와 군의 사기를 고무하고, 또 천하에 동지들을 모으기 위해 히데요시를 비난하는 격문을 써서 곳곳에 내걸었다. 그 대략적인 내용은 다음과 같았다.

<하시바 히데요시는 필부의 아들. 수풀 가운데서 나와 간신히 말 앞의 심부름꾼이 되었으며, 노부나가 공의 아낌을 얻어 특별히 장수로 올려졌고 커다란 녹을 먹었다. 그 은혜 높기가 산과 같고 깊기가 바다와 같다. 이는 온 천하가 다 아는 바다. 그런데 노부나가 공이 세상을 떠나자 히데요시 곧 주군의 은혜를 잊고 마침내는 기회를 틈타 무도함을 꾀하여 그야말로 주군을 위협하고 그 나라를 빼앗으려 한다. 잔혹하구나. 앞서는 노부타카 공을 살해하고, 지금은 또 노부오 공과 군대를 맞대고 있다. 대역무도함을 말로 다 표현할 수 없다. 누가 이를 질시하지 않겠는가? 지금 우리 주군께서는 노부나가 공과의 깊은 옛정을 생각하시어 노부오 공의 미약함을 진심으로 돕기 위해 분연히 태세를 정비하고 군세가 적음도 돌아보지 않고, 대의의 옳음에 의지하여 천인공노할 악을 치려 한다. 사람들이여, 어찌 그 흉악함에 가담하여 조상으로부터 내려온 아름다운 이름을 천추에 더럽힐 수 있겠는가. 바라건대 의로운 군에 협력하고 연합하여 저 역적을 쳐서 나라 사람들의 인심을 기쁘게 하라. 이에 알리노라. 텐쇼 12년>

히데요시에게 있어서 주군의 집안에 불충하다는 말을 듣는 것 이상으로 뼈아픈 일도 없었다. 이를 보고 크게 노하여 야스마사의 목에 커다란 상을 걸었다고 한다. 토쿠가와 쪽은 의로운 군대라는 이름으로 아군을 모으려 했던 것이다. 이해타산에 따라서 거취를 정하는 것이 세상의 일반이며, 전국시대에는 그것이 한층 더 심했다고는 하나, 일본인에게는 그래도 여전히 정의에 정면으로 맞서 활 당기기를 저어하는 풍토가 있었다. 동시에 정의 쪽에는 늘 정신적인 아군이 있었다. 토쿠가와가 적은 병력으로 대군인 히데요

시에 맞설 수 있었던 것도 한편으로는 등 뒤에 '정의로운 싸움'이라
는 대의명분이 있었기 때문이기도 하다.

한편 이세 방면에서는 타키가와 카즈마스가 여전히 활동하여
각 성을 떨어뜨리기도 하고, 혹은 설득하여 항복케 하기도 했으나
오오노를 지키는 장수인 야마구치 시게마사(山口 重政)만은 완고
하게 버티며 항복하지 않았기에 쿠키 요시타카(九鬼 嘉隆)와 함께
이를 공격했다. 급보를 접한 이에야스는 이이 나오마사를 오오노
성으로 보내서 시게마사를 돕게 했다. 카즈마스 등은 물러나 카니에
(蟹江) 성으로 들어갔다. 이에야스가 노부오와 함께 대군으로
그곳을 공격했다. 카즈마스는 끝까지 버티지 못하고 항복했다.
예전에 노부나가가 토고쿠로 군대를 내었을 무렵의 카즈마스는
훌륭한 명장이었으나, 이제는 나이를 먹은 것인지 비참한 모습이었
다.

히데요시는 그때 오오사카로 돌아가 있었는데 카니에 성이 위급
하다는 소식을 접하고는 그곳을 도우려 했다. 그러나 곧 성이
떨어졌다는 보고가 들어왔기에 다시 오오사카로 돌아갔다.

8월 15일, 히데요시는 다시 오오사카를 출발하여 오와리로 들어
가서 21일에 니노미야(二ノ宮)에 진을 치고, 하구로·고로마루(五
郎丸)·나라구치(奈良口) 등에 요새를 쌓았다. 이에야스도 이와쿠
라까지 진군해서 코마키야마와 호응하여 히데요시 군에 대비했다.
히데요시는 키요스를 치거나, 혹은 이에야스를 유인해내어 들판에
서 야전을 펼쳐 단번에 결전을 치르려는 작전을 세웠다. 그러나
이에야스가 이와쿠라로 나왔기에 키요스를 섣불리 칠 수는 없었다.
이에 우선은 시게요시에게 진을 움직여 혹은 이누야마로 가게도

하고, 혹은 가쿠덴으로 나아가게도 해서 자꾸만 적을 유인해내려 했으나, 이에야스는 그러한 움직임에 대항해서 병사를 내면 곧 히데요시의 대군이 쇄도해 들어올 위험이 있었기에 가만히 지키기만 할 뿐 움직이지 않았으며, 단지 적의 동정에 따라서 부대를 진퇴시킬 뿐이었다.

아무래도 적이 작전에 말려들지 않았기에 히데요시는 이에야스를 단번에 분쇄하기는 도저히 불가능하다고 생각하여 9월 1일에 오오가키까지 물러났으며, 뒤이어 쿄토를 지나 오오사카로 돌아가 버리고 말았다. 주변의 상태가 언제까지고 이에야스와 대항하는 것을 허락하지 않았기 때문이었으리라. 이에야스도 역시 10월 16일에 하마마쓰로 돌아갔다.

(7) 나리마사의 망동

그에 앞서 사라사라고에(沙羅々々越고개)를 넘어 시나노로 나온 엣추 토야마(富山)의 삿사 나리마사는 미노 동부에서 오와리로 들어가 노부오·이에야스와 회견하고, 홋고쿠에서 히데요시에게 반항하는 대가로 성공을 거두면 에치젠·카가·노토노쿠니를 받고 싶다고 청했으며, 승인을 얻은 뒤 돌아갔다. 마침내 나리마사는 군대를 움직여 마에다 토시이에를 공격했으나 오히려 연달아 패하기만 했다.

(8) 화목

10월 하순, 히데요시는 이세로 출동했다. 이 소식을 들은 이에야스는 11월 초에 하마마쓰를 출발하여 오와리로 향했다.

그런데 노부오가 이에야스와는 아무런 상의도 없이 히데요시와 야다가와라(矢田河原)에서 회견하고 단독으로 강화담판을 시작했으며, 곧 화목해버리고 말았다. 이누야마 성을 노부오에게 돌려주겠다는 것 외에 이렇다 할 조건도 없었는데. 이는 매우 이상한 일이었다. 싸움은 거의 대등하게 진행되고 있었는데 대체 무엇 때문에 노부오는 서둘러 강화를 맺은 것인지 참으로 알 수 없는 일이지만, 노부오 쪽에서 여러 가지 의혹이 속출하여 서둘러 강화를 맺지 않을 수 없는 사정이 있었다는 설도 있다. 어쨌든 싸움의 장본인인 노부오가 강화를 맺어버렸기에 이에야스도 더는 히데요시와 싸워야 할 이유가 없어져버리고 말았다. 같은 달 16일에 병사를 거두어 하마마쓰로 돌아갔다.

뒤이어 오오사카로 돌아온 히데요시는 사자를 하마마쓰로 보내서 이에야스에게 강화를 제의했다. 이에야스도 반대하지 않고 승인했다. 히데요시는 또 이에야스와의 관계를 친밀한 것으로 만들기 위해서 이에야스의 아들인 오기마루(於義丸)를 양자로 삼기를 희망했다. 노부오가 두 사람 사이에서 중재하여 그것도 성립되었다. 그가 바로 훗날의 토요토미(유키) 히데야스(秀康)다. 히데야스라는 이름은, 말할 필요도 없이 히데요시와 이에야스의 이름에서 각각 한 글자씩 가져다 지은 것이라.

이들의 강화 조건은 결국 다음과 같았다.

1. 히데요시는 노부오의 딸을 인질로 삼는다.

2. 히데요시는 오기마루를 양자로 삼는다.

3. 히데요시는 그 점령한 이세 북부의 4개 군을 노부오에게 돌려준다.

4. 이가 및 이세 남부·오와리의 이누야마·카와다(河田) 성은 히데요시의

소유로 삼는다.

5. 노부오는 히데요시에게 노신 5명의 아들, 혹은 어머니를 인질로 보낸다.

6. 이번 전투에서 쌓은 양 군의 보루와 요새는 전부 파괴한다.

이번 전쟁에서 노부오는 아무것도 얻지 못했다. 물질적으로도 정신적으로도. 그에 반해서 이에야스는 크게 얻은 바가 있었다. 물질적으로는 아무것도 얻지 못했으나 자신의 실력을 히데요시에게 충분히 보여주어 더없이 높은 가격으로 팔 준비를 마쳤다. 그리고 히데요시도 엉덩방아를 찧기는 했으나 이제는 안심하고 천하의 경영에 임할 수 있게 되었다.

3. 키슈 정벌

히데요시는 나가쿠테에서 자신의 군이 패했다는 사실에 매우 신경이 쓰였다. 한편 토쿠가와 쪽에서는 이 사실이 자랑이어서, "히데요시에게 패배를 맛보게 했다. 센나리뵤탄50)에 흠집이 생겼다."라고 말했기에 히데요시는 더욱 신경이 쓰여서,

"코마키야마 전투에서는 내가 이겼다. 대장이 세 사람 전사하기는 했으나, 수급을 헤아릴 수 없이 취했다. 게다가 이에야스는 스스로가 열심히 전투에 임했으나, 나는 조금도 움직이지 않았다."라며 거듭 지지 않았다고 말하여 아픈 부분을 가리려 했다.

어쨌든 이처럼 마음에 두고 있던 코마키야마에서의 패전이었는데, 그 전투에 막 나서려 할 때 발목을 잡은 것이 키이노쿠니 네고로와 사이가의 무장봉기세력이었기에 히데요시는 그들을 크게 미워하여 노부오와의 강화가 맺어지자마자 곧 그들을 토벌할 계획을 세웠다.

(1) 네고로와 사이가

네고로는 키슈와 이즈미의 경계에 길게 뻗어 있는 카스라기(葛城) 산맥(이즈미) 속에 위치한 산촌이었는데, 다이지(大治) 시절(토바(鳥羽) 상황 시절. 1130년 전후)에 승려 카쿠반(覚鑁)이 그곳에 다이덴포인(大伝法院네고로지)이라는 진언종의 대도장을 창립한 이후 법풍이 크게 흥륭했다. 무로마치 시대의 내란이 시작되자 시대의

---

50) 千生瓢箪. 히데요시의 깃발에 새겨진 문양. 조롱조롱 열린 표주박을 말한다.

조류에 따라서 승병을 키웠으며 주위에 병풍처럼 늘어서 있는 산악을 요새로 삼아 무위를 키워나가고 있었다. 당시 네고로의 승병은 다른 어느 곳의 승병보다 강하다는 평판까지 얻었다. 그러한 승병들이 한가한 때에 산 안에서 붉은 옻칠을 한 사발이나 쟁반을 만든 것이 지금까지도 전해지는 네고로누리(根来塗)의 기원이다.

다음으로 사이가는 오래된 장원의 이름이었다. 헤이안(平安) 시대(794~1192) 이후 아마베(海部)·나쿠사(名草) 2개 군 사이에 걸쳐서 펼쳐져 있었는데, 그곳의 향사들이 단결하여 일종의 자치적 자위단체를 만들었다. 세상에서는 이를 '사이가의 미카라미(三緘)'라고 불렀으며 용명을 떨쳤다. (그들은 조선 민족의 후예인데 조상 대대로 내려오는 제철법으로 '사이가바치(雜賀鉢)'라고 불리는 투구를 만들었다.) 오다 노부나가가 이시야마 혼간지를 공격했을 때에도 사이가의 향사들이 스즈키 마고이치(鈴木 孫市)라는 사람을 맹주로 삼아 혼간지를 도왔으며, 노부나가에게 완강히 저항했을 정도였다.

이와 같은 네로고·사이가의 봉기세력은 키슈의 슈고[51]인 하타케야마 사다마사(畠山 貞政)와도 연맹을 맺어서 코마키야마 전투 때에는 삼위일체가 되어 이에야스·노부오 편에 서서 히데요시의 배후를 위협했다. 사다마사는 오닌의 난[52] 때의 우두머리 가운데 한 사람이었던 마사나가(政長)의 증손자로, 조상 대대로 내려오는

---

51) 守護. 막부에서 파견한 각 지방의 경비·치안 담당관이었으나 훗날 세력이 커져서 영주화 되었다.
52) 応仁の乱. 무로마치 시대에 쿄토를 중심으로 일어났던 내란. 쇼군 가와 고관 가의 후계자 문제가 뒤얽혀 11년(1467~1477) 동안 이어졌으며, 이후 막부가 권위를 잃어 군웅할거의 전국시대로 이어지는 계기가 되었다.

세력에 힘입어 아리타군(有田郡) 이와쿠라 성에 머물고 있었다. 같은 킨키 지방의 일부라고는 하지만 키슈는 산악 너머에 있었기에 쿄토의 정변에 영향을 받지 않았으며, 그때까지 노부나가나 히데요시의 토벌도 받지 않을 수 있었다.

마침내 키슈를 치기로 한 히데요시는 우선 하타케야마 씨의 부하인 시라카시(白樫) 씨를 농락하여 내통케 했으며, 텐쇼 13년(1585) 3월 21일에 병사 10만을 이끌고 키슈로 출동했다. 한 갈래는 산길을 따라서, 다른 한 갈래는 해안을 따라서 전진하여 첩첩산중에 있는 네고로와 사이가로 공격해 들어갔다. 성난 파도처럼 밀고 들어오는 대군에 네고로의 승병들은 끝내 버티지 못하고 23일에 패하여 달아나고 말았다. 히데요시는 센시키보(泉識坊)에 진을 치고 있었는데, 곧 탑 속에서 불이 일어나 장대한 당탑과 가람이 적잖이 불에 타버렸다. 이튿날인 24일, 하시바 군은 사이가의 오오타(太田)로 밀고 들어갔으며, 키노가와(紀ノ川)의 물을 끌어다 히데요시의 단골 전법인 수공을 가했다. 봉기세력은 딱히 손도 써보지 못한 채 곧 항복했다. 이에 히데요시는 죄 없는 토민들은 용서하고 봉기세력의 원흉 50여 명에게 할복을 명했으며, 성문을 열게 하여 나카무라 카즈우지로 하여금 그곳을 지키게 했다. 그때 하타케야마 씨의 이와쿠라 성은 이미 시라카시의 내응으로 함락되었으며, 사다마사는 달아나고 있던 중이었다.

(2) 코야와 쿠마노

히데요시는 길을 나선 김에 이 여세를 몰아 코야(高野)와 쿠마노(熊野)로 공격해 들어가서 승병들을 토멸해야겠다고 생각했다.

그러자 양쪽의 승병들 모두 두려움에 놀라서 곧 항복해버리고 말았다. 쿠마노에서는 신구(新宮)와 혼구(本宮)의 사람들이 나와서 항복을 청했다. 히데요시는 벳토53)에게 관문을 철폐하여 교통을 자유롭게 하라고 명령하고 청을 받아주었으며, 동시에 병력을 움직여서 유카와(湯川)·타마키(玉置)·쿠마노 등 8개 장원의 쇼시54)들을 압도하고 복속시켰다.

한편, 코야산55)으로 히데요시의 사절이 찾아가서,

"장리56)와 노승을 보내게. 군사에 관해서 상의할 것이 있으니. 그리고 그때 은혜에 보답하는 뜻을 내보이게."라고 통고했다. 사원 사람들 모두 깜짝 놀라서 어찌해야 좋을지를 몰랐다. 그러나 어떻게든 서둘러 좋은 방책을 강구하지 않으면 안 되었기에 관계자 모두가 모여 회의를 열었다. 그들은 코야산은 노부나가 때 이후부터 무가의 적이 되었으니, 이번 기회에 히데요시가 승병들을 유인해내어 유배를 보내거나 사형에 처할 것이라고 생각했다. 그랬기에 산문 안의 수천에 이르는 승병 가운데 누구 하나 히데요시의 진으로 가서 항복을 청하려는 자가 없었다. 하지만 그대로 우물쭈물하며 명령에 따르지 않으면 결과가 더욱 좋지 않을 터였기에, 누구든 상관없으니 얼른 사람을 정해서 파견하기로 하고 지명한 것이, 그 무렵 떠돌이 중처럼 산에 올라와 있던 이상한 사내였다. 그

---

53) 別当. 친왕·셋쇼·대신의 집안이나 절·신사 등의 특별기관에 두었던 장관.
54) 庄司. 장원의 소유자에게 임명받아 장원을 관리하던 자.
55) 高野山. 이름에 '산'이 있지만 지리학상의 산을 일컫는 말이 아니라, 사원의 경내에 발달한 마을 전체를 이르는 말로 쓰인다. 즉, 사원 자체를 이르는 말로 이해하면 될 듯하다.
56) [長吏(초리)] 우리나라의 지방관들을 통틀어 이르던 말과는 달리, 일본에서는 승직 가운데 하나였다. 특정 문파 사원의 장으로 사무를 총괄하던 지위.

사내는 곡물을 먹지 않고 목식[木食]만을 했기에 사람들은 그를 '모쿠지키(木食)'라고 불렀다.

모쿠지키의 승명은 코잔(興山)으로 원래는 오우미 북부의 한 집에서 태어났는데 영지를 다른 사람에게 빼앗겨 이 세상에 염증을 느끼고, 어차피 아까울 것도 없는 목숨이니 오곡을 입에 댈 필요도 없다, 코야로 올라가서 나무의 순이나 열매를 먹으며 안락왕생하자고 마음을 일으켜 표표히 고향을 떠나 코야로 온 것이었다. 그는 코야로 들어와서 초암을 짓고 결심한 대로 목식과 고개의 계곡에서 목욕재계하며 산을 숭배했다. 그리고 '왕생하겠다는 소원을 풀기 전에는 이 계곡을 결코 건너지 않으리라.'라고 맹세했다. 그는 끊임없는 염불과 가끔 혼자서 영가와 시가를 즐기며 오로지 다음 생에서의 안락을 바랐으나, 시간이 흐르자 산 안의 승려들과도 가까워져서 여러 가지 잡무를 돕기도 하고 무리들의 회합에 참석하게도 되었다.

코야의 장리가 모쿠지키를 불러서 사정을 들려주고,

"모쪼록 저희 산을 대신해서 히데요시를 만나주시기 바랍니다." 라고 청했다. 하지만 그는,

"히데요시를 만나러 가는 것은 특별히 어려울 것도 없지만, 저는 이번 생에 고개의 계곡을 넘지 않겠다고 맹세했으니 갈 수가 없습니다."라고 사퇴했다. 그러자 장리가 어쩔 줄 몰라하며,

"그렇다면 산 안의 모든 자가 대사57)께 대신 사죄의 말씀을 올릴 테니 꼭 좀 가주시기 바랍니다. 맹세를 깬 죄는 저희들이

---

57) 쿠카이(空海)라는 이름으로 널리 알려진 홍법대사[弘法大師코보다이시]를 일컫는 것인 듯하다. 쿠카이는 일본 불교의 진언종을 창시했다.

받도록 하겠습니다."라고 간청했다.

"그렇게까지 말씀하신다면 어쩔 수 없습니다."라며 모쿠지키는 채비를 해서 출발했다.

모쿠지키는 히데요시를 찾아가서 전 산의 용서를 빌었다. 히데요시는,

"승도들이 본래의 모습으로 돌아가 무기를 버리고 오로지 학문·근행에만 힘쓴다면 용서해주겠네."라고 대답했다. 모쿠지키는 말할 것도 없이 그 조건에 따르겠다고 맹세하여 항복을 받아주겠다는 말을 들었다.

히데요시는 그때 모쿠지키에게 산 안의 일들에 대해서 여러 가지로 물었는데 그가 목식을 하며 소원을 빌고 있다는 말을 듣고는 크게 감탄했으며 그의 인물됨과 재기가 비범하다는 사실을 꿰뚫어 보고,

"앞으로는 그대에게 코야산의 지배권을 줄 테니 대사가 남긴 뜻에 따라서 불법근행의 옛날로 돌아가 경학을 주로 하고, 자비를 근본으로 삼게. 만약 갑주나 무구를 만지는 자가 있다면 산에서 내치도록 하게."라고 명령했다. 그는 그 말을 감사히 받들고 다시 산으로 돌아갔다. 히데요시는 보병 50명을 붙여서 그를 호위케 했다.

모쿠지키는 산기슭인 코노메토우게(木の目峠)에 도착하자 유유히 그곳에서 하룻밤 묵은 뒤, 산으로 사람을 보내서,

"노승 이하 산의 사람들 모두 남김없이 마중을 나오도록 하라."라고 전했다. 산에서는 놀라서,

"모쿠지키 놈, 시건방진 말을 하는구나."라며 분개했으나, 어떤

사정이 있는지 알 수 없었기에 일단은 모쿠지키의 말대로 했다. 그러자 모쿠지키는,

"지금부터는 내가 이 산을 지배하기로 결정되었네. 자세한 이야기는 산으로 돌아가서 하겠네. 그러니 어쨌든 나의 가마를 메도록 하게."라고 명령했다. 무리는 더욱 어처구니가 없어서 분개했으나 경호하는 자들이 눈을 부릅뜨고 쓸데없는 짓을 하면 혼쭐을 내주겠다는 듯 노려보았기에 마지못해 가마를 메고 산으로 올라갔다.

이렇게 해서 떠돌이 중과 같았던 모쿠지키는 코야의 장리가 되어 세상에서 모쿠지키 상인[上人], 혹은 코잔 화상이라 불리는 신분이 되었다. 히데요시로부터는 특별히 신임을 얻어서 무슨 일만 생기면 급히 말을 타고 와서 오오사카, 혹은 쿄토나 후시미로 모시고 갔다.

어쨌든 키슈는 단번에 평정되었고 동생인 히데나가가 이즈미·키이 2개 쿠니의 슈고가 되었으며, 히데요시는 4월 9일에 오오사카로 돌아왔다. 그 사이 겨우 20일 미만. 노부나가조차 평정하지 못했던 네고로·사이가까지 순식간에 평정했기에 세상 사람들은 히데요시의 지용에 더욱 놀라지 않을 수 없었다.

4. 시코쿠 정벌

당시 시코쿠는 토사노쿠니(土佐国. 13)의 초소카베 모토치카가 병합한 상태였다.

(1) 초소카베 씨

원래 초소카베 씨는 토사의 나가오카군(長岡郡)에 뿌리를 내리고 있던 호족이었는데 에이로쿠 3년(1560) 모토치카가 가독을 이은 이후, 세상의 쟁난을 틈타서 세력 확대·강화에 전념하여 순식간에 토사를 따르게 했으며, 텐쇼 원년(1573)에는 다른 3개 쿠니에도 이미 침략의 손길을 상당히 내밀고 있었다. 그도 우선은 시코쿠를 통일한 뒤 천하에 자신의 깃발을 나부끼게 하겠다고 생각하고 있었던 것이다. 혼노지의 변 이후 찾아온 킨키 지방의 혼란은 모토치카에게 있어서 하늘이 주신 절호의 기회였다. 그의 아내는 아케치 미쓰히데의 고굉지신인 사이토 토시미쓰의 동생이었기에 그러한 인연으로 커다란 이익을 얻게 될 터였으나 미쓰히데가 히데요시에게 바로 토멸되었기에 찬탈자로서의 미쓰히데로부터는 아무런 은혜도 입지 못했다. 그러나 히데요시가 시바타 일파, 뒤이어 노부오·이에야스 연합군과 쟁투를 벌이느라 다른 곳으로는 힘을 쓸 여유가 없는 틈을 이용해서 그는 숙원의 첫 번째 단계인 시코쿠 통일을 이루어냈다.

(2) 모토치카의 시코쿠 병합과 히데요시

텐쇼 10년(1582) 7월, 아와노쿠니(阿波国. 14)에 있던 미요시

쇼간(三好 笑岩)이 돌아간 틈을 이용해서 모토치카는 2만의 병사들을 이끌고 아와로 진출하여 소고 마사야스(十河 存保)의 즈이류(瑞龍) 성과 신카이 뉴도(新開 入道)의 토미오카(富岡) 성 등을 공략했으며 아와를 완전히 통일해버렸다. 한편 별군은 이미 사누키노쿠니(讚岐国. 15)의 동부로 들어가서 미요시 하야토(三好 隼人)의 소고(十河) 성을 공격하고 있었다. 그런데 아와에서 달아났던 소고 마사야스가 토라마루(虎丸) 성을 지키며 저항하는 한편, 히데요시에게 사람을 보내서 원조를 청했다. 그러자 이듬해인 11년(1583) 정월에 히데요시의 명령을 받은 센고쿠 히데히사(仙石 秀久)가 응원을 왔다. 하지만 히데히사는 초소카베 군의 방해 때문에 쉽게는 상륙하지 못하고 7월이 되어서야 간신히 히키타(引田) 성으로 들어갔으나, 모토치카의 공격을 받아 퇴각하고 말았다. 히데히사를 몰아낸 모토치카가 기세를 몰아서 소고·토라마루 2개 성을 포위하고 식량이 지나는 길을 끊었으며 원군이 오는 것을 막았기에, 소고 성이 12월 6일에 문을 열었고, 토라마루 성도 곧 떨어지고 말았다. 이렇게 해서 사누키도 병합했다.

그 무렵 이요노쿠니에는 사이엔지(西園寺) 씨가 있었는데 세력이 약해서 모토치카에게 도저히 대항할 수 없었기에 인질을 보내고 자신의 영지인 우와군(宇和郡)을 포기한 채 모토치카에게 항복했다. 마쓰야마 성의 우쓰노미야(宇都宮) 씨를 비롯하여 각 성주들도 역시 잇따라 항복했기에 텐쇼 12년(1584) 말에는 이요도 전부 초소카베의 세력권 안으로 들어와서 모토치카의 시코쿠 통일이 완전히 완성되었다.

이에 앞서 노부나가는 시코쿠를 병합하기 위해서 서자인 노부타카와 니와 나가히데 등을 파견했으나, 그들이 아직 사카이에 머물러 있을 때 혼노지의 변이 발발한 것이었다.

(3) 히데요시의 배후를 엿보다

한편 모토치카는 이전부터 오다 노부오·시바타 카쓰이에 등과 연락하여 히데요시를 견제하고 있었다. 그러나 카쓰이에는 멸망해 버리고 말았다. 그리고 노부오는 히데요시와의 사이가 벌어져 코마키야마 전투가 벌어졌다. 모토치카는 노부오의 요청에 응하여 키이의 사이가 봉기세력과 함께 병사를 오오사카로 내려 했으나, 실행에 옮기기 전에 노부오와 히데요시의 강화가 성립되어버렸다. 그런데 히데요시가 이번에는 키슈 정벌을 시작했기에 모토치카는 이번에야말로 병사를 키슈로 움직이려 했다. 그러나 그것도 부하들에게 저지당하여 실행에 옮기지 못했다. 이에 모토치카는 히데요시에게로 사람을 보내서 안색을 살피게 하고, '시코쿠는 자신의 소유령으로 해주었으면 한다.'는 희망을 내비치어 히데요시의 의중을 떠보게 했다. 그러나 모토치카의 이전 태도에 화가 나 있던 히데요시는,

"토사 1개 쿠니만은 주겠으나, 나머지 3개 쿠니는 내어놓게."라고 명령했다. 이는 모토치카로서도 참을 수 없는 일이었다. 이렇게 해서 아무래도 시코쿠를 정벌할 필요가 생겨났다.

(4) 시코쿠 정벌

텐쇼 13년(1585) 4월 24일, 히데요시는 동생 히데나가와 조카 미요시 히데쓰구에게 6만의 병사를 주어 시코쿠 정벌에 나서게

했다. 이에 히데나가는 사카이에서 아와지노쿠니(淡路国. 26)의 후쿠라(福良)로 건너갔으며, 히데쓰구는 하리마에서 이와야(岩屋)로 건너갔다. 그리고 양 군은 스모토(洲本)에서 합류하여 센고쿠 히데히사를 길잡이로 삼아 아와로 침입해 들어갔다. 한편 우키타 히데이에도 2만 3천의 병사들을 이끌고 사누키로 들어갔으며 하치스카 마사카쓰·쿠로다 요시타카(黑田 孝高) 등도 행동을 같이했다. 또한 모리 테루모토는 코바야카와 타카카게·킷카와 모토하루 등에게 4만여 명을 주어 이요로 출동케 했다. 삼면으로 적을 맞아 놀란 모토치카 스스로는 아와의 하쿠치(羽久地) 성으로 들어갔으며, 근친과 부하 각 장수들을 키쓰(木津)·이치노미야(一宮)·이와쿠라·와키(脇)·이노야마(渭山)·우시키(牛疷) 각 성에 배치하여 침입군을 막게 했고, 적자 노부치카(信親)에게는 1만여 명을 주어 칸노우라(甲の浦)에 진을 치고 각 성을 원조하게 하였으며, 또 사누키·이요도 수비를 엄중히 하여 굳건히 지키게 했다.

그러나 누가 뭐래도 침입군이 우세했다. 이른바 히데요시의 '압박작전'으로, 하얀 돌 3개의 공격을 받은 검은 돌 1개가 꼼짝달싹하지 못하게 된 것과 다를 바 없는 형국이었다. 아와의 키쓰·이치노미야 2개 성은 곧 하시바 군에게 뚫렸으며, 사누키의 요시오카(嘉岡)·유라(由良)·이케다(池田) 성도 우키타 군에게 패했다. 하시바·우키타의 양 군이 합류하여 이와쿠라 성을 떨어뜨렸으며 와키 성을 점령하고, 마치 '축'에 걸린 돌을 쫓듯 각 성을 공격하며 마침내는 하쿠치 성으로 밀고 들어갔다. 모리 군도 이요의 타카오(高尾)·호바시라(帆柱)·시바오(柴尾) 각 성을 떨어뜨리고 부쓰덴(仏殿) 성을 공격하기 시작했다. 이에 이치노미야 성을 연 야나카

효에(谷中 兵衛)가 모토치카를 설득했다.

"토사 1개 쿠니만으로 참으며 자손을 보존하는 편이 시코쿠 전체를 얻으려 서두르다 집안을 몰락케 하는 것보다는 상책일 듯합니다."

모토치카도 이제는 생각을 바꾸지 않으면 안 되었다. 여러 노신과 협의한 결과 7월 15일에 마침내 항복을 청했다. 히데요시는 그것을 허락하고 토사를 모토치카에게 주었으며, 그의 셋째 아들인 쓰노 마고지로(津野 孫次郎)를 오오사카로 보내게 했다. 이렇게 해서 시코쿠도 히데요시의 영향력 아래로 들어왔다.

곧 전후의 논공행상이 행해져서 하치스카 마사카쓰·아카마쓰 노리후사(赤松 則房)·소고 마사야스·센고쿠 히데히사·코바야카 와 타카카게·안고쿠지 에케이 등이 3개 쿠니를 나누어 받게 되었다.

5. 관위 누진

(1) 관위 누진

텐쇼 10년(1582) 10월 3일, 종5위하 사콘에노곤쇼쇼(左近衛権少将)에 서임된 히데요시는, 이듬해인 11년 5월 22일에는 종4위하 참의로 승진했으며, 다시 12년 11월 22일에는 종3위 곤다이나곤(権大納言)에까지 올랐다. 그는 신토[58] 신앙이 돈독한 집안에서 태어났을 뿐만 아니라, 근왕의 마음이 두터웠던 노부나가의 감화를 받아서 마침내 국가적인 존재가 되자 점차 조정에 대한 존숭의 마음을 분명히 하기 시작했다. 즉, 노부나가의 뜻을 이어받아 조정의 옛 의식들을 차례로 부흥시켰다. 텐쇼 13년(1585) 정월 18일에는 센도(仙洞) 어소의 새로운 조영을 시작했으며, 2월 17일에는 담장을 쌓았고, 3월 3일에는 어소의 구획을 정해서 황폐해졌던 황거를 다시 꽃 향기 가득한 옛날로 되돌리려 했다. 조정에서는 그의 충성스러운 뜻을 어여삐 여겨 같은 달 10일에 히데요시를 새로이 정2위 나이다이진(内大臣)으로 승진시켰다.

곤쇼쇼에 임관한 이후부터 히데요시는 늘 타이라노 히데요시(平秀吉)로서 임관되어왔다. 그는 가난한 농민의 아들로 일개 평민이었다. 혈통에 그 어떤 전통도 없었으며, 집에 족보조차 없었다. 그랬기에 옛 주군인 노부나가가 칭했던 헤이시(平氏타이라 씨)를 그대로 가져다 쓴 것이었다. 이때 오다 노부오는 곤다이나곤에 임명되었다. 조정에서는 특히 히데요시를 위해서 칙사를 오오사카

---

58) 神道. 일본 고유의 전통적 신앙.

로 보내 그의 어머니를 오오만도코로라고 칭하라는 특지[特旨]를 내렸다.

(2) 관백이 되다

얼마 지나지 않아 조정에서는 히데요시를 다시 사다이진(左大臣)으로 승진시키겠다는 내칙[內勅]이 있었다. 그러자 격식과 집안을 중히 여기는 후지와라(藤原) 씨의 주요인물들 사이에서 이론이 일었다. 그 가운데서도 관백인 니조 아키자네(二条 昭実)는 배척론의 주창자였다.

하야시 라잔(林 羅山)의 설에 의하면 히데요시의 의중은 좌우의 대신 따위가 아니었다. 그의 희망은 세이이타이쇼군이었다. 그러나 그 직은 요리토모59) 이후 겐지(源氏미나모토 씨)의 전유물처럼 여겨졌기에 타이라노 히데요시로는 직에 오르기 어려웠다. 그런데 이마데가와 하루스에(今出川 晴季)로부터,

"씨가 없는 자라도 씨가 있는 자의 유자[猶子조카]가 되면 문제될 것 없다."는 말을 들었기에 히데요시는 당시 유랑하다 모리 가에 의지하고 있던 전 쇼군 아시카가 요시아키를 빈고에서 오오사카로 불러들여 자신을 유자로 삼아 아시카가 씨를 잇게 하면 공을 평생 돕겠다고 말했다. 그러나 요시아키가 매우 완고해서 히데요시의 희망에 응하지 않았기에 세이이타이쇼군이 되겠다는 그의 꿈도 끝내는 이루지 못한 것이라고 한다. 그러나 여기에는 의심스러운

---

59) 미나모토노 요리토모(源 賴朝. 1147~1199). 무사계급이 신흥계급으로 떠오르던 시절에 처음에는 대항세력이었던 타이라 씨에게 패하여 유배생활을 했으나, 이후 타이라 씨를 제압하고 일본 최초로 막부를 세웠다. 미나모토노 요리토모에 대한 자세한 이야기는 『미나모토노 요리토모』(현인. 2025.11.)를 참고하시기 바란다.

부분이 있으며 그 증거도 명확하지 않다.

당시 조정의 신하 가운데 이마데가와 하루스에(키쿠테이 우다이진)라는 사람이 있었다. 이전부터 히데요시와 친근하게 지내며 고문의 지위에 있었다. 어느 날, 하루스에가 히데요시를 만나,

"듣자 하니 귀하께서는 쇼군 직을 원하신다고 하던데, 그보다는 관백 직을 바라십시오."라고 진언했다. 이를 들은 히데요시는 망설이지 않을 수 없었다. 왜냐하면 세이이타이쇼군은 요리토모 이후 천하의 정치를 행하는 자임을 분명히 알고 있었으나, 관백은 이제 유명무실한 관직이 되어 단지 명목상의 공허한 고위에 지나지 않았기 때문이었다. 이에 히데요시는,

"외람된 말이지만, 대체 관백에는 어떤 권능이 있는지, 세이이타이쇼군과 어느 쪽이 더 위인지, 그것부터 들은 뒤에 결정하겠습니다."라고 솔직하게 물었다. 하루스에는,

"물론 관백이 더 위입니다. 모름지기 관백이라는 직은 천황을 보필하는 자리로, 인신[人臣] 가운데 극지[極地]입니다. 단, 카마쿠라(鎌倉) 막부가 설치된 이후 조정이 쇠미하여 관백이라고 해도 공허한 이름에 지나지 않게 되었으나, 오늘날 귀하의 공적과 권력으로 이 현직에 오르신다면, 문무백관이 그 명령에 따르게 될 것입니다. 억지로 아시카가 씨 따위의 이름을 빌릴 필요는 어디에도 없습니다."라고 설명했다. 그 무렵, 사다이진 코노에 노부타다(信尹)가 관백 니조를 대신하기 위해 책동을 부리고 있었기에 두 사람의 사이가 좋지 않아서 매사 반목했다. 하루스에는 이러한 기회를 놓치지 않고 관백이 되라고 권한 것이었다. 히데요시도,

"그렇다면 관백이 되기로 하겠습니다."라고 동의했다.

마침내 히데요시를 관백으로 보임[補任]해야 한다는 의견이 조의[朝議]에 올랐다. 카마타리(鎌足)의 자손들은 이야말로 큰일이라는 듯 떠들어대기 시작했다. 여러 가지 의견이 난무했다. '관백직은 쇼센(昭宣모토쓰네) 공 이후 대대로 상속되어 700년 동안 우리 후지와라 씨가 전임해왔다. 게다가 후지와라 씨 동족 가운데서도 그 문벌이 아니고서는 함부로 오를 수가 없는 자리다. 그런데 다른 성을 가진 자, 그것도 벽촌에서 몸을 일으킨 히데요시를 임명한다는 것은 있을 수 없는 일이다.'라는 것이 반대의견의 중심 주장이었다. 그러자 키쿠테이 하루스에(菊亭 晴季)는,

"모름지기 조정의 신하로 이 자리에 있는 자도 결국은 시위[尸位]에 불과하지 않습니까? 그런데 오늘날의 신 나이다이진(히데요시)은 실제로 나라의 정치를 행하고 있으며, 천하의 실권이 그 손에 있어서 사실상의 관백입니다. 이러한 때에 관백에 보임하는 것은 단지 명실[名實]을 하나로 하는 것에 지나지 않습니다."라고 주장했다. 이는 이치에 맞는 말이기도 하고 그의 뒤에는 강력한 히데요시가 자리하고 있었기에 여러 의견도 여기에 압도되지 않을 수 없었다. 이렇게 해서 하루스에의 의견이 상주되었으며, 주상의 허락을 얻어 텐쇼 13년(1585) 7월 11일,

"지금은 나이다이진이 국가의 정무를 처리하고 있다. 모쪼록 모든 정무를 맡아(關), 잘 말해(白)주기 바란다."라는 조서가 내려왔다.

마침내 히데요시는 관백이 되었다. 거기에는 역시 히데요시의 출신이 문제가 되었다. 이에 천황은 먼 옛날에 나카토미 카마타리(中臣 鎌足)에게 후지와라라는 성을 내린 것처럼, 이번에는 히데요

시에게도 새로이 같은 후지와라 성을 내렸다. (하야시 라잔은 이때 히데요시는 후지와라 씨가 아니어서 관백의 자리에 오를 수 없었기에, 전 관백인 코노에 마에히사(近衛 前久)에게 청하여 그의 조카가 되었다고 주장했다.)

　관백의 자리와 함께 히데요시는 내람[內覽]·씨[氏]의 장자·병장[兵仗]·소달구지를 허락받았다. 그는 바로 자신의 근신 가운데서 12명을 뽑아 각각 벼슬자리에 앉히고 이튿날인 13일에는 예를 표하기 위해서 궁궐로 들어갔다. 그날, 시신덴60)에서 사루가쿠61)가 개최되었는데 중앙에 옥좌, 그 좌우에 고관들이 늘어앉았고, 수많은 공경과 각 벼슬아치까지 함께 보았다. 그것뿐만이 아니었다. 파격적인 것은 카미교(上京)의 시민들도 함께 구경하는 영광을 얻었다는 점이었다. 평민 히데요시의 출세가 세상을 단번에 바꿔놓은 것이었다. 한편, 향연. 음식은 선미[善美]를 다한 것이었으며, 집기는 금은으로 장식한 것이었기에 백화가 한꺼번에 핀 듯했다. 오랜 궁핍에 의식조차 부족했던 조정의 신하들은 이처럼 호사스러운 잔치가 벌어졌기에 그야말로 겨울이 지나고 봄이 찾아온 듯한 느낌이었다. 오오기마치(正親町) 천황도 크게 흥겨웠던 듯, 이튿날 히데요시에게 내린 칙서에,

　<어제는 입궐하시어 특히 하신 말씀 참으로 잊을 수 없을 것이오. 종일 마음을 위로해주신 일, 말로 다 표현할 수 없을 듯하오. 다시 상경하실 날을 기다리고 있겠소. 자세한 말씀은 카주지 다이나곤(勸修寺 大納言)이 드릴 것이오.>라고 적었다. 주상이 좋은 인상으

---

60) 紫宸殿. 조하·공사를 행하는 궁전.
61) 猿樂. 익살스러운 동작과 곡예를 주로 하는 연극.

로 히데요시를 맞이했다는 사실을 잘 알 수 있다. 히데요시도 칙서를 받고 참으로 영광스러운 일이라고 생각했으리라.

그 후, 히데요시는 천황의 신임이 더욱 두터워졌으며 점차 조정에서도 세력을 얻었다. 그리고 시정에도 관여하여 친왕·주고62)의 좌위[座位]를 정하기도 하고, 인순고식[因循姑息]에 빠져 있던 폐습을 개혁하기도 했다.

(3) 성을 하사받다

하지만 히데요시는 이렇게 생각했다.

'나는 후지와라 씨를 하사받아 관백의 자리에 올랐다. 그 성은은 하해에도 비하기 어려운 것이나, 지금 오래된 성을 받아 그 자리에 머문다는 것은 오로지 다른 자의 뒤를 좇는 것에 다름 아니다. 겐페이토키쓰63)라 불리는 4개 성도 그 근본은 모두 시조의 훈공이나 인물됨 등에 의해서 하사받은 것이다. 그렇다고는 하나 조정의 대관이나 중직은 반드시 그 4개 성에 한정되어야 한다는 것도 옳은 일은 아닌 듯하다. 나는 지금 해내[海內]의 대란을 평정하고 조헌[朝憲]을 천하에 밝힌 작은 공이 있으니 이러한 때에 새로운 성을 받아 가문의 체면을 세우고 일신의 영광을 더하고 싶다.'

이에 키쿠테이 하루스에가 그 온축[蘊蓄]을 기울여 성씨록을 살펴서 가성[佳姓]을 선고한 뒤, 그러한 뜻을 다시 상주했다. 주상도 지극히 마땅한 소망이라 생각하여 그해 9월에 새로이 토요토미

---

62) 准后. 태황태후·황태후·황후에 준하는 귀족의 호칭.
63) 源平藤橘. 헤이안 시대 귀족의 대표적인 가문. 미나모토·타이라·후지와라·타치바나 씨.

라는 성을 내렸다. 이렇게 해서 그는 마침내 관백 토요토미 히데요시
가 되었다.

6. 호쿠리쿠 재정벌(삿사 정벌)

삿사 나리마사는 노부나가의 가신으로 공을 인정받아 엣추를 받았으며, 토야마 성에 머물고 있었다. 혼노지의 변 이후에는 에치젠의 시바타 카쓰이에와 결탁하여 히데요시에게 대항했다. 카쓰이에가 몰락하고 히데요시가 호쿠리쿠를 풍미했을 때에는 화목하여 한때의 평안을 유지했으나, 그에게는 히에요시에게 굴복할 뜻이 없었다. 이에 코마키야마 전투가 시작되자 노부오 편에 서서, 히데요시 편에 선 카가의 마에다 토시이에를 공격했다. 나리마사의 야심은 매우 커다란 것이어서, 병사를 중원으로 진격시켜 천하에 자신의 깃발을 펄럭이게 하겠다는 데 있었다. 그러나 토시이에의 병사가 강해서 일승일패의 형국으로 이를 타파할 수 없었기에 때가 오기를 기다리자며 가만히 정세를 살폈다. 그런데 그해 11월에 이에야스가 히데요시와 강화를 맺었다. 이를 매우 유감스럽게 생각한 나리마사는 가까이서 부리는 가신 몇 기만을 데리고 눈 쌓인 엣추 타테야마(立山)의 험로를 지나 사라사라고에(고개)를 넘어 미노 동부로 은밀히 나섰으며, 12월에 토오토우미의 하마마쓰에 도착하여 이에야스를 만나 다시 일어날 것을 권했다. 그러나 이에야스가 응하지 않았기에 이번에는 오와리의 키요스로 노부오를 찾아가서 적극적으로 권했다. 하지만 노부오도 이미 강화를 맺은 오늘에 다시 일어설 수는 없다며 움직이지 않았기에 실망한 채 자신의 쿠니로 돌아갔다.

이러한 일들은 히데요시도 탐지하고 있었다. 때가 오면 시건방진 나리마사를 주륙해야겠다고 생각하고 있었다. 이에 시코쿠를 평정한 히데요시는 마침내 삿사 정벌을 결행했다.

토시이에와 나리마사의 대항은 그 무렵에도 계속되고 있었다. 텐쇼 13년(1585) 2월, 토시이에는 눈이 녹기 시작하기를 기다렸다가 병사를 내어 하스누마(蓮沼)를 공격하고 키부네(木舟)·이나미(井波) 등의 성을 빼앗았다. 이를 분히 여긴 나리마사가 3월 21일에 카가의 타카스(鷹巢)로 진출했으나 토시이에에게 패하여 퇴각했다. 토시이에는 승세를 타고 엣추로 침입하려 했다.

7월 하순에 시코쿠의 초소카베가 굴복하자 히데요시는 8월 4·5일 이틀 동안 선발대를 호쿠리쿠로 향하게 했다. 6일에는 자신도 상경하여 입궐해서는 호쿠리쿠 재정벌에 관한 칙허를 얻었으며, 노부오를 선두에 세워 북정의 길에 올랐다. 공경들이 쿄토 북쪽의 시라카와(白川)까지 배웅을 나갔다. 의기양양한 히데요시가,

<쌀벌레를 베어내는 가을의 한가운데>라고 노래를 읊자, 수행하던 사토무라 조하(里村 紹巴)가 <겸창 들고 적을 노려보네>라고 받았다. 일행은 더없는 길조라며 더욱 신이 났다. 비와코(호수)를 건너 카이즈(海津)에 상륙했으며, 쓰루가로 나가 타케오(武生)·다이쇼지(大聖寺) 등을 지나서 18일에 카나자와로 들어간 히데요시는 토시이에 부자의 환영을 받았다. 그리고 20일에는 엣추의 고후쿠야마(呉服山)로 올라가 적의 형세를 관망하고 새로이 공격 작전을 세웠다. 에치고의 우에스기 카게카쓰가 쿠니의 경계선으로 병사를 내어 나리마사의 퇴로를 차단했다.

나리마사는 모든 병사를 토야마로 철수시키고 진쓰가와(神通川)에 방어공사를 해서 이를 지키며 단번에 승부를 보려 했다. 그러나 하시바 군의 선봉이 일찌감치 토야마에 들이닥쳐서 맹렬한

기세로 공격을 퍼부었다. 7일 동안 대항한 후, 나리마사는 도저히 버텨낼 수 없으리라는 사실을 깨달았기에 더는 싸울 용기가 꺾여, 29일에 머리를 깎고 노부오에게 의지하여 항복을 청했다. 히데요시는 지금까지 나리마사가 보여준 태도를 흔쾌히 여기지 않았기에 자결케 하려 했으나 노부오가 간곡히 목숨을 구해달라고 청했기에, '노부나가 공 이후의 옛정도 있으니.'라며 특별히 그 청을 받아들였다. 그 대신 소유령은 신가와(新川) 단 1개 군만 남기고 나머지는 전부 오랜 세월 공로를 세워온 마에다 토시이에에게 주었다. 히데요시는 나리마사를 따르게 하여 윤8월 6일에 개선했다.

이때 니와 나가히데의 아들인 나가시게(長重)가 군명을 어겼다는 이유로 아버지 이후 내려오던 넓은 봉토를 몰수당하고 와카사 1개 쿠니만을 새로이 받았다. 이는 히데요시의 계획의 일단이 드러난 일이었다. 그는 패업을 이루기 직전에 이르자 천하통일을 서두르기 위해서 새로 얻은 토지를 각 장수들에게 아낌없이 나누어주어 그들의 사기를 진작했다. 그러나 그들 노장이나 공신이 죽어 그 아들이 뒤를 이으면 여러 가지 이유를 만들고, 또 나이가 어려 방어를 맡기기 어렵다는 구실로 그들의 봉지를 거침없이 깎아 후환을 없애려 했다. 나가시게의 경우도 그러한 일의 일환이었다. 그에게서 몰수한 에치젠은 이번의 논공행상을 통해서 각 장수들에게 나누어주었다.

이때의 일로 일화 하나가 전해진다.

그 무렵 히데요시는 에치고의 우에스기 카게카쓰와 한두 번 왕래가 있었을 뿐, 두 사람 사이에는 아직 얼마간 긴장감이 남아 있는 상태였다. 그럼에도 히데요시는 나리마사가 항복하자 겨우

38명의 장졸들만 데리고 에치고와 엣추 사이에 있는 오치미즈(越水) 성 아래로 가서 성의 장수인 스다 슈리(須田 修理)에게 사람을 보내어,

"우에스기 나리를 직접 뵙고 주명[主命]을 하달하기 위해서 키무라 히데토시(木村 秀俊)가 이 땅까지 왔습니다. 이러한 뜻을 주공께 전해주시기 바랍니다."라고 말했다. 히데토시는 전에도 히데요시의 사절로 에치고에 온 적이 있었기에, 어쨌든 만나보기로 하겠다며 슈리는 당장 성 아래의 객관으로 불러 그를 만났다. 만나보니 상대는 히데토시가 아니었다. 이상히 여겨 물어보려 하자 상대방이 미소를 지으며,

"사실 나는 하시바 치쿠젠노카미일세. 전년 이후부터 귀하의 쿠니와 소식을 주고받는 사이가 되었기에, 이번에 엣추로 내려온 김에 우에스기 나리를 뵙고 싶어서 은밀히 여기까지 온 것일세. 카스가야마(春日山)까지 안내를 좀 청하겠네."라고 말했다. 슈리는 깜짝 놀라 히데요시를 정중히 성 안으로 맞아들이고 급사를 카게카쓰에게 보냈다.

그보다 앞서 카게카쓰는 반역자가 점령하고 있는 니가타(新潟) 성을 치기 위해서 출진하던 도중에 히데요시의 대군이 엣추로 들어왔다는 소식을 접했기에 군을 돌려 8천 6백 명의 병사로 하여금 쿠니의 경계를 지키게 하고 스스로는 이토이가와(糸魚川)에 진을 쳤다. 이는 나리마사의 퇴로를 차단하겠다는 명목이기는 했으나, 한편으로는 히데요시에 대비하기 위해서이기도 했다. 히데요시와는 이미 화목한 사이이고 서로 왕래도 있었으나, 사람의 마음은 헤아리기 어려운 것으로 혹시 히데요시가 엣추를 토벌한

여세를 몰아서 에치고를 겁탈하지나 않을까 생각했기 때문이었다.

　한편 슈리의 급사가 이토이가와로 찾아와서 히데요시의 동정을 전하고,

　"치쿠젠은 성 안에 잘 넣어두었습니다. 그는 지금 우리 속의 짐승이나 다를 바 없습니다. 어떻게 처분하든, 생각대로 하실 수 있습니다."라고 커다란 비책을 진언했다. 카게카쓰는 어떠한 태도를 취할지. 히데요시는 위기일발의 순간에 처해 있었다. 그러나 카게카쓰는 켄신의 후계자였다. 노한 듯한 목소리로 말했다.

　"지금은 세상이 소란스러워서 주종 사이라 할지라도 마음을 놓을 수 없는 시절이다. 그런데 몸은 여러 도를 경략하고 있으며, 중원에서의 패권을 쥐어나가고 있는 히데요시가 앞서 한 약속을 굳게 믿고 은밀히 찾아왔다니, 참으로 훌륭한 대장이다. 그런 그와의 맹약을 깨고 우리가 그를 해친다는 것은 무사의 치욕이다. 만약 그와 뜻이 맞지 않는다면 그때 당당히 자웅을 겨루면 그만이다."라며 스스로도 군은 진영에 남겨둔 채 근신만을 데리고 서둘러 오치미즈로 가서 회견했다. 사람을 굳게 믿고 조금도 의심하지 않은 히데요시의 배짱도 대단한 것이지만, 카게카쓰도 역시 칭찬할 만한 태도를 취했다. 단, 히데요시도 만일의 사태에 대비한 대책은 충분히 가지고 있었으리라.

7. 키타노에서의 성대한 다도 모임

(1) 다도의 발달

어지럽고 살벌한 세상에서 인간이 오로지 추구하는 것은 현세에서의 열락, 특히 육욕의 추구였다. 아즈치모모야마 시대로 접어들어서 마침내 일본이 통일적 보무를 내딛어 평화의 기운이 넘쳐나기 시작하자 그러한 환락생활은 더욱 고조되어 갔다. 그러나 인간에게는 영혼이 존재한다. 육체의 만족만으로는 무엇인가 부족함을 느낀다. 특히 조금이라도 마음과 생활에 여유가 있는 사람들에게는, 그러한 환락생활 외에 영혼의 유열[愉悅], 마음의 위로가 필요한 법이다. 당시의 교양 있는 사람들(상류 유식계급)이 마음의 위안으로 삼아 즐긴 것 가운데 하나가 다도였다.

일본 국민들이 차를 마시는 습관은, 선종과 함께 중국에서 수입되었다. 카마쿠라 시대(1185~1333) 초기의 승려였던 에이사이(栄西) 등이 그 대표적인 사람들이었다. 그러나 카마쿠라·남북조[南北朝] 시대(1337~1392) 무렵까지 차 음용은 일종의 양생법이었다. 보건위생을 위한 수단으로 극소수의 사람들 사이에서 행해졌을 뿐이었다. 그런데 무로마치 시대 무렵에 이것이 하나의 취미, 환락으로 널리 세상에서 행해지기 시작했다. 쿄토에는 시중에 다기·풍로·가마 등을 늘어놓고 '가루잎 차 드십시오.'라며 이른바 말차를 한 잔씩 파는 자까지 생겨났으며, 차와 함께 먹는 과자로 고급스러운 다과도 제조되었다.

그 무렵 차는 쿄토 밖의 토가노오(栂尾)·닌나지(仁和寺)·다이고(醍醐) 등에서 산출되었다. 토가노오의 차는 황금과 비견되어 귀히 여겨졌고, 닌나지의 차는 납과도 비교되었다.

무로마치 시대 무렵에는 학술·예능에서부터 생활상의 사소한 일에 이르기까지, 그것이 조금이라도 일상다반사 이상의 의미를 가지고 있으면 무엇이든 신비화되었고, 위엄을 갖추어 일종의 학문적인 것으로까지 떠받들어지는 경향이 매우 강했다. 이는 헤이안 시대 말기 이후 공가[公家]의 세력이 쇠하여 생활에 어려움을 겪게 됨에 따라서 그들 집안에 전해오는 예능을 전매특허화하여 생활의 자금으로 삼겠다는 요구가 습관화된 것이었는데, 그 때문에 이른바 '종가'라는 것이 확립되었고 종가에 들어가 비법을 전수받거나, 혹은 구전받지 않는 한 그 예능에 달하지 못한 것이라 여겨지기 시작했다. 그리고 각각의 종가에서는 전승하는 예능을 일정 형식으로 만들어냈으며, 그 형식에서 조금이라도 벗어나면 그것을 사도라고 하여 그 길에서 벗어난 것이라고 경멸했다. 차를 마시는 것 역시 그러한 시대의 경향에 영향을 받아 '다도'라는 하나의 형식이 생겨났으며, 차를 끓이는 법에서부터 마시는 법까지 형식에 따라서 하지 않으면 안 되었다. 아시카가 요시마사(足利 義政)는 그러한 다도의 시조 가운데 한 사람으로 여겨지고 있다. 그가 히가시야마에 토큐도(東求堂은각)를 세우고 그곳에 들어앉아서 승려 주코(珠光)와 밤낮으로 차에 심취해 있었다는 이야기는 역사상으로도 유명하다.

주코는 나라에서 태어난 선승으로 후에 무라사키노의 다이토쿠지로 들어갔으며 그 절에 비장되어 있던 중국 송나라의 다정자[茶亭子]를 다도에 사용하여 '신다이스(真台子) 전수'라는 일종의 다도 법식을 남겼다. 그의 제자 가운데서 시노 도칸(志野 道甘)이라는 자가 나왔으며, 뒤이어 소친(宗陳)·소고(宗悟) 등으로 그것이 이어졌고, 유명한 쇼오(紹鴎)에 이르렀다. 쇼오는 당시 천하의 부를 끌어모으고 있던 이즈미노쿠니의 사카이에서 살았는데 부호들에게 다도를 전수했다. 센 소에키(千 宗易훗날의 센 리큐)도 그의 제자 가운데 한 사람이었다.

센 리큐(千 利休)도 사카이의 부호로 자유항 사카이의 커다란 부와 권력을 대표하는 계급 가운데 한 사람이었는데, 노부나가·히데요시 두 사람을 섬겼으며 그 특유의 다의[茶儀] 법식을 완성하여 천하를 풍미했다. 그에 의해서 다의는 마침내 그 사용하는 다기의 모양에서부터 크기 등의 세세한 부분에 이르기까지 형식이 획정되었다. 그러한 형식의 획정은 즉, 자유와 독창성의 부정을 의미했으나 그것은 리큐의 비범한 취미에 의해서 완성된 것인 만큼 참으로 클래시컬하고 기품이 있고, 속진[俗塵]을 이탈한 특수한 맛을 갖추고 있었기에 그 길에 관여하는 다인[茶人취미인]을 기쁘게 하는 매력을 가지고 있었다. 그것은 후세의 '여성적 예법'으로서의 다도에서 볼 수 있는 것처럼 형해화 이외에 아무것도 아닌 예법과는 달라서, 천군만마 사이를 달리던 노련한 무사들의 영혼을 한적·초속의 세계에서 노닐게 하는 예능이었다. 어쨌든 이렇게 해서 리큐는 다도의 개조[開祖]처럼 여겨지게까지 되었으며, 또 다도 모임은 차를 마시는 행위 그 자체보다 차를 마시는 양식이나 도구가 주가 되는 완상이 목적이 되었다. 또한 다도는 오히려 시대의 기호에도 커다란 영향을 주었다. 일본의 공예사 내지 국민의 취미성에 젠미(禪味)·하이미(俳味), 특히 시부미(澁味)라고 불리는 일종의 독특한 맛을 가져다준 것은, 근본적으로는 선종이지만 이 다의의 형식화·보편화도 매우 밀접한 관계를 가지고 있다.

(2) 다의정략(茶儀政略)

다도 취미의 대두에 일찌감치 주목하여 그것을 군웅의 제어에 정략적으로 활용한 것은 오다 노부나가였다. 그로 인해서 다도는 더욱 번성하게 되었으며, 일세의 취미로까지 확대되었다.

혼아미 코에쓰(本阿弥 光悦)는 이렇게 말했다.

"차 도구의 값이 비싸진 것은 노부나가가 공이 봉토 대신 주었기 때문에 자연스럽게 비싸진 것이다. 예를 들어 1천 섬을 더해야 할 것을 1점에 천 냥의 가치가 있는 차 도구를 내려 대신하는 것과 같은 경우. 남들이 보기에는 좋을지 모르나 봉토 대신 받은 사람에게는 커다란 손해지만, 매우 그럴듯한 방법이었다. 이러한 일에는 특히 놀라울 정도로 지혜로웠던 대장이었다."

노부나가는 참으로 좋은 방법을 떠올렸다. 실제로 한계가 있는 토지를 끝이 없는 논공행상에 끌어다 쓴다면 언젠가는 밑천이 바닥날 것이다. 그러니 1천 섬의 땅 대신 명품 다기 하나를 주어 일을 마무리 지을 수 있다면 이야말로 일거양득이라고 할 수 있으리라. 그러나 받는 장수들이 다기를 기꺼이 여기지 않는다면 기껏 내린 은상도 의미가 없어져버리고 만다. 이에 크게 사랑을 받고 있는 다기, 그 근본이 되는 다도를 보다 권위 있는 것으로 만들 필요가 있었다. 그를 위해서 노부나가는 '다도의 정도[政道]'라 불리는 하나의 제도를 만들었다. 즉, 공식적인 다도를 행할 수 있는 자에게 일정한 격식을 부여하고, 격식이 없는 자는 그것을 행할 수 없게 정한 것이다.

다도의 격식을 부여받는다는 것은 당시 굉장한 영광으로 여겨졌다. 무릇 당시 사회에서 주군과 무릎을 맞대고 환담을 나눈다는 것은 쉽게 바랄 수 없는 일이었다. 그런데 다의면허[茶儀免許]를 가진 자는 종종 다도 모임에 부름을 받는 경우가 있었기에 그러한 때면 주군과 사교적인 말을 직접 주고받을 수가 있었다. 계급적 차별이 확연했던 당시에 이것이 커다란 영광이라 여겨졌다는 사실은 조금도 이상할 것이 없다.

이렇게 해서 다도는 권위를 갖게 되었으며, 면허를 가진 자는 자랑스럽게 다의를 행했고 명품 다기를 앞다투어 손에 넣으려 했기에 다기는 거의 가격을 매길 수 없을 정도로 귀중한 물건이 되었다. 따라서 1천 섬의 땅 대신 명기 하나를 내리는 것이 조금도 치사스럽다고 여겨지지 않게 되었을 뿐만 아니라, 오히려 영광의 징표로 더없이 감사한 일이 되었다.

동시에 다의는 또 여러 가지 정략에 이용되었다. 교제·친목의 수단으로 사용되었을 뿐만 아니라 부하들을 모아놓고 주인공 스스로 차를 끓여 향응하는 것은, 사람의 마음을 사로잡는 참으로 그럴듯한 수단이 되었다. 특히 당시의 시류에서 이는 더없이 필요한 일이었다. 밀담을 나누어야 할 경우 '다도 모임'은 더할 나위 없이 편리한 방법이었다. 새삼스럽게 특정한 사람들을 모아서 회의를 열면 자연스레 사람들의 이목을 끌게 되어 혹은 물의를 빚는 씨앗이 되기도 하고, 혹은 회의 내용이 누설될 위험도 있으나, 다도 모임이라고 칭하여 사람들을 모으면 일상다반사처럼 보일 수 있다.

(3) 히데요시와 다도

히데요시가 다의면허를 받은 것은 그가 추고쿠탄다이로 벳쇼와 아라키의 반란을 진정시켰을 때였던 듯하다. 이것으로 다의면허를 웬만한 자에게는 결코 내리지 않았다는 사실을 추정해볼 수 있다. 당시 그가 그 영광을 오다 노부오와 노부타카에게 내비친 서장이 있다.

〈하리마에 진을 치고 있을 때 미키의 벳쇼가 모반을 꾀했기에 난처해하고 있을 때, 아라키가 셋쓰 이타미(伊丹)에서 역시 모반을 꾀하여 나리와의 연락 통로를 전부 차단했으나, 마침내는 벳쇼의 목을 베었습니다. 그 후 나리로부터 거듭 상을 받았으며 거기에 타지마의 금광과 다기를, 물 끓이는 솥까지 갖추어 내려주시어 다도의 정도[政道]가 있음에도 제게 그것을 허락하신 일은, 금생은 물론 후생에까지 잊을 수 없는 일입니다. 아무나 할 수 없는 다도를 제게 허락하신 뜻을 생각하면 밤낮으로 눈물이 날 뿐입니다.〉

이로써 다의면허가 일대의 영광이었다는 사실을 추측해볼 수 있다.

노부나가의 다의정략이 가진 효능을 배워 그것을 더욱 발전시킨 사람이 바로 히데요시였다. 텐쇼 13년(1585) 10월에 행해진 키타노(北野)에서의 대대적인 다도 모임이 그에 대한 가장 현저하고 가장 대규모적인 증거다. 그때의 모습은 잠시 뒤에 이야기하기로 하고 여기서는 히데요시와 다도에 대해서 조금 더 이야기해보기로 하겠다.

히데요시의 다도는 노부나가의 경우와 조금 달라서 단순히 정략만을 위한 것은 아니었다. 그 자신이 다도 자체의 참맛을 알고 있었다. 그는 말차 한 사발의 농후하고 풍아[風雅]한 맛을 만끽하는 즐거움을 알고 있었을 뿐만 아니라, 간정[簡淨]한 다실에 앉아 창밖의 경취에 속세의 먼지를 씻어내고, 혹은 친한 자들과 마주앉아 치란[治亂]을 논하고 인물을 평하고, 또 여러 가지 고상하고 아름다운 생각을 이야기하며 다의에 수반되는 일종의 선미[禪味]인 '와비64)'의 마음을 즐길 줄 알았다. 그는 일세에 웅비하기에 이르자 리큐를 더욱 총애했으며, '와비의 마음'을 기꺼워하여 다의에 크게 정진했다. 세상에서는 히데요시를 오로지 속물시하여 리큐가 뒤에서 히데요시를 조소하고 경멸한 것처럼 전하고 있으나, 탈속적이고 소탈한 천성을 타고난 그에게 다도의 깊은 정취는 무관심한 분야가 아니었다.

그는 또한 천하의 명기[名器]를 적극적으로 수집하여 그것을 즐겨 감상했으며, 혹은 그것을 전람하기도 하고 부하들에게 하사하기도 했다. 히데요시는 다도를 여는 장소인 다실65)도 즐겨 지었다. 오오사카 성·주라쿠다이·후시미 성 모두에 매우 정성껏 지은 다실이 있었다. 한때의 침략전 때 본영으로 삼았던 나고야(名護屋) 성에도 다실을 지었다. 나고야 성에는 혼마루 다실과 야마자토(山里) 다실이 있었는데 혼마루 다실은 기둥과 문지방까지 황금을 펴서 만든 판을 사용한 광채 찬란한 것이었다고 전해진다. 무릇 간적결소[簡寂潔素]를 으뜸으로 여기는 것이 다도인데 이처럼 벼락부자 취향의 호화로운 다실을 짓다니, 이는 당치도 않은 일이었다. 이러한 이유로 히데요시의 '와비의 맛' 등도 아마 허세에

---

64) わび. 다도의 극치인 간소하고 차분한 아취.
65) 数寄屋(스키야).

지나지 않았을 것이라 논하는 경향도 있으나, 그것은 그가 차를 즐기기 위해서 지은 것이 아니라, 명나라나 조선의 사절이 오면 그들을 놀라게 해주겠다는, 히데요시다운 계획에서 설치한 것으로, 그 자신을 위해서는 따로 야마자토마루(안채)에 다실을 마련했다. 그것은 오제 호안이 『태합기』에서 전한 것처럼, 〈늙은 삼나무 솟아 있는 것을 하나의 흥으로 삼은〉 그윽한 경지에 서 있는 간소한 것이었다.

그런데 아즈치모모야마 시대의 국민적 동향에는 자유롭고 활달하게 용왕매진하는 기상이 있었다. 예능계가 대대로 내려오는 전통에 꽁꽁 묶여서 군색하게 형식화 되어버린 것과는 완전히 대조적이었다. 게다가 속박받지 않는 분방한 창조욕과 자유롭고 활달한 정신을 생명으로 여긴 히데요시 및 그에게서 감화와 영향을 받고 있던 사람들과, 이 군색하게 구속받고 있는 다도 취향은 참으로 어울리지 않는 존재였다. 바로 거기에 그가 다도 취향에 철저히 매몰 될 수 없는 간극, 아니 모순이 있었다. 그러나 만약 그들의 활달한 독창성을 가지고 다도를 개혁했다면 그것은 애초부터 다도 취향의 파멸 이외에 아무것도 아니었으리라. 그들이 다도를 즐기는 한, 그들은 군색한 그 길에 충실할 수밖에 없었다. 이에 그들은 매우 당황스러웠다. 승려 카쿠조(角上)는 이를 야유하여, ‘차의 모임이란 찻물을 끓여 마시는 길을 알지 못하겠다며 두려워하는 것’이라고 평했다.

그러나 히데요시는 다도의 법식에 충실했던 한편으로, 역시 그것을 자신만의 독창성으로 얼마간 자유롭고 활달한 것으로 표현 했다. 그것 또한 히데요시의 다도 취향이 속세의 냄새로 가득한 것이었다는 사실의 증거로 거론되고 있기는 하지만. 어쨌든 키타노에서의 성대한 다도 모임은 그 특유의 독창적 방식이었다.

(4) 키타노에서의 성대한 다도 모임

시코쿠가 평정되자 히데요시는 벌써 천하가 태평해진 것이나 다를 바 없다는 듯한 태도로 파격적인 계획을 시작했다. 그것이 키타노에서의 성대한 다도 모임이었다. 원래 다의라는 것은 4첩 반짜리 다실에서 마음 맞는 소수의 사람들과 '와비'네 '사비'네 하는 마음을 조용히 음미하는 것이다. 그런데 호방하고 구애됨이 없는 히데요시는 그것을 대규모로 행하여 천하의 동호인들과 함께 즐기려 했던 것이다. 참으로 파격적인 이 계획은, 다도의 길을 걷고 있는 자들에게는 도저히 상상조차 할 수 없는 일이었다. 용감한 비전문가였기에 마침내는 할 수 있는 일이었다. 그는 차를 즐기기보다 이를 이용하여 천하의 인심을 거두려 했던 것이다.

8월 초, 쿄토 안팎은 물론이고 사카이·나라 부근에까지 방이 높다랗게 내걸렸다.

<오는 10월 1일, 키타노의 마쓰바라(松原)에서 다도를 흥행할 예정이다. 귀천을 따지지 말고, 빈부에 구애받지 말고 원하는 자들은 모여서 즐기기 바란다. 단, 화려한 차림은 자제하고 검약에 신경 쓰기 바란다. 히데요시가 수십 년 동안 구해두었던 도구도 전시해놓을 테니 마음껏 구경하라. 8월 2일.>

같은 달 4일부터 히데요시는 호쿠리쿠 재정벌을 위해서 출병을 시작했으며, 그 자신도 6일에는 출진했으나, 마에다 겐이와 센 리큐가 담당자로서 착착 준비를 시작했다. 위로는 공경과 제후에서

부터 아래로는 서민에 이르기까지 조금이나마 다도에 뜻이 있다고 알려진 사람들 350여 명에게 안내장을 보내, 각자의 다의를 개최하고, 또 각각 비장하고 있는 명기를 전람회에 출품해달라고 의뢰했다.

호쿠리쿠에서 개선한 히데요시는 추가로 후쿠하라 우마노스케(福原 右馬助)·마키타 곤스케(蒔田 権佐)·나카에 시키부다이후(中江 式部大輔)·미야모토 우쿄다이후(宮本 右京太夫) 5명을 사무 담당자로 임명하고 9월 하순부터 키타노로 가서 회장의 설비를 서두르게 했다. 담당자들은 다실 건축, 장내의 각 설비, 참가 신청자의 구역 설정 등으로 분주했다.

이 계획은 커다란 인기를 끌어서, "이번 모임에 참가하지 않는 자는, 앞으로 다인이라는 말은 입에 올리지도 말아라."라고 떠들어대며 신청한 자들이 아주 많았다. 안내를 받은 사람들은 말할 것도 없고, 높다랗게 내걸린 방을 본 자, 소문을 들은 자들이 속속 각지에서 상경하여 활발히 준비에 들어가 각자 다실을 꾸미고 여기저기에 자리를 마련하기에 바빴다.

마침내 당일, 참석한 인원은 360명. 우콘의 마장 양쪽에서부터 소나무 아래는 물론 풀밭 위까지, 정자와 명기 전람소 등이 빼곡하게 늘어서서 회장은 사방 10리(4km)에 이르렀다. 히데요시의 자리는 3군데에 있었는데 그 전람소에는 여러 가지 기물들이 늘어서 있었다. 하나같이 상당한 기품[奇品]으로 개중에는 매우 진귀하게 여기며 비장해두었던 것도 있었다고 한다.

소에키나 소큐(宗久) 등의 차 박사들을 비롯하여 쿄토는 물론 각지의 풍류가들이, 자신이 자랑하는 물건들을 출품하여 회장을 떠들썩하게 했다. 참으로 성대한 골동품 전람회이기도 했다. 오늘날의 전람회나 품평회는 서양의 것을 바탕으로 모방한 것인 듯하나, 일본에서도 히데요시에 의해서 이미 독창되어 있었던 것이다.

한편 새로운 관백인 히데요시는 스스로의 취향에 맞게 꾸민 다실에서 코노에 노부타다·히노 테루스케(日野 輝資)·토쿠가와 이에야스·오다 노부오 등을 비롯하여 수많은 공경과 고관과 다이묘들에게 스스로 차를 끓여 대접하고 곧 마에다 겐이 이하 시동 등 10여 명을 데리고 회장을 돌아보며 곳곳의 자리에 들러 편안하게 향응을 받았다.

호안은 이렇게 기록했다.

〈이번의 다도 모임을 보고 한층 더 정진하여 다인으로서의 명예를 얻어야겠다고 결심한 자도 있었다. 또한 굉장한 고가의 차단지를 다이묘에게 넘겨주고 단번에 부자가 되어 이 길에 더욱 매진하게 된 자도 있었는데, 이는 참으로 경하할 일이었다.〉

이 대회의 영향으로 다도의 풍류가 단번에 발흥했으며, 따라서 미술공예의 발달에도 커다란 효과가 있었다.

이즈미의 사카이는 당시 부의 집결지였다. 그 땅에 사는 부호들의 유한생활은 저절로 학예의 발흥을 초래했는데, 개중에서도 다도는 쇼오의 전통에 따라서 매우 번성했다. 당연히 다인의 숫자도 많아서 리큐 외에도 달인들이 적지 않았으며, 그들은 도읍의 풍아[風雅] 따위는 오히려 경멸할 정도의 자부심을 가지고 있었다. 사카이 시민들은 예로부터 자유도시로서의 번창을 옹호하기 위해서 무사적인 기상을 기르고 있었으며, 그 부와 교양에 대한 자신감과 자부심을 가지고 있었기에 무가에도 쉽게는 굴복하지 않았다.

그러나 이 키타노에서의 다도 모임 개최에 대한 방이 내걸렸을 때에는 그들도 그냥 묵살하고 있을 수만은 없었다. 그만큼 이 커다란 일이 그들에게까지도 충격을 주었던 것이다.

한편 그곳의 다인 가운데 벳칸(別寬)이라는 초닌66)이 있었다. 커다란 자신감이 있었기에 콧대가 매우 높았으며, 도읍의 풍아 따위는 애초부터 경멸하는 자 가운데 한 사람이었다. 하지만 그도 가만히 있을 수는 없었기에, "먼 후세까지의 이야깃거리로 삼기 위해 나도 구경이나 해볼까."라고 별 관심없다는 듯 말하며 상경하여 우콘의 마장 남쪽 끝부분에 대나무 기둥과 억새 지붕으로 다실을 지었다.

히데요시는 곳곳을 둘러본 뒤에 돌아가는 길이었다. 그런데 남쪽에서 참으로 정취 있는 다실 하나가 눈에 들어왔다. 곁에 있던 겐이를 돌아보며,

"저건 누구의 것인가?"

"저건 사카이의 초닌인 벳칸이라는 자가 마련한 다실입니다. 평소 다도에 자신감을 가지고 있는 자로 별로 관심은 없지만 이번 모임의 모습을 구경하고 싶다며 어제부터 온 자입니다."라고 대답하고 벳칸에 대한 여러 가지 이야기를 들려주었다.

"그거 재미있는 사내로구나. 어디 한번 들러볼까."

계급적 차별 따위는 거의 안중에도 없는 히데요시는 성큼성큼 벳칸의 다실 쪽으로 다가갔다. 살펴보니 벳칸은 종이옷 위에 은은한 홑옷을 걸치고 붉은색과 금색이 섞인 허리띠를 두르고 참으로

---

66) 町人. 도시에 사는 상인·장색 계급. 근세에 하나의 신분계층을 이루었다.

다인답게 앉아 있었다. 무엇보다 먼저 그 모습이 히데요시의 마음에 들었다.

"주인이 재미있구나. 한 잔 청해보기로 하자."

스스럼없이 자리에 앉았기에 벳칸도 커다란 영광을 느끼며 얼른 화로 위 갈고리에 걸어둔 아시야(芦屋) 솥에서 끓고 있는 물을 떠서 새로운 찻사발에 '운카쿠(雲脚)'라는 차를 타서 바쳤다. 히데요시는 기분 좋게 그것을 마시고,

"이거 참 훌륭한 작법이로구나. 이야말로 일본 제일이다. 곳곳의 진미로 거북했던 속을 코센67)으로 달랜 듯한 기분이 드는구나. 참으로 좋다."

차는 아무리 맛이 없었다 할지라도 마시고 난 뒤에는 반드시 인사를 하는 것이 예법이라고 하지만, 아마도 진실을 말한 것이라 여겨지는 히데요시의 칭찬에 벳칸은 크게 감격하여 지금까지 남몰래 경멸해왔던 히데요시의 감식력을 존경하게 되었으며, 히데요시의 인물됨에 매료되어 그를 좋아하게 되었다. 마침내 관백 전하가 자리를 뜨자,

"참으로 다도의 진수를 아는 분이로구나."라고 중얼거렸다.

훗날, 벳칸은 후시미 성으로 불려가 차를 향응받았으며, 진기를 하사받았다.

---

67) 香煎. 차조기나 산초의 열매·귤껍질 가루·찹쌀로 작고 둥글게 만든 알갱이. 그냥 먹기도 하고 따뜻한 물을 부어 먹기도 한다.

8. 이에야스 소치

코마키야마 전투 이후 강화를 맺은 히데요시는 토쿠가와 이에야스의 차남인 히데야스를 양자로 삼았으며, 거듭 그의 상경을 독촉했지만 이에야스는 이리저리 말을 돌려서 부름에 응하려 들지 않았다. 이에야스는 벌써부터 '토카이도 제일의 무사'로서 이름을 날리고 있었으며, 히데요시에 필적할 정도의 강호라고 천하로부터 인정받고 있었다. 따라서 그를 자신의 무릎 아래로 끌어들이기만 하면 이에야스조차 마침내 히데요시에게 항복했다는 말이 돌 테니 군웅을 통제하는 데 있어서 더할 나위 없이 좋을 터였다.

이에야스도 그러한 사실은 잘 알고 있었다. 이에야스 역시 천하의 통일은 바라던 바였다. 그리고 천하는 당연히 히데요시의 수중에 떨어질 것이라는 사실도 충분히 알고 있었다. 따라서 히데요시의 소치를 굳이 거부할 필요는 없었으나, 세상은 아직 전국의 쟁란 직후여서 아군이라 할지라도 방심할 수 없는 시기였다. 만약 얼마 되지 않는 사람들을 이끌고 상경했다가 만에 하나라도 자신의 신변에 이변이 있어서는 안 된다고 생각했기에 좀처럼 히데요시의 소망을 들어주지 않았던 것이다.

이에 히데요시도 뭔가 방법을 강구하지 않을 수 없었다. 어느 날, 히데요시는 오다 노부오·하시바 시모우사(지)노카미 카쓰토시(羽柴 下総守 雄利) 등을 불러서 잔치를 베풀었다. 그 자리에서 문득 떠올랐다는 듯,

"좋은 생각이 떠올랐네. 이번에야말로 이에야스도 반드시 올 것이네."라고 말을 꺼내더니, "나의 동생을 토쿠가와와의 아내로

주는 걸세.”라고 덧붙였다. 이를 들은 두 사람은 의아히 여겼다. ‘나의 동생을 주겠다.’라고 했지만 히데요시에게는 사지 휴가(지)노카미(佐治 日向守)의 아내인 아사히노카타(40여 세) 외에 동생은 없기 때문이었다. 시모우사노카미가 이에 대해서 묻자,

“그래, 아사히 외에 동생은 없지. 그 아사히를 이에야스에게 줄 생각일세.”

두 사람은 어리둥절해서 서로의 얼굴만 바라보았다. 그러자,

“사지는 기특한 사내일세. 천하를 위해서라고 말하면 아내를 돌려보낼 걸세.”

참으로 억지스러운 말이었으나 워낙 ‘천하를 위해서’라고 말하고 있고, 정략을 위해서 부부가 이합하는 것은 그렇게 드문 일도 아니었기에 그들도, “그것 참 일본 제일의 계책입니다.”라며 고개를 끄덕일 수밖에 없었다. 이에 히데요시는 시모우사노카미에게,

“그대는 오다 겐고(織田 源吾우라쿠사이)·아마노 사자에몬(天野 佐左衛門)·토미타 사콘쇼겐(冨田 左近将監) 등과 하마마쓰로 가서 이번 혼담을 토쿠가와와 상의하고 오게.”라고 명령했다.

사지에게는 호리오 모스케(堀尾 茂助요시하루)·이코마 진스케(生駒 甚助치카마사) 등을 보냈다. 그들은,

“천하를 위한 일이니 아내를 돌려보내게, 그 대신 이후의 일은 잘 처리하도록 하겠네, 라는 명령입니다.”라고 전했다. 그러나 사지 휴가노카미도 무사이니, 제아무리 무엇을 위해서라 할지라도 일단 취했던 아내를 다시 돌려보낸다는 것은 참으로 체면이 서지 않는 일이었다. ‘너무한 처사’라며 크게 분개했다. 그러나 호리오와 이코마가 잘 달래었기에,

"주군의 명령이라니 어길 수가 없구나. 말씀에 따라서 돌려보내 겠네."라고 말했다.

아사히노카타는 히데요시와 씨가 다른 동생(치쿠아미의 딸, 히데나가와 친남매)으로 사지와 부부가 된 지도 벌써 24년. 둘의 사이는 지극히 원만했으며, 나이도 벌써 44세. 아무리 오빠를 위해서라고는 하지 만 새삼스럽게 미운 것도 아닌 남편과 헤어져 고생길에 올라야 한다니 견딜 수 없는 기분이었다. 그러나 여자는 결국 남자의 도구, 정략을 위한 허수아비에 지나지 않는다고 당시의 여자들은 체념하고 있었다.

'오빠가 그렇게까지 억지를 부리는 데에도 다 이유가 있겠지.'라 고 눈물을 흘리며 남편 곁을 떠났다.

아내를 빼앗긴 휴가노카미는,

"무슨 낯짝으로 다른 사람과 얼굴을 마주할 수 있겠는가."라며 곧 할복해버리고 말았다. 어떤 글에 의하면 아사히노카타의 남편은 소에다 진베에(副田 甚兵衛)였으며, 아내에 대한 보상은 5만 섬이 었다고 한다. 그리고 소에다는 할복하지 않았으며 삭발하고 은거에 들어갔다고 한다.

한편 하시바 시모우사노카미 등으로부터 어마어마한 혼담을 들은 이에야스는 크게 당황했다.

'아무리 내게 정식 아내가 없다고 해도 44세나 된 남의 마누라를 돌려받아서……. 게다가 히데요시의 동생이라니 어차피 미모는 빠질 텐데 내게 떠넘기다니, 참으로 골치 아픈 놈이로구나.'라고 생각했으나, '하지만 지금 이를 거절하면 히데요시와 또 창칼을 맞대지 않으면 안 된다. 그렇게 되면 내게는 승산이 없다. 그리고 대국적으로 봤을 때, 그렇게 되면 기껏 평정을 되찾기 시작한 천하가 다시 동요를 면치 못할 것이다. 이는 나도 원치 않는 일이다.'라고도 생각했다. 그리고, '히데요시가 이처럼 도리를 어겨가면서까지 동생을 이혼시켜 내게 주려 하는 것은 겉모습을 그럴싸하게 꾸며 인질을 보내겠다는 의미다. 그 마음을 생각한다면 지금 이를 거절할 수는 없다.'라고도 생각했다. 또한, '이제 와서 다른 여자들이 없는 것도 아니고, 억지로 의리를 지키느라 사랑을 해주어야 하는 것도 아니니.'라고도 생각했던 것이리라. 어쨌든 받아두기로 결정했다.

"천하 만민을 위해서라니 기꺼이 받겠다. 단, 그에 관해서는 이쪽에서도 조건이 있다. 거기에 이견은 없는가?"라고 이에야스는 대답했다. 그 조건이란,

① 동생이 만약 사내아이를 출산해도 후계자로는 세우지 않겠다. (44세의 할머니가 설마 아이를 낳을 염려는 없을 테지만, 그래도 못을 박아두는 것이 좋다.)

② 동생을 아내로 맞아도 그 대신으로 나의 자녀를 오오사카에 인질로 보낼 수는 없다.

③ 이에야스가 세상을 떠나도 그 소유령인 5개 쿠니에는 손을 대지 않는다.

히데요시가 이 조건에 이견을 품을 리 없었다. 이렇게 해서 혼담이 성사되어 마침내 아사히노카타는 쑥스럽게도 신부가 되어 하마마쓰로 시집을 가게 되었다.

텐쇼 14년(1586) 5월 14일, 아사히노카타가 하마마쓰 성으로 들어가 사해의 파도가 잠잠히 가라앉았다. 재가하는 신부라고는

하나 워낙 관백 히데요시의 동생이기도 하고, 어쨌든 이에야스의 정실로 들어가는 것이었기에 그 식은 엄숙했으며 향연은 온갖 아름다움을 다한 것이었다. 그리고 명령에 따라서 사카키바라 야스마사가 축하 사절로 같은 달 21일에 하마마쓰를 출발하여 26일에 오오사카로 들어갔으며 이튿날 히데요시를 보고 이번 일에 대한 예를 취했다. 이렇게 해서 아사히노카타는 이에야스의 정실이 되기는 했으나, 애초부터 그것은 형식적인 것이었을 뿐 부부의 애정이 오고갔을 리 없다.

한편 히데요시는 일대의 지혜를 짜내서 동생 부부를 희생하면서까지 이에야스가 오기를 기다렸으나 이에야스는 그래도 역시 오지 않았다. 그것은 이에야스의 근신인 사카이 타다쓰구 등이,

"히데요시는 간지[奸智]에 뛰어나고 잔꾀가 많은 자입니다. 그 본심을 쉽사리 알 수 없습니다. 결코 상경하셔서는 안 됩니다."라고 강경하게 만류했기 때문이었다.

'이게 아니었는데.'라고 히데요시는 생각에 잠겼으나 오지 않으니 어찌할 방법이 없었다. 이에 히데요시는 어머니 오오만도코로를 인질로 삼아 미카와로 보낼 결심을 했다. 그러나 이를 특별히 인질이라 칭할 필요는 없었으며, 또 이에야스와의 사이에 특별한 일이 있는 것도 아니었기에,

"오오만도코로가 딸을 보고 싶어 하시니, 모녀를 만나게 해주고 싶다."라고 이에야스에게 말해두고 어머니를 오카자키로 보냈다.

이에 이에야스도, "더는 관백의 마음을 의심할 필요는 없다."라며 히데요시를 만나기 위해 쿄토로 향했다. 이는 같은 해 10월의 일이었다.

한편 겉보기에는 그럴듯하지만 실질적으로는 인질이 되어 의지할 곳도 없이 무료한 날들을 하마마쓰에서 쓸쓸하게 보내던 아사히노카타와 그녀를 걱정하고 있던 오오만도코로의 기쁨은 그야말로 필설로는 다할 수 없을 정도의 것이었다. 『미카와 풍토기[三河風土記]』에는,

〈키타노카타(아사히노카타)는 대엿새 후면 만날 수 있으리라 이전부터 정해져 있었으나, 당장 오카자키로 가서 모녀가 상봉하겠다고 말했다. 키타노카타는 급히 서둘렀으나 채비에 시간이 걸려 20일 저녁이 되어서야 오카자키로 들어가자, 오오만도코로가 그 소식을 듣고 가마의 문이 열리기를 초조하게 기다렸으며, 키타노카타가 가마에서 내리자 그대로 끌어안더니 모녀 모두 눈물을 흘렸다. 이를 본 여자들 모두 모녀의 마음을 헤아려 눈물을 흘리지 않는 자가 없었다.〉라고 기록되어 있다.

이렇게 해서 히데요시는 이에야스 소치라는 목적을 달성하여 오오사카 성에서 회견했다.

얼마 후, 오오만도코로가 돌아왔다. 히데요시에게 딸을 만난 기쁨을 이야기하고 여행에서 있었던 일들을 이야기하던 끝에,

"오카자키에서는 이이 나오마사가 늘 곁에 머물며 여러 가지로 친절하게 보살펴주었다. 하지만 혼다 사쿠자에몬(本多 作左衛門)은 분별 없는 시골무사에 괘씸한 사내였다. 만사 정중하게 행동하기는 했다만, 우리가 묵던 집 주위에 장작을 잔뜩 쌓아놓고, '만일 도읍에서 우리 주군께 위협을 가하는 일이 있다면 여기에 불을 붙여 오오만도코로는 물론 여자들 모두를 남김없이 태워 죽이겠다.'며 여자들을 위협했기에 모두들 꽤나 두려워했단다."라고 말했

다. 히데요시는 웃으며 듣고 있다가 크게 감탄했는지,

"이에야스는 좋은 가신들을 두어 행복하겠구나."라고 중얼거렸다.

"좋은 가신도 있지만, 혼다 같은 사람도 있더구나. 정말 그 혼다는 꼴도 보기 싫은 사내다."라고 아무것도 모르는 오오만도코로는 거듭 혼다를 비난했다. 어머니가 자꾸만 이야기했기에 효심 깊은 히데요시는 어머니의 희망을 받아들여 이이 나오마사에게는 보답으로 금품을 보내어 노고를 크게 치하했으나, 혼다 사쿠자에게는, '앞으로 상경은 삼가도록 하게.'라고 통보했다. 자신의 주군을 위해서 똑같이 마음을 다한 두 사람이었으나, 아무리 그래도 혼다는 참으로 손해를 본 셈이었다.

아사히노카타가 시집간 지 3년째 되던 텐쇼 16년(1588) 6월 3일에 오오만도코로가 병에 걸렸다는 급보가 하마마쓰로 날아들었기에 아사히노카타는 허겁지겁 문병을 위해서 상경했다. 어머니의 병은 곧 나았으나 아사히노카타는 끝내 하마마쓰로 돌아가지 않았다. 이에야스도 특별히 불편할 것은 없었기에 돌아오라고 재촉하지 않았다. 히데요시는 아사히노카타에게 더 이상 바랄 것이 없었기에 본인의 희망대로 주라쿠에 머물며 노모의 이야기상대가 되어주게 했다. 그 후 텐쇼 18년(1590) 정월에 그녀는 48세의 나이로 병사하고 말았다.

9. 큐슈 정벌

(1) 큐슈의 형세와 히데요시

당시 큐슈에는 오오토모(大友)·류조지(龍造寺)·시마즈(島津) 등 전국시대 이후부터의 강호들이 자리 잡고 작은 세력들을 지배하며 서로 세력의 확대·강화에 전념하고 있었다. 그 가운데 오오토모 씨는 모리 씨에게 밀려 예전과 같은 세력은 가지고 있지 못했지만 그래도 분고노쿠니(豊後国. 5)에 머물며 치쿠젠노쿠니(筑前国. 6)·치쿠고노쿠니(筑後国. 7)와 부젠노쿠니(豊前国. 4)의 일부를 그 세력권 안에 두고 있었다. 류조지 씨는 타카노부(隆信) 때에 강대해진 이후, 히젠노쿠니(肥前国. 8)의 류조지 성(사가)을 근거지로 부지런히 사방을 공격하고, 치쿠젠으로 출동하여 오오토모 씨의 세력을 내몰기에 힘 썼으며, 치쿠고를 빼앗고 히고노쿠니(肥後国. 9) 일부를 약취한 뒤, 더욱 남하하려 호시탐탐 기회를 엿보고 있었다. 시마즈 씨는 오오토모 씨와 함께 카마쿠라 시대부터 큐슈의 명문이었는데 사쓰마노쿠니(薩摩国. 2)를 근거지로 오오스미노쿠니(大隅国. 1)·휴가노쿠니(日向国. 3) 및 치쿠고의 일부를 아우르고 있었기에 세력이 가장 강대했으며, 틈만 나면 오오토모·류조지 씨에게 싸움을 걸어 그 세력을 물리치고 큐슈를 제패하려 하고 있었다.

오오토모 소린(宗麟요시시즈)은 기독교를 보호하고 교화를 위한 사회적 사업을 도와 새로운 시설에 힘을 쏟았으나, 그 때문에 무리 중에 불평을 품는 자들이 생겨서 통제가 어려워졌고, 거기에 휴가 방면으로 시마즈 군의 공격을 받아 세력을 크게 잃었다.

그 손실을 만회하기 위해서 치쿠고로 병사를 내어 류조지 씨와 싸워 영유지를 더하려 했으나, 남쪽에서 압박해오는 시마즈 씨와 대항할 힘은 없었다. 이에 텐쇼 14년(1586)에 일문 소속의 각 장수들과 국책을 협의한 결과 이렇게 된 이상 히데요시에게 원조를 청하는 것이 상책이라는 결론이 났기에 그해 4월에 오오사카로 가서 히데요시를 만나 큐슈의 정세를 설명하고 도움을 청했다. 히데요시는 그 뜻을 이해하고 소린을 위로한 뒤,

"훗날 큐슈로 대군을 보내서 시마즈 씨를 응징할 테니 잠시 그날을 기다리시오."라고 말했다. 소린은 여전히 불안을 품은 채 분고로 돌아갔다.

그보다 앞선 텐쇼 12년(1584) 3월에 류조지 타카노부는 시마즈 타카히사(島津 貴久)와 시마하라(島原)에서 싸워 패했으며, 같은 달 24일에 단신으로 숨어든 적병에게 살해당하고 말았다. 이에 가독을 아들인 마사이에(政家)가 이었으며, 시마즈 씨가 상중에 공격해 들어올 위험이 있는 상황이었기에 가신인 나베시마 나오시게(鍋島 直茂)가 주인 집안의 존망을 앞에 두고 그 경영에 고심했다. 그는 우선 시마즈 씨와 협상하여 그들의 공격을 막았으며, 한편으로는 히데요시에게 사람을 보내서 환심을 사게 했다. 이듬해인 13년(1585)에는 다시 중신을 오오사카로 파견하여 큐슈 정벌의 선봉에 서고 싶다고 말하게 했다.

시마즈 씨는 이미 휴가에서 오오토모 씨 세력을 내몰았으며, 또 단번에 히고를 제압하고 나아가 치쿠고·치쿠젠까지 병사를 내어 그 땅의 여러 다이묘들을 위협했다. 그 세력이 매우 강대해서 오오토모나 류조지 같은 강호조차도 그를 어떻게 할 수가 없었다.

텐쇼 14년(1586) 봄이 되자 마침내 분고로 침입하여 오오토모의 본거지인 후나이(府內)를 불태웠다. 이렇게 해서 분고의 남쪽 절반까지도 시마즈의 위풍에 따를 수밖에 없는 정세가 되었다. 이보다 앞서 오오토모 씨의 청을 받은 히데요시는 13년에 사람을 사쓰마로 보내, '성지에 따라서 오오토모 씨와 화목하고, 각자 옛 영지를 유지하도록 하라.'라고 권고했다. 그러나 시마즈 요시히사(島津 義久)는 이듬해 봄에 카마타 마사하루(鎌田 政春)를 오오사카로 보내서 권고를 거절하겠다는 뜻을 밝혔다. 히데요시는 오오사카 성 안에서 그를 만나, 사쓰마·오오스미의 전부와 휴가·히고의 일부를 시마즈의 소유령으로 삼고 치쿠젠과 부젠의 절반은 히데요시의 직할령으로 삼겠으며 나머지 땅은 옛 영주에게 돌려주거나, 혹은 적당한 자에게 내리겠다는 조건을 제시하고 만약 이 명령에 따르지 않으면 군을 내어 시마즈를 치겠다고 말했다.

　이러한 일이 진행되고 있을 때 시마즈 씨가 군대를 분고로 내어 후나이를 불태웠고, 그로부터 얼마 지나지 않아서 오오토모 소린이 원조를 청하기 위해 오오사카로 간 것이었다.

　사자의 보고를 받은 요시히사는 곧 신하들과 함께 회의를 열어 선후책을 협의했다. 무용을 자랑하는 사쓰마의 하야토[68]들은 그 누구도 히데요시의 제안에 찬성하지 않았다. 하루라도 빨리 큐슈 전역을 평정하고 히데요시와 맞서야 하며, 동쪽 지방의 무사 따위는 두려워할 필요 없다고 호언장담했다. 이렇게 해서 히데요시와의 관계는 단절되었다.

---

68) 隼人. 예전에 사쓰마·오오스미 지방에 살던 사람들을 이르던 말.

(2) 출정준비

텐쇼 14년(1586) 12월 1일, 마침내 큐슈 정벌을 위한 동원령이 내려졌다. 다음 해 3월 1일에 큐슈 정벌을 위해서 관백 전하가 출진하실 테니 키나이[69]의 5개 쿠니, 호쿠리쿠도(北陸道)의 5개 쿠니 및 오우미·미노·오와리·이가·이세의 5개 쿠니, 난카이도(南海道)의 5개 쿠니, 산인·산요 2개 도의 13개 쿠니에서 군세 20여 만을 징발하겠다, 킨키 및 그 이북·이동에 있는 자들은 2월 20일 이전까지 셋쓰 오오사카로 모이라는 내용이었다. 그리고 각각의 다이묘에게 동원해야 할 인원수를 할당했다.

그와 동시에 이시다 미쓰나리(石田 三成)·오오타니 요시쓰구(大谷 吉継)·나가쓰카 마사이에(長束 正家)를 병참 담당관으로 임명하고 코니시 타카스케(小西 隆佐)·타테베 주토쿠(建部 寿德)·요시다 세이자에몬(吉田 淸左衛門)·미야모토 나가쓰구(宮本 長次) 등을 운수 담당관으로 임명하여 병사 30만 명분의 군량, 말 2만 필의 사료 각각 1년분을 준비해서 배로 운반하라고 명령했다. 그 군량과 사료는 순조롭게 징집되었으며, 수백 척의 배로 속속 세토(瀨戸) 내해를 거쳐 아카마가세키(赤間ヶ関)와 모지(門司)로 가져가 그 주변의 병창에 쌓았다.

한편 히데요시는 센고쿠 히데히사·초소카베 모토치카 등을 분고로 보내서 다시 한 번 시마즈 씨에게 성지에 따르라고 타이르게 했다. 또한 쿠로다 요시타카(조스이)에게 명령하여 모리의 장사들과

---

69) 畿内. 킨키 지방.

함께 부젠으로 들어가서 그 경계를 바로잡고 반항하는 자를 토벌케 했다. 그런데 시마즈 씨가 센고쿠·초소카베의 병사들을 토쓰기가와(戶次川)에서 맞아 싸워서 노부치카(모토치카의 아들)와 소고 마사야스의 목숨을 앗았으며, 분고의 대부분을 점령해버렸다. 센고쿠 히데히사는 급사를 오오사카로 보내서 출병을 요청했다.

히데요시의 출정준비는 착착 진행되고 있었다. 이를 탐지한 타카히사 부자는 새삼스럽게 놀랐다. '동쪽 지방의 무사 따위가 다 뭐란 말이냐. 큐슈 건아 중에서도 무용으로 이름 높은 사쓰마 하야토에게 맞설 수 있을 성싶으냐.'라고 큰소리 쳤던 신념도 20여 만의 대군이 1년여의 군량을 준비하여 밀고 들어올 것이라는 소식을 듣자 크게 동요하지 않을 수 없었다. 이에 이듬해인 텐쇼 15년(1587) 정월 19일, 히데요시의 동생인 하시바 히데나가에게 글을 보내서 오오토모는 시마즈의 숙적이기에 히데요시의 권고를 받아들일 수 없었으며, 센고쿠·초소카베 군과 싸운 것은 그들이 우리 군을 공격했으니 정당방위일 뿐 다른 뜻은 없었다는 등의 말로 변명했다. 그러나 히데요시는 이제 와서 그러한 말을 들어주려 하지 않았다.

(3) 출진

2월 1일에 정벌군의 선발대가 셋쓰 오오사카를 출발했다. 하순에는 후진도 정벌을 위한 길에 나섰다. 3월 1일이 되자 히데요시가 오오사카 성을 출발했다.

히데요시는 같은 달 17일에 아키노쿠니(安芸国. 18)로 들어갔으며, 20일에 이쓰쿠시마(厳島)를 참배하고 신사에 금전 1천 관을

헌상한 뒤, 신관들에게도 여러 가지 물품을 주었다. 한가로운 원정 길이었다. 25일에는 아카마가세키에 도착하여 각 포구의 절경을 감상하고 단노우라(壇ノ浦)에서 헤이케(平家타이라 집안) 멸망을 애도했다. 그리고 마침내 해협을 건너서 큐슈로 들어갔다.

(4) 전황

큐슈에 들어선 히데요시는 갑자기 긴장하기 시작했다. 지금까지 소풍에 나섰던 것과 같은 기분에서 전장에 임하는 마음으로 급전환한 것이었다. 우선 해협을 건너는 작업을 안전하고 신속하게 하기 위해서 모리 칸파치(毛利 勘八)·모리 효키쓰(兵橘)를 그 담당자로 삼았다. 또한 마루모 사부로 효에노조(丸毛 三郎 兵衛尉)와 키도 주조보(城戸 十乘坊)를 모지 성에 두고 부근의 경비를 명령했다. 한편 히데요시 스스로는 치쿠젠·치쿠고에서 히고로 들어가기로 했으며, 동생인 히데나가에게는 코바야카와 타카카게·킷카와 모토나가(吉川 元長)·쿠로다 요시타카·하치스카 이에마사(蜂須賀 家政) 등과 함께 분고에서 휴가로 나아가라고 명령했다.

동로군이 전진하여 분고로 들어가자 각 성은 그대로 투항했다. 그 땅에 있던 적장 시마즈 요시히로(島津 義弘요시히사의 동생)는 군을 2갈래로 나누어 스스로 지휘하는 본군은 우선 후나이로 퇴각하고, 별군은 마치다(町田)·니이노(新納) 등의 각 장수들이 이끌고 히타(日田)에서 아키즈키(秋月)로 나아가 카미치쿠고(上筑後)에서 방어전을 펼치겠다는 작전을 짰다. 그러나 쿠로다 군이 유다케(湯岳)를 점령하고 요시히로 군을 위협했기에 요시히로는 갑자기 작전을 변경, 히데나가 군을 공격하여 이를 격파하고 후나이로 물러나 이에히사(家久동생)와 합류했다.

4월 15일, 시마즈 세력은 정벌군에게 밀려 자신들의 쿠니로
물러나게 되었다. 마찬가지로 분고로 진입해 있던 요시히사는
각 장수들을 이끌고 히고에서 사쓰마로, 요시히로는 이에히사와
함께 휴가에서 사쓰마로 돌아가려 했다. 그러자 지금까지 시마즈
편에 섰던 분고·히고의 각 장수들이 갑자기 시마즈 군에게 반격을
가하기 시작했다. 그들은 히데요시의 위세에 두려움을 느껴 훗날의
꾸짖음을 면하기 위해서, 마침내는 히데요시에게 굴복하고 말
시마즈 군과 일전을 치러 자신들의 죄를 용서받으려 한 것이었다.
시마즈 세력은 퇴로를 차단당했다.

한편 정벌군의 히데나가 등은 퇴각하는 적을 추격하여 휴가로
침입했다. 4월 16일, 선봉인 미야베 케이준(宮部 継潤)·쿠로다
요시타카 등이 네지로자카(根白坂)에 진을 치고 전면에 있는 시마
즈 세력과 대항했다. 적장인 요시히사가 이에히사·요시히로와 함
께 이들을 공격했고, 케이준은 패하여 달아났다. 시마즈 세력이
이를 추격했다. 이에 토도 타카토라(藤堂 高虎) 등이 타카고에가와
(高越川)에서 시마즈 세력을 맞아 그들의 옆구리에 맹공을 가했다.
이 싸움에서 적은 시마즈 타다치카(島津 忠隣) 이하 300여 명의
전사자를 내고 달아나버렸다. 이 조우전[遭遇戰]은 시마즈 군에게
있어서 거의 치명적인 것이었다. 이후 동쪽으로 진출해 있던 시마즈
세력은 전혀 힘을 쓰지 못했다. 이에히사는 고전을 거듭하며 휴가에
서 벗어나 아카타(県) 성을 지나서 19일에 타카나베(高鍋)로 들어
갔고 쓰오고오리(都於郡)에서 간신히 요시히사 군과 합류했다.
토시히사(歳久요시히로의 동생)도 추격을 받으면서도 히고로 들어갔고

쿠마(球摩)를 지나서 자신들의 쿠니로 돌아갔다.

그 무렵, 코야의 모쿠지키 상인과 빈고에 머물고 있던 전 쇼군 요시아키의 사자인 잇시키 아키히데(一色 昭秀) 등이 부지런히 강화를 알선했다. 한편으로는 요시히사에게 권고하고, 다른 한편으로는 히데나가를 설득했다. 얼마 뒤, 양쪽의 이야기가 정리되어 4월 21일에 동쪽의 전장은 어쨌든 휴전에 들어갔다.

서로군인 히데요시는 우선 마에다 토시이에·가모우 우지사토 등에게 시마즈 산하에 있는 치쿠젠의 아키즈키 타네자네(秋月 種実)를 공격하게 했다. 부젠과 치쿠젠의 접경지에 간자쿠(岩石)라는 성이 있었는데, 아키즈키 씨의 맹장인 쿠마가야(熊谷) 엣추(지)노카미가 그곳을 지키고 있었다. 작은 성이기는 했으나 매우 견고하고 방비가 튼튼했으며 강호라 불리는 장수가 지키고 있었기에, 맹장으로 이름이 알려진 호리 히데마사조차도 애를 먹어서 쉽게는 떨어질 것 같지 않았다. 그러나 정벌군은 이를 단번에 떨어뜨려서 큐슈의 무사들에게 히데요시 세력의 위력을 한껏 보여줄 필요가 있었다. 이에 마에다 토시이에·가모우 우지사토가 선발된 것이었다.

4월 1일, 우지사토 등이 성의 앞뒤 양면에서 공격을 시작했다. 히데요시는 마루야마 부근의 언덕에 진을 치고 센나리뵤탄 깃발을 초여름의 햇살에 반짝이며 공성전의 진전을 지켜보았다.

공성군이 똑바로 달려나가 성의 해자로 육박하려 한 순간 히데요시의 사자가 달려왔다.

"너희들은 어제부터의 싸움으로 지쳐 있는 듯하니 테마와리코쇼(手回り小姓)와 교대하라."라는 명령이었다. 테마와리코쇼란, 적

이 본진으로 파고들었을 때나 최후의 5분이라 여겨질 정도로 위급한 상황이 아니면 실전에 참가하지 않는 법이다. 대체로 용장이나 맹졸이 아니라 미소년이나 미청년들로 조직되어 있었다. 그들로 교체하겠다니 무슨 소리란 말인가? 우지사토는, "알겠습니다." 대답하고 사자를 돌려보낸 뒤, 더욱 맹렬하고 과감하게 공격 명령을 내렸다. 이런 성 따위는 테마와리코쇼들도 공격하여 떨어뜨릴 수 있다고 히데요시가 분발을 촉구한 것이라는 사실을 알고 있었기 때문이었다. 공격군이 더욱 맹렬하게 돌진하여 성으로 육박해 들어갔다. 히데요시는 마루야마에서 그 모습을 보고 웃으며,

"그 궤짝을 가지고 오너라."라고 명령했다. 그 궤짝이란 히데요시가 원정길에 나설 때,

"은화는 필요 없다. 금화를 가지고 가겠다."라고 묘한 명령을 해서 닥치는 대로 금화를 가득 채워두었던 궤짝이었다. 부하들이 그 황금으로 상당히 무거워진 궤짝을 짊어져 가져왔다. 히데요시는 그것을 옆에 놓고 유쾌하다는 듯 공성전을 바라보았다.

공격군 가운데 한 부대가 재빠르게 성벽을 넘어 성 안으로 진입했다. 히데요시는 자리에서 일어나 스스로가 깃발을 휘둘러 나발을 떠들썩하게 불게 했다. 마치 야구의 응원이라도 하고 있는 듯한 모습. 공격군은 더욱 사기가 올라서 열광적으로 적을 베며 파고들었다. 맹렬한 백병전이 종횡무진으로 전개되었다. 잠시 후, 공격군 가운데 한 명이 달려왔다. 첫 번째 수급을 취한 자가 그것을 대장에게 바치기 위해서였다. 그러자 히데요시는 궤짝 안에서 금화를 쥐어 수급을 가지고 온 자에게 불쑥 건네주었다. 참으로 감사한 은상이었다. 뒤이어 두 번째, 세 번째 병사가 달려와서 점차 히데요

시가 직접 건네줄 수 없게 되었다. 그러자 궤짝 속의 금화를 자신의 손으로 한바탕 휘젓고 나서 자신은 센나리보탄 깃발을 휘두르며,

"어느 것이든 나의 손길이 닿지 않은 것은 없다."고 말하더니, 근신을 지도하여 수급을 가지고 온 자들에게 건네주게 했다.

당시는, 아시가루70)는 물론 상당한 무사라 할지라도 대대로 섬겨오던 자가 아니면 대부분은 일종의 용병이었다. 용병은 돈벌이를 위해서 목숨을 걸고 전쟁을 하는 것이다. 급여에 따라서 활약을 조절하지 않으면 안 되며, 경우에 따라서는 주인을 바꾸지 않으면 안 된다. 이러한 경우에 황금을 아낌없이 척척 내준다는 것은 장수에게나 병졸에게나 더할 나위 없이 고마운 일이었다. 내일을 알 수 없는 목숨이기에 더욱 많은 돈이 갖고 싶어지는 법이다. 세상의 단맛, 쓴맛을 전부 맛보아 잘 알고 있는 히데요시는 그와 같은 실용적 가치 가운데서도 가장 커다란 효과가 있는 황금과 '오아카쓰키(お垢付き)'라고 해서 더할 나위 없는 영광이라 여겨지는 하사품을 하나로 합쳐 장졸들을 기쁘게 해준 것이었다. 그것을 받은 장졸들은 감격의 눈물에 목이 메었으며, 다시 다음 수급을 취하기 위해서 성을 향해 똑바로 달려나갔다. 이렇게 해서 그토록 단단하던 성도 점점 궁지에 몰려 곧 떨어지고 말았다.

아키즈키 타네자네는 코쿠마(小熊) 성에 있었는데 도저히 버텨낼 수 있을 것 같지 않았기에 서둘러 달려나와 항복했다. 히데요시는 이를 받아주고 그로 하여금 선봉에 서서 아키즈키 성으로 향하게 했다.

---

70) 足輕. 평시에는 잡역에 종사하다 전시에 병졸이 되는 최하급 무사.

히코산(彦山)의 승병들은 시대의 풍조에 따라서 오로지 무[武]에 관한 일에만 신경을 썼으며, 슈고후뉴71)를 앞세워 무가에 대항하고 인민을 겁탈하는 등 횡포를 일삼았으나, 히데요시의 군세가 공격해 들어온다는 말을 듣고는 겁이 났기에 회의를 열어 아사노 나가마사(浅野 長政)를 통해서 사면을 청하려 했다. 그러나 나가마사가 거절했기에 승병들은 서약서를 써서 다시 한 번 탄원했다. 히데요시는 청을 받아들이고, 승려의 본분으로 돌아가 근행에 힘쓰라고 명령했다.

이렇게 해서 히데요시는 아키즈키 성으로 들어갔다. 타치바나 무네시게(立花 宗茂)가 와서 항복했기에 이번에는 무네시게에게 선봉을 명하여 치쿠고로 진격했다. 류조지 마사이에가 나베시마 나오시게와 함께 코우라산(高良山)으로 찾아와서 히데요시를 알현했다.

4월 11일, 히데요시는 히고로 들어가 쓰쓰다케(筒岳)·쿠마모토(隈本)의 각 성을 떨어뜨리고, 19일에는 야쓰시로(八代)에 본영을 설치했다. 선진은 이미 위세도 당당하게 사쓰마의 접경지까지 밀고 들어갔다. 히젠의 마쓰우라 타카노부(松浦 隆信)와 그의 아들인 시즈노부(鎮信), 그리고 아리마(有馬)·고토(五島) 각 씨들이 수군을 이끌고 와서 항복했다.

(5) 평정·개선

히데요시가 야쓰시로 본영에 있을 때, 그는 곰곰이 생각했다.

___

71) 守護(使)不入. 카마쿠라·무로마치 시대에 슈고나 관인이라 할지라도 막부가 정한 특정 장소에는 범죄자 추적이나 징수를 위한 출입을 금한 일.

'큐슈로 들어온 이후, 적지를 상당히 지나왔지만 애를 먹게
한 자도 거의 없었고 완강하다고 알려진 시마즈 부자조차도 곧
군문에 항복을 하리라 여겨진다. 이는 나의 무덕[武德]에 의한
일이기는 하다만, 또 한편으로는 천운이 내게 있기 때문이다. 이렇
게 천운을 얻었는데 백성을 괴롭히는 것은 좋지 않은 일이다.
그들을 구하여 천운에 감사해야 한다.'

이에 이시다 미쓰나리·안코쿠지 에케이를 불러,

"얼른 군문으로 와서 공순의 뜻을 표하는 자에게는 지금의 소유
령을 그대로 안도해주겠다는 뜻을 널리 전하도록 하라."라고 명령
했다. 그러자 에케이가,

"그리 명하시기는 하셨으나, 워낙 대군이 지나온 터라 그 땅의
사민[土民]은 물론 앞으로 나아갈 곳 일대의 사람들도 대부분은
산속으로 들어가 숨어서 사람의 그림자는 거의 찾아볼 수 없습니다.
이처럼 고마운 명령을 내리기는 하셨으나 사람들에게 전할 방법이
없습니다."라고 대답했다.

"그렇다면 곳곳에 방을 써서 높이 내걸어 나의 뜻을 알리라."

두 담당관은 명령대로 방을 써서 높이 내걸었다. 그러자 곧
그 소문이 지역민 사이에 퍼져 속속 토호들이 야쓰시로로 모여들었
다. 사흘 사이에 찾아온 자들 가운데 이름이 알려진 자만 해도
6·70명에 이르렀다. 히데요시는 설령 정벌에 나섰다 할지라도
그 지역을 약탈케 하거나 철저하게 토멸하여 사민을 괴롭히는
등의 일은 하지 않았다. 가능한 한 항복을 하게 했으며, 그들을
돕겠다는 은정을 가지고 있었다. 그의 천하통일이 급속도로 진행된
것도, 장졸·토민이 기뻐한 것도 이러한 데에 커다란 원인이 있었던

것 아닐까 싶다.

히데요시는 사쓰마 시시지마(獅子島)의 잇키를 유도하고, 사지키(佐敷)에서 접경지를 지나 이즈미(出水)로 나갔으며 히라자(平佐) 성을 함락시키고, 5월 1일에 센다이(川內)로 들어가서 타이헤이지(太平寺)에 진영을 설치했다. 사쓰마의 북부에는 바다와 뭍 모두에 정벌군이 가득 넘쳐나서 시마즈는 이제 독 안에 든 쥐나 다를 바 없었다. 히데요시는 동생 히데나가에게 카고시마(鹿児島)를 치라고 명령했다.

시마즈의 운명은 최후의 일격을 얻어맞기 직전까지 내몰려 있었다. 지금까지 완강하게 저항했던 요시히사는 미나모토노 요리토모 이후 내려온 명문가를 어떻게 해서든 이어나가지 않으면 안 되었다. 그러기 위해서는 히데요시에게 동정을 청하는 것 외에 이제는 다른 길이 없었다. 이에 요시히사는 5월 6일에 이주인(伊集院)의 셋소인(雪窓院)으로 들어가 승려가 되었으며, 8일에 히데요시를 만나서 항복을 청했다. 히데요시는 이를 흔쾌히 받아주었으며, 사쓰마·오오스미 및 휴가의 일부를 주고 인질을 보내 성의를 표하라고 명령했다. 이에 요시히사는 자신의 딸을 인질로 보냈으며, 요시히로도 역시 적자를 오오사카로 보내겠다고 약속했다.

이렇게 해서 큐슈 정벌은 완전히 종결되었다.

히데요시는 병사들을 되돌려 6월 7일에 하카타에 도착, 거기서 큐슈의 전후처리를 논하고 논공행상을 행했다.

7월 1일, 하코자키(箱崎)를 출발한 히데요시는 코쿠라(小倉)에서 배로 해협을 건넜고 이후부터는 뭍길을 따라 동쪽으로 향했다. 아키로 들어가서는 이쓰쿠시마에 다시 카구라72)를 올리고 무운장구를 축복한 뒤, 이번에는 바닷길을 취했다. 그리고 14일에 오오사카 성으로 돌아왔다. 조정에서는 원정의 노고를 치하했으며, 만조백관이 경하스러운 개선을 축하했다.

---

72) 神樂. 신에게 제사지낼 때 연주하는 무악.

10. 주라쿠다이와 히가시야마 대불

(1) 주라쿠다이

히데요시의 패업은 착착 진행되었으며 관위도 거듭 올라서 실질적으로는 무가정치가 시작되었으나, 그것은 쇼군에 의한 정치가 아니라 그는 엄연히 조정의 신하로서 정권을 대행했기에 오오사카 성에 있어서는 여러 가지로 불편함이 있었다. 따라서 쿄토에 반드시 저택을 마련할 필요가 있었다. 주라쿠다이(聚落第)는 그러한 필요에 의해서 건설된 것이었다.

『호안 태합기』의 「주라쿠 행행기」에는, 〈텐쇼 13년(1585) 봄에 우치노(內野)의 성곽(주라쿠다이) 건립을 생각했다.〉고 되어 있으며, 켄뇨(顯如) 상인의 『카이즈카고자쇼(貝塚御座所) 일기』에는, 〈텐쇼 14년 2월 하순부터 조영을 시작했다.〉고 되어 있다. 대충 시코쿠 정벌과 호쿠리쿠 재정벌이 행해지고 관백에 임명하겠다는 선지 등이 있었을 무렵에 계획이 진행되고 설계가 완성되어 14년 봄 무렵부터 공사에 착수한 것이리라. 같은 해 4월 21일에 히데요시가 상경하여 23일부터 구역을 정하고 마침내 공사가 진행되었다. 지역은 예전에 칸무(桓武) 천황(737~806)이 천도했을 때 궁궐이 있던 우치노였으며, 용재는 각 제후들에게 명하여 헌상케 했다. 나라 및 그 외의 신사와 절에 있는 유서 깊은 돌과 나무도 거침없이 징발했다.

이듬해인 15년(1587)에는 큐슈 정벌이 있었으나 그것과 상관없이 건축은 진행되었다. 그리고 히데요시가 오오사카로 돌아온 지 얼마 지나지 않은 8월에 낙성했다.

새로운 저택은 아즈치 성이나 오오사카 성처럼 성곽 양식이었다. 자료가 매우 적어서 실황을 자세히 알 수는 없으나, 동쪽은 오오미야(大宮), 서쪽은 우치노 조후쿠지(浄福寺), 북쪽은 이치조(一条), 남쪽은 시모초자마치(下長者町)까지에 걸친 장대한 것으로, 주위에는 해자를 둘렀으며 해자에서 수직으로 석벽이 서 있고 그 위에는 견고한 벽돌담과 망루가 나란히 늘어서 있었다. 성곽 바깥쪽 주위에는 각 장수들의 저택이 세워진 모양이었다. 지금도 쿠로몬(黒門) 거리라는 이름이 남아 있는 것은 쿠로가네몬(鉄門) 앞길의 명칭이 남은 것이며, 히구라시(日暮) 거리는 당시 히구라시몬(日暮門)이라 불렸던 장려한 행행문[行幸門]으로 통하는 대로의 이름이 남아 있는 것이다.

성곽 안은 혼마루·야마자토마루·텐빈마루(天秤丸) 등으로 나뉘어 있었고, 관사가 늘어서 있었으며, 대규모의 인공산과 연못이 마치 자연인 듯한 풍치를 더해주었다.

주라쿠라는 명칭은 출전을 알 수 없지만, 어쩌면 불사장생의 즐거움을 모은다는 의미일지도 모르겠다고 일컬어지고 있다.

텐쇼 15년(1587) 9월 18일, 히데요시는 오오사카에서 이 새로운 저택으로 옮겼다. 어머니인 오오만도코로와 아내인 키타노만도코로(北政所)도 상경했다. 금은·재보·여러 가지 훌륭한 집기를 실은 수백 척의 배가 요도가와를 거슬러올라 요도(淀)에 도착하자, 5천 명의 인부가 그것을 500량의 수레에 실어 쿄토로 옮겼다. 요도에서 토바(鳥羽)에 이르는 길에는 공경·다이묘들이 도열하여 환영했다. 이 성대한 행렬을 보기 위해서 민중들이 인산인해를 이루었다. 그로부터 월말까지 축하를 하러 온 손님과 구경을 온 사람들로 문 안팎에 넘쳐나, 우치노는 갑자기 매우 번화한 시장으로 변해버리고 말았다.

히데요시는 이번 기회에 천황의 행행을 청해, 한편으로는 오랜 세월 불편하게 지내온 마음을 위로하고, 다른 한편으로는 군신에게 자신의 위세를 내보여 천하 통제에 도움이 되도록 해야겠다고 생각했다. 이에 우선 마에다 겐이를 담당관으로 임명하여 오래도록 끊겼던 예전의 의례를 연구하게 했다. 겐이는 고코마쓰(後小松) 천황(1377~1433)이 아시카가 요시미쓰(足利 義滿)의 키타야마도노(北山殿)에 행행했을 때와 고하나조노(後花園) 천황(1419~1471)이 요시노리(義教)의 무로마치 저택으로 왕림했을 때의 전례를 중심으로 각 집안의 일기를 참고하여 조사했다. 그리고 텐쇼 16년(1588) 정월, 히데요시는 행행을 주청했다. 고요제이(後陽成) 천황은 기꺼이 받아들였으며, 길일인 4월 14일에 행행하겠다는 뜻을 전했다.

(2) 히데요시의 근왕

이보다 앞선 텐쇼 14년 정월 12일, 히데요시는 오오사카에서 상경하여 궁궐에 들었다. 14일에도 역시 입궐하여 천황에게 문안을 올렸다. 그리고 16일에는 예전에 쓰치미카도몬(土御門) 문 안의 옛 어소 자리에 지은 코가네야(黃金屋)를 오오기마치 천황에게 봉헌하고 행차를 청했다. 코가네야는 그가 마음을 담아 지은 것으로, 천장과 문지방과 명장지의 살까지 전부 금이었다. 다도에 쓰이는 탁자·풍로·솥까지도 금이었다. 바닥에는 다다미 대신 진홍색 모직물이 깔려 있었다. 이처럼 현란하게 새로 지은 어전에서 군신은 술잔을 들고 국내의 평화와 융성을 빌었다.

뒤이어 월말에는 궁궐의 정원에서 꽃놀이 잔치가 열렸으며, 히데요시는 임금이 지은 시가를 받았다.

이렇게 해서 봄이 지나고 여름도 지났으며, 가을바람이 불기 시작하는 7월, 황태자인 노부히토 친왕이 세상을 떠났기에 그 아들인 카즈히토(和仁) 친왕이 태자의 자리에 올랐다. 그리고 11월에는 양위식이 있었으며, 뒤이어 장엄한 즉위식이 행해졌다. 새로운 임금은 고요제이 천황, 나이는 겨우 16세. 관례식을 치를 때에는 히데요시가 관을 씌워주는 영광스러운 역할을 맡았었다. 즉위식(12월) 때, 히데요시는 새로이 태정대신에 임명되었는데 관백의 자리는 예전과 같다는 특별한 분부를 내렸다.

처음에는 임관할 때마다 가문이 문제가 되어 혹은 곤경에 빠지기도 하고, 혹은 배척 당하기도 하고, 조소의 대상이 되기도 하고, 질투의 대상이 되기도 한 히데요시였으나, 이렇게 해서 모든 조정의 신하들을 자기 아래에 두게 되었다. 결국은 실력이었다. 위대한 인격, 강대한 세력, 그리고 풍부한 재력이 그렇게 만든 것이었다. 이제 조정의 신하들은 입을 다문 채 히데요시의 뜻에 모든 것을 맡겼으며, 또 친분을 쌓아 그의 비호를 얻으려 노력했다.

(3) 주라쿠로의 행행

드디어 4월 14일이 찾아왔다. 히데요시는 이른 아침부터 입궐하여 모든 준비를 마쳤다. 이는 에이쿄(永享) 시절(1429~1441)에 요시노리가 문 밖에서 임금을 맞이한 것보다 훨씬 더 경건한 태도였다. 마침내 천황은 푸른빛이 도는 노란색 옷에 관을 쓰고 출어[出御]하여 미나미바시(南橋)에서 나가바시(長橋) 뒤까지 걸어간 다음, 거기서 수레에 올랐으며 행렬이 엄숙하게 주라쿠로 향했다. 히데요시는 마에다 토시이에 이하 여러 다이묘들을 데리고 수행했다. 천황의 수레 전후에도 황족들과 궁중에 출입하는 귀족들이 늘어섰다. 이를 경호하는 무사가 6천 명, 행렬은 언제까지고 계속되었다. 그 아름다움과 성대함은 눈이 동그래지고 마음이 들썩인다고 표현하기조차 어리석을 정도였다. 오랜 세월 황실이 극도로 쇠약했기에 행행의 성대한 의식을 볼 수 있으리라고는 꿈에도 생각지 못했던 민중들이 원근에서 앞다투어 몰려들어, 궁문에서부터 주라쿠에 이르기까지의 2정(220m) 남짓한 사이를 환희의 눈물로 바라보며 세상의 태평을 서로 기뻐했다.

천황이 주라쿠로 들어가자 우선 착좌[着座] 의식이 행해졌고, 곧 성대한 향연이 시작되었다. 히데요시는 술잔을 하사받았다. 밤이 되자 관현악이 연주되었다. 첫 번째가 오상악[五常樂], 두 번째는 영곡[郢曲], 세 번째는 태평악[太平樂]. 유장한 아악에 주라쿠는 태평스러운 분위기로 가득했으며, 환희와 광휘가 다할 때가 없을 듯 여겨졌다. 이때 폐하도 친히 거문고를 연주했는데 그 소리가 특히 맑아서, 〈꽃에 지저귀는 봄날의 종달이, 우듬지에서 읊조리는 가을날의 매미, 저물녘 소나무에 스치는 바람, 새벽에 흐르는 물〉에도 비할 만큼 오묘한 소리였다고 「행행기」의 필자는 기록했다.

이튿날(15일), 히데요시가 조정에 필요한 경비로 쓰라며 쿄토 안의 토지세 5천 5백 30여 냥을 바치고, 쌀로 거두는 세금 가운데 800섬을 상황73) 및 천황의 동생인 토모히토(智仁) 친왕에게 올리고, 오우미 타카시마군(高島郡)의 8천 섬을 친왕·공경·각 종파를 위해서 헌상했기에 오랜 세월 경제적 불편함에 시달려왔던 황실과 공경들의 기쁨은 이만저만한 것이 아니었다. 뒤이어 히데요시는 토쿠가와 이에야스·마에다 토시이에 이하 자리에 있던 다이묘들에게 폐하 앞에서 서약을 하게 했다. 그것은 폐하 앞에서 각 다이묘들에게 황실 및 공경 이하의 공어[供御] 및 식읍[食邑]을 자자손손까지 범하지 않겠다고 선서케 하여 존왕의 성의를 나타내고, 동시에 히데요시의 명령은 무엇이든 어기지 않겠다고 약속케 한 것이었다. 히데요시가 이미 천하의 실권을 쥐었다고는 하나 이에야스와 토시이에 등은 노부나가 당시의 대선배였으며, 오다 히데노부(織田秀信산보시)와 노부오는 옛 주군의 피를 물려받았기에 적당한 기회를 봐서 정식으로 자신의 신하임을 표명케 할 필요가 있었던 것이다. 이에야스의 고문인 하야시 도슌(林 道春)은 훗날,

"행행을 빙자하여 이러한 일을 행했다."고 평했다.

16일에는 공경·제후의 성대한 향연이 있었으며, 시가 모임을 개최했다. 모두가 평화를 축복하는 시를 지었다.

처음에는 사흘 동안 머물 예정이었으나 히데요시의 선미를 다한 정중한 향응과 나날의 즐거움에 이틀 더 머물겠다고 청해왔다. 17일에는 만세악[萬歲樂]과 연약악[延若樂] 등의 무악[舞樂]이 펼쳐졌으며, 18일에는 주상과 공경과 다이묘 모두 커다란 즐거움을 맛보았으니 그만 환궁하겠다고 말했다. 히데요시는 30개의 기다란 궤짝과 20개의 궤짝에 마음을 담은 헌상물을 넣어 선물로 주었다.

---

73) [上皇] 천황의 자리에서 물러난 자를 일컫는 말.

의장은 행행 때와 같았다.

(4) 주라쿠다이 철거

텐쇼 19년(1591), 히데요시는 관백의 자리를 히데쓰구에게 물려주면서 주라쿠다이도 함께 넘겨주었다. 그러나 분로쿠(文祿) 4년(1595)에 히데쓰구에게 자살을 명했을 때, 부정한 곳이라며 주라쿠다이도 철거해버렸다.

(5) 히가시야마 대불전 건립

주라쿠다이가 아직 완성되기도 전인 텐쇼 14년(1586), 히데요시는 히가시야마에 대불과 그것을 수용할 대불전의 조영을 시작했다. 그 취지는,

'마침내는 주라쿠에 머물며 금리[禁裏]를 수호하게 될 터이니 한층 더 쿄토의 번창을 꾀하지 않으면 안 된다. 무엇보다 이번 조영으로 많은 사람들이 경제적 이익을 얻을 수 있을 뿐만 아니라, 그 대불이 완성되면 각지에서 참배객들이 쿄토로 더욱 몰려들어 자연스레 도읍 안팎이 활기에 넘칠 것이다.'라는 것이었다. 히데요시는 예전에 나라 토다이지(東大寺) 건립에 20년이 걸렸다는 말을 들은 것이 있었기에,

'그렇다면 이번의 대불은 5년 만에 만들겠다.'고 예정했다.

바로 마에다 겐이가 총담당관으로 임명되었으며, 당시 대불 제작으로 유명했던 소테이(宗貞)·소인(宗印) 등이 불려와 6길 3자(19m) 높이의 반신대로사나불[半身大盧舍那佛]의 조각에 들어갔고, 한편으로는 높이 25간(45m), 도리 칸수 45간(82m) 남짓, 들보

27간 5자(51m), 2중 기와지붕인 대불전 건축에 착수했다. 처음 담당자들은 평범한 돌로 돌담을 쌓았는데 히데요시가 그것을 보고,

"지금이야 그것으로도 충분하지만 훗날 불법이 쇠퇴한 말세가 오면 그런 조그만 돌은 훔쳐서 가져가버리는 괘씸한 놈들이 있을지도 모른다. 무엇보다 돌부터 한껏 커다란 것을 쓰지 않으면 안 된다."라고 말했다. 이에 기껏 쌓아 올렸던 담을 다시 쌓지 않을 수 없었다. 그리고 돌 하나를 찾아내서 옮기는 데에도 상당히 애를 먹었다. 가모우 우지사토가 기진한 돌은 2간(3.6m)에 4간(7.2m)이나 되는 훌륭한 것이었다. 그는 이 돌을 쿄토의 북쪽에 있는 시라카와에서 찾아냈는데, 태합(히데요시)에게도 지지 않을 만큼 화려한 것을 좋아하는 우지사토였기에 그것을 옮길 때 단자로 돌을 감싸고 노동요도 떠들썩하게 이를 끌게 했다. 돌을 끄는 수많은 사람들과 이 굉장한 광경을 구경하기 위해서 앞다투어 달려나온 쿄토의 인사들로 쿄토 안이 갑자기 떠들썩해졌다.

목재도 석재만큼 모으는 데 애를 먹었다. 커다란 목재는 각지에서 물색하여 옮겨왔다. 마룻대로 쓸 목재는 키소(木曾)와 히다(飛驒)의 심산 깊은 곳까지 살펴보았으나 찾을 수 없었기에 후지산(富士山) 기슭에서 간신히 찾아냈다. 명령에 따라서 토쿠가와 이에야스가 그것을 베었다. 이 나무 하나를 벌채하여 바닷길로 운송한 뒤, 쿄토까지 옮기는 데만도 황금 1천 개가 들었으며 인부만 해도 5만 명이나 필요했다고 한다.

주상이 주라쿠에 행행했을 무렵에는 대불전 공사가 한창 진행 중이었다.

처음에는 겐이가 총담당관으로 모든 일을 맡아서 처리했으나,

예정했던 5년 만에는 도저히 완성할 수 없을 듯했기에 히데요시는 크게 초조함을 느껴 그러한 일에 정통한 것으로 알려진 코야의 모쿠지키 상인에게 명하여 공사를 감독케 했다. 이후부터 진행이 매우 빨라진 듯하나 기공에서 낙성까지 2천 일이 걸렸다고 하니 히데요시의 예정보다 반년 남짓이나 미뤄진 셈이다. 그 사이에 투입된 인부는 일평균 5천 명이었다고 한다. 어마어마한 비용이 들었으리라.

이렇게 해서 완성된 '히가시야마 대불'은 케이초 원년(1596)의 대지진으로 붕괴되어 차마 눈 뜨고 볼 수 없을 정도로 파손되었다. 이것이 훗날 히데요리에 의해서 재흥되었으나, 토요토미 집안의 골칫거리가 되어버린 호코지(方広寺)이자, 그 대불이다.

11. 오다와라 정벌과 오슈 평정

히데요시의 통일 사업은 거의 성공을 거두어 헤이안 시대 이후 아직 손을 대지 못했던 사쓰마·오오스미 등 큐슈의 남단에 이르기까지 히데요시의 세력이 미치게 되었다. 이제 남은 곳은 오직 칸토와 오슈뿐이었다. 그곳에는 오다와라의 호조 씨, 요네자와의 다테 씨 등과 같은 완강한 자들이 있었다. 따라서 그 집안들만 항복시키면 다른 군소 다이묘들은 저절로 항복하리라는 사실도 알고 있었다.

(1) 호조 씨와의 교섭

히데요시는 우선 가까이에 있는 호조 씨 먼저 굴복시키지 않으면 안 되었다. 이에 최근에 호조 씨와 인척관계를 맺은 토쿠가와 이에야스에게 항복을 권하라고 명령했다. 그러나 호조 씨는 움직이지 않았다. 텐쇼 16년(1588) 윤5월, 이번에는 쇼코쿠지(相国寺)의 세이카(惺窩)를 오다와라에 사자로 보내서 우지마사(氏政)와 그의 아들인 우지나오(氏直)에게 상경하라고 타이르게 했다. 그러자 우지마사는 동생인 우지노리(氏規)를 쿄토로 보내서, 오히려 코즈케노쿠니(上野国. 64)의 누마타(沼田)를 얻기 위한 담판을 벌이게 했다.

누마타는 코즈케의 북부에 위치한 산간으로 예전에 우지마사와 이에야스가 강화를 맺었을 때, 호조의 영지로 이에야스가 승인한 곳이었다. 그런데 성주인 사나다 마사유키(真田 昌幸)가 호조 씨에게 저항하며 성문을 열지 않았다. 이에 이에야스가 코마키야마 전투 이후 병사를 이끌고 시나노로 들어가 마사유키에게 성문을 열라고 명령했으나, 마사유키는 우에다(上田) 성에 들어앉아 방어전을 펼치며 명령에 따르지 않았고, 사자를 오오사카로 보내서 히데요시에게 원조를 청했다. 히데요시는 우에스기 카게카쓰에게 응원을 명령했다. 카게카쓰는 카와나카지마(川中島)로 출동하여 우에다 성을 도왔다. 이렇게 해서 이에야스는 사나다 씨를 굴복시키지 못했으며 그러한 상태가 아직도 이어지고 있었다.

우지노리의 요구를 들은 히데요시는,

"사정에 밝은 자를 은밀히 보내라."고 명령했다. 이에 호조 씨는 이듬해인 17년(1589) 7월, 오카에 셋사이(岡江 雪齋)를 쿄토로 보내서 사정을 상세히 설명하게 했다. 히데요시는 마사유키에게 누마타의 3분의 2를 호조 씨에게 할양하고 자신들의 분묘지인 나쿠루미(奈胡桃)만을 영지로 삼으라고 명령했다. 이에 사자는 12월에 우지나오를 상경토록 하겠다고 약속하고 돌아갔다.

그런데 약속한 기일이 다가와도 호조는 쿄토로 들어올 기색을 보이지 않았을 뿐만 아니라, 우지마사가 사나다의 영지로 정해진 나쿠루미를 불시에 습격하여 그곳을 빼앗았다. 우지나오는,

"선조이신 소운(宗雲) 이후 오늘에 이르기까지 5대에 걸쳐서 칸토 8개 쿠니를 태평하게 다스려왔다. 그러니 히데요시 따위에게 이래라저래라 간섭할 자격은 없다. 그러나 이 넓은 천하 임금의 땅 아닌 곳이 없다는 말도 있으니 칙명이라도 있다면 상경하겠지만, 히데요시의 명령 따위로는 이 땅에서 한 걸음도 나서지 않겠다. 칸토가 갖고 싶다면 와서 힘으로 앗아가라."라며 기염을 토했다. 무릇 호조 씨 5대는 하나같이 명장이었으며, 또한 소운 이후 민정에 마음을 두었기에 쿠니는 부유하고 병사는 강성해서 칸토 8개 주의

무장 및 민중 모두 호조 씨 아래에 있다는 사실을 기꺼이 여겼다. 게다가 지금까지 타케다·우에스기·토쿠가와 외에는 싸워본 적이 없는 호조였기에 자신들의 실력에 커다란 자부심을 품고 있었을 뿐만 아니라, 이에야스를 끝내 깨뜨리지 못한 (게다가 나가쿠테에 서는 오히려 패한) 히데요시의 힘을 극히 과소평가하고 있었던 듯하다. 그 기개만은 높이 평가할 만했으나, 이는 우물 안의 개구리 가 넓은 바다를 알지 못한 것이나 다를 바 없는 일이었다. 그것이 호조 씨의 첫 번째 과오였다.

(2) 출동 준비

11월, 히데요시는 호조 씨의 죄를 나무라고 이듬해 봄에 칙명을 받들어 호조를 토멸하겠다고 포고했다. 12월에는 부하들에게 동원 령을 내렸으며, 동시에 나가쓰카 마사이에를 군량 담당관으로 임명하여 연내에 쌀 20만 섬을 징집하고 그것을 새해가 밝자마자 스루가노쿠니(駿河国. 53)의 시미즈(清水) 항구로 옮길 준비를 하게 했다. 그리고 황금 1만 개를 주어 미노·오와리·이세·스루가· 토오토우미 등의 쿠니에서 식량을 사들이게 했다.

이때의 이야기 가운데 히데요시다운 유쾌한 전설이 전해진다.

군량 담당관인 나가쓰카는 말도 전지로 보내두지 않으면 안 되었기에 뱃사람들에게 말을 실은 배 600척을 이즈노쿠니(伊豆 国. 54)의 미시마(三島)로 옮기라고 명령했다. 그러자 뱃사람들이,

"그건 어렵겠습니다. 토오토우미의 오마에자키(御前崎)는 말을 싫어하기에 배 안에서 말에 관한 이야기만 해도 용왕님의 노여움을 사서 난파당합니다. 제발 말을 옮기라는 명령만은 거두어주시기

바랍니다."라며 아무래도 말을 들으려 하지 않았다. 난처해진 나가쓰카는 달리 방법이 없었기에 이러한 사정을 히데요시에게 고했다. 그러자 히데요시는 뱃사람들을 불러,

"걱정할 것 없네. 내가 편지를 써서 용왕에게 부탁을 해둘 테니 마음 놓고 얼른 배를 움직이게."라며 붓을 쥐더니 그 자리에서 다음과 같이 썼다.

〈이번에 호조를 정벌함에 있어서 나의 말을 실은 배를 이즈의 미시마로 옮기려고 한다. 바닷길을 무사히 지날 수 있도록 해줄 것. 관백 히데요시. 용왕님.〉

뱃사람들은 이상하다는 듯한 얼굴로 서로를 바라보며 편지를 받아들고 돌아가서,

"관백 님은 용왕님하고 친하신 듯해."라고 중얼거리며 준비를 했다. 설령 히데요시가 용왕과 친하든, 친하지 않든 명령에 따르지 않으면 난파하기 전에 목숨을 잃을지도 모를 일이었기에.

텐쇼 18년(1590), 이른 봄에 각 다이묘에게 출동명령이 떨어졌다. 이에야스가 선봉을 맡았다.

(3) 호조 씨의 대책

호조 씨는 당초, 이에야스는 자신들 집안 편에 설 것이라 예상하고 있었다. 이에야스는 자신들 집안과 인척관계에 있기도 하고, 특히 히데요시와는 코마키야마 전투 이후 어색한 사이가 되었다고 믿고 있었기에. 그러나 이는 호조 씨의 두 번째 과오였다. 이에야스는 호조 씨와는 달리 이미 천하의 대세를 읽고 있었다. 어쨌든 토쿠가와가 히데요시 휘하로 들어갔다는 소식을 접한 호조 씨는 갑자기

허둥대기 시작했다. 어떻게 해서든 이에야스를 통해서 조정을 해보려 했으나, 그것도 이미 늦어버린 상태였다. 아무리 그렇다고 해도 우지마사 부자가 급히 쿄토로 가서 히데요시의 품속으로 뛰어들었다면 히데요시도 어떻게든 구실을 만들어서 멸망시키는 일만은 하지 않았을 테지만, 호조 씨의 체면상 이제 와서 그럴 수는 없는 일이었다. 이렇게 된 이상 목숨을 걸고 싸울 수밖에 없다고 우지마사 부자 등은 마음을 정했다.

호조 씨는 수차례에 걸쳐 거듭 군사회의를 열었고 결국은 노신인 마쓰다 노리히데(松田 憲秀)의 헌책에 따라, 험한 땅을 이용하여 하코네야마(箱根山)의 야마나카 성·이즈의 니라야마(韮山) 성을 전위로 삼아 적을 막으면서 오다와라 성을 굳게 지키는 작전을 취하기로 했다. 그렇게 하면 히데요시가 제아무리 강하다 할지라도, 설령 호조가 고립무원의 상태에 빠진다 할지라도 지구전을 펼칠 수 있으며, 날이 길어지면 히데요시도 피폐해져서 결국은 화의를 받아들일 것이라고 생각했기 때문이었다. 이 작전은 호조 씨가 선조 이후 대대로 써온 전통적인 마지막 수단이었다. 이에 니라야마 성에 우지노리를 배치하여 방비를 단단히 하고, 야마나카에 새로운 보루를 쌓아서 마쓰다 야스나가(松田 康長) 등을 두었으며, 나카센도74) 방면에 있는 마쓰이다(松井田)·마쓰야마·하치가타(鉢形)· 오시(忍)·이와쓰키(岩槻)·타테바야시(館林)·우마야바시(厩橋)·타카사키(高崎) 성의 성주들은 성을 지킬 장수만 남겨두고 오다와라 성으로 모여들었다. 상하 모두가 성을 무덤 삼아 그곳에서

---

74) 中仙道. 쿄토에서 중부내륙 지방의 산악지대를 거쳐 토쿄에 이르는 길.

목숨을 버릴 각오였다. 뒤이어 성 안의 수비도 정해졌다.

　에도구치(江戸口)―호조 우지테루(北条 氏輝) 등

　이사이다구치(井細田口_{코슈카이도구치})―나리타 우지나가(成田 氏長) 등

　야쓰구치(谷津口)―오오타 우지후사(太田 氏房) 등

　미즈오구치(水尾口_{코미네구치})―마쓰다 노리히데 등

　이타바시구치(板橋口_{하코네구치})―마쓰다 호사이(松田 鳳栖) 부자

　하야카와구치(早川口_{해안})―호조 우지쿠니(北条 氏邦) 등

　총 병력은 약 4만, 군량은 1년을 버티고도 남을 정도였으며, 병기는 병고에 가득해서 부족함이 없었다. 그러나 그 작전 역시 커다란 과오였다. 전국시대의 다른 강호를 상대로 싸우는 싸움이었다면 상대가 설령 우에스기 켄신이든 타케다 신겐(武田 信玄)이든, 혹은 노부나가나 이에야스였다 할지라도 그것으로 충분히 지킬 수 있었을 것이다. 그러나 하코네 너머 서쪽 지방의 세력을 총동원해서 공격해 들어오는 히데요시의 병력과 끝도 없이 이어지는 물자를 상대로 이는 그야말로 어린아이의 장난과도 같은 것이었다. 예로부터 '칸핫슈는 천하를 대적하기에 충분하다.'고 일컬어져 왔다. 호조 쪽은 그러한 말을 언제까지고 믿으려 한 것일지도 모른다. 하지만 미나모토노 요리토모도 그렇고, 싯켄 호조 씨도 그렇고, 그들은 칸핫슈의 힘을 모아 진격하여 서쪽을 친 것이었다. 천하를 상대로 하여 물러나서 지키려 한다는 것은 가장 어리석은 작전이었다. 하코네의 험한 지세 따위는 의지할 만한 것이 못 되었다. 만약 목숨을 걸 각오를 했다면 우선은 다테 마사무네(伊達 政宗) 등과

손을 잡아 후방의 근심을 끊고, 5대에 걸친 축적으로 부강해진 칸핫슈의 병사들을 이끌고 나아가 스루가나 토오토우미까지 침입하여 오오이가와(大井川강), 혹은 후지가와(富士川강)를 앞에 두고 맞서 싸울 용기가 필요했다. 헛된 호언장담으로 재앙의 씨앗을 불러들여놓고, 뒷걸음질을 쳐서 오다와라에서 농성한다는 것은 애초부터 말도 되지 않는 어리석은 행동이었다.

(4) 히데요시의 출진

마침내 대장인 히데요시가 출진하기로 했다. 출진에 앞서 도읍의 경비를 누군가에게 위임하지 않으면 안 되었다. 선택받은 자는 모리 테루모토였다. 히데요시는 테루모토를 주라쿠 안에 머물게 하고,

"내가 출진해 있는 동안에는 천하의 모든 정치를 그대에게 일임하겠네. 천하인이 된 듯한 기분으로 그대가 만사를 처리해주게."라고 의뢰했다. 한편 키나이와 칸토의 연락을 위해서는 코바야카와 타카카게를 키요스에 두었으며, 킷카와 히로이에(吉川 広家모토하루의 아들)를 오카자키 성에 머물게 했다. 이렇게 해서 칸토 이서 지방은 한때 모리 집안이 지키게 되었다. 만약 히데요시에게 의심하는 마음이 있었다면 이와 같은 처치는 할 수 없었으리라. 그에게는 사람을 믿는 도량과 자신의 힘에 대한 자신감이 있었던 것이다.

3월 1일 히데요시가 쿄토를 출발했다. 도읍은 마침 꽃이 한창 흐드러질 때였다. 병력은 26만. 그날 히데요시의 차림새는 그야말로 극채색 그림과도 같았다. 거기에 따르는 자들도 차림새를 한껏 꾸며서 더할 나위 없이 화려했다. 개중에는 상당히 익살스러운

분장을 한 자도 있었다. 마치 꽃놀이에라도 나서는 듯한 분위기. 쿄토 안팎의 사람들은 물론 나라·오오사카·사카이 등지에서까지 구경을 왔으며, 개중에는 일부러 높다랗게 관람석을 만들어 구경하는 자도 있었다. 사람들 모두 오다와라를 짓밟는 일 따위, 전쟁이라고도 생각지 않는 듯한 모습이었다.

45개 쿠니에서 동원한 대군이 미노를 지나고 오와리를 지나서 진격해 나아갔다. 선봉이 이미 스루가의 칸바라(蒲原)까지 나아갔을 때에도, 후진은 아직 미노 부근에서 움직이고 있었다. 산과 들 모두 서군(히데요시 군)의 인마와 깃발로 뒤덮인 듯 보였다. 히데요시는 오다와라를 치는 데 이렇게 많은 병력이 필요하다고는 생각지 않았다. 이처럼 놀라울 만큼의 대군을 움직인 것은, 즉 자신의 위력을 천하에 내보여 모반을 일으켜보겠다는 쓸데없는 생각을 품지 못하게 하기 위해서였다.

(5) 오다와라 공략

3월 27일, 히데요시는 누마즈(沼津)의 산마이바시(三枚橋) 성으로 들어가 이에야스·노부오 등과 회견하고 이튿날에는 니라야마의 지세를 시찰한 뒤 진영으로 돌아가자마자 지도를 앞에 두고 각자의 역할을 정했다. 오다 노부오·가모우 우지사토는 니라야마 성 공격. 하시바 히데쓰구·나카무라 카즈우지는 야마나카 성 공격. 토쿠가와 이에야스 군은 부대를 둘로 나누어 마쓰다이라 야스쿠니(松平 康国) 등을 선봉으로 하는 1개 부대는 모토야마나카(元山中)에서, 이이 나오마사가 이끄는 다른 1개 부대는 아시가라토우게(足柄峠)에서, 각각 오다와라 성으로 밀고 들어가기로 했다. 꽃놀이를 나온 듯한 기분에서 단번에 전쟁 기분으로 전환되었다.

29일, 히데쓰구 등은 벌써부터 야마나카 성을 포위하고 우선은 지성인 타이자키(岱崎) 성을 떨어뜨린 뒤 본성을 공격했다. 성의 장수인 마쓰다 야스나가가 사수했으나 요해지라고는 해도 워낙 조그만 성이었기에 끝내 막아내지 못하고 패해서 야스나가 이하 500여 명의 장병들은 그 자리에서 전사하고 말았다. 호조 우지카쓰(北条 氏勝) 등은 탈출하여 오다와라로 돌아가려 했으나 적에게 길이 막혀 타마나와(玉繩) 성으로 달아났다. 니라야마 성도 같은 날부터 노부오·우지사토 및 호소카와 타다오키 연합군이 공격했다. 공격군이 꽤나 치열하게 싸웠으나 성은 견고하고 성장인 우지노리의 방어전이 매우 훌륭했기에 떨어뜨릴 수가 없었다. 이에 히데요시는 이 고립된 성은 오다와라와의 통로를 차단하면 머지않아 항복할 것이라 보고 공격은 후쿠시마 마사노리·하치스카 이에마사 등에게 맡긴 채 노부오 등은 오다와라로 향하게 했다.

4월 1일, 야마나카 성이 이미 떨어졌기에 히데요시도 하코네 역참마을로 진영을 옮겼으며 다시 유모토(湯本)로 나아가 그곳에서 각 군을 감독했다. 호리 히데마사·니와 나가시게·키무라 시게코레(木村 重玆) 등은 험지인 히가네야마(日金山)를 넘어서 오다와라로 밀고 들어갔으며, 이에야스의 선봉인 이이 나오마사·마키노 야스나리(牧野 康成) 등도 센고쿠바라(仙石原)를 지나서 진출했다. 그 외의 각 장수들도 하야카와구치·야쓰구치 등을 통해서 속속 전진하여 오다와라 공성을 위한 위치에 배치되었다. 성은 이처럼 열 겹 스무 겹으로 감싸여 개미 한 마리 빠져나갈 틈조차 없을 듯 여겨졌다. 히데요시는 지구전을 펼칠 생각으로 4월 9일부터 이시가키야마(石垣山)에 본영을 설치하기 시작했다. 그는 오다와라 성이 견고해서 쉽사리는 떨어뜨릴 수 없을 것이라 판단했기에 멀리서 포위하는 작전을 취하려 한 것인데, 이때 코바야카와 타카카게를 불러서 의견을 물었다고 한다. (그는 공격군에는 가담하지 않았다.) 타카카게의 의견도 지구전이었는데, 그는 아버지인 모토나리가 타카다(高田) 성을 공략했을 때의 실례를 들어 설명했다. 히데요시는 마침내 지구전을 결심했다. 4월 13일자로 어머니 오오만도코로에게 보낸 편지에는 오다와라에서 해를 넘길 생각이라고 적었다.

그 이후부터 이렇다 할 전투는 없었다. 때때로 성의 병사들이 갑자기 달려나와서 포위군을 습격하기도 하고, 포위군이 기세를 올리기 위해서 함성을 지르며 역시 성으로 다가가기도 하는 정도로 4월은 끝났다. 그러는 사이에 이에야스가 노부오·우지마사와 내통한다는 소문이 돌아서 한때 사람들이 동요했으나 히데요시가 이에야스 등의 진을 찾아가서 헛소문이라는 사실을 내보였기에 전군이 안심한 일도 있었다. 마침내 5월, 3일 밤이 되자 한 치 앞도 분간할 수 없는 장마철의 어둠을 틈타서 성의 병사들이 맹렬하게 야습을 가해왔다. 이는 야쓰구치의 오오타 우지후사가 오로지 지키기만 해서는 사기가 떨어질 뿐이라며 히로자와 시게노부(広沢 重信)에게 명령하여 습격을 가하게 한 것이었다. 워낙 생각지도 못했던 때에 맹렬히 공격해 들어왔기에 정면으로 공격을 받은 가모우의 진은 동요했다. 맹장 우지사토가 스스로 창을 쥐고 적 속으로 뛰어들어 닥치는 대로 베었다. 적은 곧 격퇴했으나 우지사토가 진영으로 돌아와 자신의 몸을 살펴보니 갑옷의 가슴판에 칼자국이

4군데, 우지사토가 자랑으로 여기던 은투구에 화살 흔적이 2군데, 창의 자루에 칼자국이 5군데나 나 있었다고 한다. 우지사토의 용감함도 용감함이지만, 적의 기세도 상당한 것이었던 듯하다. 뒤이어 7월 2일 밤에도 우지후사는 카스가 사에몬노조(春日 左衛門尉)로 하여금 야습을 감행하게 했다. 이때는 우지사토가 적의 내습을 탐지하고 있었기에 별 어려움 없이 격퇴했다. 이러한 야습은 야쓰구치에서만 행해진 것이 아니라, 곳곳에서 비슷한 전투가 벌어졌다.

지구전을 각오한 히데요시도 적이 의외로 완강한 데에는 놀랐다. 이에 각 장수들에게 처첩을 불러오게 하고, 자신도 요도기미를 불러서 한껏 흥을 돋우며 다도회를 열기도 하고 가무·연회 등을 즐기기도 해서 진중에서의 무료함을 발산케 했다. 뿐만 아니라 쿄토·사카이에서 상인들을 불러들여 가게를 열게 했다. 수십만의 사람들이 소풍이라도 온 듯한 기분으로 들썩거리고 있었기에 그 가게들은 매우 번창했다. 성 안에서도 지지 않고 성대한 주연을 펼치기도 하고, 시가를 즐기기도 하고, 바둑·주사위놀이 등으로 울적함을 달래기도 하면서 계속해서 대항했다. 그러나 싸움이 길어질수록 도저히 이길 수 없으리라 생각한 성 안의 병사들이 점점 지쳐가는 것을 막을 수는 없었다.

이보다 앞서 마에다 토시이에·우에스기 카게카쓰·사나다 유키무라(真田 幸村마사유키의 아들) 등은 명령에 따라서 시나노에서 우스이(碓水)를 넘어서 코즈케로 진출, 4월 7일에는 마쓰이다 성을 포위하여 이를 함락시켰으며, 서서히 각 성들을 떨어뜨린 뒤 마침내 오다와라에 가담했다. 사노(佐野)·사타케(佐竹)·유키(結城)·우쓰노미야·사토미(里見)·나스(那須) 등 칸토의 각 장수들도 히데요시에게 내응하여 사노 사네테쓰(実徹)는 사노 성을 점거하고 코즈케로 침범했으며, 사타케는 유키·우쓰노미야·사토미와 연합하여 미부(壬生)·나가카와(長河) 등 호조 쪽을 공격했다. 조금 늦기는 했으나 다테 마사무네도 히데요시를 찾아와서 만나줄 것을 청했다.

이러는 동안, 성 안에서는 이른바 '오다와라 평정[小田原評定]'이 거듭 행해지고 있었다. 혹자는 이해타산을 들어서 하루라도 빨리 히데요시에게 항복해야 한다고 주장했다. 혹자는 끝까지 싸우겠다는 굳은 결심을 결코 굽히지 않았다. 아무리 평정을 행해도 결국은 마찬가지였다. 세상에서는 이를 어리석음의 극치인 듯 말하며 호조 씨의 우유부단함을 비웃지만, 이는 호조 씨 가운데 '이제 와서 항복한다는 것은 수치'라고 생각하여 성을 사수하다 목숨을 버리는 명예를 택하겠다는 인사가 적어도 반수 이상 차지하고 있었다는 사실을 실증하는 것이지, 결코 호조 씨의 불명예는 아니었다.

하지만 성 안에서는 이미 투항을 생각하는 자들이 속출하고 있었다. 사기도 저절로 떨어져가고 있었다. 이를 탐지한 히데요시는 이제는 때가 되었다며 활발하게 반간지계[反間之計]를 펼쳤다. 6월 7일, 명령을 받은 이에야스가 니라야마 성에 있는 우지노리에게 편지를 보내서 우지마사 부자에게 항복을 권하라고 설득했다. 이튿날인 8일에는 호리 히데하루(堀 秀治)가 이즈·사가미노쿠니(相模国. 55)를 주겠다는 미끼로 마쓰다 노리히데를 낚으려 했다. 노리히데는 그 미끼를 덥석 물어서 큰아들인 신로쿠로(新六郎)와 함께 적군인 호리·이케다·호소카와 등을 성 안으로 불러들이려 했다. 이 사실을 안 노리히데의 둘째 아들인 사마노스케(左馬助)가 간곡하게 말려서 그들을 불러들이지 못하게 했다. 이에 히데요시는 우지나오에게 '노리히데 부자가 내응했다.'는 사실을 알렸다. 우지 나오는 크게 노하여 노리히데를 잡아다 감금시키고 신로쿠로를 주살했다. 이어서 히데요시는 가신인 야마나카 나가토시(山中 長俊)에게 명하여 성 안의 나리타 우지나가에게 밀서를 보내게 했다. 우지나가도 항복에 찬성하는 자였는지, '그렇게 하고 싶다.' 는 답장을 보내왔다. 그러자 히데요시는 이에야스로 하여금 우지나 오에게 편지를 쓰게 해서, '귀댁의 숙장인 나리타도 이와 같소. 게다가 다른 자들도 속속 내응하고 있소. 차라리 귀하도 한시라도 빨리 항복하시는 것이 좋을 것이오.'라고 권하는 글과 함께 나리타 의 답장을 동봉하여 보내게 했다. 우지나오는 이제 싸울 용기도 꺾이고 말았다. 성 안에는 유언비어가 난무하고 있었다. 각 장수들 은 서로 타인을 의심했으며, 사졸들의 마음이 흔들려 도저히 한마음 으로 싸울 수 없는 상태가 되었다. 우지마사 부자도 마침내는 결심을 하지 않을 수 없었다.

(6) 낙성과 칸토 분배

7월 5일, 성에서 나온 우지나오는 쿠로다 나가마사(黑田 長政, 혹은 하시바 카쓰토시라고도 한다.)의 진으로 가서 자신의 죽음으 로 용서를 빌고 성을 열 테니 우지마사 이하 다른 자들의 죄는 용서를 해주었으면 한다는 뜻을 밝혔다. 히데요시는 우지나오의 죽음을 특별히 허락하고 우지마사·우지테루 및 노신인 다이도지

마사시게(大道寺 政繁)·마쓰다 노리히데 4명에게는 자결을 명한 뒤, 성문을 여는 것을 허락했다. (노리히데는 체면이 말이 아니게 되었다.) 니라야마 성의 우지노리도 항복했다.

6일, 우지나오가 마침내 성에서 나와 이에야스의 본진으로 찾아갔다. 히데요시는 와키자카 야스하루·카타기리 나오히토(片桐 直倫) 등을 담당자로 삼아 성을 넘겨받았다. 7일부터 9일까지 성 안의 사졸들이 속속 나왔다. 8일, 우지마사·우지테루 두 사람이 의원인 타무라 초덴(田村 長傳야스키요)의 집으로 들어가 명령을 기다렸다. 10일, 마침내 할복하라는 명령을 받았다. 11일, 우지테루는 목욕을 청하여 차분한 마음으로 세상의 때를 씻어낸 뒤 우지마사와 함께 조용히 자결했다. 호안도 『태합기』에서, 〈기특한 최후. 과연 호조 씨의 피를 물려받은 자들이었다.〉라고 칭찬했다.

히데요시는 오다와라 성으로 들어가 토쿠가와 이에야스에게 호조 씨의 옛 영지를 주고, 그 외의 각 장수들에게도 새로이 땅을 주었다. 이때 히데요시는 노부오에게 이에야스의 옛 영지인 스루가·토오토우미·미카와를 주었으나, 노부오가 쿠니를 바꾸는 이 처치를 기뻐하지 않고 옛 영지에 그대로 머물기를 희망했기에 히데요시는 크게 화가 나서,

"무릇 귀공에게는 쿠니를 다스릴 기량이 없지 않은가. 노부나가 공의 아들이기에 이처럼 땅을 주려 하는 것이건만 멋대로 고집을 부리며 나의 말을 듣지 않겠다는 것인가."라고 호통을 치고, 키요스 100만 섬을 거두어들인 뒤 나가(那賀) 2만 섬만을 주었다.

(7) 진중에서의 일화

하치오지(八王寺) 성이 함락되었을 때의 일이었다. 그곳에서 취한 수급이라며 마에다 토시이에는 3천 급, 우에스기 카게카쓰는 150급을 오다와라의 대본영으로 보내왔다. 그러자 사람들은,

"우에스기 나리는 예전부터 무공이 뛰어난 분이라 들었는데 취한 수급이 마에다 나리의 10분의 1에도 미치지 못하다니, 역시 마에다 나리의 솜씨가 훨씬 더 뛰어난 것 같아."라는 등의 비평을 했다. 이에 히데요시는,

"아무것도 모르면서 잠꼬대 같은 소리 하지 말아라. 애초부터 하치오지는 하나의 성에 불과하다. 성병이라고 해봐야 그 숫자는 뻔하다. 틀림없이 우에스기가 보낸 수급은 어느 정도 이름이 있는 자들만을 골라서 보낸 것일 게다. 마에다가 보낸 것에는 잡병이나 백성들의 수급이 많을 것이다. 앞으로는 함부로 잡평[雜評]을 해서는 안 된다."라고 야단을 쳤다고 한다. 히데요시는 외형적인 일로 경솔하게 사람의 역량을 계량해서는 안 된다는 사실을 근신들에게 가르쳐준 것이다.

이보다 앞서, 마침내 오다와라 성을 멀리서 포위한 채 지구전을 펼치기로 결정했을 무렵의 어느 날, 히데요시는 토쿠가와 이에야스를 데리고 둘이서 지세 관찰을 위해 이시가키야마에 올랐다. 그 도중에 그는 발걸음을 멈추고 오다와라 성을 내려다보며 소변을 줄줄,

"저 호조가 몰락할 날도 머지않았네. 그리 된다면 귀하에게 칸토 8개 주를 드리겠네. 그때 귀하는 본거지를 어디에 두실 생각이신가?"라고 이에야스에게 말을 걸었다.

"참으로 감사한 말씀이십니다. 글쎄, 만약 그렇게 된다면 역시

오다와라를 본거지로 삼을 수밖에 없을 듯합니다. 카마쿠라는 땅이 너무 협소하니."

그러자 히데요시는,

"그건 옳지 않네. 이런 구석진 시골의 성은 가신에게 지키라고 하면 그것으로 충분하네. 내가 지도로 살펴본 바에 의하면 여기에서 동쪽으로 200리(80㎞)쯤 가면 에도라는 곳이 있네. 삼면이 무사시노의 벌판이고 한쪽에 바다를 접하고 있으며 스미다가와(隅田川)라는 강이 흐르고 있으니, 위치도 그렇고 넓이도 그렇고 토고쿠 제일의 땅일세. 그곳을 개척해서 성곽을 쌓는다면 방비에도 문제가 없을 걸세. 그곳을 본거지로 삼도록 하게."라고 말했다.

당시 에도는 오오타 도칸(太田 道灌)이 건조한 에도 성이 모미지 야마(紅葉山) 기슭에 간신히 옛 흔적을 남기고 있어서 그저 이름뿐인 성과 100호 정도의 마을만이 있을 뿐이었기에 그 누구도 그 땅을 칸핫슈의 중심지로 삼으면 좋을 것이라고는 생각지 않았다. 칸토가 마침내 이에야스에게 주어졌을 때에도 각 장수들은 모두 본거지는 역시 예전과 마찬가지로 오다와라나 그곳이 아니라면 카마쿠라에 두어야 한다는 의견을 내었다. 그러나 이에야스가 히데요시의 명령이라며 에도로 정했기에 사람들은 이 뜻밖의 일에 모두가 놀랐다고 한다. 아니나 다를까, 이에야스가 들어간 이후 에도는 점차 발전하여 토쿠가와 300년 동안 일본의 중심이 되었을 뿐만 아니라, 메이지 시절(1868~1912)이 되자 에도를 황성의 땅으로 정했을 정도다. 이 엄연한 사실을 놓고 볼 때, 당시 무사시노(武蔵野) 벌판의 끝자락에 위치한 작은 마을에 지나지 않았던 에도에 주목한 히데요시는 역시 사리에 밝은 사람이었다고 평하지 않을 수 없다.

어느 날, 히데요시가 본진에서 노75)공연을 개최했다. 앞을 지나는 장사들은 모두 말에서 내려 그곳을 지나갔다. 그곳을 우키타 히데이에의 가신인 하나부사 모토유키(花房 職之)라는 자가 지났는데 그는 말에서 내리지 않았을 뿐만 아니라 투구조차도 벗지 않았다. 파수병이 이를 보고 나무라며 거듭 말에서 내릴 것을 독촉했다. 그러자 모토유키는,

"전장에서 노를 즐기며 노는 얼빠진 대장 때문에 말에서 내릴 필요는 없다."고 커다란 목소리로 꾸짖었다. 그리고는 그대로 자리를 떠났다.

이를 들은 히데요시는 불같이 화를 내며 히데이에를 불러들여 그 이야기를 하고,

"모토유키를 잡아다 참수하라."고 명령했다. 히데이에도 황공해하며 자리를 떴다. 1정(110m)쯤 갔을 때 히데이에는 다시 부름을 받고 히데요시에게로 갔다. 히데요시는,

"한때의 분노로 참수를 명했으나, 강직한 인사에게 그와 같은 처분을 내린다는 것은 가엾은 일이다. 할복케 하라."라고 말했다. 히데이에는 공손하게 자리에서 일어나 물러났는데 채 2정도 가지 못했을 때 다시 부름을 받고 돌아섰다.

"지금 천하에 나를 향해서 그처럼 큰소리를 칠 수 있는 자는 다시 없을 것이다. 참으로 훌륭하고 대담한 무사다. 그러한 인사를 죽인다는 것은 아까운 일이다. 목숨을 살려주고 녹봉을 올려주어

---

75) 能. 일본 전통의 가면극.

라."

하나부사의 녹봉이 올랐다는 것은 말할 필요도 없는 일이리라.

(8) 오우의 형세

다음은 오우[76]에 대한 처분이었다.

당시 오우는 아이즈의 아시나·요네자와의 다테·리쿠젠(陸前)의 오오사키(大崎)·리쿠추(陸中)의 카사이(葛西)·무쓰노쿠니의 난부(南部)·우고(羽後)의 아키타(秋田)와 그 외의 여러 다이묘 및 쇼묘들이 지배하고 있었다. 그 가운데서도 다테 씨가 커다란 세력을 휘두르고 있었다.

다테 씨는 예전에 요네자와 성에 자리를 잡고 오슈 가운데 다테·시노부(信夫)·카리타(刈田)·와타리(亘理)군과 데와노쿠니(出羽国. 67)의 오키타마군(置賜郡)을 병합했는데, 텐쇼 12년(1584) 테루무네(輝宗)가 가독을 아들에게 물려주고 자신은 타테야마(舘山) 성으로 들어가 은거하자, 겨우 18세였던 마사무네는 곧 부근의 작은 제후들을 쳐서 활발하게 영토 확장에 나섰다. 텐쇼 17년(1589) 6월에는 마침내 아시나 씨를 몰아내고 아이즈 지방을 병합했으며, 아시나 씨 편에 서 있던 히타치노쿠니(常陸国. 62)의 사타케 씨까지 치려 했다.

히데요시는 진작부터 오우의 형세도 엿보고 있었다. 마사무네와도 텐쇼 12년(1584) 무렵부터 교섭을 한 모양이다. 코마키야마 전투가 화해로 끝나 히데요시의 위세가 더욱 높아졌을 무렵, 마사무

---

76) 奧羽. 무쓰노쿠니와 데와노쿠니를 아울러 이르던 말. 지금의 아오모리·아키타·이와테·야마가타·미야기·후쿠시마 현.

네는 사자를 히데요시에게로 보내 서신을 전달케 했다. 이에야스에게는, 서로의 쿠니가 비교적 가깝기도 하고 예전부터 카이도 제일의 무사라는 명성을 들어서 알고 있기도 했기에 종종 서신을 보냈으며, 이에야스도 소홀함 없이 마사무네를 대했다. 텐쇼 16년(1588)에는 히데요시가 마사무네에게 서면을 보냈으며, 칼을 보내고 오슈의 명물인 매를 부탁하기도 했다. 뒤이어 히데요시의 명령이 있었던 것인지 마에다 토시이에도 마사무네에게 편지를 보냈다. 히데요시에게 변경에 있는 마사무네의 환심을 살 필요는 없었으나, 한편으로는 그의 정세를 엿보고 다른 한편으로는 외교수단을 통해서 칼에 피를 묻히지 않고 그를 항복하게 만들기 위한 준비공작을 한 것이었다. 그해 9월에는 이에야스가 사자를 보냈으며, 12월에는 다시 편지를 보내어,

〈관백의 명령을 받아 센도 각지의 장수들과의 다툼(마사무네의 니혼마쓰(二本松) 정벌 등을 말한다.)을 중재하려 했으나, 이번에 강화가 성립되었다고 들었습니다. 앞으로는 전쟁으로 이어지는 일은 없도록 하셨으면 합니다.〉라고 말했다. 슬슬 간섭이 시작된 것이었다. 하지만 22세의 열혈한에게는 천하의 명사와 교제하고 있다는 자부심만 심어주었을 뿐, 그 진의 따위는 좀처럼 전달되지 않았다.

뒤이어 그 이듬해, 마사무네는 마침내 아시나 요시히로(芦名 義広)를 쳐서 아이즈를 취했다. 요시히로는 자신의 맹우인 사타케에게로 달아났다. 이때 히데요시는,

"나의 허가도 얻지 않고 다른 자를 치다니, 어찌 된 일이냐."라고 힐문했다. 그러나 마사무네는, '가신도 아닌데 쓸데없는 참견'이라

고 생각한 것인지 끝내 침략의 손길을 거두지 않았다. 그래도 얼마간은 마음에 걸렸는지 그해 연말에 쿄토의 토미다 사콘쇼겐(富田 左近将監) 등에게 편지를 보내서, 〈평판은 어떤지〉라고 정세를 살폈다. 그들은, 〈아시나는 이전부터 전하와 서로 왕래한 사이이거늘, 귀하가 멋대로 내쫓고 쿠니를 취했기에 전하의 심기가 매우 상하셨습니다.〉라고 말했다.

(9) 오다와라 정벌과 마사무네

그 무렵 히데요시는 이미 오다와라 정벌을 위한 준비를 진행하고 있었다. 만약 마사무네가 우물쭈물한다면 그 다음은 마사무네를 칠 터였다. 히데요시로부터 〈조정의 명령에 따라서 오다와라를 치게 되었다. 서둘러 참전할 준비를 하라.〉는 말이 전달되었다. 무릇 젊은이란 자부심이 강해서 자신의 분수를 모르는 법. 그때의 마사무네도, '제아무리 관백이라고는 하나 조정의 명령을 앞세워 나를 가신 취급하다니 참으로 가소롭구나.'라며 화를 냈다. 뒤이어 마에다 토시이에로부터, 아사노 나가마사로부터, 그리고 히데요시의 조카인 하시바 히데쓰구로부터, 〈내년에 있을 오다와라 정벌 때에는 병사를 내어 무신의 직책을 다하시는 것이 좋을 듯하다.〉라는 내용의 말이 전해졌다. 그래도 젊은 나이의 마사무네는 아직 자신의 작은 고집을 꺾지 않았다.

마침내 텐쇼 18년(1590) 정월. 히데요시는,

"호조 씨를 매장하여 천하의 본보기로 삼겠다."며 놀라울 정도의 동원계획을 진행하고 있었다. 애초부터 마사무네 따위는 안중에도 없었다. 오슈는 칼에 피를 묻히지 않고 정리해버릴 예정이었다.

마사무네는 그해 정월에 료카쿠인(良覚院)이라는 자를 쿄토로 보내서 형세를 살피게 했다. 3월에는 아사노 나가마사가 일부러 사람을 보내서,

"마침내 칸토와 오슈 평정을 위한 대군이 동쪽으로 내려가니 때를 놓치지 말고 호조 정벌에 따르는 것이 그대를 위해서 좋을 듯하오."라는 말을 전했다. 그래도 우물 안 개구리의 슬픔이랄까, 마사무네는 너른 바다 성난 파도의 무서움을 알지 못했다. 그는 최근 높아져만 가는 자신의 세력에 연연하고 있었다.

'히데요시 놈의 간섭만 없다면 단번에 오슈에서 칸토까지를 나의 손에 넣을 수 있을 텐데.'라며 아쉽다는 듯, 우물 안 개구리처럼 널따란 천하의 형세를 관망하고 있었다. 그를 위해서 여러 명의 가신들을 칸토와 쿄토 부근까지 파견했다.

마사무네의 생각에 호조 씨는 천하의 다이묘 가운데 다이묘이니 히데요시의 손에 그렇게 쉽게 토멸될 것이라고는 여겨지지 않았다. 만약 호조가 히데요시 세력에 맞서 충분히 대항한다면 굳이 서둘러 히데요시에게 항복하러 갈 필요는 없으리라. 항복적인 태도를 취하는 것은, 곧 자신의 욕망을 희생하는 일에 다름 아니니. 또 만약 호조 씨가 충분히 대항하지 못한다 할지라도 당분간은 버틸 것이 틀림없으니 그 사이에 형세를 보아 거취를 결정하면 된다고 생각했다.

마침내 오다와라 정벌이 시작되었다. 마사무네가 정찰을 보냈던 자들이 곧 돌아와서 보고했다.

"관백의 호조 정벌은 참으로 심상치 않은 것입니다. 천군만마 사이를 오가던 이름 높은 맹장들이 하나가 되어 몰려오고 있으며

그 대군은 놀라울 정도입니다. 게다가 그들은 무용에만 뛰어난 것이 아니라 모든 규모·방침 등 매우 장대하여, 호조 쪽의 18만 용사·맹졸이 제아무리 완강하게 저항한다 할지라도 애초부터 상대가 될 리 없을 듯합니다. 이미 전선에 나섰던 자들이 패하여 이제는 고립된 오다와라 성만을 간신히 지키고 있을 뿐입니다. 호조가 성문을 여는 것도 시간문제입니다.”

이러한 싸움의 형세를 들은 마사무네는, 전략을 모르는 자가 아니었기에 히데요시의 위용이 어떠한 것인지를 새삼스레 알게 되었다. 이에 마사무네는 중신들을 소집하여 어떠한 태도를 취해야 할지 상의했다.

‘호조 다음은 우리다. 불은 벌써 눈앞까지 다가와 있다. 호조 씨와는 무쓰(지)노카미 우지테루를 통해서 수호를 맺었다. 만약 히데요시에게 대항하려면 지금 얼른 병사를 일으키고 칸토로 진출하여 오다와라를 도와 공동으로 맞서지 않으면 안 된다. 하지만 센도에 위치한 각 장수들과는 예전부터 숙적 관계에 있었으니 마사무네가 오다와라로 향하면 그 뒤를 쳐서 본거지와의 연락을 끊고 빈 성을 공격할 것이 뻔하다. 게다가 히데요시 쪽의 용장들이 호조 씨의 수족을 떼어내기 위해서 칸토 각지를 공략하고 있으니 호조를 돕기란 도저히 불가능한 일이다. 그렇다고 이제 와서 히데요시에게 투항한다는 것은 매우 불쾌한 일이지만, 무엇보다 시기를 놓치면 결과가 좋지 않으리라는 사실은 잘 알고 있다. 어찌해야 좋겠는가?’

다테 가의 중신이자 강호로 이름 높은 다테 토고로 나리자네(伊達 藤五郎 成実) 등은,

"어차피 징벌을 면할 수 없는 지금에 와서 히데요시에게 항복한다는 것은 당치도 않은 일이다. 싸움은 반드시 병력의 많고 적음으로 결정되는 것이 아니니 이번에야말로 일전을 각오해야 한다."라고 주장했다. 그러나 하라다 사마노스케 모리토키(原田 左馬介 守時)는,

"그것은 무인의 기개로써 참으로 칭찬받을 만한 말이나, 지존께 하사받은 칼을 받들고 공격해온 히데요시를 적대시한다면, 한편으로는 조정의 적이라는 오명을 쓰게 되며, 또 한편으로는 전국 각 다이묘의 화살과 총알의 표적이 될 터이니, 이는 훗날을 위해서도 좋지 않다."라고 반대했다. 명신[名臣]인 카타쿠라 코주로 카게쓰나(片倉 小十郎 景綱)도 같은 의견이었다.

(10) 마사무네의 투항

결국 마사무네는 하라다·카타쿠라의 의견을 받아들여, 나리자네에게 성을 지키게 하고 카타쿠라·타카노 이키(高野 壱岐)·시라카와 스루가(白河 駿河) 이하 100여 기만을 데리고 새로운 성인 아이즈를 출발하여 오다와라로 향했다. 이제 와서 병사를 이끌고 참전한다는 것은 이미 시기를 잃었으니 오로지 항복의 뜻을 나타내어 전투에 참가하지 못한 죄를 빌 목적으로. 그들은, 시모쓰케노쿠니(下野国. 63)는 호조의 영지로 곳곳에 관소가 새로이 설치되어 병사들을 지나지 못하게 한다는 사실을 알고 있었기에 아이즈에서 요네자와로 들어갔으며, 요네자와에서 에치고지(도로)로 나와 시나노·카이를 지나는 길을 우회하여 오다와라로 갔다.

관백은 유유히, '서둘러 공격해봐야 병력에 손실만 입을 뿐이다.

느긋한 마음으로 포위하고 있으면 성은 저절로 항복할 것이다.'라
며 리큐 등을 상대로 차를 마시며 노닐고 있었다. 마사무네가
왔다는 소식을 들은 히데요시는 평소의 사근사근하던 모습과는
달리 바로 만나주겠다고는 대답하지 않았다. 하코네의 소코쿠라
(底倉)에서 명령을 기다리라고 했다.

마사무네는, '이거 난처하게 됐구나.'라고 생각했으나 달리 방법
이 없었기에 소코쿠라로 가서 근신했다. (이 정보를 입수한 아이즈
에서는 모두 일이 어떻게 될지 걱정했다. 야다노 이즈(矢田野
伊豆) 등처럼 반감을 품고 있던 자 가운데 성격이 급한 장수들은
거성에 머문 채 다테에게 반기를 들었을 정도였다. 따르던 100기
가운데서도 여러 가지 이유로 떠난 자들이 있어서 겨우 30기쯤만이
남아 젊은 주군의, 그리고 자신들의 안위를 걱정했다.) 며칠이
지나서 아사노 나가마사 이하 마에다 겐이·세야쿠인 젠소(施藥院
全宗)·미야베 젠쇼(宮部 善祥)·후쿠하라 나오타카(福原 直高)
등이 관백의 명령을 받들고 찾아와서 책문했다. 책문 내용은 다음과
같았다.

1. 조정의 명령을 가벼이 여겨 호조 공략에 출진하지 않은 건.

2. 사사로이 아시나 요시히로를 내몰고 아이즈를 빼앗은 건.

3. 멋대로 니혼마쓰·스가가와(須賀川) 등을 공략하여 주변을 잠식한 건.

마사무네의 주변 침략에 관해서는 그의 적인 사타케 요시노부(佐
竹 義宣) 등이 퍼뜨린 유언비어를 포함하여 여러 가지 보고가
있었기에 히데요시에게는 마사무네를 다그칠 재료들이 많았다.
이에 대해서 마사무네는 (1) 결코 조정의 명령을 가벼이 여겨
출진하지 않은 것이 아니라, 주변 모두 적에게 둘러싸여 먼 곳의

정세를 잘 알 수 없었기에 늦어진 것이며, (2)와 (3) 각 방면을 공략한 것은 무문의 성격상 활을 쥐고 창칼을 맞댄 것이지 결코 다른 뜻은 없었다는 진술로 변명했다. 이 대담하고 당당한 진술에는 나가마사 이하도 얼마간 놀라, '이 애송이 의외로 만만치가 않구나.'라고 생각한 듯하다.

이튿날에도 역시 아사노 나가마사가 찾아가서 다시 여러 가지로 몰아쳤으나 마사무네는 거기에 대해서도 조목조목 해명했다. 나가마사는,

"어쨌든 아이즈·센도와 그 외에 그대가 공격하여 취한 땅은 관백 전하께 바치는 것이 좋을 듯하오."라고 타일렀다. 마사무네는 싫다고 말할 수도 없었기에,

"애초부터 사욕이 있어서 취한 땅이 아니니 명령대로 바치겠습니다."라고 대답할 수밖에 없었다.

그로부터 사흘 뒤, 마사무네는 마침내 대면을 허락받아 찾아왔다. 히데요시는 카사카케야마(笠懸山) 중턱의 잔디 위에 의자를 놓고 거기에 앉아 대면했다.

"이번의 늦은 참전은 태만하기 짝이 없는 일이었다. 허나 일단 대면을 허락한 이상 지난 일들은 깨끗이 잊도록 하겠다. 먼 길을 왔으니 그에 대한 보답으로 진영의 모습을 보여주도록 하겠다."라며 자리에서 일어나 자신의 칼을 마사무네에게 들게 하고 성큼성큼 앞장서서 산을 올랐다. 마사무네는 뒤를 따라갔다. 마침내 히데요시는 한쪽 벼랑 끝에서 발걸음을 멈추더니,

"자네는 변방의 작은 싸움에는 익숙할 테지만 아직 대군의 포진은 본 적이 없을 테지? 잘 보고 훗날의 참고로 삼게."라며 저쪽에

군을 배치한 것은 공격을 위해서, 이쪽의 군세는 견제를 위해서, 라는 식으로 눈 아래 대군의 포진을 하나하나 지팡이 끝으로 가리켜 가며 설명해주었다. 항복했다고는 하나 마음속에는 아직 이심[異 心]이 가득 남아 있는 마사무네가 히데요시를 쓰러뜨릴 마음을 먹었다면 뒤에서부터 칼로 치든 낭떠러지로 밀쳐내든 그 기회는 얼마든지 있었을 테지만, 그러한 일은 조금도 염두에 두고 있지 않은 듯한 히데요시의 태도와 위엄에 압도되어 마사무네는 그저 때때로 '지금이다.'라고 마음속으로 되뇌기만 할 뿐, 실행에 옮길 엄두조차 내지 못한 채 순순히 수행할 수밖에 없었다.

이 회견에서 히데요시는,

"그대에게는 요네자와 30만 섬을 주겠네. 그 외의 침략지는 전부 몰수하겠네. 만약 불만이 있다면 쿠니로 돌아가서 적대할 준비를 하게."라고 선고하고 방면했다. 마음속에 제아무리 불만이 가득했다 할지라도 마사무네는 아무런 말도 할 수 없었다. 고마우신 분부 참으로 감사하다고 예를 표한 뒤 곧 오슈로 돌아갔다. 전설에 의하면 이때 히데요시의 근신 가운데, "기껏 산에서 내려온 호랑이 를 다시 산에 놓아준 것이나 다를 바 없는 일이다."라고 비평한 자가 있었다고 한다. 이 말을 들은 히데요시는 웃으며,

"그대들이 무엇을 알겠는가. 나는 활을 쓰지 않고 오슈를 평정할 것이다."라고 말했다고 한다.

(11) 오슈로 들어간 히데요시

오다와라에 대한 처치를 마친 히데요시는 곧 각 장수들을 이끌고 오슈로 향했다. 칸토 각 쿠니에 위풍을 내보이고 오우 2개 주의

처분을 행하기 위해서. 여기서 우선은 그 도중에 있었던 일에 대해서 이야기해두겠다.

어느 날, 히데요시는 카마쿠라의 옛 흔적들을 구경하며 돌아다녔다. 시라하타노미야(白旗宮)로 가서 미나모토노 요리토모의 목상을 보더니, 위로하듯 그 등을 쓰다듬으며,

"예로부터 오늘에 이르기까지 떠돌이 생활의 어려움 속에서 일어나 천하를 취한 자는 오직 그대와 나뿐일세. 하지만 그대는 친주후쇼군77)의 후예이고, 칸핫슈에는 요리요시(頼義)·요시이에(義家) 이후의 은혜를 생각하는 자들이 가득했었지. 따라서 그대는 귀양살이를 했다 할지라도 많은 사람들이 은밀히 마음을 주었기에 공을 이루기에 커다란 어려움은 없었네. 그에 비해서 나는 아는 바와 같이 미천한 신분에서 몸을 일으켜 마침내는 사해를 평정했으니 나의 업적이 더 큰 듯하네. 하지만 누가 뭐래도 서로 천하를 취한 자들이니, 세상이 바뀌었다고해도 그대와 나는 친구일세."라고 반갑다는 듯 빙그레 웃으며 중얼거렸다.

진군하여 우쓰노미야에서 묵은 날의 저녁, 히데요시는 무료함을 달래기 위해 사노의 텐토쿠지 료하쿠(天德寺 了伯)를 불러서 고금의 영웅들에 관한 이야기를 들려달라고 청했다. 료하쿠는 우에스기 켄신과 타케다 신겐의 무략을 들려준 뒤 크게 칭찬했다. 그러자 히데요시는,

"이보게, 텐토쿠지. 그 켄신과 신겐이라는 두 중도 일찍 죽은 게 다행이로구먼. 그놈들이 지금까지 살아 있었다면 나를 실은

---

77) 鎮守府将軍. 예전에 일본 동북지방의 에조(蝦夷원주민)를 진압하기 위해서 무쓰노쿠니에 설치했던 군사기구의 장관.

탈것 앞에서 일산을 짊어지고 쿄토까지 수행했을 테니 말일세. 수레바퀴전법이네, 매복이네 전부 어린아이 장난과도 같은 것일세."라며 껄껄 웃었다. 이는 예의 호언장담이었지만, 한편으로는 사실에 가까운 비평이었을지도 모른다.

역시 그 무렵의 일이었다. (아마도 우쓰노미야에 도착하기 전, 코야마(小山)에서의 일이었던 듯하다.) 어느 날, 오오타 산라쿠(太田 三楽)를 불러 여러 가지 군사[軍事]에 관한 이야기를 하게 했다. 크게 감탄하며 경청하고 있던 히데요시가,

"그대는 지·인·용(智仁勇)의 세 가지 덕을 갖춘 양장일세. 그에 비하자면 나는 그 가운데 어떠한 덕도 가지고 있지 못하네. 하지만 알 수 없는 일은, 그대는 1개 쿠니조차 얻지 못했으나 나는 천하를 취했다는 사실일세. 아무래도 천하를 취하는 것이 나의 특기인 듯하네."라고 말하며 크게 웃었다.

다테 마사무네는 나스노(奈須野)까지 나와서 히데요시를 맞아들였다. 마사무네가 카타쿠라 카게쓰나 등을 데리고 우쓰노미야까지 맞으러 왔다는 설도 있다. 이때의 일에 관해서도 여러 가지 일화가 전해지지만 그것은 언젠가 마사무네의 전기를 쓸 기회가 있다면 그때 이야기하기로 하겠다.

마사무네를 길잡이로 선진에 서게 하여 히데요시는 8월 중순에 아이즈로 들어갔다. 곧 아사노 마사카쓰(浅野 政勝)·키무라 키요히사(木村 清久)에게 아이즈 성을 넘겨받게 한 뒤, 그곳에 용장 가모우 우지사토를 두고 아시나 씨의 옛 영지를 주어 효웅 마사무네 이하 오슈 각 다이묘를 견제케 했다.

히데요시는 오슈의 각 다이묘들에게 항복을 하러 올 것인지,

반항할 것인지 당장 거취를 정하라는 명령을 발했다. 각 다이묘들이 서둘러 아이즈로 와서 히데요시의 안색을 살폈다. 그러나 카사이·오오사키 등은 오는 것이 늦었기에 영지를 몰수당했으며, 키무라 키요히사가 그 뒤를 이었다. 시라카와 씨도 가까운 곳에 있으면서 우물쭈물했기에 영지를 빼앗겼으며 아이즈의 가모우가 그 땅을 받았다. 이렇게 해서 오우의 옛 영주들 가운데 다테 씨가 요네자와 30만 섬을 받았고, 모가미(最上)·이와시로(岩代)·소마(相馬)·난부·쓰가루(津輕)·아키타·오노데라(小野寺) 등은 옛 영지를 안도받았다. (가모우는 처음 60만여 섬을 받았으며, 이후 120만 섬을 받게 되었다.)

이렇게 해서 칸토·오우도 완전히 평정되어 수백 년 동안의 내란에 분열되고 또 분열되었던 일본 전국이 마침내 토요토미 히데요시의 깃발 아래로 들어와 그의 명령에 따라서 움직이게 되었다.

제3편 히데요시의 가정

1. 히데요시의 지극한 효심

히데요시는 막 철이 들 무렵에 이미 아버지를 잃었다. 이후 모자의 고생은 이만저만한 것이 아니었는데, 그것이 뼈에 사무쳤는지 어머니에 대한 생각이 늘 그의 머릿속에서 떠나지 않아 평생 지극한 효심으로 어머니를 모셨다.

하지만 그가 원숭이라 불렸던 소년 시절, 뜻을 세우고 집을 떠나 토고쿠로 가서 스루가 니시즈카의 성주인 마쓰다이라 카헤에를 섬긴 3년 동안은 어머니에게 어떠한 소식도 전하지 않았다. 그의 생애를 통틀어서 이는 매우 드문 일이었다. 혹은, '성공을 거두어 이름을 날리기 전에는 어머니를 다시는 뵙지 않겠다.'고 굳게 결심한 때문이거나, 또 혹은 '어머니도 아직은 젊으시니 당분간은 걱정하지 않아도 된다.'고 안심하고 있었던 것일지도 모르겠다.

히데요시가 조그맣기는 하나 한 성의 주인이 된 것은 겐키 원년(1570. 35세)에 오우미의 나가하마 성 5천 섬을 받았을 때였는데 그는 어머니를 바로 성 안으로 맞아들여 정성껏 모시기에 힘썼다. 어머니의 기쁨은 얼마나 큰 것이었을까. 추고쿠탄다이가 되어 히메지 성으로 옮긴 이후, 그곳에서 어머니를 지극히 모셨다는 사실은 미쓰히데와의 결전을 앞두고 그가 매형에게 한 말로 추측해볼 수 있다.

텐쇼 13년(1585) 7월, 그가 관백의 자리에 올랐을 때, 조정에서는 칙사를 오오사카 성으로 따로 보내서 어머니에게 오오만도코로, 아내에게 키타노만도코로라는 칭호를 주었다. 이는 히데요시가 그녀들의 오랜 고생을 위로하고 자신의 영광스러운 기쁨을 함께 나누기 위해서 특별히 주상에게 은명[恩命]을 청했으며, 주상도 역시 그 마음을 기쁘게 여겼기 때문이었다.

어머니를 생각하는 마음이 극진했던 히데요시도 딱 한 번 어머니를 정략의 도구로 사용한 적이 있었다. 그것은 이에야스를 오오사카 성으로 불러들이기 위해서 어머니를 오카자키로 보낸 일이었는데, 에도 시대에는, '히데요시는 어머니를 인질로 보냈다.'며 비난하는 사람들도 많았으나, 그것은 앞서도 이야기한 것처럼 비록 인질이라고는 하나 사정이 일반적인 인질과는 전혀 다른 것이어서 어머니도 인질이 된 것이라고는 전혀 생각지 못했으며 오히려 자신의 딸을 보고 싶다는 일념으로 간 것이었다.

히데요시는 출진하여 전장에 있을 때도 어머니께 안부 여쭙기를 게을리하지 않았다. 오오만도코로 역시 아들의 안위를 걱정하여 수시로 사람을 보내 그의 안부를 살피게 했다.

오오만도코로가 세상을 떠나기 전후에 보여준 그의 효심과 커다란 슬픔에 대해서는 이후의 「나고야의 진」에서 이야기할 생각이니 여기서는 생략하기로 하겠다.

2. 히데요시의 처(키타노만도코로)

오와리노쿠니 쓰시마에 아사노 마타에몬 나가카쓰(浅野 又右衛門 長勝)라는 무사가 있었다. 오다 노부나가의 가신으로 궁수였다. 그의 아내는 키노시타 아무개의 딸로 키노시타 토키치로(히데요시)에게는 숙모였다. 두 사람 사이에는 자식이 없었기에 같은 가신인 스기하라 스케자에몬 사다토시(杉原 助左衛門 定利)의 두 딸을 얻어 키우고 있었다. 언니는 오네네(お禰々), 동생은 오야야(おや々)라고 했다. (스케자에몬은 훗날 키노시타 히고(지)노카미(木下 肥後守)를 칭했으며, 은거 이후부터는 도쇼(道松)를 칭했다. 어떤 사정이 있어서 딸들을 마타에몬에게 맡긴 것인 듯하다. 오네네 자매를 사다토시의 손녀라고 보는 자도 있다.) 언니인 오네네는 벌써 14세, 사랑스럽고 영리한 아이였기에 양부모도 좋은 사윗감을 찾아주어야겠다고 진작부터 생각하고 있었다.

그런 마타에몬이 오네네의 남편감으로 선택한 것이 키노시타 토키치로였다. 토키치로는 당시 26세였다. 요즘과는 달라서 그 당시의 26세는 노총각 중에서도 노총각이었다. 토키치로라고 아내를 얻고 싶은 마음이 없었던 것은 아니나, 그때는 아직 신분이 매우 낮았기에 마음에 드는 아내를 맞아들일 수가 없었던 것이리라.

어느 날 마타에몬이 아내에게 물었다.

"토키치로는 하급무사이기는 하나 그처럼 영리한 자이니 훗날에는 틀림없이 출세할 게요. 게다가 자네의 친척이기도 하니 큰딸인 오네네를 토키치로의 아내로 주면 어떨까 싶은데, 어떻게 생각하시오."

아내도 물론 적극적으로 찬성했다. 그럼 아이의 마음을 들어보자며 물어보니,

"아버지와 어머니께서 괜찮다는 사람이라면 제게 불만은 조금도 없습니다."라고 만사를 부모의 뜻대로 하겠다는 듯 대답했으나, 사실은 14세의 꼬마아가씨 주제에 얼른 토키치로의 아내가 되고 싶어 하는 모습. 토키치로도 이전부터 오네네가 마음에 들었다. 이렇게 되자 좋은 일은 서두르라는 말이 있는 것처럼 당장 노부나가 공의 허락을 얻어 두 사람의 혼례식이 치러지게 되었다.

오네네와 토키치로의 혼인 성립에는 여러 가지 설이 전해지고 있다. 토키치로가 예의 지혜로 네네와 양부모의 마음을 사로잡은 것이라는 설도 있으며(있을 법한 얘기다), 매우 의심스러운 것 가운데는 겨우 14세인 꼬마아가씨가 (사람을 보는 통찰력이 매우 좋아서) 토키치로의 장래를 꿰뚫어보고 신분이 낮은 토키치로의 아내가 되기 위해 스스로 손을 쓴 것이라는 설도 있지만, 여기에는 더욱 그럴 듯한 이야기가 있다.

어느 날, 매사냥에 나섰던 노부나가가 지나는 길에 아사노 마타에몬의 집에 들러 쉰 일이 있었다. 그때 시중을 들러 나온 오네네를 보고 예전부터 눈여겨 보고 있던 키노시타 토키치로의 아내로 삼으면 좋을 듯하고 생각했다. (틀림없이 토키치로와 친척이라는 사실도 알고 있었던 것이리라.) 이에 성으로 돌아온 노부나가는 토키치로를 불러서,

"오네네는 미인이기도 하고 영리하기도 한 아가씨다. 너의 아내로 좋지 않겠느냐."라고 말했다. 물론 토키치로에게 이견이 있을 리 없었기에 결국은 '주군의 주선'으로 두 사람의 혼인이 성립되었

다.

훗날의 일들을 아울러 생각해보면 그런 일이 정말로 있었던 것일지도 모르겠다. 무릇 그 무렵의 군신관계는 후세처럼 형식화된 것이 아니라, 오히려 아버지와 아들의 관계처럼 매우 인정적인 유대가 있었다. 특히 그 무렵의 노부나가는, (오케하자마에서 이마가와 요시모토를 벤 이듬해로) 훗날처럼 막강한 세력을 가진 다이묘가 아니었으니.

에이로쿠 4년(1561) 8월 3일 밤, 26세인 신랑과 14세인 신부(오네네는 텐분 17년(1548) 생) 사이에서 언약의 술잔이 오갔다. 그 무렵 토키치로는 아직 집을 하사받지 못했다. 그랬기에 신혼부부는 당분간 마타에몬의 나가야78)에서 살아야 했다. 혼례식도 그곳에서 치렀다. 그 무렵, 그것도 신분이 낮은 자들이 사는 나가야였으니 초가지붕에, 방은 대나무 바닥 위에 지푸라기를 깔고 거기에 얇은 천을 씌운 것이었다.

신부의 그날 의상도, 주군 노부나가 공이 정월대보름의 불놀이에서 입었던 연두색 옷을 하사한 것과, 깃발로 쓰던 붉은색 무명을 얻어다 코소데79)로 만든 것을 예복으로 삼았다. 하지만 당시 토키치로 정도의 신분에서는 '이 정도면 대충 구색은 갖췄다.'고 생각할 정도의 것이었을지도 모르겠다.

토키치로와 오네네는 두 사람 모두 매우 스스럼없는 성격이었기에 출세한 후에는 곧잘 자신들의 혼례가 더없이 간소했었다는

---

78) 長屋. 기다란 건물 안을 여러 칸으로 나누어 다수의 사람들이 공동으로 거주하던 집. 무가의 나가야에서는 하급무사와 하인들이 살았다.
79) 小袖. 예복 속에 입던 통소매옷. 지금은 겉옷이 되었다.

사실을 이야기하며 웃음거리로 삼았다고 한다.

그들은 일생일대의 혼례식을 이처럼 매우 사무적으로 치렀으며, 14세의 신부인 오네네는 이튿날부터 냄비를 들고 바지런히 가난한 살림살이를 꾸려나가기 시작했다. 앞날에 대한 커다란 희망을 품고 있던 두 사람은 그러한 생활 속에서도 신혼의 기쁨을 충분히 느낄 수 있었으며, 신혼살림의 즐거움을 마음 깊이 한껏 맛볼 수 있었다.

그 무렵부터 토키치로의 출세가 눈에 띄기 시작했다. 오랜 세월 동안 남몰래 쏟아온 노력이 마침내 겉으로 드러나기 시작한 것이었다. 이와 같은 토키치로의 출세를 알게 모르게 도와준 것이, 오네네와의 활기찬 결혼생활이었다.

히데요시가 그와 같은 대업을 이룰 수 있었던 데에는 각 방면에서의 여러 가지 원인이 있었을 테지만, 그 근본적인 요인 가운데 하나는 그가 천하 장사들의 마음을 잘 거두었다는 데 있었다. 그의 커다란 재능이 사람들에게 경외심을 품게 했다는 사실, 그의 인물 감식력과 도량이 여러 유능한 인재들을 매료시켰다는 사실 등 결국 그의 매력이 사람들의 마음을 거두어들인 비결이었으나, 그의 아내인 네네(훗날에는 요시코(吉子)로 개명했으며, 혹은 야스코(寧子)라 칭하기도 했다고 한다.)의 싹싹함, 친절, 그리고 마음이 넓어서 남편 부하들의 뒷바라지를 잘 해주었다는 사실 등도 적잖이 기여했다. 그녀는 카토 카에몬(加藤 嘉右衛門)이 자신의 조카인 토라노스케(虎之助)를 데리고 와서,

"씩씩한 아이이니 훗날 어디에라도 도움이 될 겁니다. 부엌의 남은 음식이라도 먹이시기 바랍니다."라고 청하자 싫은 얼굴 한번

하지 않고 받아주었으며, 후쿠시마 이치마쓰(福島 市松)가 얹혀살
게 되었을 때도, '전 싫어요, 당신처럼 아내의 마음 따위에는 신경도
쓰지 않는 사람은 옳지 못해요.'라는 등의 말을 하며 토라지거나
하지 않았다. 뿐만 아니라 남편이 출세를 함에 따라서 생가인
스기하라(훗날의 키노시타), 양녀로 들어갔던 집안인 아사노 등의
사람들도 잘 보살펴주어서 훗날 남편이 천하를 잡는 데 필요한
발판을 수십 년에 걸쳐서 단단히 쌓아놓았다.

　그러한 그녀의 내조는 히데요시도 충분히 인정하고 있었다.
아니, 히데요시는 누구보다 그녀를 신뢰했으며, 사랑했고, 어느
정도까지는 경의조차 품고 있었다. 그러나 히데요시의 바람기는
그의 출세와 비례해서 더욱 강해져갔다. 요시코 부인에게는 그런
그가 얄밉고 얄미워서 견딜 수가 없었다. 아무리 질투를 해보고,
토라져보고, 신경질을 내보아도 히데요시의 바람기는 조금도 멈출
줄 몰랐기에 그녀는 마침내 주군인 노부나가 공에게 사정을 호소해
서 토키치로가 혼쭐이 나도록 해주어야겠다고 생각했다.

　마침 기회도 좋았다. 노부나가가 나가하마로 검열을 온 것이었다.
그녀는 마침내 마음을 굳게 먹고 노부나가 공을 은밀히 만나 호소한
모양이었다. 그 건에 대해서 노부나가가 그녀에게 보낸 편지가
있다. 그 편지는 『무가사기[武家事記부케지키]』라는 곳에 실려 있는
것으로, 매우 유명하다.

　<그대의 용모, 태도, 차림새까지, 언젠가 보았을 때보다 더욱
더욱 아름다워져서 참으로 훌륭한 여인의 풍모가 되셨소. 그런데도
토키치로가 그대에게 거듭 부족함을 말하다니, 참으로 언어도단이
오. (노부나가가도 의외로 입에 발린 소리를 잘 한다.) 그러나 토키치

로 정도의 사내는 어디를 둘러봐도 다시 찾아낼 수 없을 터이니 앞으로는 부족함을 입에 올리지 못하도록 한껏 치장하고 고귀한 사람답게 자중하는 것이 좋을 듯하오. 결코 질투심만 드러내서는 안 될 것이오. 하지만 다른 한편으로는 질투를 하는 것도 여자의 역할 가운데 하나이니 질투를 하는 듯 마는 듯, 너무 드러나지 않을 정도로 여우 같이 질투할 것. ……〉

대충 위와 같은 내용인데, 늘 화만 내며 가신 따위는 하찮게 여겼던 것처럼 오해를 받고 있는 노부나가의 성격이 결코 그렇지만도 않았다는 사실을 위의 내용으로 잘 알 수 있다. 꽤나 인정이 깊어서 가신의 처지를(집안의 일들까지) 여러 가지로 걱정해주었다는 사실을 알 수 있다.

이처럼 오네네는 히데요시의 바람기 때문에 마음고생을 했지만 워낙 현명한 여자였기에 일찌감치 체념한 듯하다. 두 번째, 네 번째 첩을 두는 것도 대범하게 보아줄 줄 알게 되었으며, 다시 행복한 가정생활을 할 수 있게 되었다.

아마도 히데요시는 이에야스나 노부나가에 비해서 따뜻한 가정생활을 염두에 두고 있었던 듯하다. (이에야스는 애초부터 차가웠으며, 후에는 가정이라고 할 만한 것도 없었던 듯하다.) 히데요시에게는 요도기미 및 그 외의 애첩들이 있었으나 그들은 전부 각자 별거해서 처첩이 동거하는 생활은 하지 않았다. 그리고 처음부터 끝까지 그와 늘 동거한 것은 오직 부인 한 사람뿐이었다. 요즘에는 지극히 당연한 일이지만, 그가 살았던 시대에 이는 참으로 드문 일이었다. 그토록 새로운 것을 좋아했던 히데요시였으나 부인만은 예외였으며, 늘 친애하고 존중했다. 이는 히데요시의 아름다운 인정미의 표출이라고도 할 수 있으나, 한편으로는 그녀가 매우 현명했기 때문이었다. 조강지처로서 히데요시가 낮은 신분이었을 때부터 좋은 반려자였던 오네네는 그의 급격한 지위상승과 생활의 커다란 변화에도 불구하고 그러한 환경에 잘 순응하여 어떠한 경우에도 히데요시의 좋은 반려자로 남았다.

텐쇼 13년(1585) 히데요시가 50세, 오네네가 38세 때 히데요시는 마침내 관백이 되었다. 그때 특별히 칙사를 오오사카 성으로 보내서 그의 어머니에게는 '오오만도코로', 오네네에게는 '키타노만도코로'라는 칭호를 내렸다는 사실은 앞서 이야기했다.

그녀가 굉장히 현명한 부인으로 도량이 넓고 뛰어난 인물이었다는 점은, 히데요시 사후에도 숙장들이 '키타노만도코로, 키타노만도코로'하며 자애로운 어머니처럼 존경하고 따랐다는 사실로도 추측해볼 수가 있다.

그들의 두터운 부부애는 언제나 변함없이 계속되었다. 나이를 먹은 뒤에도 여전히 깊은 정이 오갔다. 히데요시가 각지의 전장에서 키타노만도코로에게 보낸 편지로 그러한 사실을 알 수 있다. 히데요시가 보낸 편지는 남아 있으나 키타노만도코로가 보낸 편지는 남아 있지 않다는 것은 참으로 유감스러운 일이다.

텐쇼 15년(1587) 9월에 주라쿠다이가 완성되자 키타노만도코로는 오오사카 성을 떠나 상경했다. 그 행렬은 참으로 훌륭한 것이었다. 이렇게 해서 키타노만도코로는 히데요시와 함께 주라쿠에서 살았다. 그리고 요도기미는 요도의 별저[別邸]에서 살게 되었다.

이듬해 4월, 고요제이 천황이 주라쿠다이로 행행했으며, 이때 각 제후들은 폐하에게 충성을 맹세했다. 히데요시는 천황으로부터 토요토미라는 성을 하사받았다. 그리고 그때 그녀는 종1위에 서임되었다.

그러나 부부애 두터웠던 두 사람도 종종 부부싸움을 했다. 사이가 좋았던 만큼 대판 싸움을 하고는 호탕하게 서로 웃었던 모양이다. 이처럼 키타노만도코로는, 질질 짜는 것 외에 다른 재주는 없으나 토쿠가와 시대에 양처의 표본이라며 칭송받았던 사람들과는 다른 모습을 보였다.

케이초 3년(1598) 3월 15일, 야마시로노쿠니(山城国. 38) 다이고의 산보인(三宝院)에서 그 유명한 꽃놀이가 열렸다. 부부가 함께 거기에 참석했다. 이것이 그들이 나눈 마지막 즐거움이었다. 그해 8월 18일에 히데요시는 세상을 떠나고 말았다.

히데요시 사후, 그녀의 태도는 매우 현명한 것이었다. 만약 그녀에게 자식이 있었다면 그처럼 달관한 듯 차분한 태도는 아마 보이지 못했을 것이다. 홀몸으로 홀가분한 입장에 있었기에 그렇게 할 수 있었던 것일 테지만, 아무리 그렇다 해도 평범한 여자가 할 수 있는 처신은 아니었다. 기개가 없었기 때문이 아니었다. 자신이 아등바등해봐야 천하가 어떻게 되지는 않으리라는 사실을 알고 있었기 때문이었다. 비구니 쇼군(尼将軍)이라 불렸던 마사코80)처럼 되지 않으려 한 만큼 그녀는 매우 현명했다.

히데요시의 죽음과 함께 히데요시가 두려워했던, 그러나 죽음 이전에도 이미 시시각각 다가오고 있던 새로운 세상의 정세가

---

80) 政子. 카마쿠라 막부를 세운 미나모토노 요리토모의 아내. 요리토모 사후 막부의 일에 적극적으로 관여하여 '비구니 쇼군'이라는 별칭을 얻었다.

분명하게 정해졌다. 히데요시의 은혜를 입었던 다이묘들(그들은 또한 그녀가 적잖이 보살펴주었던 자들이기도 한데)은 각자 자신들의 장래를 생각해서 이에야스 쪽으로 붙으려 하고 있었다. 시세를 살핀 그녀는 번거로운 소용돌이에서 벗어나듯 오오사카 성을 떠나서 쿄토 산본기(三本木)에 있는 저택으로 들어가 머리를 깎고 코다이인(高台院)을 칭했으며, 세상일에는 관여하지 않고 오로지 히데요시의 명복만을 빌었다.

돌아보면 그녀는 오와리 출신 아시가루의 딸로 태어나 혈연과 인물의 관계에 의해서 신분이 낮은 토키치로의 아내로 분주히 돌아가는 사회에 나서게 되었으나, 출세에 출세를 거듭하여 20년 뒤에는 천하의 집권자가 된 히데요시의 아내로서 키타노만도코로라 불렸으며 종1위에까지 올라 스스로도 믿기지 않을 정도의 신분이 되었다. 과거를 돌아보고 지금을 생각해보면 참으로 꿈과 같다는 마음이 들었으리라.

그런데 히데요시가 63세, 그녀가 51세일 때 남편이 눈을 감자 그와 동시에 세상이 바뀌었다. 요도기미가 낳은 히데요리가 히데요시의 명맥을 잇기는 했으나, 히데요시의 사업은 전부 그 죽음과 함께 토쿠가와 이에야스의 손으로 넘어갔다. 마침내 토요쿠니 묘진은 점차 황폐해져 갔으며, 히데요시의 혈맥을 이은 토요토미 씨도 몰락하지 않을 수 없었다. 그녀의 일생은 노생[盧生]이라는 자가 한단[邯鄲]에서 꾸었다는 꿈과 같은 것이었다. 그녀는 히데요시의 유업이 눈앞에서 붕괴되어가는 모습을 생생하게 보았다. 그래도 마음을 움직이지 않았다.

케이초 10년(1605), 코다이인은 이에야스와 상의하여 히가시야마에 코다이지(高台寺)를 짓고 히데요시의 명복을 빌기로 했다. 그러기를 10년, 케이초 말년에서부터 겐나(元和) 원년(1615)에 걸쳐서 벌어졌던 오오사카 전투에서 히데요리 모자는 적멸[寂滅]했다. 이후 토요토미 씨는 히데요시에 대한 수많은 날조적 추명[醜名]만이 전해질 뿐, 잊혀져가게 되었다.

그녀는 이후로도 10년쯤 더, 세상이 완전히 변한 모습을 거의 끝까지 지켜본 뒤, 이에미쓰(家光) 쇼군 시절인 칸에이 원년(1624) 9월 6일에 76세의 나이로 조용히 숨을 거두었다. 그녀는 용감하게 히데요시와 부부싸움을 했다는 것 외에는 추한 이름도 비난도 남기지 않아, 현명한 부인이라는 이름은 조금도 더럽혀지지 않았다.

3. 히데요시의 애첩들

히데요시에게 몇 명의 첩이 있었는지는 분명하지 않으나 다이고의 꽃놀이에 데려간 사람은 니시노마루(요도기미)·마쓰노마루(松の丸)·산노마루·오캬쿠진(お客人) 4명이었다. 그 외에도 몇 명인가 더 있었던 듯하다. 요도기미에 대해서는 다음 절에서 이야기하기로 하고 여기서는 그 외의 사람들에 대해서 대략 살펴보기로 하겠다.

(1) 마쓰노마루

쿄고쿠 타카쓰구(京極 高次)의 누나였다. 처음에는 와카사노쿠니 진구지(神宮寺)의 명족인 타케다 마고하치로 모토아키(武田 孫八郎 元明)에게 시집가서 2남 1녀를 두었다. 그 무렵 와카사노쿠니의 절반은 노부나가의 사천왕 가운데 한 명인 니와 나가히데가 영유하고 있었으며, 나머지 절반은 여러 호족들이 나누어 가지고 있었다. 그런데 혼노지의 변 이후 혼란한 틈을 타서 니와 나가히데가 히데요시와 연통하여 와카사 일원을 전부 통합하려 했다. 이듬해 (1583) 4월, 시바타 카쓰이에가 에치젠에서 몰락하자 7월에 카이즈(貝津)로 진출한 나가히데는 타케다 모토아키를 세이호인(淸法院)으로 유인하여 살해하고 병사를 진구지로 내어 타케다 일문을 토멸했다. 이때 모토아키의 자녀는 모두 정처 없이 떠도는 비운을 맛보아야 했으나 그의 아내는 젊고 아름다웠기에 나가히데가 이를 사로잡아 쿄토에 있는 히데요시에게로 보냈다. 히데요시는 그녀의 처지를 가엾이 여겼으며 그 미모를 아꼈기에 크게 총애했다.

당시 그녀의 나이는 분명하지 않으나 동생인 타카쓰구가 21세였으니, 그보다 많았다는 것만은 틀림없는 사실이다. 그녀는 동생 타카쓰구와 함께 쿄고쿠 타카요시(京極 高吉)의 자녀였다. 어머니가 아자이 나가마사의 오누이였다고 하니 요도기미와는 사촌지간이었다. 그런 관계에 있는 두 사람이 전후하여 히데요시의 보살핌을 받으며 총애를 얻었으니 전세의 인연이 매우 깊었던 모양이다. 그런데 동생인 타카쓰구는 아버지가 아자이 나가마사에게 영지를 빼앗겼기에 일찍부터 노부나가를 섬겼었다. 그리고 혼노지의 변 이후에는 아케치 미쓰히데 편에 섰기에 히데요시가 그의 행방을 엄중하게 찾았다. 다행히도 히데요시의 가신인 호리 히데마사의 우의에 도움을 얻어 한때 카쓰이에에게 의지하고 있었다. 그 카쓰이에 역시 히데요시의 적이 되어 곧 몰락했기에 이번에는 매형인 타케다 모토아키에게 의지하러 갔다. 그도 역시 히데요시 쪽의 나가히데에 의해서 몰락했으니 잘도 히데요시의 적 쪽으로만 돌아다니는 불운을 짊어지고 있었다고 하지 않을 수 없다. 하지만 이번에는 누나가 히데요시의 애첩이 되었기에 당당하게 천하를 돌아다닐 수 있는 몸이 되었다. 이듬해(1584)에는 오우미노쿠니의 2천 5백 섬을 받기에 이르렀다.

한편 그녀는 오오사카 성이 완성되자 니시노마루에서 머물렀기에 당시에는 니시노마루 마님이라고 불렸다. 후시미 성이 완성된 뒤부터는 마쓰노마루에 있었기에 마쓰노마루 마님이라고 불렸다. 후세의 역사가나 강담사 모두 마쓰노마루라고 부른다. 강담사들은 하나같이 할아버지 히데요시로는 만족하지 못했을 것이라며 이상한 쪽으로 동정하여, 이야기 속에서는 나고야 산자(名古屋 山三)에게 동작을 취하게 하고 있다. 또 책 속에서 그녀는 얼굴이 아름다울

뿐만 아니라 마음도 다정하고 고우며, 일찍부터 기독교에 귀의하여 좌우의 시녀들에게도 자유롭게 신앙을 품게 했다고 한다. 그러나 이는 기독교도들의 자화자찬과도 같은 것이니 유감스러우나 믿어야 할지 말아야 할지 잘 알 수가 없다.

어쨌든 히데요시 사후에는 40세 전후의 나이로 머리를 깎고 주호인(壽芳院)인을 칭했으며, 당시 오오쓰 6만 섬의 성주이자 종3위 참의로까지 출세한 동생에게로 가서 몸을 의지하였다. 그로부터 2년 뒤, 세키가하라(関ヶ原) 전투에서 다카쓰구는 요도기미를 도우려 한 미쓰나리 편에 서지 않고, 사촌동생 타쓰히메(達姫)의 시아버지인 이에야스 편에 가담했다. 그랬기에 오오쓰 성은 오오사카 쪽의 공격을 받게 되었고, 오누이가 힘을 합쳐 적에 맞섰으나 결국에는 패하여 다카쓰구는 성을 열고 코야산으로 달아났다. 그러나 전투가 끝난 뒤 이에야스가 그의 공을 인정하여 타카쓰구를 와카사 코하마(小浜) 성 8만 5천 섬에 봉했기에, 그녀도 추억 가득한 와카사로 가서 천수를 다했다.

(2) 산노마루

혹은 산조(三条) 마님이라고도 불렸다. 가모우 우지사토의 동생으로 마쓰노마루보다 1년 선배. 우지사토는 오우미 히노 2만 섬의 집에서 태어난 자로, 한동안 노부나가에게 인질로 가 있었던 것이 인연이 되어 그 발군의 재능을 인정받았기에 사위가 되었다. 아케치 미쓰히데의 반란 때 노부나가의 처자를 거성으로 맞아들여 지켰기에 히데요시로부터 좋은 대우를 받았다. 마침내 히데요시와 카쓰이에 사이에서 다툼이 벌어지자, 카쓰이에가 오이치와의 인연을 빌미로 자신의 편에 설 것을 거듭 권했으나 친구이기도 했던 노부오의 말에 따라서 히데요시 편에 섰다. 그 이유는, 히데요시가 장인인 노부나가의 원수를 갚았기 때문이라는 것이었다. 그러나 노부나가의 사위라는 사실이 오히려 히데요시의 의심을 살 위험이 있었기에 이때 자신의 여동생을 인질로 히데요시에게 보냈다. 히데요시는 그 호의에 크게 감사하여 그녀를 자신의 첩으로 오래도록 아낄 것과 앞으로 친척처럼 대하겠다는 약속을 했다.

우지사토는 거듭 공을 세웠기에 곧 이세 마쓰자카(松阪) 18만 섬의 영주가 되었으며, 오다와라 성 공략 후에는 오우의 친고(鎭護)가 되어 아이즈에 봉해졌고, 오슈 오오사키·카사이의 소요를 평정한 공로를 인정받아 마침내 120만 섬에 봉해져 젊은 나이에 천하 5대 제후 가운데 한 사람이 되었다.

이야기가 동생보다 오빠의 것이 되어버렸으나, 불행하게도 필자는 그녀에 대해서 그다지 아는 바가 없다. 어쨌든 그런 오빠를 등에 업고 있던 산노마루였으니 기세도 당당하지 않았을까 하는 얘기. 그런데 그녀가 첩이 되었을 당시, 오빠인 우지사토가 27세였으니 아마도 그녀의 나이는 마쓰노마루와 비슷한 정도였으리라. 그런데 마쓰노마루보다 세상에 덜 알려진 것을 보면 그녀에게 조금 뒤떨어지는 무엇인가가 있었던 듯하다.

(3) 오캬쿠닌

토시이에의 딸이라고 하는데 아직 살펴보지 못했다.

(4) 나리타 씨

텐쇼 18년(1590) 오다와라 성 공략을 위해 히데요시가 반간지계를 썼을 때 이용한 나리타 우지나가는 호조 씨의 숙장으로 무사시노쿠니 오시 성의 성주였다. 그 무렵, 성주가 자리를 비운 오시 성에서는 일족들이 농성하며 공격해온 이시다 미쓰나리 군과 원군으로 온 아사노 유키나가(浅野 幸長) 군을 맞아 방어전을 펼쳤는데, 수많은 사상자가 나오기는 했으나 적을 상당히 괴롭혔다. 그러나 얼마 지나지 않아서 우지나가가 항복을 청했기에 오시 성에서도 미쓰나리에게 성을 열었다. 우지나가는 오다와라 성문을 연 날, 일찌감치 항복을 청했으면서도 우물쭈물하며 태도를 분명히 하지 않았다는 이유로 히데요시에게 성과 땅을 빼앗겼으며 목숨을 살려주는 대신으로 황금 1천 개를 바쳤다. 그 후로는 가모우 우지사토의 가신이 되었다.

그런 우지나가에게도 여동생 한 명이 있었다. (혹은 딸이라고도 한다.) 비할 데 없는 미인이었으며, 또한 용맹한 여성이었다. 오시 성에서 농성할 때도 어머니와 함께 집안 사람들과 가신들을 지휘하여 분전해서 적을 괴롭혔기에 그 용맹과 미모를 크게 찬사받았다. 이를 들은 히데요시는 아이즈로 가는 길에 그녀를 은밀히 시모쓰케의 코야마 부근인 모모즈카(百々塚)의 진으로 불러들여 만나보았다. 보면 볼수록 아름다워서, 이 사람이 소문으로 듣던 이마토모에(今巴)구나, 크게 마음에 들었기에 그날 밤은 그녀를 진중에 머물게 했다.

마침내 쿄토로 돌아간 히데요시는 사람을 보내서, 그녀를 반드시 자신에게 보내라고 우지사토에게 명령했다. 이에 우지사토가 우지나가 남매를 설득했으며, 나리타의 가신인 요시다 이즈미(지)노카미

(吉田 和泉守)를 담당자로 삼고 시녀 여러 명과, 경호를 위해 기마 무사 10명, 가벼운 차림의 병사 270여 명을 붙여서 그녀를 오오사카 성으로 보냈다. 일설에 의하면 우지나가의 장인인 오오타 산라쿠가 우지나가의 불우한 처지를 구하기 위해서, 자신은 히데요시의 신임을 얻고 있으니 그녀를 히데요시와 만나게 하여 미인계를 쓴 것이라고 한다. 그 때문인지는 잘 모르겠으나 이듬해, 우지나가는 시모쓰케 카라스야마(鳥山)의 성주가 되었다.

4. 요도기미

(1) 요도기미의 어머니

오다 노부나가의 동생 가운데 오이치(이치히메)라는 여성이 있었다. 오우미 오다니 성의 성주인 아자이 나가마사에게 시집을 갔기에 세상에서는 오다니노카타(小谷の方)라고도 부른다.

그들의 결혼은 오로지 정략을 위한 것이었다. 마침내 미노 지방으로 세력을 확장한 노부나가는, 오오기마치 천황의 밀칙[密勅]을 받들고, 또 도움을 청해온 아시카가 요시아키를 쇼군으로 만들기 위해서 에이로쿠 11년(1568)에 쿄토로 올라갔는데, 그에 앞서 지나는 길을 열기 위해 도중에 있는 군웅들과 화목했다. 오이치는 그러한 때(에이로쿠 10년 무렵)에 나가마사에게로 시집을 갔다.

그러나 때는 전국시대였다. 마침내는 오다 씨와 아자이 씨가 서로 충돌하는 날이 오고야 말았다. 그것은 노부나가의 킨키 지방 정벌이 진행되어 에치젠의 아사쿠라에게까지 손을 뻗은 것이 원인이었다. 아자이 씨는 아사쿠라 씨와 여러 대에 걸쳐서 친분을 맺고 있었다. 아자이로서는, 설령 오이치를 사랑한다 할지라도, 또 노부나가를 경외한다 할지라도 그러한 이유 때문에 아사쿠라 씨와 인연을 끊는다는 것은 무사도를 놓고 봤을 때 있을 수 없는 일이라고 생각했다. 노부나가도 아사쿠라 씨가 항복하여 신하가 되지 않는 이상, 아자이에 대한 의리를 생각하느라 그를 치지 않을 수는 없는 일이었다. 이렇게 해서 마침내는 노부나가 대 아자이·아사쿠라 연합군의 전투가 시작되었다.

겐키 원년(1570)에는 유명한 아네가와 전투가 있었다. 텐쇼 원년(1573)에 두 집안은 결국 노부나가에 의해서 몰락했으며, 나가마사는 목숨을 잃었다.

그랬기에 오이치는 나가마사와의 사이에서 태어난 세 딸을 데리고 오빠에게로 갔다. 당시 오이치가 몇 살이었는지는 모르겠으나, 그해에 막내딸이 태어났으며 장녀는 아마 대여섯 살쯤 되었을 것이다. 일설에 의하면 7세였다고도 한다.

그로부터 9년 동안, 오이치는 홀몸으로 살며 나가마사와의 사이에서 태어난 아이들을 길렀는데, 텐쇼 10년(1582) 혼노지의 변이 발발하여 오빠 노부나가가 허망하게 세상을 떠나고 말았다. 이후 각 장수들이 키요스 성에 모여 여러 가지 대책을 협의했는데 이때 오이치는 다시 정략에 의해서 오다 가 숙장 가운데 필두인 시바타 카쓰이에의 아내가 되기로 결정되었기에 세 아이를 데리고 에치젠 키타노쇼(후쿠이)로 시집을 갔다.

그런데 오이치와 카쓰이에의 결혼과 관련하여 하나의 일화와도 같은 전설이 내려온다. 그 이야기에 의하면 그들이 결혼한 것은 텐쇼 초기, 즉 오이치가 오다니 성에서 돌아온 지 얼마 지나지 않아서라는 것이다.

노부나가는 불행한 동생의 신세를 가엾이 여겨, 누군가 자신의 부하 가운데서 뛰어난 자를 골라 그녀를 재가시켜야겠다고 생각했다. 그런데 오다 가의 핏줄을 이어받은 여자들은 모두 신기할 정도로 미모가 뛰어났다. 오이치도 역시 참으로 아름다운 사람이었다. 미모의 여성, 그리고 뒤에는 천하의 노부나가가 버티고 있었다. 원하는 사람은 얼마든지 있었다. 그 가운데서도 몇 해 전에 아내를 잃은 카쓰이에는 가장 얻고 싶어 하는 사람 중 한 명이었다. 그런데 거기에 상당한 경쟁자가 나타났다. 아직 지위는 낮지만 얼마 전부터 두각을 드러내어 노부나가 공의 총애를 받고 있던 하시바 히데요시였다. 카쓰이에는, '벼락출세한 신참 주제에.'라고 생각했으나, 그 무렵의 히데요시는 번번이 공을 세워 아자이의 옛 영지를 받아 오다니 22만 섬의 성주가 되어 있었다. 나가마사의 영지를 받았으니 그 미망인도 아울러 받고 싶다며 참으로 욕심스러운 소망을 품었다. 노부나가의 큰아들인 노부타다가 히데요시 쪽을 지지하여 은밀하게 힘을 보탰다.

이에 카쓰이에는 노부나가의 서자인 칸베 노부타카와 손을 잡고 적극적으로 운동에 나섰다. 그 결과 오다니노카타는 마침내 카쓰이에가 손에 넣었다. 가슴 아프게도 히데요시는 실연하고 말았다.

'이놈, 카쓰이에. 실연의 원한이 얼마나 무서운 것인지 곧 알게 해주마.'라고 생각했다. 그와 같은 사랑싸움, 승리자와 패배자 사이에서 빚어진 반감이 무슨 일에 있어서나 두 사람의 충돌을 불러왔다. 그 후, 노부나가가 우에스기 씨를 정벌하기 위해서 카쓰이에를 북쪽으로 보냈을 때, 히데요시가 카쓰이에 밑으로 들어가게 되었음에도 불구하고 카쓰이에와 크게 싸우고 진영에서 이탈한 것도, 키요스 회의 때 히데요시는 노부타다의 아들인 산보시마루를 후계자로 삼기 위해 매진하고, 카쓰이에는 노부타카를 옹립해야 한다고 강하게 주장한 것도 오다니노카타 문제의 연속이었다. 그리고 시즈가타케 전투에서 카쓰이에는 마침내 무시무시한 실연의 원한을 한껏 맛보았다.

전설에서는 이렇게 이야기하고 있다. 그러나 그것은 사실이 아니며, 시즈가타케 전투 장면을 재미있기 만들기 위해서 창작해낸 이야기다. 그 증거로 그들의 삼각관계에 깊이 관여했다고 하는 노부타카는 그 무렵 아직 열대여섯 살의 소년이었다. 그런 소년이 고모의 혼인 문제에 열을 올렸다니, 글쎄 어떨까 싶다.

어쨌든 카쓰이에와 히데요시의 대립·항쟁은 노부나가의 변사와 함께 표면화되었다. 그리고 폭발한 결과 텐쇼 11년(1583) 4월, 카쓰이에가 세상을 떠나버리고 말았다.

시즈가타케에서 패한 카쓰이에는 아군을 수습할 여유조차 없이 키타노쇼로 달아났다. 마침내 히데요시가 당당하게 깃발을 치켜들고 북을 울리며, 나발 소리도 요란하게 성난 파도와 같은 기세로 키타노쇼로 밀고 들어갔다.

카쓰이에는 이제 키타노쇼의 운명도 다했다고 체념하고 오이치를 가까이로 불러서,

"당신은 노부나가 공의 동생이니 하시바도 함부로 대하지는 않을 것이오. 얼른 성을 나가시오."라고 권했다.

그녀는 거듭되는 불행에 눈물을 흘렸으나, 마침내 결심했다. 이제 와서 목숨을 이어나가 봐야 앞으로 또 어떤 불행이 기다리고 있을지, 이번에야말로 남편을 따라서 자결하자고. 그리고 우선 편지를 써서 세 딸과 함께 히데요시에게 보냈다. <이 세 아이들은 카쓰이에 나리의 씨가 아니며, 또 오빠 노부나가의 조카이기도 하니 모쪼록 목숨을 구해주시기 바랍니다.>라고 편지에는 적혀 있었다.

때는 음력 2월도 끝나갈 무렵으로 북국이라고는 하나 벌써 초여름의 기운이 감돌기 시작해서 두견이의 피를 토하는 듯한 소리가 때때로 어두운 밤하늘을 스쳐지나고 있었다. 오이치는 종이 한

장을 꺼내어 마지막 시 한 수를 지었다.

〈잠들 겨를도 없이 짧은 여름밤 / 이별을 재촉하는 두견이로구나〉
그리고 박명한 가인은 남편의 칼 아래로 목을 길게 늘였다.

(2) 차차히메

히데요시가 맡게 된 세 딸은, 그 무렵 장녀가 아마도 열대여섯, 막내도 이미 11세쯤이 되어 있었다. 장녀는 이름을 차차히메(茶々姬)라고 했다. 둘째 딸은 하쓰히메(初姬)라고 했는데 훗날 쿄고쿠 타카쓰구의 아내가 되었다. 곧 조코인(常高院)이다. 막내딸은 타쓰히메라고 해서 훗날 토쿠가와 히데타다(德川 秀忠)의 아내, 즉 스겐인(崇源院)이 되었다. 히데요시는 그녀들을 자신의 양녀로 자애롭게 길렀다.

그런데 장녀인 차차히메, 과연 오이치의 딸답게 참으로 아름다웠다. 벌써 열대여섯 살이 되어 있었으니 꽃망울도 막 터지기 직전의 자태. 처음에는 그저 예쁘고 참한 아이라고만 생각하던 히데요시였으나, 점차 오차차가 눈에 밟히기 시작했으며, 결국 어느 날 밤에 오차차를 습격했다. 그것이 언제였는지, 오차차가 몇 살 때였는지, 지금에 와서는 이미 알 길이 없지만, 어쨌든 텐쇼 15년(1587) 초가을에 큐슈 정벌을 마치고 히데요시가 오오사카로 돌아왔다가 곧 쿄토에 새로 지은 주라쿠로 옮겼을 무렵 히데요시와 오차차의 관계는 이미 공공연한 사실이 되어 있었다. 오이치가 세상을 떠났을 때 오차차가 만약 16세였다고 한다면, 이때 그녀는 이미 20세였다. 이에 히데요시는 그녀의 주거로 요도에 별관을 신축했다. 그 이후부터 히데요시는 오차차를 부를 때 '요도'라거나 '요도노모노(요도

사람)'라는 말로 부르게 되었다. 요도도노(淀殿)라고도 하고 요도
기미라고도 부르는 것은 그 때문이다.

5. 히데요시의 아들

(1) 쓰루마쓰

그로부터 2년 뒤인 텐쇼 17년(1589) 5월에 요도기미가 사랑스러운 사내아이를 낳았다. 54세에 이르기까지 자신의 자식을 얻지 못했던 히데요시가 사랑하는 요도기미에게서 사내아이를 얻었을 때의 기쁨은 그의 일생 중에서도 가장 커다란 기쁨이었을 것이다. 앞날을 축복하는 의미에서 쓰루마쓰(鶴松)라는 이름을 지어주었다.

요도기미는 관백의 후계자를 낳았기에 권위를 한층 더 인정받았으며, 히데요시로부터 더욱 사랑을 받게 되었다.

이듬해인 텐쇼 18년(1590)에는 오다와라 정벌. 장기전을 펼치기로 한 히데요시는 각 장수들에게 처첩을 불러 차분한 마음으로 성이 떨어지기를 기다리라고 명령하고, 스스로는 사랑스러운 요도기미를 불러들였다. 이때 그는 언제나처럼 아내에게 편지를 써서 요도기미를 보내라고 말했다. 여기에서도 자신의 아들을 향한 아버지의 마음을 엿볼 수 있다.

그러나 어떻게 된 일인지 요도기미는 좀처럼 오지 않았다. 아니, 조바심이 나서 오기를 기다릴 수가 없었다. 그녀에게서는 소식도 없었다. 이에 히데요시는 곧 보러 가겠다고 요도기미에게 편지를 썼다.

그런데 그 편지와 엇갈려서 요도기미가 동쪽으로 내려올 것이라는 전갈이 왔으며, 25일(5월이리라)에 오다와라에 도착했다. 물론 쓰루마쓰는 요도에서 애지중지 보살피고 있었다.

이듬해인 19년(1591) 8월, 그 쓰루마쓰가 세상을 떠났다. 히데요시가 '하치만타로(八幡太郎)'라는 애칭으로 부르며 한없이 아꼈던 쓰루마쓰가 끝내 목숨을 잃은 것이었다. 그때의 비탄은, 그가 그 슬픔을 달래기 위해서 조선 침략을 떠올린 것이라고 당시 사람들이 생각했을 만큼 매우 커다란 것이었다. 『기요마사 공 행장기[淸正公行狀記]』에는 카토 키요마사가 같은 해 9월에 오오사카로 갔을 때 히데요시의 모습을, <도련님(하치만타로) 서거로 히데요시 공의 비탄 얕지 않았다. 일의 전후를 잘 분간하지 못할 정도였다.>라고 기록하고, 그가 히데요시의 마음을 북돋기 위해서 조선 침략에 대한 이야기를 꺼냈기에 갑자기 출병을 하게 된 것이라고 말했다.

조선 침략은 결코 쓰루마쓰의 죽음 때문에 갑자기 일으킨 것이 아니다. 거기에는 외교상·무역상·국가의 체면상, 그 외의 여러 가지 원인이 뒤얽혀 있었다. 하지만 히데요시가 조선을 침략함으로 해서 슬픔을 잊으려 했다는 추측 역시 조금도 이상할 것은 없는 듯하다.

어쨌든 커다란 슬픔에 잠기기는 했으나, 마음의 전환도 빠른 히데요시였기에 좇아도 잡을 수 없는 추억은 곧 포기하고 마침내 그해 말에 조카 히데쓰구에게 관백의 자리를 물려주고 자신은 항례에 따라서 태합을 칭했으며, 정한정명[征韓征明]에서 새로운 생활의 의의를 찾으려 했다.

(2) 히데요리

이듬해(1592) 정월에는, 이전부터 해오던 준비가 끝났기에 각 군이 차례차례 나고야(名護屋)로 출발했다. 3월 1일, 히데요시 자신도 쿄토를 출발했다. 아마 이때 요도기미도 함께 나고야의 새로 지은 성으로 간 듯하다. 잠시 대본영으로 쓸 성이라고는 하지만 나고야는 덩덩하고 커다란 성곽으로 그곳의 야마자토마루는 안쪽에 다실을 둔 저택이었다.

같은 해(분로쿠 원년) 말, 요도기미가 다시 회임했다. 이제는 틀렸다고 포기하고 있던 히데요시에게는 다시 봄이 돌아온 것 같은 커다란 기쁨이었다. 세상에서는 쓸데없는 것까지 들쑤셔서,

"이 아이는 물론 이전의 쓰루마쓰도 히데요시의 아들이 아닐 것이다. 지금까지 한 번도 임신을 시키지 못했던 히데요시가, 요도기미의 자궁이 제아무리 튼튼하다 할지라도 그녀에게만 임신을 시킨다는 것은 있을 수 없는 일이다."라는 등 뒤에서 수군거렸다. 그래도 히데요시는 자신의 아들이라는 사실을 결코 의심하지 않았다. 자신의 정기를 믿었던 것이다. 요도기미의 마음도 믿고 있었다. 미쓰나리가 됐든, 누가 됐든, 자신의 신하인 이상 자신의 친애에 대해서 반드시 성의를 다하고 있을 것이라고 믿었던 것이다.

이렇게 해서 분로쿠 2년(1593) 8월 3일, 요도기미는 오오사카 성에서 이번에도 사내아이를 무사히 분만했다. 당시 히데요시는 58세, 요도기미는 아마도 25세였을 것이다. 〈도련님 탄생, 모자 모두 건강〉이라는 보고를 접한 히데요시는 펄쩍 뛸 듯이 기뻐했으며, 도저히 나고야에 가만히 앉아 있을 수 없었기에 서둘러 오오사카로 돌아갔다. 후시미 성(후세의 이른바 모모야마(桃山) 성)은 이 새로 얻은 사내아이(훗날의 히데요리)와 함께 살 은거지로 삼기 위해 급히 축조한 성곽이다.

후시미 성이 완성되자 요도기미를 위해서도 요도 성을 수축했다.

후시미와 요도는 요도가와(강)를 이용해서 편리하게 오갈 수 있었다. 히데요시는 후시미에서 요도까지, 그 아름다운 풍광 속을 놀잇배에 올라 유유자적 오갔다.

한편, 히데요시는 이번의 아들도 쓰루마쓰처럼, 아니 그 이상으로 사랑하여 언제나 자신이 곁에서 감독하며 소중히 길렀다. 무슨 일이 있어도 또 요절케 할 수는 없다며 여러 가지로 마음을 썼다. 그처럼 총명한 사람도 아들을 위해서라면 미신까지도 믿었다. 자식이 귀한 집에서는 일단 그 아이를 버렸다가 주워와서 기르면 무사히 자란다는 속설이 세상에 있었기에 당장 그 비결에 따랐다. 그랬기에 이름도 스테마루81)라고 지었다. 버렸다가 주웠기에 어전에서는 '오히로이사마(お拾い様)', 혹은 '히로이기미(拾君)'라고 불렀다. (쓰루마쓰를 스테라고 부르고, 히데요리를 히로이라고 불렀다는 설도 있다.) 어쨌든 히데요시 입장에서 이 아이는 그야말로 주운 것이나 다를 바 없는 아이였다.

단, 히로이기미가 태어남으로 해서 히데요시와 히데쓰구 사이에서 여러 가지 오해가 발생하고 격렬한 감정의 충돌이 일어나 마침내는 히데쓰구가 비참한 최후를 맞이하게 되었다는 사실은, 히데요시에게 있어서도 비통하기 짝이 없는 일이었다. 히데쓰구의 죽음에 관하여, 요도기미가 자신의 아들을 위해서 진짜 아버지인 이시다 미쓰나리와 공모하여 모함을 한 것이라는 이야기도 있으나, 이는 에도 시대에 만들어진 악선전이지, 사실과는 아무런 관계도 없다.

히데요시는 일찍부터 자신의 아들인 히데요리에게 중량감을

---

81) 棄丸. 버리다(棄る)와 아명에 흔히 쓰던 마루(丸)를 합친 이름.

더하여, 아직 어리지만 훗날 자신이 세상을 떠나도 신하들에게 위엄을 지킬 수 있도록 하기 위해서 마음을 썼다. 그를 위한 하나의 수단으로 히데요리의 관위를 높여달라고 조정에 거듭 청했다.

우선 케이초 원년(1596) 5월, 이제 막 4세가 된 히데요리를 데리고 입궐하여 처음으로 벼슬을 주청했다. 그 이듬해 9월에도 히데요리를 데리고 입궐하여 이번에는 사콘에노쇼쇼라는 벼슬을 받게 했다. 그때의 모습을 고서에서는 다음과 같이 기록했다.

<히데요리 5세 때 입궐했다. 후시미에서부터 행렬이 시작되었다. 태합은 이삼일 전부터 쿄토로 들어와 나카다치우리(中立売)의 모가미에 있는 저택에서 묵었다. 입궐하는 날에 히데요리 공을 데리러 갔다. 무로마치를 남쪽으로 향했는데 구경하는 사람들이 모여들었다. …… 말 좌우에 50명쯤의 보병들이 있었다. 반정(55m)쯤 가는 사이에 다시 잡병들이 1천 명쯤 따랐다. 호코지 부근에서 히데요리 공을 만나서 태합은 가마로 옮겨 탔으며, 히데요리 공을 앞에 두었다. 돈을 넣은 궤짝과 춤추는 인형을 가마 앞에 들게 했으며 각 다이묘들이 여러 술로 장식한 말에 올라 2열로 수행했다.>

이렇게 해서 가마가 고코마치(御幸町)로 접어들었을 때, 수행하던 자 가운데 있던 도쿠간류 마사무네(独眼竜 政宗)가 성큼성큼 가마 앞으로 나서더니,

"도련님, 이번에는 제가 인형을 춤추게 하겠습니다."라고 말하며 상자를 낚아 채 자신이 짊어지고 걷기 시작했다.

마사무네는 그 무렵 30세 가량의 장년이었다. 아직 거친 무사이기만 했던 그가 이처럼 광대 같은 역할을 스스로 맡은 것이었다. 여기에는 마사무네에게 히데요시의 환심을 사지 않으면 안 될

약점이 있기도 했지만, 그래도 역시 가엾다는 생각이 든다. 동시에 이는 그렇게 해서 히데요리를 기쁘게 해주는 일이 무엇보다 히데요시를 즐겁게 해주는 길이었다는 사실을 웅변적으로 들려주는 이야기다.

그 이듬해 3월, 히데요시는 히데요리를 비롯하여 처첩 일행을 데리고 다이고의 꽃놀이에 나섰다. (이때 히데요리는 6세로 추쇼였다.) 그로부터 얼마 지나지 않아서 히데요시는 병으로 몸져누웠으며, 8월에 어린 아들의 장래를 걱정하며 마침내 숨을 거두었다.

6. 히데요시의 여성편력

(1) 히데요시와 호소카와 타다오키의 아내

싸움이 끊이지 않았던 전국시대에서는 '여자사냥'이라는 이상한 풍습이 활발히 행해졌다. 그것은 대장이 종종 부하들에게 명하여 아름다운 서민의 아내나 딸들을 잡아들여다 일시적으로, 혹은 반영구적으로 희롱하는 일을 말한다. 그때 예전부터 눈독을 들였던 여성이 가장 먼저 목표가 되었다는 것은 말할 필요도 없으리라.

히데요시는 그처럼 비적과도 같은 짓은 하지 않았으나, 그 특유의 새로운 방법을 발명하여 종종 욕구를 충족시켰다고 전해진다. 그런데 그가 노리던 상대는 주로 신분이 높은 자의 아내나 딸이었다. 호소카와 타다오키의 아내도 히데요시가 노리던 여성 가운데 한 명이었다.

타다오키의 아내의 본명은 전해지지 않는다. 혹은 타마코(玉子)라고 불렸다고 한다. 그러나 기독교 세례명이 가라샤(ガラシャ)였기에 가라샤히메(伽羅沙姬)로 잘 알려져 있다.

그녀는 아케치 미쓰히데의 딸이다. 오다 노부나가가 하시바 히데요시에게 추고쿠 정벌을 명했을 무렵, 산인 방면으로 가는 길을 열기 위해서 노부나가는 아케치 미쓰히데와 호소카와 후지타카 두 사람에게 탄바·탄고의 평정을 명했다. 그때 노부나가는 두 사람을 긴밀히 묶기 위해서 미쓰히데의 둘째 딸을 후지타카의 큰아들인 요이치로 타다오키(与一郞 忠興)에게 시집보내게 했다.

그녀는 무인의 딸답게 참으로 대찬 여성이었으며 또 재기도 매우 뛰어났고, 무엇보다 굉장한 미인이었다. 『일본 서교사[日本西

教史]』에서는, 〈용모의 미려함은 비할 데가 없고, 정신 활발, 명민하고 과감하며, 마음이 고상하고 재지가 탁월하다.〉고 찬사를 보냈다. 따라서 남편으로부터 커다란 사랑을 받았다.

텐쇼 10년(1582)에 있었던 혼노지의 변 이후, 타다오키는 아내가 반역자의 딸이었기에 세상에 대한 도리 때문에라도, 그리고 자신의 심사에 의심을 품게 하지 않기 위해서라도 그녀와 헤어지지 않으면 안 될 입장에 있었으나, 아무래도 미련이 남아서 그녀를 내칠 수 없었기에 어쨌든 이혼한 형태를 취하고 단고의 산속인 미토노(三戶野)에 유폐시킨 뒤, 엄중하게 감시를 붙여 사건의 여파가 가라앉기를 기다렸다. 다행히 히데요시의 호의에 의해서 텐쇼 12년(1584) 2월부터 다시 동거할 수 있게 되었다.

그런데 히데요시가 이 미인에게 눈독을 들였다. 타다오키는 걱정이 되었기에 아내를 집 밖으로 나가지 못하게 했다. 출정 때는 더욱 신경이 쓰였기에 가신들에게 엄중하게 명령을 내려놓은 뒤 집을 나섰다.

1. 부인에 관한 일, 특히 그 동정에 관해서는 결코 히데요시의 귀에 들어가지 않도록 할 것.

2. 내가 돌아올 때까지는 엄중하게 부인을 감시하고, 설령 부인이 어떤 말을 해도 절대로 외출치 못하게 할 것.

여러 가지 사정을 종합해서 생각해보면 타다오키의 걱정과 근심은 반드시 기우였던 것만도 아닌 듯하다. 그런데 부인은 그처럼 감금과 다를 바 없는 처지에 놓인 것이 불만이어서 종종 남편에게 반항한 듯하다. 타다오키는 그에 대해서 질투심을 느끼기도 하고 박해를 가하기도 하면서도 역시 그녀를 뜨겁게 사랑했다. 부인이 열렬한 기독교인이 된 것도 그와 같은 우울한 생활(특히 미쓰히데의 딸이라는 데서 오는 번민이 더해져서)에 원인이 있었던 것일지도 모르겠다.

어쨌든 타다오키는 히데요시가 아내를 범하는 것이 아닐까 걱정이 되어 견딜 수가 없었다. 이에 임진왜란[壬辰倭亂]에 출정해 있는 동안에도 진지에서부터 쿄토에 있는 아내를 훈계했다.

〈흔들리지 말게 우리 집 담 안의 여랑화(女郞花) / 오토코야마(男山)에서 바람이 불어도〉

이를 세키가하라 전투의 전주곡이라 할 수 있는 이시다 미쓰나리의 인질사건—가라샤가 비장한 최후를 맞이했을 때—과 연결 지어, 타다오키가 칸토로 내려가기에 앞서서 부인의 거취를 훈계한 것이라고 말하는 자도 있으나, 결코 그렇지 않다.

임진왜란이 휴전 상태에 들어가고, 마침내 후시미 성이 완성되었을 때, 출정한 각 장수들은 아직 전장에 남아 있었으며 처자들은 쿄토에서 집을 지키고 있었다. 히데요시는 그녀들을 위로하겠다는 취지에서 새로 완성된 장려한 성 안의 구경을 허락했다. 각 장수들의 아름다운 부인과 딸들이 순서에 따라서 매일 구경을 왔다. 그런데 그 가운데 몇 명인가는 특별한 환대를 받아 당일은 성 안에서 묵었는데, 이튿날 집으로 돌아가는 여자들의 낯빛이 어딘가 창백하고 긴장된 듯 보이는 것 같기도 했다.

마침내 가라샤의 순서가 왔다. 하지만 부인은 남편으로부터 히데요시에게 접근하는 것을 엄중하게 금지당하고 있었다. 그렇지만 꼭 와달라고 간곡하게 초대해준 것을 함부로 거절할 수도 없는 일이었다. 여러 가지로 생각한 끝에 부인은 병에 걸렸다며 거절을 하고, 이후 대리인으로 시녀인 코지주(小侍從)를 성으로 보내서 감사의 말을 전하게 했다. 코지주는 부인이 미토노에 갇혀서 살 때 늘 부인 곁을 지키며 시중을 들던 여자였다. 얼마간 혈연관계도 있었는지 모습도 어딘가 부인과 비슷했다고 한다.

코지주를 만난 히데요시는,

"너는 부인이 미토노에 있는 동안 잘 보살펴서 오랜 세월 충절을 다했다고 하더구나. 여자지만 참으로 기특하다."라며 칭찬을 하고 비단 옷가지 등을 주었다. 그리고 그 얼굴을 가만히 바라보다가,

"너도 남자가 필요할 나이 아니냐. 내가 손을 좀 써줄까? 그 대신 나도 한번 품어봐야겠구나. 실제로 너처럼 훌륭한 아이에게 남자 하나만을 지키게 하기는 좀 아까운 일이니."라고 말했다. 히데요시는 아마도 반쯤은 놀릴 생각으로 그렇게 말한 것이었으리라. 단, 경우에 따라서는 자신의 뜻을 이룬 뒤, 그 대신 신랑감 정도는 골라주어도 상관없으리라 생각하고 있었던 것이리라. 그런데 아가씨는 그 말을 진심으로 듣고 무서워서 벌벌 떨었다. 아마도 이를 히데요시의 좋지 않은 버릇이 나온 것이라 생각하여 위험을 느꼈던 것일지도 모르겠다. 이때의 일을 전해들은 기독교도들은, 그러한 히데요시의 태도를 그의 음란함과 방종의 증거라고 여겼다.

한편 정유재란[丁酉再亂]이 시작된 지 얼마 지나지 않아서의 일인 듯하다. 이번에 히데요시는 서쪽으로 향하지 않고 후시미에 그대로 남아 있었다. 그리고 얼마 지나지 않아서 출정한 각 장수들의 부인에게 위로의 말을 건넬 테니 성으로 들어오라고 명령했다. 그런데 이번에도 역시 천박한 풍문이 나돌기 시작했다.

드디어 가라샤의 순서가 되었다. 성 구경과는 달리 히데요시

스스로가, 남편의 출정으로 무료할 부인들을 위로하겠다고 말한 것이니, 그 온정에 넘치고 한편으로는 명예롭기도 한 자리에 나가기를 거절할 수도 없는 일이었다. 이에 부인은 어쩔 수 없이 결심하고 성으로 들어갔다.

태합 앞에 가라샤의 아름다운 자태가 모습을 드러냈다. 가까이로 오라고 하기에 적당한 거리를 두고 단아하게 앉아 공손하게 머리를 조아렸다. 그 순간, 부인의 허리띠 사이에서 딸그락 하고 칼집이 없는 비수가 떨어졌다. 비수는 무가의 여인들이 늘 지니고 다니는 호신 무기이기는 하나, 비단 주머니에 넣어가지고 다니기 때문에 스스로 뽑지 않는 한 빠져서 떨어질 리가 없었다. 그런데 그것이 떨어졌으니, 일부러 그런 것이라고밖에는 여겨지지 않았다. 만약 그게 아니라면 참으로 부주의한 일이었다고 하지 않을 수 없다. 부인은 깜짝 놀랐다는 듯 허둥지둥 그것을 주워 조용히 품속에 넣은 뒤,

"나리 앞에서 이처럼 부주의한 모습을 보인 점, 참으로 황공하옵니다."라고 주눅드는 기색도 없이 말했다. 히데요시는 그녀의 의중을 짐작할 수 있었기에 특별히 나무라지도 않았으며, 물론 손도 대지 않았기에 무사히 대면을 마쳤다고 한다. 이렇게 해서 히데요시는 몇 년 동안이나 엿보고 있던 기회를 끝내 놓쳐버리고 말았다.

혹자는 이렇게 말한다. 히데요시는 이번 일로 무가의 여인을 가까이 들이는 것의 위험을 알았기에 이후부터는 무가의 여인들을 비공개로 부르는 일은 하지 않았다고. 하지만 그 무렵 히데요시의 건강은 이미 상당히 좋지 않은 상태였으니, 그런 호기심도 상당히 줄었던 것이리라.

(2) 센 리큐의 죽음

에도 시대 중기를 지나서, 이른바 타누마(田沼) 시절(1751~1789)에 완성된 『오키나구사(翁草)』라는 책이 있다. 쿄토의 마치부교[82]에 소속된 요리키[83]인 카미자와 테이칸(神沢 貞幹)이, 에도 시대 초기 이후의 여러 글에서 발췌하여 겐키·텐쇼(1570~1592) 무렵부터 토쿠가와 초기에 걸친 기문[奇聞]·일화를 편집한 책으로, 권수도 상당히 많고(정속[正續] 200권) 내용도 광범위한 명저인데, 그 가운데서 다도 박사인 센 리큐가 히데요시로부터 죽음을 명받은 사정에 대해서 다음과 같이 이야기했다.

<히데요시 공이 센 리큐를 처단한 원인은 그의 딸에서부터 시작되었다고 한다. 리큐에게는 자녀가 셋 있었는데 적자인 도안(道庵), 다음으로 여자(긴코(吟子)라고 불렀다.) …… 리큐의 딸은 쿄토의 우치모즈야(內賜屋)라는 자에게 시집을 갔는데 남편과 사별하여 나이는 아직 젊으나 여러 자녀를 길러 뒤를 잇게 했으며, 정조를 지키고 있었다.

텐쇼 18년(1590) 봄은 세상도 조용했기에 히데요시 공은 각 제후의 집을 방문했으며, 노(가면극)·매사냥 등을 종종 즐겼다. 3월 초순, 히가시야마 부근에서 매사냥을 하고 난젠지(南禅寺) 앞을 쿠로타니(黒谷) 쪽으로 지났다. 삿사 아와지(지)노카미(佐々 淡路 守)·마에나미 한파치(前波 半八)·키노시타 한스케(木下 半助)와

---

82) 町奉行. 영내 도심부의 행정·사법을 담당하던 직책.

83) 与力. 부교·쇼시다이 아래서 부하인 도신(同心, 경찰·서무를 담당하던 하급관리)을 지휘하던 직책.

그 외의 코쇼84)들이 수행했는데, 가마를 세우고 스스로 좁은 길을 지날 때 맞은편에서 여인 하나가 하녀 두엇을 데리고 탈것을 뒤따르게 한 채 도시락 같은 것을 하인에게 들려 산 위의 꽃을 바라보며 참으로 조용히 오는 것을, 키노시타 한스케가 앞으로 달려나가 부채를 치켜들고, "관백 님의 행차시다. 삿갓, 모자를 벗고 한쪽으로 물렀거라."라고 외치자, 모두 논두렁으로 내려가 몸을 웅크렸다. 그 여자도 모자를 벗고 두건만 두른 채 치맛자락을 붙들고 얌전히 한쪽으로 물러나 있었는데 히데요시 공이 보니, 나이는 서른을 넘어 한창 때는 지난 듯했으나, 용모가 빼어나고 자태가 비할 데 없이 사랑스러웠기에, "저 자는 누구인가?"라고 코쇼들에게 묻게 하자 이러이러한 자라고 대답했다. 그 말을 듣고, "미녀라고 전부터 듣기는 했다만 듣던 것보다 더 아름답구나."라고 말했다. 주라쿠로 돌아온 뒤 그녀를 불러들이려 했으나, 정조를 지키기 위해 부름에 응하지 않았다.

이에 토미타 사콘(富田 左近)을 그녀의 아버지인 리큐에게 보내 뜻을 전했으나 리큐도 호락호락한 자는 아니어서,

"딸에게 부정을 권하여 그 덕으로 공의 뜻에 응하려는 것은 나의 뜻과 맞지 않소. 만약 그 일 때문에 의심을 받는다 해도 원망치 않겠소."라며 끝내 받아들이지 않았다.

이 말을 들은 히데요시는 내심 화가 났는데, 마침 리큐의 운이 다한 것인지 다이토쿠지의 코케이(古渓) 화상과 상의 하여 산문을 재흥하기로 하고 상량식을 치렀다. 그리고 리큐가 목상을 만들어

---

84) 小姓. 귀인 곁에서 시중을 들던 소년.

산문에 안치했다. 그 상은 핫토쿠85)를 걸치고 두건을 오른쪽으로 기울여 쓰고 뒤꿈치 부분이 없는 짚신을 신고 지팡이를 짚고 멀리를 바라보는 자신의 모습을 본뜬 것이었다.

이를 들은 히데요시가 이전부터 좋지 않은 마음을 품고 있었기에, "산문은 그 어떤 귀인이나 고위에 있는 자라도 지나는 곳인데, 그것을 자신의 발밑에 두다니 있을 수 없는 일이다."라고 말하자, 마침 때를 얻었다는 듯 예전부터 리큐에게 좋지 않은 마음을 품고 있던 자들이 곁에서, "무릇 리큐, 최근 중히 쓰이는 것에 자만하여 오만하기 짝이 없으며, 요즘에는 다기의 감정에 친소[親疏]를 개입하여 사욕을 채우고 있습니다."라고 참언했기에, "한 방면의 으뜸이라는 자에게 그와 같은 사욕이 있다는 것은, 곧 국적[國賊]과 다름없다."라며 화를 드러내어 마침내는 텐쇼 19년(1591) 2월 18일에 리큐를 처단하기로 하고 아마고 산자에몬(尼子 三左衛門)·오쿠야마 사도(지)노카미(奧山 佐渡守)·나카무라 시키부쇼유(中村 式部少輔)를 리큐의 집으로 보내 죄목을 들려주고 죽음을 명하게 했다.

리큐, 이를 경건히 받아들여 작은 방에서 제자인 소겐(宗嚴)에게 평소와 다름없는 태도로 만사를 부탁한 뒤 스스로 꽃을 꽂고 차를 내었으며, 그것이 끝나자, "솥, 찻사발, 석등롱을 호소카와 타다오키 나리께 유품으로 드리겠다. 내가 만든 찻숟가락과 오리스지(織筋) 찻사발은 소겐에게 주겠다."라고 말하고 나서 마루로 나가 할복했다. 당시 71세였다.〉

---

85) 八德. 옛날에 학자·의사·화가 등이 입던 나들이옷인 짓토쿠(十德)보다 격식이 조금 떨어지는 옷.

다시 말해서 리큐의 죽음은,

1. 다이토쿠지 산문에 자신의 목상을 세웠으며, 그것도 더러운 짚신을 신겨 산문을 지나는 귀인을 더럽히게 했다.

2. 뇌물을 받고 다기의 품질을 평가하여 세상을 현혹시키고 사욕을 채웠다.

라는 2가지 죄목 때문이었는데, 그러나 이는 난폭한 지배자의 일시적 기분에 따른 구실에 지나지 않으며, 참된 원인은 이루지 못한 사음[邪淫]에 대한 히데요시의 분풀이이자, 2번째 죄목은 리큐를 헐뜯으려는 비열한 무리들의 참언에 의한 것이었다는 주장이다.

과연 이것이 사실인지 아닌지, 이설도 있으리라 여겨지지만, 어쨌든 이러한 설이 여러 가지 형태로 전해진다.

(3) 혼간지 켄뇨의 아내

혼간지 켄뇨 상인의 아내는 호소카와 하루모토(細川 晴元)의 딸인데 미인으로 이름이 높았다.

분로쿠 원년(1592)에 켄뇨가 입적했기에 그의 장남인 쿄뇨(教如)가 그 뒤를 이었다. 그런데 켄뇨의 아내 뇨슌니(如春尼)는 자신이 낳은 아들(켄뇨의 넷째 아들)인 코쇼(光昭)를 너무나도 아낀 나머지 무슨 일이 있어도 그를 주지로 삼아야겠다고 생각했다. 이에 그녀는 태합의 힘을 빌리기로 결심하고, 히데요시가 아리마의 온천지에서 휴양하고 있는 것을 좋은 기회로 삼아 은밀히 그를 찾아가 자기 아들이 뒤를 잇게 해달라고 탄원했다. 그리고 그 보람이 있어서 쿄뇨는 히데요시에게 사직을 강요당했으며, 분로쿠

2년(1593)에 코쇼가 17세의 나이로 제12대 준뇨(准如) 상인이
되었다.

이렇게 해서 준뇨는 주지가 되기는 했지만 혼간지는 계통문제를
둘러싼 내분으로 상당히 소란스러웠던 모양으로, 쿄뇨 일당은
켄뇨의 아내가 히데요시를 유혹하여 정조를 바쳐서 자신의 아들을
주지로 삼은 것이라고 맹렬하게 비난했다. 워낙 상대가 상대였던
만큼, 그리고 그러한 사실을 잘 알고 있었으면서도 일부러 아리마까
지 은밀히 가서 만났기에 뇨슌니가 제아무리 변명을 해도 누구
하나 믿어주지 않았다.

그 이후, 세키가하라 결전이 끝나고 이에야스가 쿄토로 들어갔을
때, 이에야스는 혼간지 경내의 북쪽에서 은거하고 있던 쿄뇨를
보고 동정하여 자신이 후원할 테니 다시 한 번 주지의 자리에
오르라고 권했다. 그러나 쿄뇨가 굳이 사퇴했기에 이에야스는
호리카와(堀川) 동쪽에 있는 카라스마루(烏丸)에 12,000평(39,670
㎡)의 땅을 기진하고, 또 하나의 혼간지를 창건하여 쿄뇨를 주지로
앉혔다. 이후, 이를 동쪽의 혼간지(히가시혼간지)라고 불렀으며,
원래 있던 것은 서쪽의 혼간지(니시혼간지)라고 부르게 되었다.
니시혼간지는 텐쇼 19년(1591)에 히데요시가 그곳의 땅 10만여
평(330,579㎡)을 기진하여 절의 기반을 닦은 것이다.

(4) 오다 노부카네의 딸

노부나가의 동생인 오다 노부카네(織田 信包)는 이가 우에노(上
野)의 12만 섬에서 오우미의 작은 땅으로 좌천되었는데, 그 원인으
로 다음과 같은 이야기가 전해진다.

노부카네의 딸은 매우 아름다웠다. 그녀에게 눈독을 들인 히데요시가 일을 꾸며서 그녀를 성 안으로 불러들여 억지로 처녀를 유린했을 뿐만 아니라 이후로도 관계를 이어나가야 한다고 구슬렸고, 종종 성으로 들어오라고 재촉했다. 그러나 그녀의 어머니가 사정을 알고 히데요시를 크게 원망하여 히데요시가 아무리 독촉해도 딸을 결코 밖으로 내보내지 않았다. 자신이 마음에 둔 아가씨와의 관계가 끊기자, 히데요시가 두고 보자는 듯 노부카네의 봉지를 줄여버린 것이라고 한다.

(5) 가모우 우지사토의 미망인

케이초 3년(1598) 3월, 아이즈 120만 섬의 영주였던 가모우 히데유키(秀行)의 영지가 우쓰노미야 18만 섬으로 바뀌었다.

히데유키의 아버지인 우지사토는 오슈 평정과 함께 효웅 다테 마사무네를 리더로 하는 오슈 2개 주의 견제를 위해 아이즈에 봉해졌었다. 우지사토는 지와 용과 인물됨을 겸비한 명장이었으며, 히데요시의 애첩인 산조 마님의 오빠이기도 했기에 히데요시도 매우 두텁게 대우해서 토쿠가와·마에다·모리·시마즈와 함께 천하의 5대 제후 가운데 한 사람이 되었다. 그러나 임진왜란 때는 병 때문에 나고야에서 아이즈로 돌아갔으며 분로쿠 4년(1595) 봄에 아직 젊은 나이인 40세로 세상을 떠나고 말았다. 그의 영지는 이제 겨우 13세였던 히데유키가 그대로 물려받았다. 히데요시는 히데유키의 지위에 중량감을 더해주기 위해서 이에야스에게 명하여 그의 딸을 소년에게 시집보내게 했다. 그런데 그로부터 겨우 4년째, 그처럼 영지를 바꾸어버린 것이었다. 그 이유는 히데유키가 어려서 가신조차 통솔하지 못하니, 하물며 오슈를 지킨다는 것은 생각할 수도 없는 일이라는 것이었다. 전국시대의 기운이 아직 남아 있는 시대였기에 국내의 요지를 인걸이 지키는 것은 지극히 필요한 일이었다. 그런 의미에서 히데유키는 적임자가 아니었던 것이리라. 하지만 여러 중신들이 마음을 하나로 하여 어린 주군을 보좌한다면, 혹은 그 커다란 임무를 유지할 수 있었을지도 모른다. 하지만 불행하게도 가모우 집안은 우지사토가 세상을 떠난 이후 중신들 사이에서 당쟁이 끊이지 않았다. 이렇게 해서 마침내는 비참한 일을 겪게 된 것이었다.

아무리 그렇다고는 해도 120만 섬에서 단번에 18만 섬이 되다니, 세상 사람들을 놀라게 하기에 충분했다. 히데유키 일가에게는 참으로 원통한 일이었을 뿐만 아니라, 많은 녹봉을 받던 가신들이 뿔뿔이 흩어지는 비운을 맛보아야 했기에 그 원한도 매우 컸다. 그런데 '가모우 집안의 영지가 바뀐 이면에는 숨은 이유가 있다.'는 소문이 돌기 시작했다. 그 출처는 아마도 가모우 집안의 옛 가신들이었으리라.

히데유키의 어머니, 즉 우지사토 미망인은 오다 노부나가의 셋째 딸(혹은 후유히메(冬姬)라고 불렀다.)이었다. 그녀가 12세였을 무렵, 인질이 되어 노부나가에게 맡겨진 우지사토(당시는 추자부로, 14세)의 장래가 촉망되었기에 두 사람을 짝지어주었다. 그녀도 오다의 딸이자, 요도기미의 조카였기에 상당한 미인이었다.

여기서 잠깐, 노부나가의 아름다운 딸들의 결혼관계에 대해서 이야기해보겠다. 노부나가에게는 10명의 딸이 있었다. 장녀는 마에다 토시이에의 아내가 되었으며, 둘째는 이에야스의 장남인 오카자키 지로사부로 노부야스(岡崎 次郎三郎 信康)에게 시집을 갔고, 셋째는 우지사토의 부인, 이하는 니와 나가시게·니조 아키자네(二條 昭実)·쓰쓰이 사다쓰구(筒井 定次준케이의 장남)·마데노코지 모토후사(万里小路 元房)·나카가와 히데마사(中川 秀政)·토쿠다이지 사네후유(徳大寺 実冬) 등의 부인이 되었다.

한편, 우지사토가 세상을 떠났을 때 부인의 나이는 38세였다. 여자로서의 절정기는 한참 지났을 무렵. 그런데 히데요시가 그녀를 연모하여 하룻밤 시중을 들게 하려 했다는 것이다. 아무리 호색한인 히데요시라 할지라도, 또 설령 미망인이 젊었을 때에는 아름다웠었다 할지라도, 이건 조금 도가 지나친 듯한 느낌이 드나 어쨌든 가모우의 가신들이 확실한 사실이라고 하니 어쩔 수가 없다. 그 경위를 대략 이야기해보겠다.

히데요시는 미인, 그 가운데서도 특히 명문가의 여자를 희롱하는 것을 무엇보다 좋아했다. 아름다운 우지사토의 부인은 노부나가의 딸이니 한층 더 호기심이 일어, 무슨 일이 있어도 하룻밤을 함께 지내겠다고 예전부터 생각하고 있었다. 그런데 이제는 미망인이 되었기에 더 이상 누구의 눈치도 볼 필요가 없어졌다.

"혼자 남아 시골에서 생활하고 계시니 틀림없이 쓸쓸하게 지내시리라 여겨집니다. 오랜만에 도읍으로 올라오시어 마음을 위로하시는 게 어떻겠습니까."라는 의미의 편지가 종종 미망인에게로 날아왔다.

미망인은, '색을 밝히는 그 원숭이 놈이 나를 노리고 있구나.'라고 깨닫고 있었다. 이에 미망인은 그런 더러운 편지에는 그 어떤 답장도 하지 않았다. 상대가 꺾이지 않으면 오히려 더 깊어지는 것이 애욕, (혹은 '괘씸한, 나의 친절에 대답도 하지 않다니.'라고 화가 난 것인지) 히데요시는 완전히 흥분하여 이시다 미쓰나리로 하여금 가모우의 중신에게 어떤 종류의 명령을 전하게 했다. 가모우 집안에서는 세상을 뒤엎어놓은 것 같은 일대 소동이 벌어졌으며, 중신회의를 열어 여러 논의를 거듭한 끝에 이렇게 된 이상 미망인에게 수치를 참고 하룻밤 시중을 들어주라고 말하는 수밖에 없다는 결론에 이르렀다.

마침내 중신들이 모두 모여 미망인에게 만나줄 것을 청했다. 이야기를 들은 미망인은 매우 놀라고, 한편으로는 노여웠으며, 또 한편으로는 슬펐다. 그리고,

"남편을 사모하는 눈물도 아직 마르지 않았는데 그런 원숭이 따위에게 몸을 맡긴다는 건 있을 수 없는 일입니다."라며, 마치 벌레라도 본 듯 몸을 움츠렸다. 중신들은,

"하지만 집안을 위한 일이니, 이번만 뜻을 굽히시어 태합 전하의 소망을 들어주시는 것이……."하고 온몸의 용기를 짜내서 간언했다.

"그대들은 내게 그런 일을 권하고도 돌아가신 주군을 볼 낯이 있으십니까?"라고 대답하자 중신들은 더 이상 아무런 말도 하지 못했다. 그러나 그대로 포기하고 물러나면 집안이 무너질 터였다. 무엇보다 자신들의 생활이 파괴될 터였다. 그랬기에 더욱 용기를 내서,

"하지만 돌아가신 주군의 공로로 쌓아올린 이 넓은 봉지를 지키시는 것이 가장 커다란 정조인 듯합니다. 받아들이지 않으신다면 가모우 집안은 몰락하고 말 것입니다."

"안 되겠습니다. 저는 우지사토의 아내입니다. 우다이진 노부나가 공의 딸입니다. 원숭이는 원래 우리 집의 하인 아니었습니까?"

미망인의 노여움은 이만저만한 것이 아니어서 도저히 말이 통할 것 같지 않았다. (야마모토 노부테루(山本 宣輝) 씨의 『서교사담[西教史談]』에 의하면 우지사토는 기독교도였던 듯하니, 부인도 틀림없이 기독교도였을 것이다. 그렇기에 신의 가르침에 있는 간음죄를 무엇보다 두려워한 것이었다고 한다.)

하지만 '울지 않으면 울게 만든다.', '말을 듣지 않으면 말을 듣게 만든다.'는 히데요시의 성격을 알고 있는 가신들이, 그리고 미망인이 집안을 위해서 하룻밤쯤이야, 라고 생각하고 있는 그들이 지금의 주인인 히데유키에 대한 미망인의 모성애를 이용하여 온갖 말을 다해서 설득했기에, 그녀도 마침내는 마음을 정하고 상경을 결정했다.

떼를 쓰다시피 해서 승낙을 얻었고, 오슈의 한구석에서 진귀한 손님이 도착하여 오늘 밤 드디어 성으로 들어오기로 했다는 소식이 전해진 날 저녁, 히데요시는 후시미 성의 안채에서 카노 산라쿠(狩野 山楽)가 그린 호방하고 화려한 화조도 병풍을 뒤에 세워놓고, 비단 요 위에 떡하니 앉아서, 향기로운 향을 머금게 한 옷을 편안히 입고, 금란을 씌운 사방침에 기대어, 코조스(孝蔵主)를 상대로 꽃처럼 아름다운 시녀들에게 술을 따르게 하여 향기 높은 술을 홀짝홀짝 마시고 있었다. 부근에 늘어놓은 은촛대의 불빛도 봄의 저녁에 불어오는 근심 어린 듯 부드러운 바람에 나부껴 흔들리고 있었다. 히데요시는 그 불빛에 40세 아낙의 원숙한 육체를 상상하며, 가끔 생각났다는 듯 빙그레 웃음을 짓고 있었다.

마침내 도착했다. 몸종이 안내하여 다가오는 기척이 느껴졌다. 이윽고 바람처럼 들어온 듯한 모습에 문득 돌아보니 이 무슨 일이란 말인가. 들어온 것은 비구니 차림의 미망인이었다. 맵시 있게 틀어 올린 머리를 상상하고 있었는데, 놀랍게도 파르스름한 둥근 머리가 불빛에 반짝이고 있지 않은가? 통통하고 넉넉한 몸을 아름다운 비단으로 감싸고 차분한 모습으로 들어올 줄 알았던 미인이, 검게 물들인 간소한 옷을 쓸쓸히 두른 채 바싹 마른 몸으로 들어왔다. 그녀는 염주를 돌리며 조용히 앉아 공손하게 인사를 했다.

히데요시는 어처구니가 없어서 한동안 말도 할 수 없었다. 그러다 침을 삼키고 마음을 가라앉힌 다음, 과연 평소의 태합답게 커다란 소리로 호쾌하게 웃더니,

"놀랐네. 참으로 아름다운 비구니가 되셨군."이라고 말했다. 이것으로 히데요시가 20년 동안 품고 있던 연정도 식어버린 모양이었다. 히데요시는,

"그대의 집안도 지금의 주인이 어려서 꽤나 애를 먹고 있는 모양이더군. 듣자 하니 가신들은 싸움질만 일삼고 있다던데, 그대도 고생이 심하겠소. 내, 조만간 편안히 해드리리다. 아무튼 잘 오셨소. 요도도 오랜만에 보고 싶으실 테니, 어쨌든 천천히 머물며 도읍 구경도 하시고, 마음을 달래도록 하시오."라고 다정하게 위로해주 었다.

그날 밤의 만남이 아무런 탈도 없이 끝났기에 미망인은 곧 자리에 서 물러났다. 그리고 그로부터 며칠 동안 후시미에 머물며 요도기미 와 키타노만도코로 등을 만나보고, 히데요시가 독니를 드러내기 전에 돌아가야겠다는 듯, 서둘러 아이즈로 향했다. 결국 히데요시는

그녀마저도 끝내 놓쳐버리고 말았다.

'아이고, 몇 년 동안 눈독을 들였으면서도 끝내 손에 넣지 못한, 이 딱한 태합 양반아.'라고 말하고 싶어지는 이야기들만 전해지고 있다.

비록 크게 한 방 얻어맞은 히데요시이기는 했으나, 히데유키가 어른이 될 때까지 미망인에게 편안한 생활을 보장해주기 위해서 우쓰노미야의 작은 땅으로 봉지를 바꾼 것이라고 한다. 일의 진상에 대한 판단은 독자 여려분의 몫으로 남겨두겠다.

(6) 여담

히데요시가 큐슈 정벌에 나섰을 때, 기독교도 소녀를 간음하려 했는데 그녀가 목숨을 끊어 거절했기에 기독교를 배척하는 그의 마음이 더욱 강해진 것이라는 설도 있다.

어쨌든 히데요시가 여자를 매우 좋아하여 자신의 권력으로 종종 간음을 저지르기도 하고 다른 사람의 여자를 빼앗기도 했다는 사실은 대부분의 사람들이 인정하는 바이지만, 그와 동시에 피해를 입은 상대 여성 쪽이나, 자기 집안의 매정함을 호도하기 위해서 히데요시에게 악명을 씌우려 한 토쿠가와 쪽 사람들에 의해서, 혹은 좋지 않게 선전되기도 하고 혹은 억울하게 누명을 쓰게 된 사실도 있는 듯하다. 그렇기에 본서의 「호소카와 타다오키의 아내」 이하에 기술한 내용에 대해서는 여러 가지 논의가 있다. 그렇다고는 하지만 그와 같은 악선전이나 억울한 누명의 씨앗이 될 만한 것을 여기저기에 뿌리고 다닌 것은 다름 아닌 히데요시 자신이었다. 이 책에 실려 있는 일 정도는 아마도, 그가 한 행동의 구우일모[九牛

一毛]에 지나지 않을 것이다.

히데요시가 비할 데 없는 호색한이 될 수 있었던 것은 그가 권력을 마음껏 휘두를 수 있었다는 데 하나의 원인이 있었을 테지만, 한편으로는 그가 상냥하고 인정이 넘치며, 특히 여성에 대해서는 한없이 약한 사내였기 때문이라고 후쿠모토 니치난 씨는 말했다.

그러니 이번 편의 마지막으로, 히데요시가 정에 얼마나 약했었는지를 알 수 있는 이야기를 하나 해보겠다.

임진왜란 때의 일이다. 나베시마의 가신 가운데 세가와 우네메(瀨川 采女)라는 자도 조선으로 출정해 있었는데, 그의 아내 키쿠코(菊子)는 남편이 너무나도 그리운 나머지 마음의 전부를 세세하게 기록하여 그것을 조선으로 가는 배에 맡겼다. 그런데 배가 도중에 난파하여 그녀의 글이 담긴 상자도 멀리 파도를 타고 떠돌다 하카타 해변으로 흘러들었다. 바닷가 사람들이 표류물 가운데 참으로 아름다운 상자가 보였기에 그것을 열어보니 붓자국이 아직 선명한 글씨로 마음속 정을 구구절절 써내려간 글이 있었다. 이에 그것을 지방의 관리에게 바쳤다. 그것이 돌고 돌아서 나고야에 있는 본영으로 들어갔다.

히데요시도 그것을 펼쳐보았다. 참으로 애절하기 짝이 없는 연정이 적혀 있었기에, 히데요시는 동정을 금치 못하여 곧 세가와 우네메의 귀환을 명령했다고 한다.

제4편 인간 히데요시

1. 히데요시의 소양과 취미

(1) 히데요시의 스승

히데요시는 한 번도 학교에 들어가서 선생의 강의를 들은 적이 없었다. 스승 밑에서, 혹은 독학으로라도 만권의 책을 독파한 일도 없었다. 따라서 후세 사람들은 그를 학문이 없었다고 평했다. 그러나 그런 의미에서의 학문이라면 노부나가도 그렇고, 이에야스도 오십보백보였다. 그렇지만 히데요시에게는 위대한 스승이 있었다. 바로 오다 노부나가. 그런데 그는 노부나가를 전부 배웠을 뿐만 아니라, 오히려 노부나가마저도 훨씬 뛰어넘었다.

히데요시가 노부나가에게서 가장 먼저 배운 것은 전략·전술 등이었다. 그리고 전란의 시대에 부하를 통제하는 법과 외교술이었다. 즉, 전국시대 무장으로서의 교양이라고 할 수 있으리라.

(1-1) 전술

노부나가는 탁월한 전략가였다. 요시모토·켄신·신겐·이에야스·모리 등의 장수들을 비롯하여 수많은 군웅이 하나같이 마음에 두었던 중원진출의 예봉을 꺾고 마침내는 스스로가 그 선두에 설 수 있었던 것도, 지리적 이점이나 때를 얻었기 때문만은 아니었다. 노부나가의 전술은 늘 새로웠다. 종전의 틀에 박힌 듯한 전략이나 전술은 버리고 최신의 무기를 이용한 새로운 전법을 고안하여 활용했다. 그는 또한 기민하고 신속한 행동으로 승리를 따내는 특유의 전법을 발휘했다. 덴가쿠하자마(田樂狹間)에서 이마가와 요시모토를 급습하여 단번에 대군을 격파한 일이나, 겁쟁이의 포진이라는 조소를 들으면서도 소총부대를 100% 활용하여 나가시노에서 대승을 거두어 카쓰요리(勝賴)가 다시는 일어서지 못하게 한 일 등은 그 대표적인 예라고 할 수 있으리라.

이들 전법을 체득한 노부나가 휘하의 장수들 가운데서도 히데요시는 가장 뛰어난 자였다. 그가 추고쿠에서 회군하여 아케치 미쓰히데의 허를 찔러, 야마자키 일전에서 대승을 거둔 일, 기후에서 노부타카를 공격하려 했던 히데요시가 갑자기 시즈가타케에 나타나서 적장 사쿠마 겐바를 격파하고 조총부대를 집중시켜서 카쓰이에의 후위 결사대를 전멸시킨 뒤, 숨 돌릴 틈도 주지 않고 키타노쇼로 쇄도해 들어간 일 등은 모두가 그 가장 현저한 예였다. 나가쿠테에서 이케다 쇼뉴 등이 참패했을 때에도 곧바로 가쿠덴을 출발하여 급히 달려가, 승리감에 젖어 있던 토쿠가와 세력을 향해서 일제사격을 퍼부어 물러나게 하고 패한 아군 병사들을 수용했다.

노부나가는 또 우선순위를 매기는 전략을 참으로 절묘하게 구사했다. 공략이 어려운 곳은 잠시 그대로 내버려둔 채, 우선은 수월한 곳부터 정복해서 세력을 확대한 다음, 몇 배의 힘을 집중하여 강적에게 맹공을 퍼부었다. 이러한 이른바 순차공략을 보다 대규모로 응용한 것도 히데요시였다. 시코쿠 정벌, 큐슈 공략, 오다와라 공성 등 그가 행한 공략의 순서를 보면 참으로 놀라울 정도다.

(1-2) 외교술

히데요시가 늘 사용한 '계략'은 가능한 한 군대를 쓰지 않고 외교전술로 적을 굴복시키는 방법이었는데, 이 역시 노부나가가 즐겨 쓰던 방법이었다. 그러나 노부나가는 성공을 너무나도 서둘렀다는 점과, 사업이 아직 초반에 있었다는 점 때문에 그 묘체[妙諦]를 발휘하는 경우가 얼마 되지 않았으나, 히데요시는 스승 노부나가의 결점을 충분히 보완했으며, 앞서 이야기한 순차공략과 함께 사용하여 급속도로 천하통일 사업을 완성했다. 그는 계략의 달인이었다. 야마자키 전투 이후, 크게는 추고쿠의 모리를 비롯하여 여러 다이묘들이 히데요시의 계략에 의해서 그에게 항복했다. 코마키야마 전투에서 끝내 패하지 않고 나가쿠테에서 히데요시의 일군을 분쇄한 이에야스조차 마침내는 오오사카 성으로 찾아간 일 역시 그의 계략에 굴복한 것이라고 할 수 있으리라.

(1-3) 통제술

노부나가의 부하통솔 원리는 그 사람의 재능에 따라서 쓴다는 것이었다. 쓰기에 충분한 재능을 가진 자라 여겨지면 행여 그가 보졸에 불과할지라도 발탁했으며, 만약 무능하다 여겨지면 오다 집안을 대대로 섬겨오던 자라 할지라도 용서하지 않았다. 키노시타 토키치로가 짚신을 담당하던 역할에서 마침내는 사천왕(시바타·타키가와·니와·아케치)과 어깨를 나란히 할 수 있었던 것이 가장 현저한 예였으며, 아케치 미쓰히데도 떠돌이 무사를 발탁한 것이었다. 이에 반해서 공신인 사쿠마 노부모리가 이시야마 정벌 때 우물쭈물하자 그를 곧 코야로 내쫓았다. 이 실용을 본위로 한 통제술을 히데요시도 크게 배워서, 한층 더 세련되게 그것을 행했다.

(1-4) 정치

정치적 방면에서도 히데요시는 노부나가에게서 배운 바가 많았다. 그가 조정의 신하로 정치를 행한 것은 변태 무가정치라고도 할 수 있는데, 이것 역시 노부나가의 존왕주의 신정치를 본뜬 것이었다.

(1-5) 청출어람

히데요시는 막 청년이 되었을 무렵부터 거의 30년 동안 일대의 준걸인 노부나가를 가까이서 접하며 그 감화를 받아 무장으로서, 그리고 무가정치가로서의 자질을 닦았다. 노부나가라는 스승 아래서 30년이라는 세월 동안 제자 생활을 한 덕분에 히데요시는 자신의 뛰어난 자질을 더욱 커다란 것으로 만들 수 있었다. 단, 그는 커다란 그릇을 가진 자였기에 노부나가의 장점과 단점을 잘 구별하여 그것을 적절히 활용하고, 또 독창적으로 수정을 가하여 100% 실천할 수 있었다. 말년의 히데요시는 어떤 사람의 질문에 대해서 자신의 흉중을 이렇게 털어놓았다.

"고 노부나가 공은 참으로 용장이었다. 그러나 양장[良將]이라고는 할 수 없다. 공은 강함이 부드러움을 이기는 것만 아셨을 뿐, 부드러움이 강함을 제압할 수 있다는 사실은 알지 못하셨다. 일단 공을 적대시한 자는 언제까지고 그것을 기억하고 계셨다가 뿌리를 뽑고 잎을 말리지 않고는 그냥 두지 않는 엄격함이 있었기에 늘 적이 끊이지 않았으며, 사람들이 두려워하고 꺼리는 일은 있어도 사람들에게서 친애를 얻은 적은 없었다. 비유해서 말하자면 노부나가 공은 호랑이와 같은 대장으로 사람들은 물릴 것을 두려워하여 공에게 빈틈만 있으면 쓰러뜨려야겠다고 생각한 듯한 경향이 있다. 아케치가 모반을 일으킨 것도 그러한 이유에서였을 것이다. 나는 여기에 깊이 느낀 바가 있어서 적대시하는 자는 퇴치했으나 항복한 자는 기존의 가신들과 마찬가지로 기탄없이 대했다. 그 덕분인지 어제까지 적대시했던 자들도 오늘은 목숨을 아끼지 않고 충절을 다하며, 굳이 모반을 일으키려 하는 자가 없다. 이것이 천하를 빠르게 평정할 수 있었던 이유였을 것이다.”

(1-6) 히데요시의 연구심

그는 30년을 오로지 수양에 힘썼다. 그리고 마침내 천하의 패권을 쥔 뒤에도 여전히 수양의 기회를 만들려 했다. 한가로울 때에는 말할 것도 없고, 전장에 머물 때조차도 박식한 사람이나 학식이 깊은 스님 등을 불러 명군·현상[名君·賢相]의 치적이나 명장·용사의 전공을 들었으며, 또 치국의 정도나 공성·야전의 방책 등을 연구했다. 그럴 때면 그는 곧잘 그 특유의 허풍으로 비평했으나, 듣는 동안에는 열심히 귀를 기울였으며 스스로 터득할 때까지 추구했고 얻은 바가 있으면 언젠가의 기회에 그것을 응용하기를 잊지 않았다. 그의 청강은 자신의 지식을 늘이기 위해서가 아니라, 실천의 재료를 얻기 위해서였다. 그를 학문이 없다고 말하고, 무식하다고 폄훼하는 것은 저열하고 천박한 서생들의 말이거나, 혹은 서재 안에서 독서와 사색하는 것 외에는 공부가 아니라고 보는 편협한 학자들의 망언이다. 독서의 많고 적음, 청강 시간의 장단으로 학문을 결정하는 범골[凡骨]들은 우선 히데요시가 얼마나 총명했는지를 연구하고 깊이 생각한 뒤, 인생을 새로이 생각할 필요가 있으리라.

(2) 다도와 노

히데요시의 취미라고 하면 우선 다도와 노(가면극)가 떠오른다.

다도에 대해서는 「키타노에서의 성대한 다도 모임」에서 얼마간 상세히 이야기했으며, 또 다른 곳에서도 종종 그에 관해 언급했으니 여기서는 노에 대해서만 간단히 이야기하겠다.

노는 히데요시가 뜻을 이룬 뒤 배우기 시작한 취미 가운데 하나였다. 이를 위해서도 천하의 명인들이 부름을 받고 몰려들었다. 콘파루 하치로(今春 八郎, 후에 金春로 이름을 바꾸었다.)·콘파루 겐자에몬·쿠레마쓰 신쿠로(暮松 新九郎쿠레마쓰 에치고)·슌토 로쿠에몬(春藤 六右衛門)을 비롯하여 고수인 오오쿠라 헤이조(大蔵 平蔵)·히구치 이와미(樋口 石見), 장구를 치는 칸제 마타지로(観是 又次郎)·코와카 고로지로(幸若 五郎次郎) 등이 그 주요한 사람들이었다. 나고야의 진영에 머물 때는 무료함을 달래기 위해서 이들 노다유86)들을 여럿 불러와 종종 진영 안에서 노를 공연케 하여 히데요시 스스로는 물론 일동의 마음을 달래주었다.

그러는 사이에 노에 대한 히데요시의 흥미가 더욱 깊어져, 그때 마침 진중에 있던 쿠레마쓰 에치고와 콘파루 하치로에게서 스스로

---

86) 能太夫. 배우 가운데 주인공 역할을 하는 자.

도 노를 배우기 시작했다. 무슨 일에나 다재다능함을 내보이는 히데요시였기에 곧 숙련된 솜씨를 보였다. 그러자 독창성이 왕성한 히데요시는 기존의 작품만으로는 재미가 없다며 비서인 유키 호쿄(由己 法橋)에게 명령하여 새로운 요곡을 만들게 했다. 그것은 『아케치 정토[明智討]』, 『시바타 정토[柴田討]』, 『호조 공략[北条攻]』, 『요시노 꽃놀이[芳野花見]』, 『코야 참배[高野詣]』 등의 5작품이었다. 전부 히데요시가 자랑으로 여기는 장면들인데 『코야 참배』에는 어머니인 오오만도코로가 유령이 되어 나타나서, '애도를 해주어 기쁘구나.'라고 말하는 장면도 있다. 이들은 우선 콘파루 하치로가 안무를 했으며, 히데요시도 그것을 배웠다.

그것을 어느 정도 익히고 나자 분로쿠 3년(1594) 3월 15일, 그는 '신곡 공개'를 위한 노가쿠를 오오사카 성에서 개최했다. 다이묘·쇼묘·각 집안의 사대부에게까지 관람을 허락했다. 정실인 키타노만도코로·요도기미·마쓰노마루·산노마루 등의 아름다운 사람들도 히데요시가 자랑으로 여기는 노를 관람했다. 『아케치 정토』에서는 쿠레마쓰 에치고가 미쓰히데 역을 맡았는데, 아름다운 사람들 앞에서 쫓기고 또 쫓기는 모습을 연출했다. 그 이후, 『아케치 정토』에서는 쿠레마쓰 에치고가 반드시 상대 역을 맡는 영광을 누리게 되었다.

노에 상당한 자신감이 생기자 히데요시는 이를 주상에게도 보여주어 마음을 위로해주어야겠다고 생각했다. 이렇게 해서 궁중에서도 노 공연이 종종 개최되었다. 그는 콘파루 하치로·오오쿠라 도키(大蔵 道喜)·쿠레마쓰 에치고 등의 명인들을 이끌고 입궐하여 그들과 함께 가장 자신 있는 부분을 공연했다. 주상이 가끔 노

배우들에게 상을 내리는 일이 있었는데, 그러면 히데요시도 그들 속에 섞여서 하사한 물건을 받았으며, 그것을 어깨에 둘러메고 의기양양하게 물러났다. 그 모습이 참으로 순진해서 웃음을 자아냈기에 그것 역시 흥을 더하는 하나의 요소가 되었다.

한번은 토쿠가와 이에야스·마에다 토시이에 등과 함께 입궐하여 셋이서 쿄겐87)을 행했다. 모리 테루모토가 북을 쳤으며, 오오쿠라·쿠레마쓰 등이 반주를 맡았다. 일대의 영웅들이 한자리에 모여 벌인 쿄겐 왜소하지만 재주가 많은 히데요시, 땅딸막하게 뚱뚱하고 재주가 없는 이에야스, 키가 크고 의젓한 토시이에 조합은 저절로 한층 더 흥미로운 맛을 내보였으리라.

한번은 그날도 궁중에서 노를 개최하기로 했기에 히데요시가 후시미에서 말을 타고 궁궐로 향하고 있었다. 카라스마루도오리(도로명)까지 갔을 때, 거리에서 젊은 여자들 네다섯 명이 붉은 앞치마를 두르고 구경하고 있었다. 히데요시는 성큼성큼 그 옆으로 다가가 말 위에서,

"지금 궁중에서 노의 공연이 있을 게야. 나도 춤을 추기로 되어 있으니 너희들도 궁궐로 와서 구경하도록 해라."라고 말하고 다시 말을 몰았다. 히데요시는 궁녀나 거리의 아낙이나 차별을 두지 않았던 것이다.

히데요시와 노에 대한 일화도 다른 곳에서 종종 이야기했으니, 여기서는 이만 생략하기로 하겠다.

---

87) 狂言. 대화나 몸짓을 주로하는 희극으로 우스꽝스러운 내용이 많다.

(3) 히데요시와 학문

(3-1) 히데요시 무학설

세상에서는 히데요시가 무학[無學]이라 믿고 있다. 『진서 태합기[真書太閤記]』, 『그림 태합기[絵本太閤記]』 등의 히데요시 이야기를 비롯하여, 당당한 학자들까지도 히데요시 무학설[無學說]을 자신의 저서에서 채용하고 있다. 에도 시대 최고의 학자라 일컬어지는 오규 소라이(荻生 徂徠)도 『정담[政談]』에서 그렇게 말했으며, 고증학의 대가라 일컬어지는 이세 사다타케(伊勢 貞丈)도 『안사이 수필[安斎随筆]』에서, 히데요시의 무학을 주장하고 만약 그에게 조금이라도 학문이 있었다면, 임진왜란과 같은 무모한 일을 꾀하지는 않았을 것이라고 말했다. 토쿠가와 시대로 접어들면서 막부에서 토요토미 씨를 찬미하는 듯한 내용은 쓰지 못하게 했으며 반대로 좋지 않게 말하거나 비방하는 내용은 크게 환영했기에, 언제부턴가 국민들 사이에서 히데요시 무학설 등이 다른 수많은 거짓 선전과 함께 믿어지게 되었다.

말할 필요도 없이 히데요시는 물론 학자가 아니었다. 그는 후반생에 들어서는 무슨 일이든 바라면 이루어지지 않는 것이 없었으리라 여겨지는 신분이 되었으나 그 전반생, 특히 수학에 가장 필요한 청소년 시절에는 그저 어려움 속에서 나날의 일에 쫓겼기에 책을 읽고 글을 배울 여유가 없었다. 단, 코묘지에 맡겨졌던 몇 년 동안에는 공부를 하려 했다면 할 수 있는 기회가 있었으나, 그것은 예의 개구쟁이 짓으로 헛되이 보내버리고 말았다. 그가 무학이었다는 말은, 정확한 것은 아니나 사실에 가까운 비평이다. 특히 학문지상주의자들이나 얼마간의 학문을 유일한 자랑거리로 삼는 무리들이 히데요시의 무학을 과장스럽게 떠들어대는 것도 당연한 일이기는 하다. 이를 중국의 책을 읽었던 이에야스와 비교하자면 물론 더더욱 그렇다. 그러나 소년 시절부터의 처지가 달랐던 히데요시와 이에야스를 비교하여 그를 비웃는 것은 옳지 않은 일이다. 특히 세상에서 믿고 있는 것처럼 히데요시를 문맹이라고 생각하는 것은 커다란 착각이다. 그 사실은 현대의 사학자들이 엄연한 사실에 바탕하여 입증했다.

지금도 세상 사람들은 서툰 글씨를 보면, '태합의 글씨 같다.'며 히데요시를 무학에 악필의 표본인 양 말하고 있다. 그러나 그것은 사실을 제대로 알지 못하는 사람들의 말이다. 그의 글은 오늘날까지도 다수가 남아 있는데 그것은 상당한 연습을 한 글씨처럼 보인다. 오늘날 청소년들의 예를 보아도, 학교에서 서예를 배웠다 할지라도 초서[草書]는 제대로 쓰지 못한다. 그것을 제멋대로 획을 생략해가며 억지로 쓰기에 뭐가 뭔지 모를 이상한 글자가 되어버린다. 그러나 히데요시의 글씨는 어느 정도 흘려쓰기는 했으나 누가 봐도 제대로 된 글씨다. 요즘 은단의 선전용으로 활용하고 있는 경품인 '명가필적' 가운데 들어 있는 히데요시의 글은, 오늘날의 일반적인 사람은 도저히 따라 할 수 없을 정도의 것이다. 그렇다고 해서 히데요시의 글씨가 달필가의 그것처럼 매우 뛰어난 것은 아니다. 하지만 그것은 매우 숙련되었으며, 조금의 얽매임도 없이 힘차게 보여서, 과연 태합의 글씨답다고 여겨질 정도의 것이다.

또한 그의 편지 등이 대부분 히라가나(平仮名)로 되어 있고 한자는 그다지 쓰지 않을 것을 보고, 그는 카나(仮名_{일본 고유의 문자})밖에 몰랐다고 말하는 자들도 있다. 그러나 이도 사실과는 달라서,

오늘날 히데요시의 친필로 확증된 수많은 문서 가운데는 한자를 상당히 많이 쓴 것들도 남아 있다. 단, 히데요시는 자신이 직접 붓을 쥘 필요가 거의 없었으며, 한자를 일일이 기억하거나 쓰는 것은 귀찮은 일이었기에 가능한 한 카나로 쓴 듯하다. 그것도 일반적인 무학·문맹이 더듬더듬 써내려간 글과는 달리, 매우 간소한 가운데서도 뜻이 잘 통하고 마음이 잘 표현되어 있기에 감탄스러울 정도다. 그의 글 가운데 종종 알아볼 수 없는 글자나, 글을 잘못 쓴 것인지 뜻이 통하지 않는 부분이 있기는 하지만, 당시 다른 사람들이 쓴 글과 비교해서 생각해보면 특히 그만을 탓할 필요도 없는 평범한 일이었다.

야마시나 도안(山科 道安)의 『카이키(槐記)』에도 히데요시의 무학을 비웃는 이야기가 나온다.

<어느 날 히데요시가 시가 모임에 참석했다. 나서기를 좋아하는 히데요시도 시가에는 소양이 없었기에 입을 다물고 있자니 조하(紹巴)가 히데요시를 생각해서,

"전하, 첫 구를 띄우시기 바랍니다."라고 말했다. 히데요시는 당황하면서도 응하지 않으면 체면을 구기겠다 싶었기에 잠시 머리를 짜낸 끝에, 어쨌든 백인일수[88] 속에서 생각을 얻어,

"깊은 산 단풍 밟아 헤치며 우는 반딧불이."라고 띄웠다. 여기에는 자리에 있던 자 모두가 당황했다. 이에 조하가 앞으로 나서며,

"무례한 말씀일지는 모르겠으나, 전하. 반딧불이는 우는 벌레가 아닙니다."라고 말했다. 히데요시는 체면을 구겼기에 씁쓸한 얼굴

---

88) 白人一首(햐쿠닌잇슈). 100명의 와카(和歌단시)를 1편씩 골라 실은 시가집.

을 하고 있었다. 그러자 이번에는 호소카와 유사이가 앞으로 나서며,

"조하, 반드시 그렇지만도 않습니다. 실제로 '무사시노의 조릿대 때리며 내리는 비에 반딧불이밖에 우는 벌레도 없구나'라는 옛 노래도 있지 않습니까."라고 말해서 히데요시도 간신히 체면을 유지할 수 있었기에 빙그레 웃으며,

"조하, 어떤가?"라고 자랑스럽게 말했다. 반딧불이가 운 건지, 혹은 반딧불이만 있고 다른 벌레는 없다(물론 우는 벌레는 없다)고 읊은 것인지는 모르겠으나, 어쨌든 그 자리의 분위기는 수습되었고 조하도 히데요시의 심기를 건드리지 않고 넘어갔다. 이에 조하는 그 이튿날 유사이를 찾아가서 어젯밤 일에 대한 감사의 말을 건네고,

"그런데 그때의 시가는 어느 책에 실려 있습니까? 조하는 아직 알지 못하니 앞날의 공부를 위해서 교훈을 주시기 바랍니다."라고 물었다. 그러자 유사이는,

"천하의 조하 님께서 무슨 말씀을 하시는 겝니까? 즉석에서 임기응변으로 한 말입니다. 태합의 시가에 출전 따위 있을 리 없지 않습니까?"라고 대답했다.〉

참으로 한심하기 짝이 없는 이야기를 만들어냈다. 히데요시는 그처럼 문맹이 아니었으며, 시가에 대한 조예도 상당히 깊었다. 실제로 『호소카와 가기[細川家記]』에 의하면,

〈궁중에서의 예법 등도 키쿠테이 하루스에(菊亭 晴季) 공에게서 배웠으며, 유사이에게 시가를 배웠다. 우선 렌가89)부터 시작해서

---

89) 連歌. 두 사람 이상이 번갈아가며 읊어나가는 형식의 노래.

후에는 와카[90]도 읊었다.>라고 되어 있으며, 히데요시의 자작으로 오늘날 연구가들이 수집한 것만 해도 6·70편은 된다. 조하 등도 태합과 함께 시를 짓던 무리 가운데 한 사람이었다.

그는 전반생을 고난과 역경 속에서 보냈으며 세상의 풍진 속에 묻혀 있었다. 아마도 시가집 하나 손에 쥐어보지 못했을 것이다. 40세가 넘은 나이부터 마침내 늦깎이 공부를 시작하여 일정한 수준에까지 오른 것이다. 만약 그가 청춘 다감한 시절부터 옛사람들의 노래에 접했다면 매우 뛰어난 시를 자유자재로 지었을지도 모른다. 미나모토노 사네토모(源 実朝)와 더불어 무가 가인의 쌍벽을 이루었을지도 모른다. 하지만 배움이 늦었던 것과, 스승들이 편협한 전통의 영역에서 벗어나지 못한 사람들이었기에 온갖 방면에서 호방한 독창성을 보였던 히데요시도 시가 방면에서만은 끝내 호방한 모습을 보이지 못했다.

그는 궁중의 시가 모임에도 예복을 갖춰 입고 참석하여 공경들과 함께 시를 읊었다. 이는 『노인잡화[老人雜話]』에 기록되어 있는 내용인데, 그 책에 의하면 그때 유코(友古)라는 가인이 태합 앞에 가까이 앉아 시를 듣고 감탄한 모습으로 물러나 좌중에게 그것을 들려주었는데 사실은 전부 유코가 대신 읊은 것이라고 적혀 있다. 당시부터 그런 억측이나 거짓선동이 있었던 모양이다. 물론 유코 등이 첨삭을 가했으리라는 것은 쉽게 상상해볼 수 있으나, 히데요시 자신에게 노래를 짓는 능력이 없었으리라고는 여겨지지 않으며, 또 그 자신의 힘만으로 상당한 노래를 지었다는 사실도 그 자신의

---

90) 和歌. 일본 고유의 시형식으로 특히 단가를 일컫는다.

일기에 적힌 노래 등으로 미루어 짐작해볼 수가 있다.

그가 세상을 떠나기 전에 남긴 노래는,

<이슬로 떨어져 이슬로 사라지는 나의 몸이로구나 / 오오사카에서의 일도 꿈 속의 꿈이로다>였다. 그러나 이는 임종을 앞두고 부른 노래가 아니었다. 후시미 성이 완성되어 천하의 다이묘들이 축하 인사를 위해 찾아오던 시기에 부른 것이다. 그의 번영이 절정에 이르렀을 때, 그는 벌써부터 이 덧없는 인생에서 벗어날 날의 감회를 상상하고 있었던 것이다. 케이초 3년(1598) 8월 17일 밤, 마침내 임종이 다가왔음을 직감한 그는 코조스에게 명하여 그 초안을 가져오게 해서 스스로 쓰기를 마치자마자 눈을 감았다. 위 노래를 지은 날의 심경은 그렇다 해도, 세상을 떠난 날의 애처로움을 생각하면 그 노래조차 너무나도 꿈결처럼 한가로운 것이었다.

(3-2) 히데요시의 일기

지금도 여전히 히데요시의 일기가 보존되어 있다. 그는 일기까지 썼던 것이다. 그 안에는 돈과 곡식, 절도[節度] 등 공적 문제를 기록한 부분도 있고, 극히 개인적인 음식에 관한 내용이나 기물에 관한 내용 등 참으로 다양한 내용이 적혀 있다. 물론 문필가가 아니고, 굉장히 바쁜 몸이었기 때문일 테지만 매우 간단하고 짧은 내용이다. 개중에는 무슨 내용인지 판독 불가능한 부분도 적지 않다.

그 일기에, 앞서 이야기한 것처럼 시가도 적혀 있다. 그 시가 가운데 어떤 것은 몇 번이고 퇴고한 흔적이 남아 있다.

어쨌든 그 호방한 히데요시에게도 이처럼 섬세한 면이 있었던 것이다. '큰 일을 이루려는 사람은 작은 일을 돌아보지 않는다.'는 말도 있으나 배포가 크면서도 섬세하지 못하면 대사업을 이루기 어려우며, 참된 위인이 될 수 없다는 사실을 알 수 있다.

(3-3) 다이고의 '다이'

다이고에서의 꽃놀이를 준비할 때의 일인 듯하다. 히데요시는 서기에게 명하여 통지장을 쓰게 했다. 그런데 서기가 붓을 멈추더니 무엇인가를 생각하듯 자꾸만 고개를 갸웃거렸다. 히데요시가,

"무엇을 생각하고 있는 게냐?"라고 물었다. 서기는 참으로 송구하다는 듯,

"사실은 다이고의 다이(醍)라는 글자가 떠오르지 않습니다."라고 대답했다. 그러자 히데요시는 답답하다는 듯한 모습으로,

"별것도 아닌 일로 고민을 하는구나. 이렇게 쓰도록 해라."라며 방바닥 위에 손가락으로 글자를 써 보였다. 그것은 다이(大)라는 자였다.

이 일을 히데요시의 무학과 연결 지어 비웃는 자도 있다. 실제로 히데요시가 글자를 그다지 많이 알지 못했다는 것은 사실이지만, 그러나 당시의 무장으로서 스스로 붓을 쥘 필요가 거의 없었던 사람이었으니 그렇게 부끄러운 일도 아니다. 오히려 히데요시의 호방함과, 사소한 일에 얽매이지 않고 일을 척척 진행해서 늦어지는 것을 싫어한 성격을 보여주는 좋은 이야깃거리로 보아야 하리라.

그는 다른 사람에게 편지를 보낼 때도, 진중에서 명령문을 쓸 때도, 스스로 쓰는 경우에는 대부분 히라가나를 사용했으며, 한자를 쓸 때면 쉬운 한자를 가져와 그것으로 대신 쓰는 경우도 많았다.

문장이 좋지 않다고 생각하면 거칠 것 없이 지우고 다시 썼다. 그랬기에 당시 사람들은 이를 '초고 같은 문서'라고 불렀다. 그러나 그들은 이 '초고 같은 문서'를 받으면 더할 나위 없는 영광이라며 기뻐했다.

(4) 히데요시와 토목공사

히데요시는 토목공사를 일으키는 것을 매우 좋아했다. 텐쇼 5년(1577)에 처음으로 한 쿠니의 소유자가 되자, (추고쿠 정벌에 필요했기 때문이기도 하지만) 곧 하리마 히메지의 조그만 성을 수축했는데, 규모는 작으나 아즈치 성을 흉내 내서 지었다. 야마자키 전투에서 승리하여 노부나가의 유업을 마음에 새기자마자 야마자키에 타카라데라 성을 지어 중원을 다투는 근거지로 삼았다. 마침내 유업이 자신의 손으로 넘어왔다고 판단하자마자 이번에는 텐쇼 11년(1583) 말부터 오오사카에 놀랄 만한 성을 짓기 시작했다. 관백이 되어 마침내 천하의 정치를 행하게 되자 텐쇼 14년(1586)부터 쿄토에 온갖 아름다움을 다한 주라쿠다이를 짓기 시작했으며, 그 공사가 채 끝나기도 전에 호코지의 대불전 조영을 시작했다. 텐쇼 18년(1590)에 대불전이 완성되었다. 이듬해에는 조선 침략을 위한 준비를 시작했는데, 일시적인 본영에 지나지 않는 나고야에 대규모의 성곽을 쌓았다.

그래도 히데요시의 축성 취미는 끝나지 않았다. 나고야의 진중에서부터 벌써 후시미 성을 계획했다. 그것이 히데요시의 마지막 토목공사였다.

그는 풍부한 재력과 권력을 이용하여 거침없이 축성 도락에

도취되어 있었다. 그리고 이들은 일본의 건축사상, 공예사상 이른바 모모야마 시대라고 불리는 한 시대를 구축하는 데 커다란 기여를 했다. 그러나 이는 세상의 찬미자와 함께 오로지 박수만을 보낼 만한 성질의 것은 아니었다. 그 화려함은 반드시 탓할 만한 것은 아니다. 자신이 가지고 있는 것을 써서 세상을 윤택하게 하는 일은, 사회정책에 도움이 되는 일이기도 하다. 없던 것을 산출해내고 만들어내는 일은 산업정책상 칭찬해야 할 일이라고 할 수 있다. 다이묘들에게 위력을 내보여 그들의 남아도는 재력을 내게 해서 천하에 뿌리는 것도 그 방법에 따라서는 오히려 칭찬해야 할 일이라고 할 수 있다. 단, 그를 위해서 천하가 가렴주구에 눈물을 흘리는 결과를 초래했다는 점에 있어서, 이후 대륙 원정을 위해서 막대한 인명과 재산을 소비했다는 점과 함께, 폭거로서 비난을 받는 경향이 있었다.

후쿠모토 니치난 씨는 『호타이코(豊太閤)』에서 히데요시를 공병사관적 지식을 가진 자라며 크게 흥겨워했다. 앞서 기술한 축성이야말로 가장 현저한 예인데, 씨는 거기에 더해서 히데요시의 수공[水攻]도 그의 토목공사 취미 중 일부로 설명하고 있다. 그는 공성전에 뛰어난 재능을 보였는데, 그 가운데서도 수공은 히데요시의 장기 가운데 하나였다. 텐쇼 10년(1582)에는 그 유명한 타카마쓰(빗추) 수공을 행했으며, 텐쇼 12년에는 오오타(키이) 성에 수공을 가했고, 13년에는 타케가하나(미노)에 수공을 가해서 성공을 거두었다. 오다 노부오와의 전투를 위해서 오와리로 들어갔을 때에도,

"성에 수공을 가하는 것은 지금까지 두 번이고 세 번이고 해온 일이다. 오와리는 수공을 가하기에 좋은 곳이니 그 준비를 하라."라

고 공병대가 쓸 가래와 괭이를 준비하게 했으며, 틀로 쓸 나무를 미노·오와리·이세 3개 쿠니의 산에서 베어 가져오게 했다.

토목(축성)과 관련하여 호화로운 회화와 조각을 사랑했다는 이야기도 유명하지만 여기서는 생략하기로 하겠다.

2. 커다란 그릇을 갖춘 장수 히데요시

(1) 뛰어난 통솔

히데요시는 하늘과 바다처럼 널따란 기개를 지녔으며, 청탁경연[淸濁硬軟] 모두를 겸비한 커다란 도량을 가지고 있었다. 그리고 신하의 개성을 잘 파악하고 장점을 감식하여, 그들의 재능을 살릴 수 있게 해주었다. 무엇보다 그것은 신하들을 아꼈기 때문이기도 했다. 그것이 또한 그의 커다란 자랑이어서,

"나 정도의 주인은 그리 흔치 않다. 그러니 나에게 반기를 들 자가 있을 리 없다."고 종종 사람들에게 말했다고 한다. 어제까지의 친구는 물론, 적까지 전부 그의 앞에 무릎을 꿇었으면서 조금도 불만을 느끼지 않은 것처럼 보인 것도 결국은 그의 인물됨이 커서, 주인다운 주인이기 때문이었다.

히데요시가 직접 돌보며 길렀던, 혹은 필요할 때면 언제든 마음껏 쓸 수 있었던 자 가운데 카토 키요마사·후쿠시마 마사노리 등처럼 우직한 맹장도 있었으며, 타케나카 시게하루(竹中 重治)나 쿠로다 요시타카처럼 지모에 뛰어난 자들도 있었다. 또한 재기가 돋보이는 이시다 미쓰나리와 같은 정치가도 있었으며, 늘 생각에 잠겨 있는 듯한 모습이지만 수학적 재능이 뛰어났던 마스다 나가모리(增田 長盛)나 나가쓰카 마사이에와 같은 재정가도 있었다.

히데요시는 그들을 각각 활용했으며, 또한 진심으로 자신을 따르게 했다. 그들 서로는 상대방을 경멸했으며 서로에게 반감을 품고 있었다. 예를 들어서 무단파[武斷派]에 속한 사람들은, '저놈들은 잡병의 목 하나 베어본 적 없는 주제에 참으로 잘도 나대는구

나.'라고 생각했으며, 문치파[文治派]에 속한 사람들은, '사리를 분별할 줄 모르는 멧돼지 같은 무사들이 뭘 알겠어.'라며 상대조차 하려 들지 않았다. 그러나 그들은 히데요시에 의해서 마치 좌우의 손처럼, 혹은 양쪽의 다리처럼 움직이고 있었기에 히데요시가 살아 있는 한은 서로가 서로에게 으르렁거릴 수 없었다. 히데요시가 세상을 떠나자마자 곧 커다란 싸움을 시작했던 그들이 별다른 문제 없이 같은 가신으로 일할 수 있었던 것도 결국은 히데요시가 위대한 통솔자였기 때문이었다. 위대한 통솔은 말할 필요도 없이 위대한 인간에게만 가능한 일이다.

큐슈의 시마즈·추고쿠의 모리·시코쿠의 초소카베·오우의 다테 모두 한 지방에 뿌리를 내린 커다란 세력으로 평범한 다이묘가 아니었다. 한때는, '흥, 히데요시 따위가'라며 콧등에 경멸의 주름 을 만들고 대항했던 자들이었으나, 일단 그들을 쳐서 항복시킨 뒤에는 넓은 영지를 주어서 조금의 반감도 없이 신하로 머물게 한 커다란 도량, 깊이를 알 수 없을 만큼 두둑한 뱃심. 그랬기에 그 시커먼 속내를 품고 있던, 그리고 뛰어난 실력을 가지고 있던 이에야스조차 어쩔 수 없이 히데요시 앞에 머리를 조아린 것이었다.

텐쇼 10년(1582) 봄, 오다 노부나가는 토쿠가와 이에야스와 함께 카이를 공격하여 타케다 카쓰요리를 멸망시켰다. 당시 히데요 시는 추고쿠에 있었는데 카이·시나노 2개 쿠니 평정과 함께 카쓰요 리가 멸망했다는 소식을 접하자,

"안타깝구나. 내가 진중에 있었다면 무슨 수를 써서라도 카쓰요 리의 목숨을 구해주고 예전의 땅을 안도케 한 뒤, 그 용장을 선진에 세워 칸토 8개 주를 전부 평정했을 텐데."라고 몇 번이고 같은

말을 되풀이하며 통탄했다고 한다. 실제로 그라면 그렇게 했으리라. 그는 커다란 도량을 내보여서 여러 장수들의 목숨을 살려주었다. 그리고 그들을 뭉치게 해서 강적에 맞섰다. 이를 '효율을 높인다.' 라고 칭했다.

병법의 대가인 손자는, '승산이 많으면 이기고, 승산이 적으면 이기지 못한다.'고 말했다. 세상에서도 '중과부적'이라고 한다. 히데요시는 늘, 불필요하다 싶을 만큼의 대군으로 적을 공격했다. 시코쿠 평정·큐슈 정벌·오다와라 공성이 그 대표적인 예다. 이 대군의 공격을 받은 적은 도저히 맞설 방법이 없어서 곧 전의를 상실하고, 기운이 빠져서 기개마저도 잃게 된다. 이러한 작전으로 전국을 거침없이 달려서 히데요시의 천하평정은 '효율적'으로 진행되었다. 이를 또 '순차공략'이라고도 불렀다. 바로 이 점이 히데요시가 노부나가나 이에야스보다 뛰어난 점이었다.

그가 항복한 장수를 별다른 질책 없이 살려주고 원래의 땅을 안도해준 것은, 이 '순차공략'의 일원으로 쓰기 위해서였다. 그는 언제나 전체적 국면을 살펴서, 부분적인 체면보다 전체적 국면에서의 승리를 위해 마음을 썼다. 그랬기에 천하평정 이후의 모반자나 불만을 품은 자들에 대한 태도는, 그 이전의 태도와 결코 같지 않았다.

어느 날, 히데요시는 여러 장수들과 함께 고금의 명장에 대해서, 그 인물을 논하고 있었다. 인물론이라고 하면 공성·야전의 명장들이 입에 오르는 것이 당시의 풍습이었다. 각 장수들의 활발한 논의가 이어지던 중, 이야기가 미나모토노 요시쓰네(源 義経)의 이치노타니(一ノ谷) 전투와 야시마(屋島) 전투에서의 활약상에

이르렀다. 그리고 그야말로 고금을 통틀어 참으로 독보적인 명장이라고 했다. 그러자 히데요시가,

"그건 아닌 듯하네. 물론 요시쓰네는 틀림없이 놀라운 명장일세. 하지만 그는 대장의 그릇은 아닐세. 무엇보다 위엄이 없어. 그건 카지와라(梶原)와 배를 후진시킬 수 있도록 노를 달자는 건으로 논쟁을 벌인 일로 알 수 있네. 요시쓰네는 요리토모와 같은 핏줄을 타고났으며, 더구나 헤이케 추토의 대장군 아니었나. 그런데 카지와라 헤이조(平三) 따위로부터 '멧돼지 같은 무사'라는 등의 소리를 듣다니, 필시 위엄이 없었기 때문일 것일세. 그런 연유로 내가 보기에 옛사람들 가운데서 참된 대장의 그릇이라 평할 수 있는 자는 요리토모 한 사람뿐일세."라고 말했다. 그리고 예의 카마쿠라 시라하타노미야에서 요리토모 상을 쓰다듬으며 했던 요리토모론을 되풀이했다. 즉, 히데요시의 말은, 자신이야말로 고금을 통틀어 독보적인 대장의 그릇이라고 주장한 셈이다.

히데요시는 매우 대범하고 통이 큰 사람이었다. 적이라 할지라도 일단 패하거나, 혹은 항복을 한 자는 가능한 한 살려두었다가 훗날 그들을 쓰려 했다. 미쓰히데에게 승리를 거둔 이후에도 타카라데라에서,

"미쓰히데의 잔당은 전부 죄를 용서하겠다. 주인을 찾는 일은 물론 그 외의 모든 일을 마음대로 해도 좋다."고 포고했다. 잔당들은 모두 새로운 주인을 찾아서 취직활동을 마음대로 할 수 있었다.

잔당 가운데 쓰다 요자부로 시게히사(津田 与三郎 重久)라는 강용한 자가 있었다. 그는 미쓰히데의 부하 장수로 야마자키 전투에서도 한 부대를 이끌고 싸움에 임했었다. 전투에서 패한 이후에는

코야산으로 들어가 숨어서 세상의 정세를 엿보고 있었는데 이번의 사면을 계기로 쿄토로 들어가 기회가 생기면 히데요시를 단칼에 베어 원수를 갚아야겠다고 생각했다. 마침 미쓰히데의 사위인 호소카와 타다오키가 히데요시의 신뢰를 얻었기에 그를 통해서 히데요시에게 감사의 마음을 전하겠다는 구실로 그에게 접근하려 했다. 히데요시는 바로 면담을 허락했다.

타카라데라 성으로 가서 방 하나로 안내를 받은 쓰다는,

'지금이야말로 복수를 할 때다!'라며 긴장감 속에서 히데요시를 기다렸다. 그런데 그 주인공이 좀처럼 나타나지 않았다. 상당한 시간이 흘렀기에 기다리다 지쳐서 멍하니 앉아 있자니 갑자기 뒤쪽의 방문이 활짝 열리며,

"요자부로, 잘 왔네!"라고 호통을 치는 듯한 커다란 목소리가 들려왔다. 깜짝 놀란 쓰다는,

"넷."하며 그대로 머리를 조아렸다.

히데요시는 지팡이를 들고 쓰다 곁으로 성큼성큼 다가가, 납작하게 엎드려 있는 쓰다의 목에 그 지팡이를 대고,

"기특하게도 그대는 천명을 알고 있군! 조금 더 늦게 왔다면 이렇게 처분했을 걸세."라고 말했다. 그리고 한시의 틈도 주지 않고 다시,

"그대의 기량만을 놓고 보자면 1만 섬도 아깝지 않네. 하지만 일단 우리를 적대시했던 자이니 지금 당장 받아줄 수는 없네. 조만간 자리를 만들어주겠네."라고 말했다. 생각지도 못했던 후한 말에 쓰다는 감격하여 이번에는 진심에서,

"넷"하며 머리를 조아렸다. 그러는 사이에 히데요시는 슥 안쪽

으로 들어가버렸다. 쓰다는 히데요시에게 칼을 휘두를 여유조차 없었으나, 히데요시에게 품고 있던 원한도 사라져버리고 말았다.

그 후, 쓰다는 마음을 바꾸어 히데요시를 섬겼다. 훗날 그는 마에다 집안의 카로(家老)가 되었는데 당시의 일에 대해서 이렇게 말했다.

"전하(히데요시)는 실로 하늘이 내린 사람일세. 백만의 적조차 두려워하지 않을 내가, '요자부로, 잘 왔네!'라는 호통을 들은 순간에는 서 말쯤 되는 찬물을 뒤집어쓴 것 같은 기분이 들어서 나도 모르게 머리를 조아려 거듭 절을 했으며, 그 집에서 나올 때까지도 여전히 취한 듯한 기분이었네."

(2) 인물 감식력

사람들 위에 설 정도의 인물이라면 부하에 대한 인물 감식력이 명확해야 한다. 투철한 감식력으로 유능한 인재를 꿰뚫어보아 크게 발탁하기도 하고 적재적소에 두어 충분히 활동케 하지 않으면 안 된다. 또한 다른 사람의 말에 휘둘려 죄 없는 자를 혐오하거나 해서는 도저히 커다란 일을 이룰 수 없으리라. 사람들 위에 선 자에게 인물 감식력은 없어서는 안 될 자질이자, 부하에게 있어서 그것은 절대적인 매력이다.

히데요시는 특히 탁월한 인물 감식력을 가지고 있었다. 그가 단시간에 천하를 통일할 수 있었던 것도, 또한 군웅을 통제할 수 있었던 것도, 그 근거의 절반은 바로 거기에 있었다.

그의 감식안에 들어 등용된 인물은 적지 않으나, 여기서는 그 주요한 예만 살펴보겠다.

쿠로다 조스이(如水요시타카)는 처음 코데라 칸베에 요시타카(小寺 官兵衛 孝高)라고 해서, 추고쿠의 호족인 코데라 씨를 섬겼는데, 사절이 되어 오다 집안으로 왔을 때 마침 접대 역할을 맡았던 히데요시가 그의 지략을 꿰뚫어보고 곧 오랜 벗처럼 친밀하게 대했다. 그 후, 추고쿠 정벌 때 부하로 따랐기에 그를 참모장으로 발탁한 이후부터 크게 중용했다. 카토 키요마사와 히데요시에 관해서는 앞서도 이야기한 바 있지만, 카토 카우에몬(加藤 嘉右衛 門)의 부탁으로 받아들여 5섬을 준 것이 시작이었으나, 마침내는 히고 25만 섬을 주었다. 가모우 우지사토는 오우미 히노 2만 섬의 영주에 불과했으나, 젊은 나이에도 훌륭한 군용을 갖춘 그의 군대를 보고 마쓰자카 15만 섬으로 등용했으며, 오다와라 정벌 이후에는 새로 정벌한 땅인 오우의 친고로 삼아 아이즈에 두고 아직 40세도 되지 않은 그에게 120만 섬을 주어 토쿠가와·마에다·모리·시마즈 등과 어깨를 나란히 하는 신분으로 만들었다.

문신 가운데 히데요시의 고굉지신이 된 이시다 미쓰나리는 10세 때 절의 심부름하는 아이로 있었는데, 매사냥을 나갔다가 휴식을 취하던 중에 눈에 띄어 히데요시 자신이 부렸으며, 마침내는 사와야 마 23만 섬을 받게 되었고, 고부교[91]의 필두로서 마음껏 활약했다. 그는 무단파의 눈엣가시로 여겨지기도 하고, 세키가하라 전투에서 패하기도 했기에 매우 간사하고 약아빠진 사람인 것처럼 악선전되 었으나, 히데요시의 눈에 든 사람이었던 만큼, 당시 최고의 정치가

---

91) 五奉行. 토요토미 정권 말기에 정권의 실무를 담당했던 5명의 부교. 마에다 미쓰 나리(행정)·아사노 나가마사(사법)·마에다 겐이(종교)·마스다 나가모리(토목)·나 카쓰가 마사이에(재정) 등이었다.

로서 손색이 없는 인물이었다. 수학적 재능이 뛰어났던 나가쓰카 마사이에가 발탁되어 단번에 1만 섬을 받으며 오오쿠라타이후로서 활동한 것도, 추고쿠 정벌 때 강화를 위해 모리 쪽에서 파견했던 안고쿠지 에케이를 채용하여 기밀한 정무를 담당케 했던 것도 전부 히데요시의 감식력을 이야기해주는 부분이다.

히데요시가 부하를 너그러이 용서하고 적이라 할지라도 일단 항복하면 그를 살려주어 기용한 것은 그의 커다란 도량 때문이기도 했는데, 자연스러운 결과로 그것은 또한 그가 대업을 이루는 데 커다란 도움이 되었다. 아니, 그는 자신의 대업을 돕게 하고, 신하로 훗날 활용하기 위해서 가능한 한 인재를 잃지 않으려 했던 것임에 틀림없다. 설령 강적이었던 자를 살려주었다고 해서, 그 스스로가 훗날 어려움을 겪거나 반역을 당하게 될 것이라고는 조금도 생각지 않았다. 실제로 그와 같은 일은 단 한 번도 없었다.

오우를 평정한 해의 연말에 오오사키·카사이의 옛 땅이었던 곳에서 민중봉기가 일어나 새로운 영주인 키무라 키요히사 부자를 포위하고 공격한 일이 있었다. 이는 다테 마사무네가 마수를 내밀어 오슈를 소란스럽게 만든 뒤, 그 기회를 잘만 이용하면 이득을 얻을 수 있겠다 싶어서 토호들을 선동했기에 시작된 일이었다. 이에 오우의 새로운 친고로 아이즈에 봉해진 가모우 우지사토는 이를 평정하여 키무라 부자를 돕지 않으면 안 되었다. 이때 마사무네 는 히데요시가 예전에 해두었던 명령에 따라서 길잡이 역할을 맡게 되었는데, 지나는 길이 자신의 영지였기에 은밀히 획책하여 가모우 세력을 곤경에 빠뜨려서 우지사토를 실각케 하려 했다. 그러나 우지사토의 깊은 사려와 무위 덕분에 커다란 탈 없이 무장봉기를 가라앉혔다.

이때 마사무네가 음모를 꾸몄다는 증거를 우지사토가 쥐었다. 다테의 가신이 마사무네를 배반하여, 마사무네와 무장봉기 세력 사이에서 오갔던 통신문서를 우지사토에게 바친 것이었다. 이렇게 해서 우지사토는 공을 인정받아 녹봉이 크게 오른 데 반해서 마사무네는 아사노 나가마사에게 식은땀이 흐를 정도로 혼쭐이 났을 뿐만 아니라, 히데요시가 직접 따져물을 생각이니 상경하라는 명령을 받았다. 마사무네는 이번에야말로 용서받지 못하리라 각오하고 스스로의 책형에 쓰기 위해서 금박을 입힌 커다란 십자가를 만들게 한 뒤, 그것을 앞세워 쿄토로 올라갔다.

마침내 히데요시가 문초를 시작하자 마사무네는, '결코 이심은 없다.'고 강변했다. 이에 예의 마사무네 자필 문서를 증거로 내밀었다. 그러나 마사무네는,

"이는 참으로 어처구니없는 일입니다. 참으로 제 자필 문서와 똑같습니다만, 이는 필시 참언을 한 자의 위조임이 틀림없습니다. 그 증거로 제가 쓰는 할미새 모양의 수결은 한 달에 3번씩 눈의 모양을 바꿉니다. 그런데 참언을 한 자도 거기까지는 알아내지 못했는지 저의 것과는 다릅니다."라며 반박을 위한 증거물건으로 자필 편지를 여러 장 내밀었다. 그것을 살펴보니 과연 마사무네의 말 그대로여서, 우지사토가 제출한 증거물건과는 차이가 있었다.

아사노 나가마사를 비롯하여 유키 히데야스 이하 이에야스의 부하 등, 이번 소동으로 마사무네가 우지사토에게 이심을 품고 있다는 말을 듣고 오우로 달려갔던 무리들은 주변의 정황으로 보아 마사무네가 한없이 의심스러웠으나, 어떠한 질문을 던져도

마사무네가 교묘하게 변명하며 무죄를 완강히 주장했기에 이제는 오로지 히데요시의 심증에 의해서만 마지막 판결을 내릴 수밖에 없었다. 그런데 히데요시가,

"그래, 이제는 의심이 전부 풀렸네."라고 선언했다. 덕분에 마사무네는 혐의가 풀려 무죄의 몸이 되었다. 히데요시의 이러한 판단에 사람들은 내심 커다란 불만을 품었다. 그러나 달리 방법이 없었다. 이이 나오마사도 어느 날 이에야스에게,

"당시 제가 오슈에서 보고 들은 바에 의하면 마사무네의 이심은 분명한 것이었습니다. 그런데 그리 쉽사리 사면하시다니, 요즘 전하(히데요시)의 보는 눈에 잘못이 있는 듯합니다."라고 말했다. 그러자 이에야스는,

"아니, 그것은 그대의 보는 눈이 아직 낮기 때문일세. 태합께서는 모든 사실을 알고 계실 것이네. 알고 있으면서도 모르는 척 그렇게 용서한다는 점에 태합의 위대함이 있네. 이번에 사면을 해준 것도 역시 마사무네가 모반을 꾀했으면서도 훗날 빠져나갈 구멍을 잔뜩 만들어놓은 계획의 치밀함과, 소환에 응해서 지체하지 않고 상경하여 어디까지고 무죄를 주장한 대담함을 보고, 잘만 쓰면 도움이 되겠다고 생각했기 때문일세. 마사무네가 제아무리 뻔뻔해서 심모원려한들 태합의 담략[膽略]에는 맞설 수 없네."라고 비평했다.

이후, 조선을 침략하게 되었다. 마사무네도 조선으로 건너가라는 명령을 받고 각지에서 분전했다. 그는 전에 히데요시가 자신의 말에 속아넘어간 것이라고는 생각지 않았다. 어쨌든 변명이 통했기에 용서를 해준 것이라고 생각하여 언젠가는 그 은혜를 갚을 때가 오기만을 기다리고 있었다. 그리고 바로 그때 기회가 온 것이었다.

어느 날, 세야쿠인 젠소가 나고야의 본영에서 마사무네의 전공을 자꾸만 선전해서 은근히 히데요시로부터 상을 받게 하려고 했다. 히데요시는 곧 낯빛을 바꾸어,

"예전에 오슈의 적도들이 봉기한 것이 누구의 선동 때문이라고 생각하는가? 그때의 죄를 용서하고 그의 영지를 안도한 것은, 오늘 그를 쓰기 위해서였네. 어찌 그의 전공 따위를 그리 요란하게 칭찬하는 겐가. 자네, 마사무네의 꼬임에 넘어간 것인가?"라고 야단을 쳤다.

호코지 대불의 개안공양이 있던 날의 일이었다. 도읍에 있던 모든 다이묘와 쇼묘들이 수행을 했으나, 마에다 토시이에만은 '병'을 칭하고 참석하지 않았다. 그러자,

"마에다 나리가 모반을 꾀하고 있다는 말을 들었습니다. 오늘의 행차에는 충분히 주의를 기울여야 합니다."라고 밀고한 자가 있었다. 이 말을 들은 히데요시는 불같이 화를 내며,

"누가 그런 말을 한 것이냐. 내가 세상을 떠나고 나면 진심으로 눈물을 흘려줄 자는 토시이에다. 그런데 모반이라니, 참으로 허황된 말을 하는 놈이로구나. 사로잡아다 토시이에에게 넘겨라."라고 명령했다. 밀고한 자는 그 자리에서 사로잡혔으며 테라니시 치쿠고 노카미(寺西 筑後守)가 압송하여 토시이에의 저택으로 가서 사정을 설명했다. 그 말을 들은 토시이에는 크게 감격하여 병든 몸을 이끌고 히데요시를 만나 두터운 신애[信愛]에 감사의 말을 전했다. 히데요시는 눈물을 머금은 채,

"그대에게 히데요리를 돌봐달라고 부탁했기에 누군가가 자신의 생각과는 달리 일이 틀어졌기에 우리의 교정을 찢어놓으려 꾀한

것일지도 모르네. 잘 신문해보도록 하게."라고 말했다. 토시이에는 더욱 감격하여 눈물을 흘리며 자리에서 물러났다.

어느 날 태합은 후시미 성의 대서원[大書院]에서 토쿠가와·마에다·모리·우키타·우에스기와 면담했다. 그 자리에 그들의 칼 5자루가 놓여 있었다. 그것을 본 태합이,

"이 칼이 누구의 것인지 한번 맞혀보겠네."라고 말한 뒤, 하나하나 이것은 누구, 저것은 누구의 것이라며 이름을 대었다. 곁에 있던 마에다 겐이가,

"어찌 아셨습니까?"라고 신기하다는 듯 물었다. 태합이 웃으며,

"그다지 어려울 것도 없는 일일세. 히데이에는 화려한 것을 좋아하니 황금으로 장식한 것을 그의 것이라고 보았네. 카게카쓰는 선대로부터의 가풍을 이어받아 긴 칼을 가지고 있을 것임에 틀림없네. 토시이에는 마타자에몬이라고 불리던 시절에 자신이 직접 해온 일을 잊지 못하는 사람이니 가죽으로 감은 것이 그의 칼일 것이라 생각했네. 테루모토는 조금 특이한 것을 좋아하니 이것이 그의 칼 아니겠는가. 여기에 아무런 장식도 없는 것이 이에야스의 칼임에 틀림없네. 그는 칼의 장식 따위에는 신경도 쓰지 않으니."라고 말했다. 실제로 칼의 주인은 히데요시가 말한 그대로였다.

(3) 넘쳐나는 은정

그는 아직 대업을 이루기 전부터 이미 사람들 위에 서기에 적합한 소질을 내보이고 있었다.

그는 자신의 가신이나 하인 가운데 일을 그만두려 하는 자가 있으면(그 시절은 봉건제가 확립된 토쿠가와 시절과는 달리, 주군

과 신하의 관계는 대부분 고용인, 혹은 용병이라고도 할 수 있는 상태였다.) 사람을 보내, 직접 와서 그만둘 것을 청하라고 전했다. 그리고 그 자가 찾아오면 히데요시는 스스로 차를 끓여 내어주고 선물로 칼이네 단도네 하는 것들을 주었으며 마지막으로,

"어디로 가든 그대 생각 같지 않다면 어려워할 것 없이 돌아오도록 하게. 언제든 다시 고용해줄 테니."라고 다정하게 말했다. 실제로 그러한 자가 다시 찾아와서 청하면 흔쾌히 그를 받아주었다.

그 다정한 마음, 넓은 도량은 곧 훗날 대장 중의 대장이 될 만한 자질 가운데 하나였다. 은정주의는 사회주의적 사상이 일어난 이후, 자본가의 트릭 가운데 하나로 인식되어 반감을 사고 있지만, 고용관계가 존재하는 한 주인의 은정은 없는 것보다 있는 것이 좋다는 점은 말할 필요도 없으리라. 게다가 그러한 은정은 설령 의식적인 트릭이라 할지라도 모든 주인들이 늘 가지고 있는 것은 아니다. 거기에는 역시 인정이 존재한다. 그 인정이야말로 의지할 곳 없는 인생에게는 더할 나위 없이 아름다운 보옥[寶玉]이다.

히데요시가 이미 대업을 이루고 난 뒤의 일이다. 어느 날 그는 한자리에 모인 장수들을 위해서 스스로가 차를 끓여 내주었다. 차를 끓여서 우선은 자신이 한 모금 맛을 본 뒤, 그것을 자리에 앉은 사람들에게 순서대로 돌려 한 모금씩 맛보게 했다. 찻잔이 돌고 돌아 오오타니 교부쇼유 요시타카(吉隆) 앞까지 왔다.

요시타카는 예전부터 심한 나병에 걸려 있었다. 걸핏하면 피고름이 콧물이 되어 흘러내릴 정도였다. 그 요시타카가 지금 자신 앞으로 온 찻잔을 들어 입으로 가져가려 하고 있었다. 순간 자신도 모르게 콧물이 흘러내려 찻잔 속으로 뚝뚝 떨어졌다. 요시타카는

깜짝 놀라 서둘러 차를 마셨으나, 그 찻잔을 다음 사람에게 건네줄 수가 없어서 난처해하고 있었다. 칼을 잡으면 일당백의 용사이자, 특히 전장에서 적의 기세를 살피는 데 있어서는 자타 모두가 인정하는 명민한 대장이었으나, 이러한 실수 앞에서는 어찌 해야 좋을지 몰라 참으로 진퇴양난에 빠진 듯한 기분이었다.

‘어찌해야 한단 말인가.’ 그의 머릿속으로 만 가지 생각과 만 가지 감정이 한꺼번에 몰려들어 고개조차 들 수 없었다. 그러나 객관적으로 그것은 한순간의 일이었다. 그때,

“요시타카, 그 차는 이제 식은 듯하네. 지금 다시 끓일 테니 이리로 가져오게.”라고 평소와 다름 없는 주군의 말이 들려왔다. 형안을 지니고 있으며, 주의력이 예민한 히데요시가 요시타카의 실수를 놓쳤을 리가 없었다.

“넷.”하고 눈물겹게 생각하며 대답하기는 했으나, ‘그리 말씀하시니.’하고 바로 내민다는 것은 도저히 있을 수 없는 일처럼 여겨졌다. 사죄를 위해 할복할 결심을 하고, 자신의 실수를 참으로 부끄러워하고 있었다.

“이리 가져오라 하지 않았는가.” 다시 들려온 말은 그를 책하는 것처럼 들려왔다. 이제 더는 다른 방법이 없다고 생각한 요시타카는 마음을 정하고 찻잔을 내밀며 가만히 넘겨받는 주군의 얼굴을, 만 번 죽어 마땅한 죄를 사과하는 듯한 눈으로 조용히 바라보았다. 찻잔을 받은 히데요시는 아무 일도 없었다는 듯 단숨에 그것을 마셔버리고(이렇게 전해지고 있으나 버린 것이리라.) 다시 새로 끓여서 다음 사람에게 직접 건네주었다. 아끼는 신하의 불가항력적인 실수를 자리에 있는 여러 장수들 앞에 드러내어 요시타카에게

견딜 수 없는 수치를 맛보게 하는 것은, 히데요시로서도 도저히 견딜 수 없는 일이었다. 그 견딜 수 없다는 마음이 순간적으로 발동한 것이었다. 이러한 마음, 그것이 피와 눈물이 있는 사내의 마음에 울리지 않을 리 있겠는가. 명장 요시타카가 몸과 목숨을 주군을 위해서 바쳐야겠다고 굳게 결심한 것은 주군의 그러한 마음에 감사의 눈물을 흘렸기 때문이다. 이 마음이야말로 필부에서 몸을 일으킨 그가 수많은 맹장들을 자신의 수족처럼 부려 커다란 업적을 성취할 수 있었던 가장 기본적인 힘 가운데 하나였다.

3. 인간 히데요시

인간으로서의 히데요시. 그의 장점, 혹은 교활함 내지는 그의 성격에 대해서는 그의 업적을 이야기하며 가능한 한 이야기도 했고 암시도 했다고 생각하나, 여기서 다시 한 번 그것들을 정리하고 또 아직 이야기하지 않은 여러 가지 일화를 기록하기로 하겠다.

(1) 젊은 날의 히데요시

소년 시절의 히데요시가 꼬맹이였으면서도 굉장한 장난꾸러기 였으며, 골목대장이었다는 사실은 유명한 전설이다. 그런데 당시 그에게도 지지 않을 만큼의 악동이 있었는데, 원숭이의 몸집이 작은 것을 보고 어느 날 그를 시궁창 속에 처박아버렸다. 원숭이는 온몸이 진흙투성이가 되었다. 골목대장인 원숭이의 명예를 생각한 다면 이러한 일을 당했으니 그 악동에게 복수를 하지 않으면 안 될 터였다. 그러나 원숭이는,

"멍청이가 하는 짓에 신경 쓸 필요 없다."라고 중얼거리며 전혀 개의치 않았다. 난폭한 자와 엮여서 결국 어딘가 다치기보다는 차라리 싸우지 않는 편이 현명하다는 사실을 알고 있었던 것이다. 그는 소년 시절부터 무모한 행동은 하지 않았다. 조금 과장스럽게 말하자면 은인자중[隱忍自重]하는 법을 알고 있었던 것이다.

그의 은인자중은 낮은 신분으로 노부나가를 섬기던 시절에 가장 크게 발휘되었다. 『논어[論語]』에 '작은 일을 참지 못하면 큰일을 도모할 수 없다.'는 가르침이 있는데, 토키치로는 배우지 않고도 이를 체득하고 있었다. 그가 젊은 시절부터 늘 호언장담하며 동료는

물론 선배들까지도 안중에 없는 듯 행동했다고 전해지는 속설이 적지 않으나, 아마도 그것은 후세 사람들이 만들어낸 이야기일 것이다. 그가 안중에 사람이 없는 듯한 언동을 취한 것은 크게 출세를 한 뒤부터의 일이었다.

그가 아직 노부나가의 부장이었던 시절, 하루는 동료들이 한데 모여서 세상의 이런저런 이야기로 꽃을 피우고 있었다. 한 사람이 말하기를,

"하타케야마 요시나리(畠山 義就)의 가신인 카와치(지)노스케(河内介) 아무개라는 자는 문무를 겸비한, 근래 보기 드문 인물이야. 그는 무기를 쥐면 일당백의 용사일 뿐만 아니라, 문학적 소양까지 지니고 있어서 그의 5자(15cm)쯤 되는 투구의 장식물 오른쪽에는, '운은 하늘에 있으니 적을 보고 물러나지 말라.'고 한문으로 새겨져 있고 왼쪽에는, '사람은 모두 함부로 나서지 않는 것이 좋다. 싸움에서조차 선진에 서지 않는 것이 좋다.'고 새겨져 있어. 정말 훌륭한 무장이야."라고 칭찬했다. 자리에 있던 자들 모두 감탄한 듯 듣고 있었다. 그러자 독창성을 지니고 있는 히데요시가 비평했다.

"그 노래의 취향도 나쁘지는 않지만 나라면, '사람은 모두 적극적으로 나서는 것이 좋다. 싸움에서는 선진에 서라.'라고 하겠네."라고 말했다. 자리에 있던 사람들은,

"또 토키치로가 본색을 드러냈군."이라며 웃었으나, 이는 인간 히데요시의 특색을 100% 표현한 일화라고 할 수 있으리라. 그는 진정한 적극주의자라고 할 수 있었다.

(2) 상냥한 히데요시

히데요시는 매우 상냥한 사람이었다. 관백(전하)·태정대신·태합 등 관위나 명칭은 참으로 거창했으며 스스로도 위엄을 한껏 드러냈지만, 일상에서의 대응이나 생활은 더없이 소탈하고 진솔한 것이었다. 귀족 사이에서의 이른바 평민주의는 히데요시에 이르러 철저하게 이루어진 듯하다.

어느 날, 치쿠젠의 타치바나 무네시게가 문안을 위해서 오오사카로 올라와 진상품인 은자 100개를 올려놓은 대를 앞에 두고 히데요시를 기다리고 있었다. 그러자 우당탕 요란한 발소리가 들리더니 남자와 여자들이 무엇인가 큰소리로 소란을 피우며 안채에서 달려나오는 듯한 기척이 느껴졌다.

'이거 큰일이 난 모양이로구나.'라며 긴장한 채 지켜보고 있자니 허리끈도 제대로 묶지 못한 모습으로 히데요시가 가장 먼저 달려왔으며, 비구니인 코조스가 히데요시의 칼을 들고 뒤를 이었고, 유모가 히데요리를 안은 채 나오는 모습이 보였다.

"전하, 무슨 일이시옵니까?"라고 다급하게 묻는 무네시게의 질문에 히데요시는,

"오오, 사콘쇼겐 아닌가. 문안을 온 겐가? 지금 히데요리의 새끼 참새가 달아나서 그놈을 쫓고 있는 중일세."라고 말하며 껄껄 웃었다. 사랑하는 아들 히데요리를 위해서 기르던 새끼 참새가 달아나자, 이제는 할아버지라고도 할 수 있는 히데요시가 정신없이 그 뒤를 쫓는 모습은, 그저 팔불출이라며 웃어 넘기기에는 너무나 인간미가 넘치는 장면이었다.

한편, 히데요시는 무네시게가 가져온 물건을 보더니,

"선물로 이 은자를 주려는 것인가? 이건 좀 과하군."하며 자신의

손으로 1개만을 덥석 집은 뒤,

"나는 이것만 받도록 하겠네. 나머지는 그대에게 주겠네. 쿄토는 꽤나 재미있는 곳이니 이걸로 쿄토를 천천히 둘러보고 오도록 하게."라고 말했다.

어느 해의 정월 초하루, 아직 날이 밝기도 전부터 새해 인사를 올리기 위해서 다이묘와 쇼묘들이 오오사카 성의 센조지키(千疊敷)에 모여 있었다. 초롱불이 곳곳에 밝혀져 있었으며 수십 개의 커다란 화로에서 숯불이 활활 타올라 다이묘들의 얼굴을 붉게 물들이고 있었다. 마침내 대부분의 사람들이 모였다 싶었을 때, 히데요시가 잠옷 차림에 머리 따위는 물론 빗지도 않은 채 코조스에게 칼을 들게 하고 몸종에게 초를 들게 하여 그곳으로 불쑥 들어왔다.

"새벽부터 성에 들어오시느라 고생들 많았소. 오늘 아침은 한층 더 추운 듯하군. 모두 추울 테니 불을 쬐시게. 우선 술을 한잔 내도록 하지."라며 몸종들에게 준비를 명하자, 시동들이 속속 술과 잔을 가지고 들어왔다. 술잔이 한 바퀴 돌고 나자 히데요시는,

"그럼 자리를 정하겠네."라며 스스로 일어나 누구는 여기, 귀공은 저기 하고 일일이 자리를 정해준 뒤,

"이제는 나도 옷을 갖춰 입고 와야겠군."하며 안으로 들어갔다가 곧 되돌아와 형식에 따라서 신년을 축하하는 인사를 받았다.

하카타의 차(茶) 박사인 카미야 소탄(神谷 宗湛)의 『차 일기[茶日記차닛키]』라는 것이 있다. 거기에는 그가 태합을 알현했을 때의 일들이 당시 히데요시가 했던 말과 함께 기록되어 있다.

소탄이 상경하여 처음으로 히데요시를 알현했을 때, 다른 차 박사들을 따라 들어갔으며 사람들 뒤에 자리하고 있자니 히데요시

가 곁의 사람을 돌아보며,

"치쿠시(筑紫)의 다인은 누구인가?"라고 물었다. 마침내 대대적인 다도회가 시작되자,

"오늘은 사람들의 숫자가 많아서 40섬의 차만으로는 부족할 듯하니 패랭이꽃과 송화 차를 지금 빻아서 각 사람들에게 마시게 하라."라고 명령했다. 그 간명직절[簡明直截]함은 참으로 마음에 드는 것이었다. 그 이후 소탄이 다시 상경하여 주라쿠에서 두 번째로 알현했을 때에는,

"반갑구나. 잘도 올라왔다. 곧 차를 마시게 해주겠네."라고 말했다. 필부에 지나지 않는 소탄을 다이묘들과 다르지 않게 맞이하는 모습이었다. 세 번째로 모모야마의 어전에서 배알했을 때 히데요시는 다실에 있었는데, 찾아온 소탄을 위해서 스스로 자리에서 일어나 방문을 열어, "들어오게."라고 말했으며, 직접 차를 끓여서 소탄에게 마시게 해주었다. 그 태도의 솔직함, 상하귀천을 차별하지 않고 응접하는 모습은, 일개 평민 따위 전혀 안중에도 없다는 듯한 태도를 취하며 거들먹거리는 세상의 귀족이나 명사들과는 전혀 다른 것이었다.

그가 아직 젊고 건강할 때의 일이었다. 어느 해에 요도가와가 범람하여 둑이 무너졌기에 백성들이 흙가마니를 날라 서둘러 수복하기에 분주했다. 마침 순찰에 나섰던 히데요시는 그 모습을 보고, '그냥 내버려두면 셋쓰와 야마시로 모두 물바다가 된다.'고 생각했기에 서둘러 탈것에서 뛰어내려, 곁에 서서 이리저리 둘러보고 있던 미야베 쇼보 케이준(宮部 祥房 継潤)의 가신인 토모다 사콘에몬(友田 左近右衛門)을 손짓하여 부르더니,

"그대는 나와 맞춤한 어깨 높이 아닌가. 자, 그쪽을 짊어지게."하고 하나둘, 하나둘 하며 흙가마니를 옮기기 시작했다. 이러한 모습을 보고 수행하던 자들도 가만히 있을 수는 없었다. 다이묘든 쇼묘든 가신들과 함께 흙가마니를 나르지 않을 수 없었다. 구경하던 사람들과 지나던 사람들도, 남녀 할 것 없이, 스님들도 초닌들도 히데요시를 따라서 앞다투어 열심히 흙을 나르기 시작했다. 그랬기에 단시간 만에 복구공사를 마칠 수 있었다. 허세나 일을 가벼이 보는 마음이 있었다면 이러한 일은 하지 못했을 것이다. 히데요시에게는 늘 단단한 마음가짐이 있었던 것이다.

글에 서툰 히데요시였으나 항우[項羽]처럼, '글은 이름을 쓸 수 있을 정도면 충분하다.'라는 등의 궁색한 변명으로 허세를 부리는 사람은 아니었다. 장수들 가운데 글을 잘 쓰는 자가 있으면 매우 아꼈으며, 그에게 글을 쓰게 하고는 크게 기뻐했다.

어느 날, 가모우 우지사토가 문안을 오자 아직 인사도 제대로 끝나기 전부터,

"마침 잘 왔네. 그대는 글을 잘 쓰지 않는가? 시가집을 하나 써주게."라며 얼른 좌우에 명하여 벼루와 붓을 가져오게 한 뒤, 책을 하나 쓰게 했다. 그런 다음 천천히 여러 가지 이야기를 나누었다.

(3) 밝은 헤아림

밝은 헤아림을 가진 자는 대부분 사람들의 두려움의 대상이 될 뿐, 친밀함은 주지 못한다. 사람들에게 늘 방심할 수 없다는 생각을 품게 만들기 때문이다. 대체로 인망을 얻은 사람, 사람들

위에 서서 통솔하는 사람은 어딘가 반드시 어리숙한 점이 있기 마련이다. 아니, 정말 커다란 인물의 경우에는 참으로 밝은 헤아림을 가지고 있으나 그것을 교묘하게 위장하여 어리숙한 모습을 내보이는 방법을 알고 있다. 히데요시가 그랬다. 그에 관한 재미있는 일화가 있다.

어느 해, 히데요시는 히가시야마의 송이버섯이 풍년이라는 말을 듣고,

"그렇다면 송이버섯을 따러 가볼까."하여 산을 찾기로 했다. 이에 관원들이 먼저 가서 사전답사를 하게 되었다. 그런데 벌써 다른 사람들이 전부 따가고 난 뒤로 남은 것은 얼마 되지 않았다. 이래서는 흥이 나지 않을 것이라 생각한 그들은 은밀하게 손을 써서 다른 곳의 송이버섯을 구해다 그곳에서 자란 것처럼 심어놓게 한 뒤 히데요시가 올 날을 기다렸다. 히데요시는 집안의 여자들 여럿과 함께 화려하고 떠들썩하게 나서서 히가시야마로 향했다. 가서 보니 산 곳곳에 송이버섯이 지천으로 자라 있었다. 히데요시는 이거 참으로 굉장하다고 매우 흐뭇해하며 어린아이처럼 신이 나서 버섯을 땄다. 그러한 모습을 보고 곁에 있던 여자가 히데요시의 소맷자락을 잡아당기며,

"전하, 이는 사람들이 심어놓은 것이옵니다. 자연스럽게 자란 것과 사람들이 심어놓은 것 사이에는 어딘가 약간 차이가 있습니다. 잘 살펴보시기 바랍니다."라고 혼자 똑똑한 척 말했다. 그러자 히데요시는 손을 내저어 그녀를 가로막고,

"됐네, 그 말은 말게. 우리를 기쁘게 해주기 위해서 모두가 노력을 하고 있지 않은가. 꽤나 고생을 했을 게야. 그 마음을 높이 사주어야

해."라며 빙그레 웃었다.

이와 비슷한 이야기가 있다. 야마시로노쿠니 안에 야마자토(山里)라는 곳이 있었다. 그곳을 우메마쓰(梅松)라는 스님에게 맡겼다. 그러자 스님은 그곳에 소나무를 부지런히 심었다. 얼마 간 시간이 흐른 뒤 우메마쓰가,

"이처럼 송이버섯이 잘 자랐습니다."라며 히데요시에게 헌상했다. 그러자 히데요시는,

"그런가, 이거 참으로 실하게 자란 송이버섯이로구나."라고 흐뭇해하며 칭찬했다. 그것이 기뻤는지 우메마쓰는 두 번이고, 세 번이고 또 자랐다며 버섯을 가지고 와서 헌상했다. 송이버섯이 이렇게 많이 날 리가 없다는 사실은 히데요시도 물론 짐작하고 있었다. 사실 우메마쓰는 태합을 기쁘게 해주기 위해 다른 곳에서 특상품의 송이버섯을 구해다 히데요시에게 바친 것이었다. 우메마쓰가 또 송이버섯을 가지고 왔다는 말을 들은 히데요시는 근시를 불러,

"이제 그만 됐다고 전하게. 버섯이 너무 많이 나는 듯하니."라고 말했다.

케이초 원년(1596) 7월 12일, 킨키 지방 일대에 커다란 지진이 일어나서 후시미 성의 누각까지도 절반쯤 무너져버리고 말았다. 토쿠가와 이에야스는 서둘러 후시미 성으로 찾아가서 태합의 안부를 살핀 뒤,

"이러한 변이 일어났으니 금리[禁裏]에도 사자를 보내시겠습니까?"라고 물었다. 히데요시는,

"주상도 이만저만 놀라지 않으셨을 테니 사람을 보내기보다는 내가 직접 들어가서 뵙도록 하겠네. 그대도 함께 가도록 하세."라며

그 자리에서 바로 사람도 거느리지 않고 걸어서 궁궐로 향했다. 이에야스 뒤로는 이이 나오마사와 혼다 타다카쓰가 따르고 있었다.

수백 미터를 갔을 무렵, 히데요시가 발걸음을 멈추더니,

"요즘에는 잘 걷지를 않았더니 허리가 무지근하군. 이걸 그대의 가신에게 좀 들라고 하게."라며 칼을 벗어 이에야스에게 건네주었다. 타다카쓰가 그것을 들겠다고 했으나 이에야스는 건네주지 않고 그대로 자신이 든 채 걸었다. 히데요시가,

"아니, 그건 안 될 말일세. 가신에게 건네주게."라고 간곡히 말했기에 이에야스는 그것을 나오마사에게 건네주었다. 이렇게 한가로이 이야기를 나누며 걷고 있자니 히데요시의 부하들이 가마꾼을 재촉해서 숨을 헐떡이며 달려왔기에 히데요시는 거기에 올라 궁으로 들어갔다.

임금을 알현하고 후시미 성으로 돌아온 히데요시가 곧 혼다 타다카쓰를 불렀다. 무슨 일인가 싶어 타다카쓰가 히데요시 앞으로 가자 히데요시는 미소를 지으며,

"타다카쓰, 자네는 기운이 넘치고 주인을 극진히 생각하는 자이니, 오늘 나의 칼을 나이후(內府이에야스)가 든 채 그대에게 건네주지 않았던 일을 더없이 답답하게 생각했을 테지만, 그대의 주인은 도량이 큰 자로 자네처럼 소견이 좁은 자는 그 마음을 이해하지 못할 걸세."라고 말했다. 타다카쓰는 정곡을 찔렸기에 한없이 움츠러드는 듯한 기분이었다.

(4) 그 외의 일화

야규 마타에몬 무네노리(柳生 又右衛門 宗矩)는 검도의 달인이

었다. 그는 칼을 들지 않은 채 사람과 맞서서 그를 베려 하는 칼을 맨손으로 제압하는 참으로 놀라운 기술을 가진 자라는 평판이 높았다.

어느 날 관백 히데쓰구가 무네노리를 불러 그 묘수를 전수하라고 명했다. 그러자 무네노리는 매우 떨떠름한 표정으로,

"그러한 일도 해보기는 했습니다만, 칼을 가지고 있지 않은 만약의 경우에는 어떻게 하는 것이 좋을지 그저 시험 삼아서 해본 것일 뿐, 전수해드릴 만한 것은 되지 못합니다."라며 사퇴했다. 그러자,

"네 이놈!"하며 히데쓰구가 칼을 빼들고 무네노리를 베려 했다. 그 순간 무네노리는 그 칼의 손잡이 쪽으로 파고들었다. 접근하게 두어서는 안 된다고 생각한 히데쓰구가 초조한 모습으로 정면에서부터 칼을 내리쳤다. 그러자 무네노리는 몸을 피하더니 그와 동시에 히데쓰구를 걸어찼다. 히데쓰구는 버티지 못하고 비틀거렸으며, 칼은 2간(3.6m)쯤 날아가버리고 말았다. 바로 달려간 무네노리가 히데쓰구의 손을 잡고,

"참으로 황공하게도 커다란 무례를 범했습니다."라고 말하며 머리를 조아렸다.

"아니, 참으로 훌륭했네."

히데쓰구는 크게 감탄하여 그 자리에서 무네노리의 제자가 되었다. 그리고 히데쓰구는 키노시타 한스케를 히데요시에게로 보내서 그날의 모습을 말하게 하고,

"전하께서도 입문하시어, 만일의 경우에 대비하여 무테카쓰류(無手勝流)를 연습하시는 것이 어떻겠습니까?"라고 권하게 했다.

이 말을 들은 히데요시는 매우 언짢아하며,

"지금 자네가 한 말 그대로 관백이 했단 말이냐?"

"틀림없이 이대로 말씀하셨습니다."

"틀림없단 말이지. 만약 그와 같은 생각을 지녔다면 히데쓰구는 어차피 나의 뒤를 잇지 못할 것이다. 천하를 다스려야 할 몸으로서, 다른 자에게 칼을 쥐게 하고 그에 맞서 이긴들 무슨 소용이 있겠느냐. 나는 군웅을 정복했으나 내 스스로는 사람을 베지 않았으며, 다른 이로 하여금 베게 하겠다는 생각을 가지고 임해왔다. 그 히데쓰구는 얼마나 어리석은 놈이란 말이냐."라고 말한 뒤 한동안 분을 삭이지 못하는 듯한 모습이었다고 한다.

쿠로다 조스이(요시타카)는 이렇게 말했다.

"나는 장기를 매우 좋아해서 가끔 불려가 태합과도 관백(히데쓰구)과도 상대를 해보았네. 승부에 임하는 두 분의 모습은 매우 달랐네. 히데쓰구 공은 나보다 조금 잘 두셨기에 내가 지는 경우가 많았지. 그러면 공은 반드시, '일부러 져준 것 아닌가? 정말로 진 것인가? 정말로 진 것이라면 그렇다고 맹세를 해보게.'라고 다그쳐서 완전히 주눅들게 만든 다음 다시 시작하셨네. 그런데 태합께서는 말 움직이는 법만을 간신히 알고 계실 뿐이었으나, 그래도 천하의 명인들을 상대로 삼으셨으며 일부러 져주면, 일부러 져줬다는 사실을 뻔히 알고 계시면서도 한 번 더 두자고 해서 이번에도 이기면 참으로 유쾌하다는 듯 웃으며 기뻐하셨다네. '히데쓰구처럼 그렇게 얽매여서는 나의 뒤를 이어 천하를 다스리기는 어려울 게야.'라고 말씀하셨는데 실제로 그렇게 되어버렸네."

두 사람의 성격이 이 조그만 일 속에도 잘 드러나 있다.

평소 히데요시 가까이서 그를 섬기는 아무개 아미(阿彌)라는 동자승(다도 담당)이 있었는데 매우 되바라진 아이였으나 히데요시의 마음에 들었다. 그런데 어느 날, 그 동자승의 말이 히데요시의 심기를 건드렸기에 히데요시가 지팡이를 들고 이놈, 하며 달아나려는 그의 뒤를 쫓았다. 마침내 곧 잡힐 듯하자 아이가 갑자기 돌아서더니,

"전하, 잠시 기다려보시기 바랍니다. 전하나 저나 별반 다를 것은 없다고 생각합니다. 전하께서는 단지 남보다 조금 나으실 뿐입니다. 오늘은 제가 잘못을 저질렀으나, 내일이면 전하께서 과오를 범하실지도 모릅니다. 하지만 누가 뭐래도 전하께서는 태합이시고 저는 보잘것없는 동자승이니 어쩔 수 없습니다, 그저 처벌을 받을 수밖에."라며 털썩 무릎을 꿇고 앉았다. 그의 말을 듣고, 그의 행동을 본 히데요시는,

"하하하, 꼬맹이가 잘도 지껄이는구나. 오늘은 용서를 해주겠다. 잠시만 기다려라."하고 멈춰 서서 고개를 갸웃거리다가 곧,

<세상은 오늘이야 슬프지만, 어제는 지났으며 내일은 알 수 없네>라고 즉석에서 읊고 천천히 자리를 떴다. 이 노래는 당시에도 전해져 사람들의 감탄을 자아냈다고 하는데, 틀림없이 명구이자, 그보다 대쪽 같은 히데요시의 성격을 말해주는 아름다운 이야기이기도 하다.

히데요시는 학을 좋아하여 평소 뜰에서 학을 기르게 했다. 그러던 어느 날 학을 돌보던 자가 잘못하여 학이 달아나버리고 말았다. 완전히 새파랗게 질려서 어찌 해야 좋을지 몰랐기에 히데요시를 찾아가서 묻자 히데요시는 그의 말도 제대로 듣지 않고,

“달아났다면 외국으로 날아가는 것이냐?”라고 물었다.

“아니옵니다. 사람의 손을 탔기에 그리 멀리 가지는 못할 것입니다.”라고 대답하고, ‘그렇다면 찾아서 잡아오너라.’라고 말할 줄 알고 있었는데 히데요시는 빙그레 웃으며,

“그러냐. 외국으로 나가는 것이 아니라면 어디든 나의 새장 안이나 다를 바 없으니. 그냥 내버려두어라.”라고 말했다.

어느 날, 그의 꾀주머니라 불리는 쿠로다 조스이가,

“오늘의 전하가 계신 것은 천성이 만인보다 뛰어나기 때문이라는 점은 말할 필요도 없을 테지만, 그를 위해서 어떠한 사려도 있으셨으리라 여겨집니다. 후학[後學]을 위해서 그 비결을 듣고 싶습니다.”라고 말했다. 히데요시는 껄껄 웃으며,

“전할 말도 비결도 없네. 단지 과거를 좇지 않고, 미래를 근심하지 않고, 오로지 그날그날의 일에만 일심불란으로 임해왔을 뿐일세.”라고 말했다. 참으로 천금의 가치가 있는 말이다.

(5) 세심한 히데요시

히데요시는 호방한 한편으로 매우 세심한 성격도 가지고 있어서 재정적인 면에서는 한 치의 빈틈도 없었다. 직할지에서 거두어들이는 연공을 고료(御料)라고 했는데, 그것의 수취증서에는 태정대신 시절까지 자신이 직접 서명했다. 그것이 오늘날까지도 남아 있다.

제5편 히데요시의 정치와 남방 경략

1. 히데요시의 정치

토요토미 정부 내지 히데요시의 정치에 대해서는 그 어느 책에서도 자세히 이야기하지 않았다. 그것은 그가 집권한 기간이 그다지 길지 않았기에 (특히 대를 잇지 못했기에) 충분히 조직화되지 못한 때문이리라. 그러나 인간 히데요시를 알기 위해서는, 그가 어떠한 정치를 행했고 어떤 정치적 태도를 취했는지 한 차례 정리를 해보는 것도 필요할 듯하다.

(1) 정부의 조직

텐쇼 13년(1585) 7월, 관백의 자리에 올라 국가의 정치를 대행하게 되자 직속 부하들 가운데 5명을 선발하여 세이지부교(政治奉行)라는 것을 상치[常置]하였다. 이는 고닌슈(五人衆)라고도 불렸으나, 대부분은 고부교(五奉行)라는 이름으로 알려져 있다. 그들은 아사노 나가마사·마에다 겐이·마스다 나가모리·이시다 미쓰나리·나가쓰카 마사이에였다. (그들은 동시에 임명된 것이 아니라 적절한 때에 한두 명씩 임명되어 언제부턴가 5명이 된 듯하다.)

(『호안 태합기』 등에 의하면) 그들이 선임된 이유는, 나가마사는 강직한 인사로 히데요시의 처남이기도 했기에 신임이 두터워서 내외의 사무를 평정할 때면 반드시 참가토록 한 자. 겐이는 승려

출신이나 혼노지의 변 때 노부타다의 마지막 청을 받고 그의 아들인 산보시를 옹호했기에 히데요시를 섬기게 되었는데 그 재능을 인정받았을 뿐만 아니라 쿄토에 오래 머물렀기에 쿄토 내지는 조정의 사정에 정통했다는 점을 사서 쓰게 된 것이다. 다음으로 나가모리는 오와리 마스다무라(增田村) 사람인데 소년 시절부터 히데요시를 섬겼으며 녹봉은 겨우 300섬에 지나지 않았으나 슬기롭고 민첩하고 분위기를 읽는 감각이 뛰어나고 강직한 성격에, 특히 숫자 감각이 뛰어나서 손익에 밝았다. 그는 민중에게 고통을 주어서는 안 된다는 조건으로 미쓰나리·나가마사와 함께 정치상의 여러 가지 일을 처리하는 임무를 맡았다. 토요토미 정부의 성공은 경제적 역량과 그것의 적절한 배분에 힘입은 바가 매우 컸는데 거기에는 그의 힘이 크게 작용했다. 조선 침략 때 당시처럼 교통기관이 발달하지 못했음에도 그와 같은 대군을 움직이고 군수품도 비교적 원활하게 공급할 수 있었던 것 역시 그의 명민한 재능에 의한 바가 컸다. 훗날 에스파냐의 배가 표류하다 토사로 들어왔을 때 그곳으로 가서 다량의 적재물을 순식간에 처리한 일은 그의 비범함을 보여주는 하나의 일화로 여겨지고 있지만, 그의 성격이 소탈하고 또 다른 사람처럼 커다란 무명을 떨치지는 못했기에 세상에 그의 이름은 그리 크게 알려지지 않았다. 그러나 토요토미 정부에게 있어서 그의 존재는 매우 중요한 것이었다. 한편, 이시다 미쓰나리 역시 비범한 인재로 소년 시절부터 히데요시를 가까이서 모셨으며, 히데요시는 그의 재능을 아꼈다. <그는 직간을 하는 인사로 꼽혔다.>라고 호안은 기록했다. 마지막으로 나가쓰카 마사이에는 원래 니와 나가마사를 섬기던 자였는데, 재판 사무에 능숙했기에 그

능력을 인정받아 기용된 것이다.

고부교는 에도 막부의 로주(老中토시요리)에 해당하는 것으로, 토요토미 정부의 각료다. 그 직무는 마에다 겐이가 쿄토의 쇼시다이 (시장 겸 경시청장 겸 재판장)로서 정무를 보았는데 신사와 불각에 대한 단속, 황실 및 공가에 관한 사무를 담당했다. 나가쓰카 마사이에는 재정경제부 장관으로 무사들에게 지급되는 봉록 및 그 외의 여러 가지 계산과 관련된 일을 담당했다. 다른 세 사람은 특수한 분담 없이(정무장관) 모든 민사를 적절히 집행했다. 그들은 정해진 사무는 각자가 집행했으며, 중요한 건은 5명이 협의하여 집행했고, 그 외의 일은 사안에 따라서 한 사람, 혹은 두 사람이 처리했다. 히데요시의 죽음을 전후로 하여 시국이 중대해진 이후부터는 고부 교 연서[連署]로 명령을 발했다.

히데요시는 그들이 정무를 집행함에 있어서 공정함을 유지하면 서도 사무를 간소하고 민첩하게 처리하게 하기 위해서 사무분담 외에도 여러 가지 규정(오키테가키)을 둔 모양이었다. 1. 각 쿠니의 문제, 모든 출납은 바로 결론을 낼 수 있도록 방심하지 말 것. 1. 소송에 대해서는 선입견 없이 잘 듣고, 부귀빈천에 휘둘려 부지불 식간에 실수를 저지르는 오명을 쓰지 말 것, 등의 계율도 정해두었 다. '사이쇼유시, 야마이노오보에(宰相有司, 病之覚)'라는 것은 고부교를 위한 각서인데, 거기에서는 1. 편파적이어서는 안 된다. 2. 공사를 혼동해서는 안 된다. 3. 탐욕에 빠지거나 유흥을 즐겨서는 안 된다. 이 세 가지를 특히 지적했다. 히데요시는 특히 정치를 행하는 자의 사곡[私曲]을 경계하여 다이칸(대리자)이나 농민과 사사 로이 교류하거나, 뇌물을 받아서는 안 된다고 엄하게 훈계했다.

　각료 및 참정관의 합의제를 취한 것은 카마쿠라 막부 이후 무가정치에서 반드시 행해진 형식이었는데 그 숫자는 시대에 따라서 조금씩 달라졌지만, 홀수였다는 점만은 대부분의 경우에 공통된 점이었다. 그것은 채결할 때의 편의를 고려한 것이라는 점은 말할 필요도 없으리라.

　히데요시는 만년에 들어 고타이로(五大老)를 두었다. 처음에는 토쿠가와 이에야스·마에다 토시이에·우키타 히데이에·모리 테루모토·코바야카와 타카카게 5명이었으나, 케이초 2년(1597)에 타카카게가 세상을 떠났기에 그 대신 우에스기 카게카쓰를 임명했다. 이는 고부교보다 직위는 높았으나 집정기관이 아니라 최고자문기관이었다. 히데요시는 자신의 목숨이 얼마 남지 않았다는 사실을 깨닫고 유약한 히데요리를 위해서 자기 대신 고부교를 지도·감독할 기관을 설치한 것이었다. (혹은 한 사람에게 집권을 맡기면 여러 장수들 사이의 관계가 좋지 않아져, 특히 중대한 위험이 발생하기 쉽기에 이와 같은 합의제를 구성한 것이다.) 그것은 일종의 추밀원[樞密院]과도 비견할 만한 것이었으나, 한편으로는 귀족원[貴族院]과도 같은 성질을 가지고 있었다. (이러한 경우 중의원에 해당하는 것이 고부교라는 기관이다.) 그리고 세상을 떠난 해인 케이초 3년(1598)에는 이코마 치카마사(生駒 親正)·나카무라 카즈우지·호리오 요시하루 세 사람을 추로(中老)로 삼았다. 이는 고부교와 고타이로 사이에 만약 의견의 소통이 원활하지 못한 사태가 발생한 경우에 그 중간에 개입하여 조정을 꾀하게 하기 위한 것이었다. 이렇게 해서 히데요시는 자신이 죽은 뒤에도 이들 각 기관이 원활히 정무를 처리하여 히데요리를 돕기를 희망했던 것이다.

(2) 히데요시의 정치적 이상

히데요시는 학자도 아니고 사상가도 아니었기에 심원한 정치사상 따위는 가지고 있지 않았다. 그러나 현실의 정치가로서 명확한 정치적 이상은 가지고 있었다. 말하자면 국내의 평화를 유지하고, 생산력을 왕성하게 하여 국부를 증진시키고, 상하 모두가 현세에서의 쾌락을 향수할 수 있게 하는 것. 그리고 그는 이들 이상을 상당한 정도까지 실현했다고 생각하여 자신의 정치가적 역량에 자부심을 품고 있었다. 그러한 이상들만 놓고 보자면, 그가 자부심을 품은 것도 당연한 일이었다.

일반적으로 그는 호전적인 사람으로 여겨지고 있다. 그러나 반드시 그렇지만도 않았다. 그렇게 보이는 것은 그가 살았던 시대가 전쟁을 필요로 하고 전쟁에서 이기는 자를 존경했기 때문이다. 국내를 평정하기 위해서는 아무래도 전쟁이 필요했다. 전쟁이 목적이 아니라 평화를 가져오기 위한 수단으로 전쟁을 하지 않을 수 없었던 것이다. 그랬기에 그는 이른바 '계략'으로 가능한 한 싸우지 않고 여러 장수들을 항복시키려 했다. 아무래도 싸울 필요가 있을 때에는 '순차공략'으로 압도하여, 이후로도 오래도록 전쟁을 하지 않아도 되는 상황을 만들었다. 윤리학적으로 말하자면 그는 일종의 쾌락주의자였다. 인생은 이 생을 향락하는 데 그 보람이 있다, 생의 목적은 쾌락이다, 라고 그는 생각했다. 평화를 즐긴 것도 결국은 그를 위한 수단이기 때문이었다. 생산을 늘려 부의 증진을 꾀한 것도 역시 현세 열락의 수단으로 재물은 선결조건이었기 때문이다. 따라서 궁극적으로 히데요시의 인생관·정치적 이념은 인생 향락이라는 한마디로 요약된다고 해도 좋을 것이다. (이는 그 시대 사람들에게 공통된 것이었다.) 그는 전반생의 고생으로 인해서 그 이상을 실현했다. 그리고 난마처럼 뒤얽힌 세상과 도탄에 빠져 신음하는 백성을, 어쨌든 밝고 명랑하고 즐거운 것으로 만들었다. 그가 마침내 권력을 쥐자마자 키타노에서 대대적인 다도회를 시도한 것은 백성과 함께 즐기겠다는 소망의 표징 가운데 하나였다. 주라쿠다이로 주상의 행행을 청한 것도 오랜 세월 곤궁함을 참아온 폐하를 위로하고 공경들과 함께 즐기겠다는 생각의 대표적인 행동이었다. 각 장수들과 함께 향락을 즐긴 일은 이 책의 곳곳에서 이야기했다. 그리고 다이고에서의 꽃놀이는 가족과 근신들과 자기 주변의 사람들에게 즐거움을 주기 위한 뜻의 표현 가운데 하나였다.

(3) 히데요시의 내치 정책

그를 일개 무사로만 생각하는 사람들이 많은 듯한데 결코 그렇지 않다. 그는 상당한 능력을 갖춘 정치가였다. 단, 그의 정치가 주로 그의 개인적인 인격, 즉 그의 인간성에서 나온 것으로 요리토모(사실은 히로모토(広元) 등)나 이에야스(역시 미치하루(道春) 등)처럼 특별히 정비된 제도나 방식을 세우지 않았기에 역사 속에서는 명정치가로서 빛을 발하지 못한 것일 뿐이다.

그가 수행한 통치적 사업 가운데서 대서특필할 만한 것은 토지조사(検地켄치)였다. 그는 어떠한 반항이나 어려움이 있어도 그것을 단행하여 후세의 규범이 될 만한 토지대장을 만들려 했다. 그 사업의 담당관으로 종사한 것이 나가쓰카 마사이에였으며, 아사노 나가마사도 크게 활약한 사람 가운데 하나였다. 그것은 착실히 실행에 옮겨져 몇 년 뒤, 상당한 부분까지 성과를 올렸다. (그러나 완성은 훗날을 기다리지 않으면 안 되었다.) 이 토지조사를 역사에서는 '분로쿠 켄치'라고 부르는데, 종전에는 전지[田地]를 '관[貫]'으로 헤아렸으나 이후부터는 수확량으로 바꾸었으며, 1단 360보였던 것을 300보로 삼았고 1보를 사방 6자 3치(190㎝)로 삼았다. 이 토지조사도 히데요시의 애민사상을 나타내는 것으로, 토지의 분배를 개선하는 것이 주요한 목적이었다고 역사가들은 말하고 있다.

히데요시는 전국 분열의 시대 이후 전국 곳곳에 설치되었던 관문을 철폐하기 위해 노력했는데, 그것은 교통의 편의를 도모하여 민중들의 불필요한 고통을 제거하기 위해서였다. 산조의 다리를 비롯하여 도로나 교량을 수축한 것도 단지 그의 건설욕 내지는 세력과시를 위한 것이 아니라, 영구적인 건설을 통해서 현재는 물론 널리 미래의 민중에게도 기쁨을 주기 위한 것이었다.

산업정책은 미술공예 보호, 상업의 장려, 무역정책의 형태로 행해졌다. 미술공예 보호는 회화·조각·건축 등에 이상할 정도의 진보를 가져다주었을 뿐만 아니라 공예품과 그 외의 산물을 증가시키는 역할까지도 했다. 상업 방면에서는 국내 상업의 장려는 말할 필요도 없고, 특히 해외무역을 촉진하기 위해서 힘을 쏟았다. 슈인센(朱印船) 제도를 정한 것은, 종전의 해적질과도 같았던 상업을 본격적인 통상무역으로 만들기 위한 것이었다. 농업 방면에 힘쓰기도 게을리하지 않았다. 이전까지는 오랜 전란으로 무사와 농민의 경계가 분명하지 않았으나, 평화가 찾아옴과 동시에 무사는 무사, 농민은 농민으로서 각자의 직무에 힘쓰도록 했다. 이는 농민을 안정시켜서 농산물을 풍요롭게 하기 위해서였다.

이들 산업정책은 어떤 면에서는 그의 사회정책과 밀접한 관계를 맺고 있었다. 무로마치 시대 이후 혼란으로 붕괴되어 있던 사회를 재건하고 질서를 확립하고 본업을 명확히 하여 민중이 안심하고 그 직에 종사할 수 있도록 노력한 것이 그의 주안점이자, 또한 그의 자랑이기도 했다. 민중, 특히 승려(승병)에게서 무기를 거두어들인 것도 그러한 정책 가운데 하나였다. 그는 또한 장원제도의 폐지를 꾀했으며 그것을 군촌[郡村] 조직으로 개편하고, 무사들 사이에서는 5인조, 초닌들 사이에서는 10인조를 조직하여 그들에게 연대책임을 지게 했는데, 이는 자치제도의 맹아였다.

경제정책 방면에서는 무로마치 시대 이후 문란해져 있던 화폐제도의 통일을 시작했다는 점을 들 수 있다. 텐쇼 15년(1587)에는 '텐쇼쓰호(天正通宝)'라는 동화를 주조했으며, 이듬해에는 오오반(大判)과 코반(小判)을 만들었고, 분로쿠 원년(1592)에는 '분로쿠쓰호(文祿通宝)'를 주조하여 통화의 원활을 꾀해 상업 발달에 이바지했다. 케이초 4년(1599)에 만든 '이치부한킨(一分判金)'도 히데요시의 유언에 따라서 제작한 것이라고 한다.

히데요시의 국내 통일사업이 노부나가의 사업을 계승한 것이라는 점은 누구에게나 명확한 사실이지만, 히데요시의 전술·여러 장수들의 통제책 그리고 정치정책까지도 전부 노부나가의 유업을 잇고, 거기에 자신의 독자적인 창의를 더한 것이라는 사실도 「히데요시의 스승」 항목에서 이야기한 바 있다. 히데요시의 정치 사업은 전대부터 이어진 유업을 계승하고 개선하고 발전시킨 것이었다. 그 정치형태인 변태 무가정치, 즉 조정의 신하로서 대행정치(일종의 위임통치)를 행한 것 역시 노부나가의 근왕심에 바탕을 둔 새로운 무가정치의 발전이었다는 점도 앞서 이야기한 바 있다. 노부나가는 도중에 쓰러져 그 업을 완성시키지 못했을 뿐만 아니라, 세상 사람들로부터도 그 진가를 인정받지 못했다.

그러나 히데요시의 정치도 겨우 십여 년에 지나지 않았다. 이제 막 평화를 되찾은 국가를 단번에 조직화할 시간도, 그것을 꾀할 여유도 없었다. 카마쿠라 막부나 에도 막부가 오랜 시간과 수많은 지혜를 활용하여 이루어낸 성과와는 비교조차 되지 않는다는 것은, 오히려 당연한 일일지도 모르겠다.

2. 히데요시의 기독교 금교 경위

(1) 금교한 사정

히데요시가 당시 굉장한 발전을 보이고 있던 기독교에 탄압을 가한 것은 텐쇼 15년(1587), 큐슈 정벌을 마쳤을 때부터였다.

그에 앞서 히젠노쿠니의 영주인 오오무라 스미타다(大村 純忠)는 류조지 씨와의 오랜 교전으로 군자금이 궁핍해지자 당시 포르투갈 사람에게 개항했던 나가사키(長崎) 항의 관세와 부근의 연공을 담보로 선교사에게서 은 100관을 빌렸는데, 빚을 갚지 못한 채 오랜 세월이 흐르는 동안 매해 연공을 징수하는 나가사키 교회는 그 땅을 자신의 영지처럼 취급했으며, 농민들 자신도 역시 교회의 영민인 것처럼 생각하게 되었다. 스미타다는 독실한 신자이기도 했고 거기에 빌린 돈을 갚지 못했기에 교회에 대해서 아무 말도 할 수 없는 입장이기는 했으나, 교회가 나가사키 부근의 땅에서 그곳이 마치 자신의 영지라도 되는 양 정치적 권력을 휘두르는 모습을 보자 아무래도 위험을 느꼈기에 그 부당함을 토로했다. 그러자 교회 측은,

"부당하다면 어쩔 수 없으니 손을 떼겠지만, 그와 동시에 호시장[互市場개항장]도 나가사키 이외의 다른 곳으로 옮기겠다."고 말했다. 무역에 의한 이익을 주요한 자금줄로 삼고 있던 오오무라 씨에게 이는 커다란 타격이 될 터였다. 당시 사이고쿠[92)의 다이묘들은 해외무역을 통해서 얻는 이익, 특히 외국인들이 가져오는

---

92) 西国. 쿄토를 중심으로 서쪽에 있는 지방. 특히 큐슈를 일컬었다.

진귀한 물건이나 문명의 이기(특히 무기)에 군침을 흘리고 있었기에, 안 그래도 외국인들의 환심을 사서 자신의 영내에 호시장을 열기 위해 서로 경쟁을 하던 차였는데 그것을 다른 곳으로 옮긴다면 지금까지 그들을 통해서 얻던 커다란 권익이 단번에 사라지게 되는 셈이었다. 스미타다에게 그것은 견딜 수 없는 일이 될 터였다. 이에 어쩔 수 없이 교회에 대한 항의를 철회했으며, 나가사키는 완전히 교회의 권력하에 놓이게 되었다.

한편, 큐슈로 들어간 히데요시는 단번에 이러한 사실을 간파했다. 당장 오오무라 스미타다를 불러,

"나가사키처럼 중요한 땅을 외국인의 손에 맡기다니 이 어찌 된 일이란 말이냐. 너 같은 자에게는 그곳을 맡길 수 없다."라고 질책하고 나가사키를 자신의 손에 넣은 뒤, 부교(담당관)를 파견하여 지배하기로 했다. 히데요시는 포르투갈 사람들이 나가사키에서 취한 태도를 보고 그들의 토지 병탄책을 알게 되었으며, 그것을 매우 위험한 일이라고 느끼게 되었다. 뿐만 아니라 그는 포르투갈 사람들이 정교유착하여 포교지에서 권력의 기반을 다지고, 한편으로는 일본 고유의 신앙 파괴와 전통적 풍속 제거를 행하여 점차 큐슈를 유럽화 해나가고 있다는 실상을 알았기에 섬뜩함과 두려움을 느끼지 않을 수 없었다.

이에 개선 도중인 하코자키에서 금교령을 선포했다. 그것은 6월 19일의 일이었다.

1. 일본은 신의 나라다. 이국의 사교를 받아들이는 것은 허용할 수 없다.

2. 선교사는 민중을 회유하여 이를 신자로 삼고, 신사·불각을 파괴하고 있다. 이는 용서할 수 없는 일이다.

3. 따라서 바테렌(伴天連선교사)의 거류를 금한다. 20일 이내에 국외로 퇴거하라.

4. 흑선[黑船(쿠로부네)당시부터 일본인들은 외국 배를 흑선이라고 불렀다.]은 상업을 위해서 오는 것이니 앞으로도 내항을 허락한다.

5. 상인은 물론, 불교를 파괴하지 않는 자는 외국인이라 할지라도 도래를 허락한다.

히데요시의 금교는 주로 정치적 이유에서였다. 불교 내지는 신사에 대한 그들의 태도를 운운한 것도 그것이 곧 국민을 서구화하고 외국인 혼을 함양하여 국가를 위해 좋지 않으리라 보았기 때문이다. 하지만 통상무역은 그가 크게 환영하는 것이었기에 그러한 점에는 지장을 초래하지 않으려 했다.

그러나 기독교도들은 히데요시의 금교를 그의 방자한 육욕과 연결 지으려 했다. 히데요시가 큐슈 정벌을 위해 왔을 때 한 아름다운 소녀를 욕정의 도구로 삼으려 했었다. 그런데 그 소녀는 기독교도였기에 계율을 지켜서 히데요시에게 결코 몸을 허락하려 하지 않았다. 이득을 주겠다고 설득해도, 완력으로 을러보아도, 생살여탈권을 휘둘러보아도 결코 히데요시의 뜻에 따르려 하지 않았다. 목숨을 잃는 한이 있어도 신의 가르침에 따르겠다는 소녀의 태도를 보고 히데요시는 기독교의 놀라운 힘을 알았으며, 두려움을 느꼈다. 히데요시의 금교는 여기에서 유래한다고 그들은 주장했다. 그들은 또, 히데요시가 처음으로 선교사에게 알현을 허락했을 때, 오오사카 성 안 기독교도 여성들의 품행이 바른 것을 거듭 칭찬하고 뒤이어,

"아무래도 기독교도들은 융통성이 없어서 좋지 않아. 만약 기독교도들이 그처럼 까다롭지만 않았다면 나도 기독교도가 되었을

텐데."라고 말해서, 기독교도들의 간음에 대한 엄중한 계율을 비난
하고, 그 소녀에 대해서 자신의 뜻을 이루지 못한 것에 화를 낸
것이라는 그럴듯한 증거로 삼으려 했다. 무릇 기독교도들의 좋지
않은 습관은 자신들 내지 같은 교도들의 행동은 어떤 이유를 붙여서
라도 크게 칭찬하며, 반교도들의 행동에 대해서는 매우 가혹한
비평을 가하고, 또 여러 가지 악의로 가득한 말을 감행한다는
점이다. 이는 오늘날의 교도들 사이에서도 심심찮게 볼 수 있으며,
『서교사』 등에서는 특히 현저하다. 히데요시의 욕정에 대한 무절제
함을 이야기하는 여러 가지 사실(내지는 그와 같은 작위나 해석)은
대부분 기독교도나 토쿠가와 시대의 곡학아세의 무리들에 의해서
과장된 것이다.

한편 금교령이 떨어졌을 때 선교사 등은 배가 없다는 이유로
퇴거 기한을 6개월 연장해달라고 청했으며, 히라토(平戸)로 이주
했다. 그러나 그들은 기한이 지났는데도 출발하지 않았다. 이에
히데요시는 마스다 나가모리·토도 타카토라 등을 큐슈로 보내서
명령을 집행하게 했는데, 이때 수십 명의 교도를 살육했다고 전해진
다. 그러나 이것도 어디까지가 사실인지 알 수 없으며, 그들은
역시 큐슈에 숨어서 포교활동을 계속하고 있었다.

(2) 히데요시와 바리냐니

이에 앞서 순찰사[巡察使]로 일본에 와 있던 바리냐니는 큐슈의
3대 다이묘인 오오토모·오오무라·이토(伊東)가 로마 교황에게로
보내는 소년사절단과 함께 텐쇼 10년(1582) 1월 28일에 나가사키
를 출발했다. 사절들은 우선 인도의 포교본부로 갔으며, 이듬해

7월 5일에 포르투갈의 리스본에 도착, 9월 하순에는 에스파냐의 수도인 마드리드로 들어가서 국왕인 필립 2세를 알현하고, 텐쇼 13년(1585) 3월 1일에 이탈리아에 도착했다. 그리고 22일 밤에 로마로 무사히 들어갔으며 23일에 교황 그레고리우스 13세를 알현했다. 이때 교황은,

"이들 극동의 사절은 기독교 승리의 표징이다. 이보다 더 기쁜 일도 없다. 나는 이제 그만 세상을 떠나도 여한이 없다."고 말했는데, 정말로 머지않아서 숨을 거두었다. 이에 사절 등은 새로운 교황으로 선출된 식스투스 5세의 즉위식에 참석했으며 답서를 받아가지고 6월 3일에 로마를 출발하여 베네치아·만토바·밀라노를 거쳐 제노바로 가서 8월 8일에 에스파냐행 배에 올랐고 17일에 바르셀로나에 도착했다. 이어 몬손 이궁에서 국왕을 알현하고 고별식까지 행한 뒤 마침내 귀국길에 올랐다. 마드리드를 지나서 포르투갈로 들어간 그들은 텐쇼 14년(1586) 4월 13일에 리스본을 떠나 이듬해 5월에 인도의 고아에 도착했다. 그리고 텐쇼 16년(1588)에 그곳을 출발하여 텐쇼 18년(1590) 7월 21일에 나가사키로 돌아왔다. 일본을 떠난 지 햇수로 9년, 출발 당초에는 홍안의 미소년이었던 사절이 돌아왔을 때에는 이미 아름다운 수염을 기른 당당한 어른이 되어 있었다. 뿐만 아니라 전성기를 누리고 있던 기독교가 이제는 금교령 아래서 간신히 지하운동만을 계속하고 있는 형편이었다.

이때 예의 바리냐니도 인도에서 사절들과 동행했다. 그는 인도 부왕[副王]이 보내는 사절 자격으로 부왕의 서한과 수많은 선물을 가지고 왔다. 하지만 일본에는 이미 금교령이 선포되어 있었다. 그래도 그는 9월에 나가사키를 출발하여 쿄토로 갔고 이듬해인

텐쇼 19년(1591) 윤1월 8일에 주라쿠다이에서 히데요시를 알현했다. 몬탄테의 칼 2자루·총 2정·말 2필(마구 착용)·권총 2정(단검 1자루 포함)·금장식 장막 2쌍·천막 1개를 든 자들을 거느리고, 자신은 옻칠을 한 가마에 올라 30여 명의 기다란 행렬을 이루며 주라쿠로 들어갔다. 헌상한 아라비아의 말은 아름답게 장식되어 있었으며 피부가 검은 두 인도 사람이 그것을 끌고 왔다. 쿄토 내외의 민중이 앞다투어 길가로 달려와 구경했다. 엔푸쿠지(円福寺) 앞에서는 공경들도 무리를 지어 구경했다. 행렬 가운데에는 큐슈의 3대 다이묘가 보내는 사절들도 있었다.

이국에서 보낸 진귀한 선물에 히데요시도 아마 크게 기뻐했으리라. 바리냐니가 내민 인도 부왕의 서한에는, 우선 히데요시에게 경의를 표하고 뒤이어 기독교 포교에 편의를 봐달라, 그리고 선교사를 보호해주어 참으로 감사하다는 내용이 적혀 있었다(이때는 이미 '무슨 말씀이신지.'라는 상황이 되어버렸지만). 그 서한은 양피지에 적혀 있었는데 문장 주위에 아름다운 그림이 그려져 있고 글의 첫 글자인 C는 금박이었으며 그 안에 히데요시의 문장(오동나무)을 그려넣었다. 바리냐니는 금교를 유감으로 생각한다며 거듭 명령의 철회를 청했지만 히데요시는 결단코 들어주지 않았다.

그로부터 수 개월 뒤인 7월 15일자로 인도 부왕에게 보내는 답서를 작성했다. 거기에는, 〈일본은 이미 국내를 평정하여 해적도 그림자를 감추었다. 국가는 평안, 인민은 부유하다. 나는 머지않아 누선을 띄워 명나라를 칠 생각이니 편의를 도모하기 위해서 귀국으로 향해도 상관없다. 원래 우리나라는 신의 나라로 군신·부자·부부의 도가 갖추어져 있는데 귀국은 교리만을 입에 담을 뿐 인의[仁義]

의 도는 알지 못하며, 사법[邪法]으로 정교를 깨려 하고 있다. 이에 앞서 바테렌(선교사)의 입국을 금했으며 얼마간의 벌을 가했고, 앞으로도 거듭 입국하는 일이 있다면 전부 족멸[族滅]하겠다. 그리 알고 있기 바란다. 단, 상업은 문제가 다르니 상인은 들어와도 상관없다.>라는 내용이 적혀 있었다. 이를 받은 바리냐니는 그것을 들고는 도저히 돌아갈 수 없었기에 참으로 난처해져서, 담당관인 마에다 겐이에게 울며 매달려 글을 얼마간 부드럽게 했다고 한다. 이 답서를 받는 사람은 '인디아 비조레이(印地阿·毘曽霊)'라고 되어 있다. 이는 India Visorrei(포르투갈어로 인도 부왕)를 한자로 쓴 것이다.

(3) 기독교의 재흥

그 후, 분로쿠 2년(1593)에 필리핀의 사절로 프란치스코파의 선교사인 바우티스타와 곤살로 등이 나고야로 왔으며 곧 쿄토로 보내졌고, 쿄토와 나가사키에서 기독교 열풍이 재흥했다는 사실은 「남방경략」의 '필리핀' 항목에서 이야기할 예정인데, 큐슈에서는 이듬해인 분로쿠 3년(1594) 크리스마스 축제 때 놀라운 일을 행했다. 장소는 나가사키 외의 7개 소, 7일 동안 미사가 진행되었으며 전후 106일 동안에 걸쳐서 주야 40시간 교대로 기도가 행해졌다. 큐슈의 신도들이 환호작약하여 곳곳에서 천지를 뒤흔들 것 같은 기세였다. 이는 마침 히데요시가 히로이기미의 출생에 흥분하여 쿄토로 돌아간 이후였으며, 조선에서의 연전연승으로 사람들의 마음이 들떠 있을 때였다. 이듬해에는 나가사키부교인 테라자와 한자부로(寺沢 半三郎)까지 세례를 받았다. 예수회교도(주로 포르투갈 사람)에 의해서 포교되었으며, 탄압받던 기독교는 곧 프란치스코파 소속 에스파냐 사람들에 의해서 다시 대두하기 시작했다.

이는 바우티스타 등의 인격과 열성에 힘입은 바가 컸다. 그는 극기와 인욕의 마음을 가진 위대한 종교가였다. 몸에는 뜯어진 옷을 걸치고 허리띠 대신 새끼줄을 친친 감았으며 모자도 없이 맨발로 쿄토 안을 꼴사나운 모습으로 돌아다녔으나 신앙은 그를 둘러싸고 부활했으며, 귀의하는 자들이 늘어났다. 곤살로도 역시 오오사카에 머물며 열심히 포교하여 대수도원까지 세웠다.

(4) 우라도 사건과 다시 시작된 탄압

이렇게 해서 케이초 원년(1596)이 되었다. 그해 9월 28일에 마닐라를 출발하여 노바 에스파냐(멕시코)로 향하던 상선 '산 펠리페 호'가 폭풍우를 만나 표류하다 토사의 우라도(浦戸)로 흘러들어왔다. 초소카베 모토치카의 보고를 받은 토요토미 정부는 마스다 나가모리를 담당관으로 삼아 우라도로 보내 조사를 하게 했다. 마침 선장인 마티아스 데 란데초는 모토치카의 권고에 따라 싣고 있던 화물(가격 1만 냥)을 히데요시에게 헌상하기 위해서 이미 오오사카로 향한 뒤로, 우라도에는 없었다. 그런데 나가모리가 배를 조사하고 거기에 실려 있던 화물을 전부 몰수해버렸다. 그때 배에 있던 길잡이가 아마도 나가모리를 으를 생각이었던 것이리라(혹은 단순한 자랑이었을지도 모르겠으나). 나가모리 앞에 세계지도를 펼쳐놓고,

"여기를 좀 보십시오. 에스파냐의 영토는 이렇게나 넓습니다."라며 손가락으로 그 땅을 하나하나 가리켜 보였다. 나가모리는,

"어떻게 해서 그렇게 넓은 땅을 차지한 것이냐?"라고 물었다.
그러자 길잡이는 우쭐한 마음에서,

"그건 식은 죽 먹기 같은 일입니다. 우선 선교사가 가서 포교를 하여 국민들을 회유합니다. 이젠 됐다 싶으면 신도들에게 모반을 일으키게 하고 본국에서 군대를 보내 힘을 합쳐서 정부를 전복시키게 하는 겁니다."

놀라서 돌아온 나가모리가 그 사실을 히데요시에게 보고했다. 히데요시는 고개를 갸웃하며 생각에 잠겼다. 그러한 때에 기독교를 누구보다 싫어하는 세야쿠인 젠소가 옆에서 자꾸만 히데요시를 부추겼다. 마침내 마음을 정한 히데요시는 11월 15일에 단호한 금교령의 강행을 명하고, 바우티스타 이하 프란치스코파 선교사 5명과 일본인 신도 19명을 사로잡아 나가사키로 보내버렸다. 그 도중에서 벌어진 사건, 나가사키에서 살육했을 때의 모습 등은 기독교 포교사에서 무시할 수 없는 커다란 일이었으나, 그것은 다른 기회에 이야기하기로 하겠다.

3. 히데요시의 남방 경략

(1) 유구

텐쇼 10년(1582), 히데요시가 혼노지의 변 소식을 듣고 급거 모리 씨와 화목한 뒤 히메지 성까지 물러난 6월 8일, 아케치 미쓰히데 퇴치에 관한 건을 논의하고 있을 때 카메이 코레노리(亀井茲矩)가 찾아왔다. 카메이는 원래 아마고 씨의 부하였으나 그 무렵에는 히데요시 아래로 들어와 있었으며, 추고쿠 평정 후에는 이즈모노쿠니를 받기로 두 사람 사이에 약속되어 있었다. 그런데 히데요시는 모리와의 강화 때, '이즈모노쿠니의 절반은 모리의 영유'라고 정해버리고 말았다. 이에 히데요시는 코레노리에게 사정을 설명하고, 그 대신 어디든 다른 곳을 줄 테니 원하는 곳을 말해보라고 했다. 그러자 코레노리는,

"미쓰히데를 정벌하고 나면 일본 60여 개 주는 전부 귀하의 것이 될 테지만, 저는 일본 국내에는 뜻이 없습니다. 유구[琉球류큐]를 받고 싶습니다."라고 대답했다. 히데요시는 그 말을 매우 기특하게 여겨 기뻐하며, 허리에 꽂고 있던 부채를 천천히 꺼내 '류큐노카미 나리'라고 쓰고, '히데요시'라고 서명한 뒤 도장을 찍어서 주었다고 전해진다. (이 부채는 훗날 카메이가 조선으로 출정했을 때, 진중에 떨어뜨린 것을 적이 주웠다. 『이충무공전서[李忠武公全書]』에 수록되어 있는 순신[舜臣]의 『난중일기[亂中日記]』에 의하면 분로쿠 원년(1592) 6월 2일, 당포[唐浦] 전투 때 우후[虞候] 이몽학[李夢鶴]이 적의 배 안에서 금으로 된 부채를 주웠는데 중앙에 6월 8일이라 적혀 있고 오른 쪽에는 하시바 치쿠젠노카미라

고 적혀 있으며, 왼쪽에 카메이 류큐노카미 나리라고 적혀 있었다고 한다.)

이 실화로 당시 이미 히데요시뿐만 아니라 다른 장수들도 해외로 눈을 돌리고 있었다는 사실을 알 수 있다. 그 후, 히데요시는 큐슈 정벌이 끝난 뒤 시마즈 요시히로에게 명하여 유구로 하여금 입조[入朝]를 재촉하게 했다. 이에 텐쇼 17년(1589)에 유구왕 상녕[尚寧]이 사절을 보내 입조했다. (이후 케이초 4년(1599)에 시마즈 씨가 유구를 공격하여 그 땅을 자신의 영지로 삼았다.)

분로쿠 원년(1592) 11월 21일, 카메이 코레노리가 조선에서 잡은 커다란 호랑이를 나고야에 있던 히데요시에게 헌상했다. 히데요시는 크게 기뻐하며 이를 쿄토로 보냈고, 수레에 실어 쿄토 안을 돌게 하여 시민들에게도 구경케 했는데, 그때 히데요시는 코레노리에게 보낸 편지에 '타이슈노카미(台州守) 나리'라고 코레노리의 호칭을 적었다. 타이슈란 중국 중부에 있는 주[州] 가운데 하나다. 이 무렵 히데요시는 벌써, 명나라도 곧 자신의 손에 들어올 것이라 생각하고 있었던 듯하다.

(2) 필리핀

텐쇼 15년(1587) 9월에 히데요시는 필리핀 총독에게 서한을 보내서 일본에 조공을 바치라고 권고했다. (무릇 당시에 조공을 바친다는 것은 훗날의 무역선 왕래와 거의 같은 성질의 것이었으나, 히데요시는 이에 대해서 통상무역이라는 대등한 입장의 말을 쓰지 않고 고압적으로 입공[入貢]이라는 말을 썼다.) 이 무렵 필리핀은 에스파냐의 식민지로 총독이 그곳을 지배하고 있었다.

이듬해, 히데요시가 '해적 금지령'을 내리자, 이후부터 기존의 왜구[倭寇]는 대륙을 포기하고 점차 남방으로 향했다. 텐쇼 18년(1590)에는 필리핀 군도에 모습을 드러냈으며, 카가얀 하구에서 에스파냐 함대와 충돌하기도 했다. (그보다 앞선 텐쇼 2년(1574)에도 왜구는 중국의 해적과 연합하여 마닐라를 공격했다. 그러나 싸움에서 패하여 판간난 항으로 달아났고, 거기서 다시 에스파냐 군에 포위되었는데 간신히 한쪽에 혈로를 뚫어 탈출했다.)

이와 같은 왜구(모험적 상인) 가운데 하라다 키에몬(原田 喜右衛門)이라는 자가 있었다. 한때는 커다란 부를 쌓았으나 훗날 연달아 실패하여 곤궁함에 빠졌다. 그는 세례명을 폴로라고 하는 기독교인이었는데, 불의하고 난폭한 사람이었기에 사람들은 그를 버러지처럼 미워했다. 어느 날, 키에몬이 히데요시에게 만나줄 것을 청하여, 필리핀의 방비가 허술하다는 사실, 따라서 손에 넣기는 손바닥을 뒤집는 것보다 쉬우리라는 사실을 주장하여 히데요시로 하여금 남방 정벌에 나서게 하려 했다. 그러나 히데요시는 마침 조선으로의 출병을 생각하고 있었기에 그렇게 곳곳으로 손을 내밀 수는 없다고 생각하여,

"그렇다면 시험 삼아 서한을 보내보기로 하겠다."라고 대답했다. 그 편지의 내용은 다음과 같은 것이었다.

〈대저 우리나라는 백여 년 동안 군웅이 나라를 다투어 수레의 폭이 같지 않고 쓰는 글이 달랐다. 나, 태어날 때부터 천하를 다스릴 기서[奇瑞]가 있었기에 장년부터 국가를 영유했으며 10년도 지나지 않아서 탄환만큼의 땅 한 점 남기지 않고 나라를 전부 통일했다. 이에 삼한[三韓]·유구를 비롯하여 먼 나라에서 국경을 넘어 들어와

서 조공을 바쳤다. 이제는 명나라를 정벌하려 하고 있다. 이는 무릇 내가 행하는 일이 아니라, 하늘이 내리신 일이다. 너희 나라는 아직 예를 갖추어 부름을 청하지 않았다. 따라서 우선 군대를 내어 너희 땅을 치려 했으나, 하라다 마고시치로(原田 孫七郎)가 상선을 이용하여 종종 그곳을 드나들었기에 근신을 통해서 말하기를, '제가 얼른 그 나라로 가서 우리나라의 군함이 곧 출발할 듯하다고 말하겠습니다. 그리하면 곧 머리를 풀고 항복할 것입니다.' 싸우지 않고 이기는 것은 예로부터 지극한 말이라 여겨지고 있다. 이에 갈부[褐夫]의 말에 따라서 잠시 장사들에게는 명하지 않겠다. 내년 봄에는 큐슈 히젠(나고야)에 본영을 둘 것이니 지체하지 말고 깃발을 내린 채 와서 항복하도록 하라. 만약 포복·슬행[膝行]이 늦어질 경우에는 반드시 곧 정벌을 가하리라. 후회하는 일이 없도록 하라. 불선[不宣].

텐쇼 19년(1591) 가을 일본국 관백〉

글 안의 하라다 마고시치로는 키에몬의 대리인으로 세례명은 가스파르인데, 마닐라를 자주 왕복하여 에스파냐어에 능했으며 그곳의 지리에도 밝았기에 그를 사절로 명한 것이었다.

이듬해인 분로쿠 원년(1592) 봄, 입항한 일본선에서부터 일본군이 곧 공격을 해올 것이라는 풍문이 돌기 시작하여 마닐라에서는 방비를 엄중히 했다. 그러한 때에 마고시치로가 히데요시의 서한을 들고 찾아왔다. 그것을 본 총독은 격노했으나 당시 본국 에스파냐는 네덜란드와 교전 중이었으며 더구나 형세가 그리 좋지는 않았기에, 한때의 미봉책으로 답서와 함께 선교사(프란치스코파) 장 코보스를 사절로 삼아서 마고시치로와 함께 나고야로 보냈다. 히데요시는 크게 기뻐했으며, 마고시치로의 공을 인정하여 녹봉 500섬을 주었다.

그러자 마고시치로는 기고만장하여 히데요시에게 사절을 다시 그곳으로 보내자고 주장했다. 두 번째 사절은 하라다 키에몬이 맡았다. 그는 분로쿠 원년(1592)의 연말에 코보스 등과 함께 히데요시의 서한을 들고 사쓰난(薩南)의 쿠시(久志)를 출발했다. 그의 배에는 명나라 사람인 안토니오 로페스라는 자가 함께 타고 있었다. 그들은 도중에 폭풍우를 만나서 코보스의 배는 전복되었으며, 키에몬의 배만이 이듬해 4월 20일에 마닐라 항구로 들어가 총독을 회견하고 히데요시의 편지를 건네주었다.

6월 1일에 마닐라의 정청에서 대책 협의가 있었다. 명나라 사람인 안토니오도 불려가 사정을 묻는 질문에 답했다. (그는 전에 코보스와 함께 일본으로 갔던 자였다.) 마닐라의 의사록에 당시 안토니오의 답신[呈申]이 실려 있다.

〈나는 일본 황제가 이 군도의 점령을 쿤킨(일본 사람의 이름이리라)에게 맡겼다는 말을 들었다. 또한 쿤킨 가의 병사들이 이 군도로 공격해 들어오는 것을 기뻐하고 있다는 말도 들었다. …… 나는 일본 황제가 대만의 점령을 한 일본인에게 맡겼다는 말도 들었는데, 그들은 이미 출항했다. 일본군이 이 군도로 밀고 들어오려면 섬을 따라 와야 할 테지만, 대만에서 이 군도로 오는 데는 가장 먼 길을 취해도 해상 약 2일이나 2박 정도의 거리로……. 이러한 이야기는 히라토에서 중국인 기독교도로부터 들었다.〉

그의 말을 듣고 총독은 한편으로는 놀라고, 한편으로 노했다. 그런데 하라다 키에몬이,

"관백이 한껏 큰소리를 치고 있지만 내심은 내공[來貢]을 원하는 것이다."라고 고했다. 이에 한때는 분노했던 총독도 통상조약을 맺을 마음이 들었기에 선교사인 페트로 바우티스타·곤살로 가르시아 두 사람과 선장 곤살레스 데 칼브리오를 사절로 삼아 일본으로 보냈다. 세 사람은 키에몬과 함께 우선 히라토로 들어갔으며, 거기서 나고야로 가서 히데요시와 대면하고 멕시코산(멕시코도 당시는 에스파냐령) 준마 1필과 그 외의 선물을 헌상했다. 히데요시는 기뻐하며 명나라 정벌 계획의 장대한 규모를 들려주고,

"루손도 얼른 복종하는 게 좋을 게야. 복종하지 않으면 명나라처럼 정벌하겠다."라고 위협했다. 그러자 가르시아가,

"저희는 에스파냐의 국민이기에 에스파냐 국왕의 명령에 따라야 합니다. 저희는 국제조약을 맺기 위해 온 것으로 여기서 전하에게 복종할지 말지를 정할 수는 없습니다. 그를 위해서는 본국의 가르침을 받아야 하니, 그 가르침이 올 때까지 인질로 일본에 머물겠습니다."라고 제안했다. 이에 히데요시는 그들을 쿄토로 보냈다. 그러자 그들은 산자수명[山紫水明]한 쿄토에서 일본의 풍물을 즐기면서 조용히 일본의 형세를 관찰했으며, 한편으로는 금교령이 내려진 쿄토 안에서 히데쓰구를 비롯하여 마에다 사콘(겐이의 큰아들)·마에다 토시무네(前田 利宗둘째 아들)·오다 히데노부(산보시) 등에게 포교하여 세례를 받게 했다. 그러자 나가사키 부근의 기독교 신자들도 거기에 응해서 기독교를 활발히 부흥시켰다.

(3) 대만

그 무렵 히데요시는 하라다 마고시치로에게 대만의 입공을 재촉

하는 서한을 건네주었다. 당시 일본인들은 대만을 '타카사군(高山国)'이라고 불렀다. 혹은 '타카사고(高砂)'라고도 썼다. 무라카미 나오지로(村上 直次郎) 씨의 연구에 의하면, 이를 타카산구라고도 읽었다고 한다. 일설에 의하면 대만 부근을 지나던 일본인이 그 섬의 아름다운 자연을 보고 타카사고를 닮았다며 거기에 '타카사고'라는 이름(포르투갈 사람도 비슷한 뜻의 이름을 붙였다.)을 붙인 것이라고도 하며, 한편으로는 일본인이 자주 기항했던 곳이 타카우사라고 하여 원주민이 살던 곳으로, 중국인은 그곳을 '타카오산(打鼓山)'이라고 불렀는데 당시 일본인이 그것을 타카산구(タカサング)라고 들어서 그곳을 타카사고(高砂)라고 쓰기 시작한 것이라고도 한다. 어쨌든 그 당시의 대만은 온전히 원주민들만 살고 있는 땅이었다. 서부나 북부의 아주 좁은 저지대에 중국인이 약간 살고 있을 정도였으니, 아마 히데요시의 편지도 허공을 맴돌다 흐지부지 어딘가로 사라져버리고 말았으리라.

이때의 서한은 지금도 마에다 가에 보관되어 있다고 한다. 그 글은 승려인 쇼다(承兌)가 쓴 것이라고 하는데, 언제나처럼 가장 먼저 히데요시는 태양신이 점지해준 아이라는 말에서부터 시작하여 마침내는 국내를 평정했고 명나라를 굴복시켜 지금은 유구와 남만조차도 공물을 바치기에 이르렀다고 말한 뒤, 타카사군의 입공을 독촉하고 사절로 하라다를 보내니 만약 명에 따르지 않으면 군대를 내어 정벌할 것이라고 위협했다. 날짜는 분로쿠 2년(1593) 11월 5일.

앞서 이야기한 것처럼 당시의 대만은 완전히 미개한 땅으로 통일적 지배자조차 없었으나, 국제교통에 있어서는 동아시아에서 매우 중요한 위치에 있었다. 우선 일본 국민의 입장에서 말하자면, 왜구에게 있어서 대만은 아주 좋은 발판이 되어주었다. 그들은 중국 연안 각지의 출입이 엄중하게 금지되었기에 활동의 땅을 점차 남쪽으로 옮겨가지 않을 수 없었다. 필리핀 군도·인도차이나의 각지야말로 그 새로운 천지였는데, 그곳으로 가는 데 있어서 아직 개화되지 않은 대만은 최적의 기항지이자 급수지이자, 출입이 금지된 중국 국민을 불러내어 밀무역을 하기에 매우 좋은 지점이었다. 서구인들도 인도에서(포르투갈 사람), 필리핀에서 북쪽으로 항해하는 데 있어서 진작부터 대만에 주의를 기울이고 있었다. 마침내 네덜란드 사람들이 극동무역의 경쟁에 뛰어들기에 이르자마자, 곧 대만을 근거지로 삼았던 것도 매우 좋은 책략이었다.

히데요시도 해상에서 활약하는 어느 일본 국민으로부터 이와 같은 섬이 있다는 말을 듣고 눈을 돌린 것이었다. 그러나 해외식민이라는 사고가 아직 없었던 일본의 국민인 히데요시는 딱 한 번 서한을 보냈을 뿐, 이를 일본의 땅으로 만들어야겠다는 정도의 열성은 가지고 있지 못했다.

그런데 어떤 사람들은 앞서 이야기한 명나라 사람 안토니오가 히라토에서 같은 나라 사람으로부터 들었다며 필리핀의 총독에게 고한 말을 바탕으로, 당시 히데요시는 필리핀과 대만을 정복할 계획을 하나하나 진행해나가고 있었다고 해석하고 있다. 하지만 그것은 아마도 사실이 아닐 것이다. 히데요시 특유의 호언장담이나 조선 침략에 관한 이야기를 들은 일본인, 혹은 외국인 사이에서 그럴듯하게 떠돌던 풍문을 안토니오도 들은 것이리라. 실제로 안토니오가 필리핀 총독에게 그런 말을 한 것은 히데요시가 타카사군으로 보내는 편지를 쓰기 적어도 6개월 전의 일이었으니.

하지만 히데요시의 허풍에 가까운 위협과 그에 관한 풍문은 국제적으로 적지 않은 충격을 주었다. 필리핀 총독이 분노를 억눌러 가면서 히데요시의 희망을 어느 정도까지 들어준 것도 그들이 일본인의 대만 점거를 예상하여, 곧 필리핀으로 침공해 올 가능성이 있다고 생각했기 때문이었다. 특히 이는 이미 교전 중에 있던 명나라 정부의 커다란 관심거리가 되었다.

그 무렵 명나라 정부는 모든 수단을 동원하여 일본의 정세를 탐지하려 하고 있었다. 혹은 일본에 드나드는 상인을 통해서, 혹은 유구를 통해서, 그리고 조선을 통해서. 그러한 때에 일본에 있던 중국인은, 예전부터 거주하던 사람이든 새로이 찾아온 사람이든 거의 대부분이 명나라 정부의 국제 스파이였다. 그들은 여기저기 냄새를 맡으며 돌아다녔고 그것을 본국에 밀고했다. 중국의 책에, 당시 복건성[福建省] 해변의 관헌이 재일 명나라 사람의 보고를 듣고 해상의 방비에 크게 힘썼다는 사실이 기록되어 있다. 그들은 일본이 대만을 정복하려 한다는 풍문을 누구보다 먼저 듣고, 그렇다면 대만에서 그리 멀지 않은 중국 남부지방으로 일본군이 침입해 들어올 위험이 매우 높다고 판단한 것이었다. 히데요시의 대만에 대한 입공 계획은 참으로 막연한 것에 지나지 않았으나, 그가 모르는 곳에서는 이러한 희비극이 연출되고 있었던 것이다.

(4) 인도와의 교섭

이에 관해서는 「히데요시의 기독교 금교」에서 이야기했으니, 여기서는 생략하겠다.

제6편 조선 침략(임진왜란)

1. 다년간의 소망

히데요시의 조선 및 명나라에 대한 경략은 하루아침에 떠올린 일이 아니었다.

텐쇼 5년(1577) 10월 23일, 추고쿠탄다이가 되어 하리마로 향했을 때 이미 조선과 명을 치겠다는 몽상이 하나의 허풍이 되어 그림자를 드러내기 시작했다.

"히데요시가 추고쿠를 평정하고 나면……; 명령하신 대로 틀림없이 큐슈로 치고 들어가서 사이카이를 전부 평정하도록 하겠습니다. 그런 다음에는 큐슈의 세수 1년분을 받아 양식을 저장하고 병선을 만들어 곧 조선으로 공격해 들어가겠습니다. 그때 히데요시에게 은상으로 조선을 주신다면 그 나라를 평정한 뒤, 팔도의 병사들을 이끌고 명나라를 쳐서 400여 주를 정복하여 손에 넣고 싶습니다."

이때 노부나가는,

"또 치쿠젠의 그 허풍이란 말이냐."라며 단순히 한때의 지나가는 농담으로 웃어넘겼지만, 히데요시의 가슴속에는 '이 꿈도 실현 가능성이 전혀 없지는 않으리라.' 하는 생각이 있었던 것이리라.

텐쇼 13년(1585) 6월(그가 시코쿠 평정을 위한 군을 파견했을 무렵), 선교사인 가스파르 게로가 관백을 알현했을 때 히데요시가 그에게,

"일본 국내를 평정하고 나면 곧 명나라로 건너가 그 땅을 정복하여 우리 황국의 땅으로 삼을 생각일세. 그를 위해서 지금 배를 만들 목재를 국내에서 채벌케 하여 2천 척의 군함을 만들게 할 계획이네. 그러니 크고 견고하게 무장된 함선 2척을 포르투갈에서 제조해주도록 주선해주게. 대가는 원하는 대로 얼마든지 치르겠네. 그렇게만 되면 더없이 커다란 공이니 그에 대한 보상으로 일본 국내는 물론 중국에서도 마음껏 포교할 수 있도록 해주겠네."라고 말했다고, 『서교사』에는 기록되어 있다.

이듬해인 텐쇼 14년(1586) 7월, 큐슈 정벌의 선봉인 안코쿠지 에케이·쿠로다 요시타카에게 준 훈령서와, 마침내 자신이 큐슈로 향하여 히고의 야쓰시로에 머물던 텐쇼 15년 6월에 오오사카의 키타노만도코로에게 보낸 편지에도 외국 침략에 관한 내용이 보인다.

소 쓰시마(지)노카미(宗 対馬守) 부자에게 준 훈령은 같은 달 15일에 보내졌는데, 〈조선 국왕에게 얼른 입조하여 신하의 예를 취하지 않으면 곧 정벌군을 보내 그 죄를 물을 것이라고 전하라.〉라는 내용이 있다.

이처럼 히데요시의 명나라를 정벌하겠다는 꿈은 조금씩 현실화되어가고 있었다. 그해에 히데요시는 하카타의 호상(그리고 차박사)인 시마이 소시쓰(島井 宗室)에게 조선 팔도의 밀정을 명했다. 코바야카와 타카카게의 가신 10여 명에게도 함께 갈 것을 명했기에, 모두 행상인 모습으로 꾸미고 바다를 건너가서 조선 내의 지리·방비 등을 조사했다. 그 이후부터 히데요시의 문서에 정한정명[征韓征明]에 대한 의지와 계획이 자주 나타난다.

텐쇼 18년(1590), 칸토·오우를 평정하고 도읍으로 돌아오니, 소 요시토모(宗 義智)가 조선의 국사인 황윤길[黃允吉] 등을 데리고 와서 히데요시가 돌아오기를 기다리고 있었다. 그는 바로 그들을 만나보고 다음과 같은 국서를 주었다.

<일본국 관백 히데요시가 조선 국왕 각하께 글을 올린다. 보내주신 글 재삼 감명 깊게 읽었다. 우리나라 60여 개 주라고 하나, 최근 각지가 분리되고 쟁란에 휩싸였으며 기강이 문란해져 조정의 말을 듣지 않기에 격분을 견디지 못한 내가 3·4년 사이에 반신[叛臣]을 치고 도적을 토벌하여 이역[異域]과 먼 곳의 섬에 이르기까지를 전부 장악했다. 가만히 지난 일을 돌아보건대 나, 원래는 비루하고 보잘것없는 신하였다. 그러나 내가 태중에 있었을 때, 자모께서 태양이 품속으로 들어오는 꿈을 꾸셨다. 관상쟁이가 말하기를, 햇빛이 비추지 않는 곳 없으니 장년이 되면 전 세계에 어진 덕을 펼쳐 사해에서 위명[威名]을 얻을 자, 여기에 어떤 의문이 있겠는가, 라고 말했다. 이러한 기이함으로 인해서 적으로 맞서는 자 자연히 쇄파되고, 싸우면 곧 이기며, 공격하면 곧 취하지 않을 수 없다. 이미 천하가 널리 다스려져 백성을 어루만지고 고독을 가엾게 여기고 있다. 이에 백성은 부유해지고 재물이 풍족하여 공물이 예전보다 1만 배나 늘었다. 일본 개벽이래 조정의 성대함과 도읍의 장관이 지금과 같은 적이 없었다. 사람이 이 세상에 살기를 장수한다 할지라도 예로부터 100년을 넘기지 못했으니, 갑갑해서 어찌 이곳에 오래 머물 수 있겠는가. 국가가 떨어져 있고 산과 바다가 먼 것도 돌아보지 않고 단숨에 넘어 대명국으로 들어가 우리나라의 풍속으로 400여 주의 풍속을 바꾸고 제도[帝

都]의 정치로 억만년 동안 백성을 다스리고자 하는 뜻이 나의 마음속에 있다. 귀국이 앞장서서 입조했음은 먼 앞일을 잘 헤아려 가까운 근심을 없앤 것이다. 먼 지방, 바다 위의 조그만 섬이라 할지라도 늦게 온 자는 용서하지 않을 것이다. 내가 명나라로 들어가는 날 장사들을 데리고 군영에 임하면, 마침내 이웃으로서의 맹세를 맺을 수 있을 것이다. 내가 원하는 것은 다름 아니다, 단지 아름다운 이름을 삼국에 나타내려는 것일 뿐. 보낸 물건은 목록대로 받았다. 소중히 잘 보관하겠다.

텐쇼 18년(1590) 11월 일본국 관백 히데요시>

히데요시는 조선이 입조했기에 그에게 명나라와의 국교 회복을 주선해달라고 청했다. 그리고 만약 명나라가 응하지 않는다면 대군을 움직여 정복할 것이니, 그때는 지나는 길로 귀국을 빌려주고, 길 안내를 해달라고 의뢰했다. 조선 사절은 사안이 중대하니 잠시 유예를 달라, 곧 대답을 하겠다고 말하고 돌아갔다.

2. 왜 조선을 침략했는가

(1) 지금까지의 여러 설

히데요시는 왜 굳이 해외원정을 감행했을까? 이는 예로부터 역사가들과 식자들과 비평가들이 커다란 문제로 삼아 여러 가지로 논해온 문제다. 그리고 거기에는 대체로 5가지의 견해가 있다.

1. 영웅의 정복욕(공명심)의 발로로 보는 설.

2. 국위 발양의 방책으로 보는 설. ―여기에도 여러 가지 견해가 있다. 당시의 국민적 확대운동(민족발전운동)의 발현으로 보는 설. 단순히 무위를 사해에 펼치겠다는 국민적 명예심의 발현으로 보는 설. 통상무역을 회복하여 국가의 부를 증진시키겠다는 계획이 뜻대로 되지 않았기에 이를 응징하기 위해 원정에 나선 것이라고 보는 설 등.

3. 국내책(군웅통제책)의 파급으로 보는 설. ―새로운 영토를 얻어 불만을 품은 제후들에게 주려 한 것이라고 보는 설. 제후의 힘을 깎아내기 위한 트릭으로 보는 설 등.

4. 동생 나가히데와 외아들 쓰루마쓰 등의 죽음으로 울적해진 마음을 달랠 길이 없어서 기분전환책으로 외국 정벌을 감행한 것이라고 보는 설.

5. 소풍을 나서는 듯한 기분으로 해외원정을 즐긴 것이라고 보는 설.

(2) 공명심설

하야시 도슌을 비롯하여 카이바라 에키켄(貝原 益軒), 오오사카의 나카이 치쿠잔(中井 竹山), 미토(三戸)의 아사카 탄파쿠(安積 淡泊) 등 에도 시대의 유학자들은 하나같이 히데요시의 해외원정을 그의 그칠 줄 모르는 공명심의 발로로 보았는데, 그로 인해 덧없이 백성을 죽이고 쓸데없이 국고를 낭비했다고 비난했다. 그러나 그것은 결과론적인 견해로, '이기면 관군, 지면 적군'이라는 말과 다를 바 없는 것이다. 특히 에키켄은 참으로 유학자적인 언변을 놀려서,

"토요토미 씨가 조선을 친 일은 탐욕과 교만과 분노를 합친 것이라 할 만한 일이지 의병이라고는 말할 수 없다. 또한 어쩔 수 없이 이를 쓴 것이 아니라 말하자면 싸움을 좋아했기 때문이다. 이는 천도[天道]가 미워하는 일, 그가 망한 것은 참으로 지당한 일이다."라고까지 떠들어댔다. 그러나 그것은 오늘날의 편협한 평화론자처럼 단지 인도적 이론에만 얽매인 공허한 망평[妄評]에 지나지 않는다.

또한 『일본 서교사』(서구의 기독교도가 저술)는,

〈히데요시는 성교(기독교)에 대한 이해가 조금도 없었으며 스스로가 신이 되기 위해서 중국 약탈 등을 꾀했다. 즉, 일본의 대호걸로서 사후 신이 되기 위해 위대한 공적을 세워야겠다며 무모한 해외원정을 꾀한 것이다.〉라고 기록했다. 『일본 교회사』에서도,

〈히데요시는 일본 전국이 평정되자 거만하고 오만해져서 대국 중국을 정벌할 계획을 세웠다. 이는 자신의 명성을 불후의 것으로 전해서 다른 위인들과 마찬가지로 신위[神位]에 오르기 위해서였다.〉라고 논했다.

이들은 모두 히데요시의 해외원정 계획을 무모하고 어리석은

행동이라고 봤다는 점에서 일치한다. 이 무모하고 어리석은 행동을
굳이 감행한 것은, 단지 그의 공명심을 채우기 위해서, 혹은 신의
반열에 오르기 위해서, 라고 본 것이다.

(3) 국위발양설(통상을 희망)

　두 번째인 국위발양설 내지는 해외무역주의의 한 변형이라고
보는 설은 메이지 이후, 오늘날의 학자들이 주장하는 설이다.

　무릇 아즈치·모모야마 시대부터 토쿠가와 막부 초기까지의 일본
국민은 왕성하고 충실한 국민적 기상을 가지고 있었다. 그들은
국내가 마침내 평정되고 통일적 질서가 회복되어 국내에서는 더
이상 자신의 기량을 마음껏 펼칠 수 없게 되자, 그 넘쳐나는 힘을
해외로 향하여 발양하려 했다. 야마다 나가마사(山田 長政)로
대표되는 인도차이나 방면에서의 일본인의 무위 발양, 그들 땅에서
의 무력과 무역을 합체한 일본인 마을의 커다란 세력, 상인과
도적을 절반씩 합쳐놓은 것 같았던 왜구의 전통을 이어 동남아시아
에서 활약하는 모험적 해외무역자들이 속출한 것은 전부 그 상징적
현상이었다. 그리고 히데요시는 그들의 사적인 발전을 국가적
대운동으로까지 끌어올린 시대적 영웅이었다고 말하는 것이 두
번째에 속하는 논자들의 기본적인 주장이다. 첫 번째 논자들이
히데요시의 해외원정을 온전히 개인적 동기로만 본 데 반해서,
두 번째 논자들은 이를 국민적 운동의 한 표현이라고 보았다.
그리고 전자는 히데요시의 행동을 극력 비난한 데 비해서, 후자는
관대하게 보고 오히려 찬미하려는 경향까지 눈에 띈다.

　타나카 요시나리(田中 義成) 박사도 이를 당시의 국민적 발전욕

(국운팽창의 커다란 기운)의 한 표현이라 보고 있는데, 씨는 특히 통상무역관계를 중시하며, 이것 역시 노부나가의 뜻을 따른 것이라고 말하고 있다.

노부나가는 예전부터 조선·명나라와의 국제적 교섭을 희망했다. (무로마치 시대에는 감합부[勘合符] 제도라는 이름의 통상무역이 행해졌으나 왜구문제와 일본 국내의 쟁란으로 인하여 중지되었다.) 이에 노부나가는 겐키 원년(1570)에 승려인 텐케이(天荊)를 조선으로 보내서 예전의 관계를 되살리고 싶다고 청했다. 텐쇼 5년(1577)에도 같은 목적을 가지고 텐케이가 조선으로 건너갔었다. 노부나가는 하다못해 조선에서 답례사[答禮使] 정도는 올 줄 알았으나 그것조차도 오지 않았다. 이에 노부나가는 다시 사자를 보냈으며, 조선에 더해서 명나라와도 국교를 회복하고 싶으니 귀국에서 힘을 써서 소개를 해주었으면 좋겠다고 청했다. 그러나 텐쇼 9년(1581)에 조선은 사절하는 국서를 보냈다.

이렇게 해서 조선 및 명과의 수호문제는 해결되지 못한 채 훗날로 미루어졌다. 히데요시가 그 뜻을 이은 것이라고 보는 것이 박사의 주장이다.

히데요시가 이 문제에 손을 댄 것은 큐슈 정벌 때였다. 즉, 텐쇼 15년(1587)에 히데요시는 문안을 온 쓰시마의 소 씨에게 조선과의 수호를 꾀하고 싶으니 사람을 보내서 조선 측이 답례사를 보내게 하라고 명령했다. 이에 소 씨가 사자를 조선으로 보냈으나, 조선 정부는 회의 결과 수호를 사절했다. 소 쓰시마노카미의 사자는 어쩔 수 없이 그대로 돌아왔다. 이 보고를 들은 히데요시의 기분이 매우 언짢았기에 소 씨는 이듬해에 다시 조선으로 건너가 교섭을 거듭했으며, 한편으로는 귀국의 알선으로 명나라와도 국교를 회복하고 싶다고 청했다. 국교회복이란 무로마치 시절의 감합부 제도를 회복한다는 의미로, 오늘날의 이른바 통상무역조약 체결과 같은 것이다. 이때는 조선에서 사자가 와서 3년 동안의 유예를 청했다. 히데요시는 그 희망을 받아들였으며 앞서 소개한 국서를 주었다. 그리고 명나라에게 호의를 내보이기 위해서 왜구의 활동을 금지했다.

히데요시 입장에서 보자면 조선에 대해서는 가능한 한 모든 수단을 동원했으며, 또 내보일 수 있는 모든 호의를 내보였다고 생각했다. 명나라에 대해서도 각별한 호의를 내보였다. 그런데 조선 쪽에서는 앞서의 약속을 무시하고 기한이 왔는데도 아무런 대답이 없었으며, 또 명나라는 오랜 세월 국난과도 같았던 왜구가 자취를 감추었으니 한마디 인사라도 있을 법한데 그에 대해서도 아무런 말이 없었다. 이에 히데요시는 화를 냈다. 그는,

"우리 일본을 소국이라 보고 가벼이 여기는 것이냐, 멸시하는 것이냐."라고 외쳤다. 우리의 호의를 무시하고 예의를 지키지 않는다면 우리 일본의 체면을 지키기 위해서라도 그들을 응징해야 한다고 생각하여 원정을 시작한 것이라고 타나카 박사는 말했다. 쓰지 젠노스케(辻 善之助) 박사 등도 대체로 같은 설을 주장하고 있다.

(4) 각 제후 제어설

라이 산요는 『일본외사』에서,

〈태합은 뛰어난 재능과 원대한 계략으로 8년 만에 60여 개

쿠니를 평정했다. 그리고 곧 그 남은 힘을 해외로 돌렸다. 당연한 일이었다. 어찌 태합만이 그렇게 생각했겠는가. 당시 맹장·모사·웅걸들이 천하에 가득 넘쳐났다. 천하는 이미 통일되었기에 그 호걸들은 사냥을 즐겼으며, 공을 세우고 싶다는 마음도 여전히 남아 있었다. 이를 사나운 매나 날랜 개에 비유하자면 그 물어뜯고 때리는 힘을 쓰고도 남음이 있으면, 곧 반드시 사람에게 덤벼들기에 이른다. 따라서 조선 침략은 그러한 군웅으로 하여금 물고 때리는 힘을 마음껏 발휘케 하여 그것을 덜어내게 하기 위함이다.>라고 말했다. 즉, 당시의 각 장수(각 다이묘) 가운데는 혹은 용맹, 혹은 커다란 뜻과 모략이 넘쳐나는 자들이 많아서 평소에도 그 힘을 펼칠 기회를 갖고 싶어 했기에, 일단 천하를 평정하기는 했으나 그대로 방임해두면 서로 물어뜯고 치고받을 위험이 있었다. 이에 히데요시는 그들이 힘을 마음껏 발휘할 수 있는 자리를 해외에 새로이 마련하여 그들이 발휘하고 싶은 솜씨를 마음껏 발휘하게 하여 그들의 마음을 채워주려 했던 것이다. 다시 말해서 히데요시의 해외원정은 투지로 넘쳐나는 각 장수들에 대한 하나의 통제책, 국내 정책을 대외 정략으로 전환시키기 위한 정책이라고 본 것이다. 그리고 산요는 이를 찬미하는 듯한 뉘앙스를 풍겼다.

그러나 현대의 역사가들은 이를 사실의 관찰에 오류를 범한 것이라 보고 있다. 예를 들어서 오오모리 킨고로(大森 金五郞) 박사는 조선으로 건너간 장수들의 투지가 매우 미약했다는 사실, 그들이 하루라도 빨리 강화가 성립되기를 바라고 있었다는 사실 등을 들어 위의 주장을 부정했다. 다이묘들은 평화를 만끽하려 하고 있었지, 굳이 다른 나라를 쳐서 자신의 무위를 자랑하고 싶다는 열망 따위는 가지고 있지 않았다는 것이다.

다음으로 『일본사』의 저자인 외국인 프로이스는,

<1590년 칸토를 평정한 히데요시는 일본 내에서 어깨를 나란히 할 만한 자가 없는 주인이 되었다. 이에 문제는 급속도로 획득한 최고권력을 어떻게 유지하느냐 하는 것이 되었다. 히데요시는 진작부터 어떻게든 수단을 강구하지 않으면 혈기 넘치는 다이묘들이 그대로 가만히 있지는 않을 것이라고 생각했다. 이에 문제를 해결할 양책으로 해외원정을 선택했다. 그렇게 하면 그들은 재력과 정력을 크게 소비하여 모반을 꾀할 여력이 없어지기 때문이다.>라고 말했다. 이러한 정책은 토쿠가와 막부가 이에야스의 유법[遺法]에 따라서 늘 행해오던 것이었다. 그리고 이러한 관찰은 내외의 다른 책에서도 볼 수 있다.

그러나 이 설에도 현대의 역사가나 연구가 대부분은 동의하지 않는다. 히데요시는 제후들의 모반 따위는 꿈에도 생각지 않았으며, 그들의 재력을 깎아내려 하기는커녕 자신의 재산을 내어 그들을 기쁘게 해주려 한 사실까지 있기 때문이다.

(5) 기분전환설

혈육이 적은 히데요시는 동생 히데나가가 오랜 투병 끝에 세상을 떠나자 크게 슬퍼했으며, 특히 늦둥이인 쓰루마쓰가 요절하자 수심과 번민을 달랠 길이 없었는데 그러한 기분을 발산할 길을 해외원정에서 간신히 찾아낸 것이라고 보는 설은, 당시 히데요시의 울적한 마음을 알고 있던 사람들에 의해서 믿어졌던 모양이다. 그 무렵의 몇 가지 문서가 그에 대한 증거를 제공하고 있다. 개중에서도 「카토 가전, 키요마사 공 행장기[加藤家伝、淸正公行狀記]」
는,

　〈텐쇼 19년(1591) 9월, 키요마사가 오오사카로 올라갔다. 히데요시 공, 하치만 도련님 서거로 수심이 얕지 않아서 전후를 분간하지 못할 정도였기에, 키요마사가 위로의 말을 전하고, "돌아보건대 지금 일본은 통일되어 평화롭게 다스려지고 있어서 나라의 끝, 섬 바깥까지 위광을 모르는 자가 없습니다. 그런데 삼한[三韓]은, 예전에는 일본에 공물을 바쳤으나 근대에는 그것이 끊겼으니 눈부신 위광을 조선국에 빛나게 하기 위해서 사람을 보내신다면 제가 그 선봉에 서겠습니다. 예전부터 은밀히 준비를 해두었기에 병력도 배도 준비되어 있습니다."라고 말하자, "나도 내심 그렇게 생각하고 있었다. 잘도 말해주었구나."라고 매우 흔쾌히 웃었으며, 휴가를 얻어 쉬었다.〉라고 적어서, 키요마사의 발언이 결행의 계기가 된 것처럼 말했다.

　무릇 동시대인, 특히 친근한 자의 관찰이나 견문기는 형태로 드러난 사실을 전한다는 점에서는 매우 유력한 것이기는 하나, 일반적으로 사리의 판단·진상의 파악 등이 자칫 편협하고 부분적인 것이 되기 쉽다는 결점이 있다. 그것은 국외자로서의 냉정함이 부족하거나, 한 발짝 떨어져서 넓게 보는 관찰이 부족하기 때문이다. 산속에 있는 자가 단지 나무들만을 볼 뿐, 산세의 전모를 보지 못하는 것과 같은 이치다. 지인[至人]은, '구름 속으로 들어가 구름을 보지 못하고, 구름에서 벗어나 비로소 구름을 보네.'라고 말했다. 당대를 지나서야 역사의 진상이 비로소 명확해지는 것도 이와 같은 이치에서다.

어쨌든 히데나가나 쓰루마쓰의 죽음 이전부터 히데요시는 이미 대외정책을 꾀하고 있었던 것이지, 그들의 죽음으로 인한 울적함 때문에 갑자기 그러한 일을 떠올린 것이 아니다. 하지만 그렇다고 해서 히데요시의 해외원정과 그 울적함이 아무런 관계도 없다고 보는 설도 최근에는 이미 부정당하고 있다. 오랜 기간에 걸친 히데요시의 계획이 이와 같은 정신적 원인으로 가속화되고 열기를 더하여 마침내 단행에 이르게 된 것이라 여겨지고 있다.

(6) 실소를 금치 못할 여흥설

다섯 번째 설로, 동시대 사람들은 조선 침략을 마치 꽃놀이에 나서는 듯한 가벼운 마음으로 히데요시가 떠올린 것이라고도 전하고 있다. 원래 호방하고 활달한 성격의 히데요시는, 아마 이 해외원정 때조차 큐슈 정벌이나 호조 공략에 나설 때와 크게 다르지 않은 태도를 취했을 것이다. 그의 명령 하나에 각지의 다이묘들은 마치 스위치가 들어온 벨트처럼 움직이고, 모든 사무적인 준비는 담당관들에 의해서 진행되어 히데요시 자신은 유유자적 앉아 있었을 테니, 그 모습을 외면적으로만 관찰한 사람들은 히데요시의 모습을 꽃놀이에 나서기 전 들떠 있는 여자들과 같다고 본 것일지도 모르겠다. 틀림없이 겉으로 드러난 모습은 그렇게 보였을지도 모르겠으나, 이는 예를 들자면 바다에 떠 있는 빙산의 수면 위로 드러나 있는 10분의 1만을 보고, 다른 10분의 9는 수면 아래에 엄연히 존재한다는 사실을 알지 못하는 것과 다를 바 없는 관찰이다.

(7) 결론

이상 이야기한 5가지 설은 수많은 사람들에 의해서 조금씩 형태를 달리하며 주장되어 왔다. 그리고 갑론을박이 활발히 행해지고 있다. 그러나 세가와 히데오(瀬川 秀雄) 박사를 비롯하여 오늘날의 많은 역사가들은 어느 한두 가지 관점에 집착하지 않고 이를 종합적으로 관찰하고 있다. 즉, 이들 각 설의 주장 전부가 각각 어느 정도의 중요성을 가지고 히데요시 원정의 동기를 형성하고 있다고 보는 것이다. 단, 그 가운데 어디에 중점을 두느냐에 따라서 주장의 형태가 달라질 뿐이다. (개중에는 그 몇 가지는 부정하는 것도 있다. 혹은 모든 설을 종합하여 전부가 동기의 일부라고 보는 사람들 가운데도 세가와 박사처럼 단지 지금까지의 각 설을 집성하는 형태와, 토쿠토미 소호(德富 蘇峰) 씨처럼 히데요시의 영웅적 인격 내용, 특히 정복욕으로 통합하려는 형태가 있다. 나도 대체로 소호 씨와 비슷한 형태로 이해하고 있다.)

영웅 히데요시는 국내가 이미 통일되어 천하의 권세를 장악했으며, 이제는 반항하는 자 누구 하나 없고 서민 모두 태평을 구가하는 모습을 보자, 그 안의 가득한 세력을 일으켜 해외를 경략하여 자신의 무위를 빛나게 함과 동시에 국력의 충실·부강을 더하려 했다. 이러한 심사는 알렉산드로스 대왕·나폴레옹 내지는 칭기즈 칸·티무르 등의 세계 정복 기도와 같은 것이었다. '민력의 휴양이 필요했다.'라는 등의 비평은 시간이 흘러 냉정한 관찰이 가능한 사람들이 비로소 할 수 있는 것이다. 천하가 난마처럼 어지럽게 얽혀 있고 늘 전란이 끊이지 않아 백성들은 도탄에 빠져 있던 전국의 세상을 통일적 평화로 이끈 히데요시 입장에서 보자면, 백성은 이미 고복격양[鼓腹擊壤], 국력도 충실하여 국위를 해외에 떨치기에 충분하다고 느꼈으리라. 이에 그는 조선을 따르게 하고 명나라를 쳐서, 일본 국민 누구도 아직 이루지 못했던 대제국을 건설하여 공적을 사해에 펼치고 자신의 이름을 천고에 남기려 했다. 그 결과로 손에 들어올 새로운 영토를 부하 영웅들에게 주어 그들을 기쁘게 해주고, 해외통상(당시는 이른바 입공)으로 국부를 더해서 위로는 폐하로부터 아래로는 서민에 이르기까지 전 국민이 일본의 영광과 부강함에 환희할 날을 맞이하게 해주겠다는 소망을 가지고 있었던 것이다. 무릇 어떤 행위의 동기는 매우 복잡한 법이다. 따라서 커다란 인물, 더구나 일본의 주권을 대행하는 영광을 얻은 히데요시의 해외원정의 동기가 여러 갈래로 다채롭게 갈려 있었으리라는 것은 참으로 당연한 사실이다. 단, 영웅의 세계적인 공적을 세우고 싶다는 욕심(형태를 놓고 말하자면 정복욕)이 그 주요한 원인으로, 그 외의 여러 가지 것들은 거기에 수반하여 함께 생각되어진 부차적인 것이었다는 사실을 이해하지 않으면 안 된다. 동생과 아들의 죽음에 의한 오뇌도, 조선의 태도에 대한 분노와 함께 그의 욕망을 들끓게 한 원인이었음에 틀림없다. 그러나 각 제후들이 그 일에 찬성하지 않았다면 실행할 수 없었을 것이다.

계급적 관념 따위 애초부터 머릿속에 두지 않았던 그는, 국경의 유무나 민족의 차이 등도 크게 문제 삼지 않았으리라 여겨진다. 조선을 따르게 하여 명나라를 치는 일도, 혹은 큐슈를 평정하고, 혹은 칸토·오슈를 따르게 한 사실과 거리와 규모는 다르지만 거의 같은 성질의 일이라고 생각했었으리라. 이에 그는 자신이 써왔던 방법대로 우선은 계략을 쓰고, 만약 응하지 않으면 응징하겠다고 생각했다. 그가 조선을 거듭 위협한 것도 목적은 싸우지 않고 뜻을 이루려 했기 때문이었다. 히데요시는 조선 정도는 굳이 병사를 쓰지 않고도 간단히 종속시킬 수 있을 것이라고 봤으며, 명나라는 아마도 응징하지 않으면 항복하지 않을 것이라고 생각했던 모양이다. 만약 조선이 자신의 생각대로 되지 않는다면 우선 조선을 단번에 유린하고 뒤이어 발걸음을 더욱 뻗어서 명나라로 공격해 들어갈 예정이었다. 그는 명나라라 할지라도 아주 강하리라고는 생각지 않았다. 그러나 사실은 히데요시의 희망대로 되지 않았으며, 또 예정대로 되지도 않았다. 그의 생각이 너무나도 조잡했기 때문이었다. 즉, 해외에 대한 그의 지식 내지는 연구가 너무 얕았기 때문이었다. 이런 의미에서 이세 테이조(伊勢 貞丈)의,

"히데요시에게 조금만 더 학문이 있었다면 그런 무모한 행동을 하지는 않았을 것이다."라는 비평도 어떤 면에서는 진상을 갈파한 말이다. 단, 당시 히데요시에게 명나라에 대한 올바른 인식을 갖게 하기란 불가능에 가까운 일이었으리라는 의견을 덧붙여두겠다.

3. 원정 준비

텐쇼 18년(1590)에 국서를 들고 일본으로 온 조선의 사절은 히데요시의 서장을 받아가지고 돌아갔는데, 그들은 '히데요시에게 전의가 있는 것은 아니다.'라고 정부에 보고했다. 이에 조선 정부는 안심하고 중국과의 관계 조정도 하지 않은 채 방임했다.

(1) 동원령

히데요시는 앞서 이야기한 것처럼 조선·명의 무례함에 분노하여 마침내는 마지막 수단을 쓰기로 하고 텐쇼 19년 정월, 제후에게 명령하여 출병 준비를 하게 했다. 우선 해군 군비가 발령되었다.

一. 히타치노쿠니 이서·시코쿠·큐슈 및 동해 연안의 각 쿠니는 10만 섬당 대선 3척을 만들 것.

二. 10만 섬당 대선 3척, 중선 5척씩 만들어 바칠 것.

三. 조선 비용은 우선 담당관이 반액을 지출하고, 잔액은 준공 후에 교부할 것.

四. 뱃사람은 각 포구에서 100호당 10명을 뽑을 것.

五. 그 보상으로 1인당 현미 2인분과 처자의 생활비를 지급할 것.

六. 사공에게 지급할 쌀은 시의[時宜]에 따라서 결정할 것.

七. 앞 조항의 배와 인부를 내년 봄, 셋쓰·하리마·이즈미의 해안으로 집결할 것.

이상의 7개 조였다. 뒤이어 3월에는 군역에 관한 명령을 내렸다.

一. 시코쿠·큐슈는 1만 섬당 600명을 동원할 것.

二. 추고쿠·키이는 1만 섬 당 500명.

三. 키나이는 1만 섬 당 400명.

四. 오우미·오와리·시나노·이세 4개 쿠니는 1만 섬 당 350명.

五. 미카와·토오토우미·스루가·이즈 부근의 각 쿠니는 300명, 그 이동[以東]은 200명.

六. 와카사 이북(호쿠리쿠)은 300명.

七. 에치고·데와는 200명.

그리고 12월까지 오오사카로 집결하라는 것이었다. (그가 호조를 공격할 때 큐슈 세력을 동원하지 않은 것은 곧 있을 조선 출병에 징발하기 위해서였다고 한다.)

이해에도 히데요시는 소 요시토모에게 거듭 조선과 마지막 담판을 시도하라고 명령했다. 요시토모는 부산포[釜山浦]로 가서 히데요시의 명을 전달하고 일본과 명나라의 국교를 주선하지 않으면 히데요시가 출병할 것임에 틀림없으니 반드시 주선하는 것이 좋을 듯하다고 설득했다. (이 주선을 일반적으로는 명국 정벌을 위한 길잡이를 요구한 것이라고 말하고 있다.) 그러나 조선에서는 이를 히데요시의 공갈이라고 믿었으며, 한편으로 일본이 명나라를 친다는 것은 당랑지부와 같은 일이라고 조소하고 있었다. 그랬기에 소 씨의 제언을 받아들이려 하지 않았다. 요시토모는 10일 동안 체재하다 아무런 성과도 없이 돌아가 일의 경위를 히데요시에게 보고했다. 히데요시는 마침내 무력을 사용하여 일본의 체면을 유지할 수밖에 없이 되었다. 이때 소 씨가 조선 지도를 히데요시에게 바쳤다고 한다.

(2) 나고야 축성

이미 정한(征韓)을 위한 호령을 내린 히데요시는 본영을 히젠 마쓰우라군(松浦郡)의 북단에 있는 나고야에 두기로 했다. 나고야는 전면에 카베시마(加部島)가 가로놓여 있어서 풍파를 막아주어, 배를 묶기에 좋았으며 배로 조선을 오가기에도 편리한 땅이었다. 처음 히데요시는 하카타 만이 예로부터 대륙으로 가는 교통의 요지였기에 그곳을 본영의 소재지로 삼으려 했다. 큐슈 정벌이 끝났을 때 잠시 그 땅에 머물며 하카타의 재흥을 계획했던 것도 훗날 대륙 출정을 예상하고 있었기 때문이었다. 그러나 막상 일이 진행되자 히데요시는 하카타를 버리고 나고야를 취했다. 아마도 하카타는 예로부터 국민의 존숭이 두터운 하코자키 하치만구가 있는 땅이니, 전쟁으로 그 신성한 땅을 소란스럽게 만들기는 꺼려졌기에 그랬던 것이리라.

어쨌든 이번 해외원정은 지금까지의 국내 평정과는 달리 규모도 크고 시간도 오래 걸리리라 생각했기에 그 땅에 대대적인 축성을 시작했다. 큐슈의 다이묘·쇼묘를 비롯하여 수많은 천하의 제후, 각 장수들에게 건축용 자재와 인부를 내게 했으며, 또 공사를 담당케 했다. 이 나고야 성에 관해서 기록한 『호안 태합기』를 보면, 거기에도 혼마루에서부터 산노마루까지 있었으며, 혼마루에는 텐슈카쿠가 있었고, 야마자토마루라고 칭하는 커다란 안채와 여자들의 거처가 있어서 이른바 후궁의 미인들이 여럿 와서 머물렀다는 사실을 알 수 있다. 한편 앞서 이야기한 '고혼마루스키야(御本丸すきや)'는 황금을 펴서 바른 호화로운 다실이었으며, 야마자토스키야는 반대로 매우 맵시 있는 것이었다.

이러한 축성이 10만여 명의 인부와 장색들에 의해서 밤낮으로 진행되었다. 그들은 노동요를 흥얼거리며 커다란 목재와 석재를 옮겨 성벽과 누각을 쌓아올렸다. 그리고 이듬해에 공사를 마무리 지었다.

(3) 대륙의 지도

히데요시는 예전부터 화공에게 명하여 대륙의 지도를 병풍에 그리게 했고 조석으로 그것을 바라보며 그 땅의 지리를 연구했다. 조선 팔도는 진작부터 각 도를 색깔별로 칠하여 알아보기 편하게 해두었다. 마침내 개전이 다가오자 히데요시는 그 지도를 여러 장 그리게 하여 바다를 건너갈 장수들에게 한 장씩 주었다. 장수들은 그 지도의 색을 보고 팔도를 각각 적국[赤國아카구니]이네, 청국[靑國아오구니]이네 하고 불렀다.

이 지도는 지금도 남아 있는데 매우 간략하지만 부산의 부두에서 한양[漢陽]·평양[平壤]·의주[義州]·요동[遼東]을 지나서 북경[北京]에 이르기까지의 각 역참이 기록되어 있고, 그 사이의 거리를 일일이 적어넣은 것이라고 한다. 아마도 앞서 시마이 소시쓰 등을 조선으로 밀항케 하고, 훗날 나이토 조안(內藤 如安) 등을 북경으로 보냈을 때 자세히 조사케 하여 기입한 것이리라. 게다가 그들 거리는 매우 정확하여, 청일전쟁 무렵까지 그 땅의 지도들 가운데서, 적어도 거리에 있어서만은 가장 정확한 것이었다고 한다.

(4) 히데요시의 부채

또한 히데요시는 평소 가지고 다니는 부채에도 동양 일원의 지도를 그리게 했다. 이 부채는 지금도 남아 있는데 일본·조선·명

3개국에는 산천·도읍 등이 기입되어 있다. 그리고 그 뒷면에는 명나라 말을 기록하고 그 하단에 일본어로 번역한 말을 적어 놓았다.

그는 평소에 이 부채를 들고 다니며 삼국의 형세를 자세히 파악했으며, 또 한편으로는 훗날 그 땅으로 들어갈 날에 대비하기 위해서, 예를 들자면 중학생이 영어단어장을 만들어 암기하는 것처럼 명나라 말을 연습했으리라. 그의 세심한 준비 상황은 이러한 일로도 알 수 있다.

(5) 관백의 자리를 물려주다

텐쇼 19년(1591) 12월, 히데요시는 양자인 히데쓰구를 토요토미 씨의 제2대로 결정하고, 상주하여 관백의 자리를 히데쓰구에게 넘겨주고 싶다고 청했다. 조정에서는 이를 받아들이고, '지금까지의 관례에 따라서 앞으로는 태합이라 칭하라.'는 천황의 간곡한 말을 내렸다. '태합'이라는 칭호는 관백의 자리를 후계자에게 물려주고 은거에 들어간 경우에, 요즘 식으로 말하자면 전관예우를 하여 조정에서 내리는 칭호였다. 따라서 예로부터 수십 명의 태합이 있었지만, 오늘에 이르기까지 '태합'하면 히데요시의 별칭처럼 여겨지고 있다. 이는 추나곤(中納言)에 대한 전관예우로 추나곤에서 물러난 자를 코몬(黃門)이라고 부르던 것을, 미토코몬(水戶黃門)인 미쓰쿠니(光圀)가 거의 독점하고 있는 것과 같은 이야기다.

이렇게 해서 히데요시는 후계자도 세웠으니 마음 놓고 바다를 건너갈 수 있으리라 생각하여 조선 침략 준비를 착착 실행에 옮겨나가고 있었다.

4. 출진

이듬해인 텐쇼 20년(1592. 그해 12월에 연호를 바꾸어 분로쿠 원년이 되었다.) 3월 1일부터 선진인 코니시 유키나가(小西 行長)·카토 키요마사 이하 각 장수들이 매일 서쪽을 향하여 속속 출발했다. 히데요시도 3월 26일에 쿄토를 출발하여 나고야로 향했다. 언제나처럼 그 행렬은 매우 화려한 것이어서 구경 나온 군중들을 깜짝 놀라게 했다. 이렇게 해서 후진까지 전부 출발을 마친 것은 4월 6일이었다.

히데요시가 쿄토를 떠나게 되었을 때 담당관이,

"이번 정벌은 아무래도 명나라와 조선이 상대이니 양국과의 문서 왕복 등에 있어서 자연히 한문이 필요할 것입니다. 누군가 한문에 능한 자를 뽑아 데려가시지 않으면 안 될 것입니다."라고 적임자를 뽑는 일에 대해서 태합의 의견을 듣기 위해 물었다. 그러자 히데요시는 껄껄 웃으며,

"아니, 아니, 한문 따위는 필요 없네. 지금부터는 그 나라 사람들에게 일본어를 가르치고, 양놈들에게도 일본어를 쓰게 할 것이네."라고 말했다. 사람들은 어처구니가 없다는 듯 눈을 동그랗게 떴다.

그는 명나라와 조선을 정복하여 일본에 병합시킨 뒤, 일본 말과 글자를 쓰게 할 생각이었던 듯하다. 마치 근대의 여러 나라들이 식민지에 대해서 국어정책을 행했던 것처럼. 그러나 훗날의 이상은 이상일 뿐, 현재의 필요를 등한시할 수 없었기에 당시 능문가로 유명했던 쿄토 오산의 장로 가운데서 에이테쓰(永哲)·레이산(霊三)·쇼다 세 사람을 선발하여 나고야로 데리고 갔다.

나고야로 가는 도중, 하카타에 도착한 히데요시가 갑자기,

"조선이나 명나라 놈들은 수염을 귀히 여긴다고 하더구나. 불행히도 내게는 콧수염이 없으니 수염을 만들어 붙여야겠다. 적당한 사람을 불러라."라고 말했다. 근신들이 그의 명령을 받들어 적당한 사람을 불러왔다. 히데요시는 그 사람에게 자신이 직접 여러 가지로 주문을 한 뒤,

"그래, 얼굴의 크기를 잴 필요가 있다면, 얼마든지 재도록 하여라."라고 웃으며 말했다. 그러자 그 사람은 매우 송구스러워하며,

"아닙니다. 결코 그럴 필요가 없습니다."라고 말한 뒤, 허둥지둥 물러났다.

얼마 지나지도 않아서 수염을 만들어 가지고 왔기에 히데요시는 바로 그것을 붙여보고,

"음, 이거면 됐다."라고 말했다. 이렇게 해서 그는 인조 수염으로 한껏 위엄을 내보이며 자랑스럽게 하카타를 출발했다. 군중들에게 구경케 했다는 것은 말할 필요도 없으리라.

4월 10일 무렵에는 대부분의 군세가 나고야 부근에 집결했다. 니시무라 신지 씨가 조사한 바에 따르면 그 총병력과 부서는 다음과 같았다.

○ 출정군

제1대 코니시 유키나가 등 1만 8천 7백 명

제2대 카토 키요마사 등 2만 2천 8백 명

제3대 쿠로다 나가마사 등 1만 1천 명

제4대 시마즈 요시히로 등 1만 4천 명

제5대 후쿠시마 마사노리 등 2만 4천 7백 명

제6대 모리 테루모토 등 4만 5천 7백 명

(이상, 제1군) 소계 13만 6천 9백 명

제7대 우키타 히데이에 등 1만 7천 2백 명

제8대 아사노 유키나가 등 1만 5천 5백 명

제9대 하시바 히데카쓰(羽柴 秀勝) 등 2만 5천 5백 명

(이상, 제2군) 소계 5만 8천 2백 명

○ 나고야 재진

예비군(36개 부대) 토쿠가와 이에야스 등 7만 3천 3백 20명

친위군(전위대) 토미타 우콘쇼겐(富田 右近将監) 등 5천 7백 30명

친위군(활·철포 부대) 오오시마 운파치(大島 雲八) 등 1천 7백 50명

친위군(직속부대) 1만 4천 9백 명

친위군(후비대) 하시바 산키치(羽柴 三吉) 5천 3백 명

(친위군) 소계 2만 7천 6백 80명

육군 총계 29만 6천 1백 명

○ 수군

3개 부대 쿠키 요시타카 등 9천 4백 50명

(이상 동원 총수 30만 5천 5백 50명)

다테 마사무네·코바야카와 타카카게 등의 장수들은 육군으로, 카토 요시아키라·와키자카 야스하루 등은 수군으로 참가했다. 마에다 토시이에·가모우 우지사토 등은 예비군으로 이에야스와 함께 나고야에 남았다.

영광스러운 제1군을 맡은 코니시 유키나가가 나고야를 출발한 것은 3월 12일이었다고 전해진다. 그런데 카토 키요마사에게 준 히데요시의 문서(지금 마에다 가에서 소장하고 있는 텐쇼 20년

(1592) 2월 18일자 및 3월 6일자)에는,

<코니시 유키나가와 소 요시토모 두 사람은 조선의 사정에 밝으니 우선 그들에게 적의 사정을 살피게 하여, 그 보고가 올 때까지 키요마사는 조선에서 10·20리(4~8㎞) 떨어진 섬에 정박하고, 다른 군세는 쓰시마·이키 부근에 머물러 있다가 보고가 들어오면 나아갈 것인지 머물 것인지를 결정하라. 보고를 듣기 전에 함부로 군대를 나아가게 해서는 안 된다.>라고 적혀 있다. 쿠로다 집안에 전해지는 히데요시의 서간(정월 18일자, 모리 카쓰나가(毛利 勝永)·카토 키요마사·쿠로다 나가마사 3명에게 보낸 편지)에도 같은 내용이 적혀 있다고 한다. 어쩌면 히데요시는 언제든 싸울 수 있도록 준비를 해놓은 뒤, 즉 단도를 적의 옆구리에 들이민 듯한 형국으로 다시 한 번 코니시·소 두 사람으로 하여금 조선과 초기의 담판을 하도록 한 것일지도 모른다. 그 때문인지 어떤지는 확실히 알 수 없으나 사실 유키나가는 정월 13일에 일찌감치 나고야를 출발한 모양이다. 그런 다음 이키로 건너갔으며, 뒤이어 쓰시마로 갔고 3월 중반까지 쓰시마에 머물렀다. 그 거의 2개월 동안 그는 대체 무엇을 했을까? 그 사이의 행동에 대해서는 전혀 알 수 없지만, 아마도 소 씨 등으로 하여금 거듭 담판을 시도하게 한 듯하다. 그러나 그들이 어떤 내용의 보고를 했는지, 유감스럽게도 그것 역시 자료가 전혀 발견되지 않았다.

어쨌든 3월 16일 무렵, 히데요시가 쿄토에서 '상황에 따라서 군대를 출발시켜라.'라고 대기 중이던 나고야의 군세에게 명령을 내렸기에 키요마사 이하 각 장수들은 차례로 바다를 건너가 조선 해협의 어딘가(아마도 쓰시마)까지 진출했다.

　이러한 사실을 바탕으로, 그 후 보여준 코니시 유키나가의 행동을 관찰해보면 어딘가 납득이 가는 부분이 있다. 그는 기회가 있을 때마다 조선과 화목을 위한 담판을 벌이려 노력했다. 사람들은 이를 그가 비겁하고, 특히 싸움에 싫증이 났기에 하루라도 빨리 일본으로 돌아가고 싶어서 그와 같은 잔꾀를 부려 히데요시의 커다란 뜻을 마침내는 물거품으로 만들어버린 것이라고들 말해왔다. 하지만 그는 히데요시가 처음 품은 뜻에 가장 충실했던 것일지도 모른다. 적어도 히데요시는 단지 조선을 유린하고 명나라를 정벌하겠다고 큰소리를 쳐서 그 유쾌함을 마음껏 즐기려 했던 것만은 아니었다. 그는 조선은 물론 대국인 명나라에게까지 일본을 동아시아의 맹주로 승인케 하여 그 나라들과 활발하게 무역(당시의 표현대로 하자면 입공)을 하는 것을 주요한 목적으로 삼고 있었던 것이다. 그것이 평화적인 담판에 의해서 행해지지 못했기에, 마치 큐슈 정벌이나 오다와라 정벌 때처럼 자신의 무위를 내보여 무력으로 굴복시켜서라도 실현시켜야겠다고 생각한 것임에 틀림없다. 그러나 아무래도 상대가 국내의 시마즈나 호조 등과는 달리 해외이기도 했고, 나라가 넓었으며, 전통이 달랐기에 기대한 대로의 성과는 거두지 못했다. 이러한 사정은 생각지 않았던 옛날 사람들에 의해서 코니시 유키나가가 오로지 비겁하고 미련스러운 사람이었던 것처럼 전해진 일은 참으로 가엾은 일로, 그는 결코 비겁한 사람이 아니었다. 유키나가와 키요마사가 서로 선진을 다투었다는 속설도 어쩌면 앞서 이야기한 것과 같은 사정이, 예전부터 좋지 않았던 두 사람의 사이와 교묘하게 뒤얽혀 와전된 것일지도 모르겠다.

5. 나고야의 진

　히데요시는 나고야의 진에 도착한 지 얼마 지나지 않아서 '오구라(小倉)의 시키시[93]'를 하나 손에 넣었다. 유명한 오구라의 시키시는, 당시 가인들 사이에서 가성(歌聖)이라 여겨지고 있던 테이카(定家) 경이 편찬한 『오구라 백인일수[小倉百人一首]』를 한 수씩 시키시에 적은 것이다. 일찍부터 와카(단시) 감상의 맛을 알고 있었으며, 시작에도 얼마간 자부심을 가지고 있던 히데요시가 한없이 기뻐했다는 것은 말할 필요도 없으리라.

　"시키시를 내보이기 위한 다도회라도 열어볼까."라고 히데요시는 너무나도 기쁜 나머지 주위 사람들에게 이렇게 말했다.

　그러한 때에 쓰시마에 머물며 조선에 위협을 가하고, 한편으로는 외교교섭을 이어나가고 있던 코니시 유키나가가 마침내 진격을 시작했다. 4월 12일, 부산에 상륙하여 곧 부산진[釜山鎭]을 공격, 이튿날 벌써 그곳을 함락시키고, 숨 돌릴 틈도 없이 서평포[西平浦]·다대포[多大浦]를 돌파하여 동래[東萊]·양산[梁山] 등을 항복시켰다. 뒤이어 제2대인 카토 키요마사도 17일에 부산에 상륙하여 유키나가와 회의를 열고 제1대는 좌익을, 제2대는 우익을 맡아 나란히 북진하기로 했다.

　유키나가는 양산·작원[鵲院] 등을 떨어뜨렸으며 밀양[密陽]을 지나 상주[尙州]로 나아갔고, 험지인 조령[鳥嶺]을 넘어 충주[忠州]로 향했다. 키요마사는 양산·언양[彥陽]을 지나서 경주[慶州]

---

93) 色紙. 일본의 단가를 적는 사각형의 두꺼운 종이.

를 쳤다. 적이 싸우려 하지도 않고 북쪽으로 달아났기에 신녕[新寧]·군위[軍威]·안동[安東] 등의 각 성을 함락시키며 함창[咸昌]으로 나갔고, 거기서부터는 제1군의 뒤를 따라서 조령을 넘어 충주로 진군했다. 충주에서는 상주의 패장인 이일(李鎰)이 새로 온 도순사[道順使] 신립[申砬] 등과 굳게 지키고 있었다.

이처럼 일본군이 조선 땅을 파죽지세로 석권하기 시작했다는 첩보가 연일 나고야의 본영으로 날아들었다. 본영 안팎은 환호로 들끓었으며 제3대인 쿠로다 나가마사 등, 제4대인 시마즈 요시히로 등, 제5대인 후쿠시마 마사노리 등, 제6대인 모리 테루모토 등이 나고야 본진의 장병들의 환송을 받으며 기세등등하게 속속 원정길에 올랐다.

이에 히데요시는 전승의 기쁨을 겸해서 마침내 시키시 전람을 위한 다도회를 개최하기로 했다.

'오는 4월 21일, 밤중을 지나서부터 나고야 성 안 야마자토마루의 다실에서 시키시 전람을 위한 다도회를 행하겠다.'는 안내장이 각 장수의 진에 도착했다. '이번 다도회는 오로지 전하의 뜻이시다.'라는 말도 전해졌다. 부름은 받은 것은 이에야스·토시이에·우지사토 등의 예비군 장수들과 아직 나고야에서 대기 중이던 히데이에 이하 제2군의 장수들이었으리라.

21일 밤은 깊었으나 아직 달은 뜨지 않았고, 성문과 성 안의 곳곳에서는 파수병들이 피워놓은 화톳불이 전시의 긴장감을 내보이며 기세 좋게 타오르고 있었다. 그러나 밤은 고요하게 깊어서 소리 하나 들려오지 않았다. 다도회에 초대받은 각 장수들이 각자 야마자토마루의 다실로 하나둘 모여들었다. 참으로 어두운 밤이었으나 어떻게 된 일인지 다실에는 등불 하나 밝혀놓지 않았으며, 적막한 어둠 속에서 찻물 끓이는 솥 속의 물만이, 마치 멀리서 들려오는 솔바람 소리처럼 조용히 끓고 있었다.

마침내 주객은 다 모였으나 그저 묵묵히 앉아 있을 뿐, 기침 소리도 옷깃 스치는 소리조차 거의 들리지 않았다. 각자가 '와비의 마음'에 깊이 잠겨서 무념무상의 경지에 들어가 있었던 것이다.

이렇게 해서 시간이 흐르고 밤이 깊자 스무날 무렵의 달이 동쪽 산 끝을 오르기 시작한 것이리라. 다실의 장지문이 희붐하게 밝아오기 시작했다. 방 안도 저절로 희미하게 보이기 시작했다. 토코노마94)에는 오늘 밤에 피로하기로 한 오구라의 시키시이리라, 허옇게 걸려 있었다. 태합은 물 끓이는 솥을 앞에 두고 앉아 있었다. 상좌에는 이에야스와 토시이에가 앉았으며, 이하 사람들이 양쪽 편에 나란히 앉아 있었다. 마루 가까운 쪽, 장지문을 등지고 단정히 앉아 있는 것은 다도의 선생이었다.

달은 벌써 산의 끝자락을 떠난 것인지 달빛이 장지문에 비쳤다. 장식공간을 보니 오오, 시키시의 글자를 정확히 읽어낼 수는 없었으나 저기에 글자가 있구나 하고 필적만은 알아볼 수가 있었다. 일동은 조용한 긴장 속에서 모두 장식공간을 응시했다. 그때 다도 선생이 뒤에 있던 장지문을 가만히 열었다. 달빛이 정면으로 흘러들어 맑은 물의 바닥처럼 푸르스름한 빛을 방 안 가득 넘쳐나게 했다.

"아아, 보인다."

---

94) 床の間. 방의 상좌에 바닥을 한층 높여서 만든 장식공간. 이하 장식공간.

신음하듯 감탄의 목소리를 올린 것은 장식공간 가까이에 있던 이에야스였다. 모두 앉은 채로 가까이 몸을 기울여 시키시를 가만히 바라보았다.

〈고토쿠다이지 사다이진(後德大寺 左大臣)

두견이 우는 쪽을 바라보니, 그저 새벽달만 남아 있네〉

참으로 아름답고 고상한 필적이 달빛을 받아 선명하게 눈에 들어왔다. 문무에 걸쳐서 이름을 얻은 명장들이 한동안은 소리조차 내지 못한 채 종이를 꿰뚫을 듯한 안광으로 일제히 시키시를 바라보고 있었다. 잠시 후, 그들은 그 시키시의 뛰어남에 서로 감탄했다. 계절과도 매우 잘 어울리는 것이었다.

"과연 희대의 정취. 후세에까지 입에 오르내릴 것입니다."

찬탄한 것은 토시이에였다. 일동 모두 같은 마음이었다. 태합은 시종 미소를 지으며 각 장수들이 칭찬하는 소리를 들었다. 그런 다음,

"그럼, 차를."하고 말한 뒤, 히데요시 스스로가 차를 타서 형식에 따라 손님들에게 차를 맛보게 해주었다. 이렇게 해서 시키시 전람을 위한 다도회는 끝났고, 바다 건너에서의 전황에 대한 이야기를 한바탕 나누고 난 뒤 각자 자신의 진으로 물러났다. 사방에는 벌써 여명이 깃들기 시작하여 각 진마다 약동하듯 활기가 넘쳐나고 있었다.

한편, 처음 조선 정부는 일본군을 얕잡아보고 있었다. 히데요시의 공갈 따위도, 커다란 바다를 모르는 개구리의 과대망상적 허풍이라고만 생각하고 있었다. 그런데 뜻밖에도 일본군이 갑자기 침입했기에 서둘러 도순사를 임명하여 남부의 3개 도[道]로 보내서 방비를

엄중히 하게 했으며, 이순신[李舜臣]을 기용하여 전라좌수사[全羅左水使]에 임명하고 수군을 조선해협으로 출동시켰다. 동시에 명나라로 급히 사람을 보내서 원군을 청했다. 그러나 조선은 거의 1천 년 동안 평화롭게 살았기에 무비[武備]가 허술했으며, 가끔 강한 이웃나라의 압박을 받아도 거기에 굴복하여 속국적인 지위에 안주하는 무사안일주의에만 빠져 있었다. 그랬기에 상하 모두 무기력하여 국가적 자각을 잃었으며, 각자 장래는 생각지 않고 오로지 한때의 안락함으로 일락을 추구하려고만 하고 있었다. 그러한 때에 정예 일본군이 침입했기에 완강한 저항은 거의 할 수도 없었다. 빗발치는 화살 속에서 당당히 일어나 조국의 난에 맞서 용맹히 나아가려는 자는 거의 찾아볼 수 없을 정도였다. 이렇게 해서 조선 남부는 일본 군대의 깃발로 뒤덮여버리고 말았다.

뒤늦게 당황한 조선 정부는 김명원[金命元]을 도원수[都元帥]로 삼고 각 장수들을 곳곳에 배치하여, 일단은 명나라 군이 올 때까지 극력 방어에 힘쓰게 했으며, 박충간[朴忠侃]을 한양 순검사[巡檢使]로 발탁하여 도성의 수비를 맡게 했다.

4월 27일, 일본군 제1대가 충주를 함락시켰다. 이일은 도주했으며, 신립은 전사했다. 키요마사의 부대가 도착했을 때, 유키나가는 이미 성 안으로 들어가 있었다. 일본군이 지나는 곳의 조선군은 마치 추풍낙엽과도 같았다. 충주가 함락되었으니 한양도 얼마 멀지 않았다. 유키나가와 키요마사는 여기서 다시 협의하여 이번에는 유키나가가 우익이 되어 나아가고, 키요마사가 좌익이 되어 나아가 함께 한양을 치기 위해 전진했다.

충주가 함락되었다는 보고를 접한 조선의 왕 선조[宣祖]는 놀라움과 두려움에 당황하여 북서쪽의 국경지대인 의주로 달아나기 시작했다. 왕자 진[珒임해군(臨海君)]과 혼[琿순화군(順和君)]은 북동쪽인 함경도[咸鏡道]를 향해 망명했다.

5월 3일, 키요마사가 이끄는 제2대는 남대문[南大門]을 통해서, 제1대인 유키나가 군은 동대문[東大門]을 통해서 한양에 입성했다. 그들을 막으려는 자, 저항을 시도하려는 자는 아무도 없었으며, 시민 가운데는 두터운 예를 표하며 그들을 맞아들이고 선물을 내어 환심을 사려는 자까지 적지 않았다. 유키나가 부대가 부산에 상륙한 지 겨우 20일쯤 지났을 뿐인데, 한 나라의 도읍이 일본군의 손에 떨어진 것이었다.

우키타 히데이에가 이끄는 제2군의 선두(제7대)도 5월 3일에 나고야를 출발하여 부산에 상륙했으며, 5월 10일에는 벌써 한양으로 들어갔다. 히데이에는 출정군의 총사령관이었다. 그는 각 장수들을 한양으로 불러들여, 팔도 정복을 위한 역할을 분담했다. 유키나가는 평안도[平安道]·키요마사는 함경도, 이하 각 도를 향해서 각각이 출발했다. 히데이에 자신은 한양에 머물며 그곳에 출정군 사령부를 두고 각지에 있는 일본군을 총독했다.

이러한 정보를 들은 히데요시의 기쁨은 이만저만한 것이 아니었다. 로맨티시스트인 히데요시의 머릿속에서는 명나라 400여 개 주를 정복하여 자신의 깃발이 북경에서 펄럭이는 모습이 벌써부터 활발하게 오가고 있었다. 이에 히데요시는 쿄토에 있는 새로운 관백 히데쓰구에게 다음과 같은 서장을 보냈다.

1. 전하(관백)도 출정 준비에 소홀함이 있어서는 안 된다. 내년 2월 무렵에 출발할 것.

1. 조선의 도읍은 지난 2일에 떨어졌다. 이에 마침내 급거 바다를 건너 이번에는 명나라까지 남김없이 정벌하고 중국의 관백 직을 내릴 것이다.

1. 중국의 도읍으로 폐하가 옮기실 수 있도록 준비하라. 내후년에 행행하실 것이다. 그리 되면 도읍 주변의 10개 쿠니를 진상할 것이다. 그리고 공경들에게도 모두 녹봉이 지급될 것이다. 그 아래의 공가들은 녹봉이 10배로 늘게 될 것이다. 신분이 높은 자들은 그 인격에 따라서 대우하리라.

1. 중국의 관백은 앞서 말한 것처럼 히데쓰구에게 물려줄 것이다. 그리 되면 도읍 주변의 100개 쿠니를 건네줄 것이다. 일본의 관백은 히데나가의 후사인 야마토 추나곤(大和 中納言)이나 비젠 사이쇼(備前 宰相우키타 히데이에) 두 사람 중 마음가짐을 보고 명할 것이다.

1. 일본의 제위는 동궁이나 하치조덴(八条殿) 가운데 한 사람이 잇게 할 것이다.

1. 조선에는 오다 히데노부(산보시)나 우키타 히데이에를 두겠다. 그리고 토요토미 히데카쓰(豊臣 秀勝)는 큐슈에 두겠다.

(후략)

텐쇼 20년(1592) 5월 18일 히데요시

관백 나리

니시오 미쓰노리(西尾 光教)가 이 서장을 들고 쿄토로 향했다. 위대한 로맨티시스트인 히데요시의 꿈은 놀라울 정도로 장대했다. 그야말로 고금을 통틀어 으뜸이었다. 그는 벌써부터 명나라를 자기 손에 넣은 듯한 기분이 되어 있었다. 무슨 일에나 한발 앞서 손을 쓰는 그는 명나라 정복 후의 여러 가지 처치에 대해서도 하나하나 생각을 해나가고 있었다. 그의 커다란 꿈에 동감하지 못하는 역사가들은 그러한 그의 언동을 한마디로 허세라고 폄하하며 과대망상광의 허풍이라고 비웃지만, 히데요시 자신은 진심이었다. 평범한 사람은 완전히 몽상이라고 생각하는 일도, 기개가 사해를 뒤덮은 그에게 있어서는 실현 가능한 이상(이룰 수 있는 꿈)으로 보였던 것이다.

그는 고요제이 천황에게도 명나라로 행행할 것을 권했으며, 폐하도 이를 기꺼이 받아들이셨다. 마에다 겐이는 칙명에 따라서 행행 때의 의식에 대해서 차근차근 조사를 시작했다.

한편 히데요시는, 명나라 군이 결국은 응원을 올 것이라 생각했기에 이시다 미쓰나리 등에게 병사 6만을 주어 역시 조선으로 건너가게 했다.

조선에서는 유키나가·키요마사 두 사람이 함께 북진하여 우선 임진강[臨津江]의 적을 격파하고 개성[開城]으로 들어갔다. 거기서부터 두 부대는 동서로 나뉘었으며, 유키나가는 평양으로 진격하여 성을 취하고 다량의 식량을 확보했다. 키요마사는 함경도로 공격해 들어가서 여러 성을 함락시켰는데 앞을 가로막는 적조차 없었으며, 똑바로 북진하여 두만강[豆滿江] 부근의 회령[會寧]에 이르러서는 망명 중이던 조선의 두 왕자를 포로로 잡았다. 키요마사는 그들을 후방의 경성[鏡城]으로 보내서 예를 다하여 보호하라고 성을 지키던 장수에게 명했다. 키요마사는 더욱 전진했으나 그곳은 이미 우량카이(간도)로 외지에 해당한다는 사실을 알았기에 말머리를 돌려 후퇴했다.

한편 일본의 수군은 3개 부대로 나뉘어 있었는데 쿠키 요시타카·카토 요시아키라·와키자카 야스하루 등이 각각 한 부대씩 맡아 지휘했고, 요시타카가 총사령관이었다. 그 작전은 부산을 출발하여 경상[慶尙]·전라 등 남해안을 돌아서 북상하여 육군과 연락하며 조선 연해의 제해권을 일본이 장악하고, 필요에 따라서 육군을 도와 조선의 주요한 나루를 공격하겠다는 것이었다. 그러나 조선의 제독인 이순신은 명장이었다. 그가 창시한 귀선[龜船거북선]이라는 것을 민활하게 조종하여 일본군을 괴롭혔으며, 일본군의 작전을 완전히 무용지물로 만들어버렸다. 5월 4일, 그는 부산에서 가까운 거제도[巨濟島] 앞바다에 나타나 일본 수군의 제3대를 격파했다. 뒤이어 6월 2일에는 노량진[露梁津] 부근에서 일본군의 제2대까지도 격파했다. 그리고 4일에는 당항포[唐項浦]에서 일본군과 충돌하여 이번에도 역시 일본군을 불리함으로 몰아넣었다. 사령관 쿠루시마 미치유키(来島 通之)는 끝내 할복하고 말았다. 쿠루시마 씨는 예로부터 세토 내해 해적의 우두머리였기에 대대로 해상을 집 삼아 웅비하던 전통적인 바다의 용사였다. 그러나 이순신은 더욱 뛰어난 해장[海將]이었던 듯하다.

마침 일본 수군의 제독들은 한양으로 초치되어 군사회의에 참가해 있었다. 이 정보를 받은 쿠키·카토·와키자카 등이 급히 남쪽으로 내려가 승선하여 적과 결전을 치를 생각으로 7월 6일 새벽부터 행동을 개시했다. 그러나 조선의 이순신이 거북선을 훌륭하게 조종하여 일본 선대의 활동을 견제했기에 일본 수군의 명장들도 달리 손을 쓸 수가 없었다. 이렇게 해서 일본 수군은 끝끝내 거제도 이서로는 진출하지 못했다.

이처럼 일본 수군이 세력을 떨치지 못했던 것은, 무엇보다 함선이 조선에 비해서 열세였기 때문이었다. 두 번째로는 이순신이 명제독으로 거북선의 위력을 마음껏 발휘했기 때문이었다. 그러나 만약 일본 장병들이 용맹하게 싸워서 이러한 약점들을 극복했다 할지라도 일본군이 조선 근해를 마음껏 떠다니며 그 제해권을 손에 넣기란 오히려 불가능에 가까운 일이었으리라. 왜냐하면 당시 일본의 장병들은 조선 연해의 바닷길을 전혀 알지 못했기 때문이다. 무릇 조선 연해, 특히 전라·경상 2개 도의 해안은 매우 복잡해서 그 지도조차도 완전한 것은 만들기 어려운 곳이다. 바다의 지도 따위 아직 발달하지 않았던 당시, 더구나 그곳은 외국이었다. 그곳은 크고 작은 무수한 섬들이 뭇별처럼, 아니 바둑돌을 흩뿌려놓은 것처럼 산재해 있어서 곳곳에 협소한 여울목이 생성되어 있고, 거기에 더해 간만의 차가 심해서 시시각각으로 복잡한 조류의 변화가 일어나 온몸의 털이 곤두설 것 같은 무시무시한 광경을 심심찮게 볼 수 있는 곳이다. 이와 같은 해상의 지리에 단번에 정통한다는 것은 거의 불가능에 가까운 일이었다. 일본 세토 내해의 상당히 복잡한 바다에서 조상 대대로 솜씨를 닦아온 일본의 수군조차 움츠러들 수밖에 없었던 것이다.

어쨌든 일본 수군이 생각했던 것과 같은 활약을 펼치지 못했기에 멀리 북쪽으로 진출해 있던 일본 육군은 해상과의 연락을 유지하며 공동 작전을 펼치지 못했을 뿐만 아니라, 조선 해협의 제해권조차 위협받기 일쑤여서 나고야와의 연락과 병력이나 치중의 수송도 마음놓고 할 수 없는 상태에 빠졌다. 이는 육군에게 더할 나위 없이 위험한 일로, 조선 침략에 끝내 성공을 거두지 못한 중대한 원인의 절반은 바로 이 때문이었다.

이보다 앞서 명나라의 원군은 이미 압록강[鴨綠江]을 건너서 국경지인 의주까지 들어와 있었다. 그러나 쉽사리 남하하지는 않았으며, 은밀히 일본군의 정세를 정찰하다 빈틈이 보이면 역습을 가하려 전황을 살피고 있었다. 그러한 때에 평양에 있던 코니시 유키나가의 부대가 무료함에 군기가 느슨해져 있다고 판단했는지 부사령관 조승훈[祖承訓]이 7월 16일에 느닷없이 평양을 공격했다. 무료함에 몸부림치고 있던 일본군이, 마침 좋은 적이 찾아왔다며 맹렬하게 방어전을 펼쳐 결코 한 걸음도 물러서려 하지 않았기에 조승훈은 공격을 중지하고 퇴각하기 시작했다. 그것을 보자마자 일본군은 단숨에 그들을 추격하여 커다란 타격을 입혔다. 승훈은 당황하여 북쪽으로 달아났으며, 의주를 지나서 멀리 요동까지 물러나버렸다.

태합은 이전부터 스스로도 바다를 건너가 원정군을 직접 지휘하고 싶어 했다. 특히 일본군이 삽시간에 조선 땅을 짓밟아 왕성까지 손에 넣었다는 소식을 접한 뒤부터는,

"조선은 이미 우리 손아귀에 떨어졌다. 이렇게 된 이상 내가 바다를 건너가 명나라로 공격해 들어가겠다."라며 그 준비를 시작하려 했다. 그랬기에 히데쓰구에게 보낸 서장에도 바다를 건너가겠다는 뜻을 적었다. 그러나 일본군에는 함선이 적었기에 조선으로 들어가 있는 배를 불러들이지 않으면 바다를 건널 수 없었다. 이러한 때에 토쿠가와 이에야스와 마에다 토시이에 등이 히데요시를 극력 말렸다.

"6월은 질풍이 부는 계절이니 바다를 건너시는 것은 위험합니다. 또한 지금부터 조선으로 수송선을 부르러 가서 수송선이 돌아오기를 기다렸다가 군세를 태워 전하가 바다를 건너시고 난 후면, 곧 겨울이 찾아와 항로가 끊기는 계절로 접어들기에 식량을 보내기

조차 어려워집니다. 그러한 모든 것을 뿌리치고 바다를 건너가셨다
는 소식이 전해지면, 국내에서 어떤 변고가 있을지 알 수 없는
일입니다. 여러 모로 봐서 지금은 바다를 건너실 때가 아닙니다."

아니나 다를까, 히데요시가 바다를 건너갈 것이라는 소문이
퍼진 것만으로도 나고야에서 그리 멀지 않은 큐슈 땅에서 카이호쿠
쿠니카네(海北 国兼)라는 자가 벌써부터 준동하기 시작했다. 이는
결코 커다란 계획은 아니었으나 시마즈 토시히사(島津 歲久요시히로의
동생)가 흑막이라는 소문이 있었기에 히데요시는 결국 토시히사를
자결케 하지 않을 수 없었다. 그 정도로 천하는 아직 불안정했으며,
이 사건은 사람들의 마음에 커다란 충격을 주었다.

이러한 모든 사정보다 더 히데요시의 결심을 무뎌지게 한 것은,
도읍에 있는 노모 오오만도코로가 태합이 바다를 건너갈 것이라는
소식을 듣고 너무나도 걱정한 나머지 병에 걸렸다는 보고를 접한
일이었다.

오오만도코로는 조선과 명나라를 정벌하겠다는 이야기를 들었
을 때부터 이미 크게 놀라서 근심에 빠져 있었다. 그런데 이번에는
태합이 바다를 건너갈 것이라는 소식을 들었기에 더욱 마음에
걸려서 견딜 수가 없었다. 이에 매일 시녀들에게,

"태합은 언제 조선으로 건너가시는 게냐."라고 거듭거듭 물었다.

"아닙니다. 전하께서는 바다를 건너지 않으실 것입니다. 나고야
성에 머물러 계실 것입니다."라고 대답하여 시녀들은 노모의 마음
을 위로하려 했으나,

"하지만 히데쓰구에게 바다를 건널 것이라고 말했다지 않느냐."
라며 마음을 놓지 않았다.

"아닙니다. 전하께서는 언제나 건강하시기에 그렇게 말씀하셔서 기세를 떨쳐보이시려는 것일 뿐입니다. 조금도 근심하실 것 없습니다."라고 말해도 어머니는 누구보다도 자기 아들의 성격을 잘 알고 있었기에 일단 말을 꺼냈으니 우물쭈물하고 있을 태합이 아니라고 믿고 있었다. 그리고 여전히, '언제 건너가시는 게냐.'라며 애를 태웠다. 당시 오오만도코로가 몇 살이었는지는 전해지는 바가 전혀 없어서 정확히 알 수는 없지만, 히데요시가 57세였으니 적어도 70세는 넘었을 것이다. 그리고 젊었을 때부터 고생이 아주 심했기에 벌써 완전히 늙어서 정신이 온전하지 않은 상태에 빠져 있었던 듯하다는 실례가 여럿 있다. 철없는 어린아이처럼 주변의 말은 귀에 들어오지도 않고, 오로지 바다를 건너갈 것이라고만 생각하여 애를 태웠던 것이다. 그리고 그것 때문에 그녀는 결국 몸져눕고 말았다.

그 소식을 접한 히데요시의 놀라움은 이만저만한 것이 아니었다. 앞날이 얼마 남지 않은 어머니가 아직도 자신을 어린아이인 양 여겨 걱정하는 모습을 생각하면 바다를 건너가는 일이 문제가 아니었다. 이제는 완전히 마른 나무처럼 되어버린 어머니의 목숨이 그러한 심려로 한시도 버티지 못하고 끊어지는 것 아닐까 걱정이 되어 잠도 오지 않았고, 음식도 넘어가지 않았다. 이에 곧 히데쓰구에게 급히 사람을 보내서, 자신은 바다 건너는 일을 포기했다는 사실을 어머니에게 잘 전달하고 온갖 수단을 다 동원해서 간호할 것과, 매일 그 병상을 보고하라고 명령했다.

제아무리 급사[急使]라 할지라도 당시 쿄토와 나고야 사이를 오가는 소식은 시간이 매우 걸리는 답답한 일이었다. 그러나 히데쓰

구는 태합의 명령이 당도하기 전부터도 이미 오오만도코로의 병상
을 부지런히 전했다. 히데요시는 단걸음에 달려가 병든 어머니의
머리맡에서 간호하고 싶다는 마음으로 가득했다. 하지만 큰일을
앞에 두고 있는 지금, 도읍으로 돌아갈 수는 없었다. 그로부터
얼마 지나지 않아서, 일심으로 신불의 가호를 빈 보람도 없이
'오오만도코로 위독'이라는 급보가 마침내 도달했다. 히데요시는
비통한 얼굴로,

"제아무리 큰일을 앞에 둔 때라 할지라도 부모의 죽음에서 눈을
돌린다면 자식으로서 도리에 어긋나는 일이다."라고 말한 뒤, 곧
출발 준비를 재촉했으며 이에야스·토시이에 두 사람에게 군무를
맡기고 7월 21일에 나고야를 출발했다. 그때 히데요시는 이세다이
진구(伊勢大神宮)를 비롯하여 아타고(愛宕)·쿠라마(鞍馬)·야와
타(八幡) 등의 각 신사와 코야산·키요미즈(淸水) 관음 이하 각지의
산사로 사람을 급히 파견하여, <어머니의 목숨을 3년 만이라도,
2년 만이라도, 1년 만이라도, 만약 그것이 이루어질 수 없는 것이라
면 하다못해 30일 만이라도 지켜주십시오. 이 간절한 소망이 이루어
지면 각각 1천 관씩 기진하겠습니다.>라는 기원문을 바치게했으며,
특히 코야산에는 훗날 커다란 탑 1기를 봉납하겠다고 약속하고
기도를 명했다.

마음은 화살처럼 날아 얼른 돌아가고 싶었으나 배는 마음처럼
앞으로 달려나가지 못했다. 요시베에가세토(与次兵衛ヶ瀬戸)에
서는 격렬한 풍랑을 만나서 하마터면 난파를 당할 뻔했을 정도였다.
이렇게 해서 9일 뒤인 월말에 마침내 쿄토에 도착했다.

그러나 때는 이미 늦었다. 그날은 벌써 어머니가 세상을 떠난

지 7일째 되는 날이었다. 이를 듣자마자 태합은 '아!' 하고 외치며 새파랗게 질린 채 그대로 졸도하여 인사불성이 되었다.

다행히 시의들의 치료로 태합은 소생했으나, '안타깝구나.'라는 말만 거듭 되풀이할 뿐, 흐르는 눈물조차 닦으려 하지 않았다.

그는 슬픔 속에서 어머니의 유해를 무라사키노의 다이토쿠지에 묻고, 장려하게 마음을 다하여 장례식을 치르고 나서, '곧 조선 정벌을 마치고 다시 한번 공양을 드리겠습니다.'라고 영전에 사과한 뒤, 나머지 일은 마에다 겐이에게 일임한 채 49재가 끝난 9월 10일에 다시 원정을 지휘하기 위해 나고야로 내려가기로 결정했다.

한편 주상은 이전부터 히데요시가 전지로 향할 것이라는 소식을 들었기에 그를 위해서 근심하고 있었는데, 이번에 다시 나고야로 갈 것이라는 말을 듣고는 우다이진 키쿠테이 하루스에 등 세 사람을 통해서,

"하다못해 올해는 출발을 단념하도록 하시게."라는 말을 내렸다. 그때 태합은 오오사카 성에 머물고 있었는데 9월 9일에 하루스에에 게 편지를 보냈다. 그 편지에서 우선 조선과 큐슈는 각각 엄중하게 군비를 갖추어 놓았으니 자신의 몸에 대해서는 걱정할 것 없다고 말씀드려달라고 청했다. 그리고 태합은 9월 18일에 오오사카에서 쿄토로 들어가 입궐했으며, 10월 1일에 마침내 나고야로 출발했다.

어느 날, 나고야 성 안에서 '노' 공연이 예정되어 있었기에 진영에 있던 장수들이 관람을 위해 모여들었다. 히데요시 스스로도 '이즈쓰(井筒)'를 추고 난 뒤 잠시 쉴 시간이 있었는데, 히데요시는 뒤이어서도 출연할 예정이었기에 옷을 갈아입고 있었다. 그러한 때에 '조선에서 급사'가 왔다는 보고가 있었다. 급사는 일본군의

식량보급이 뜻대로 되지 않기에 응급조치를 청하러 온 것이었다.

히데요시는 그대로 급사를 만나 보고를 듣고 곧 각각의 담당관들에게 만사 빈틈없이 지시를 내렸다. 그 모습은 지금까지 노에 정신이 팔려 있던 사람이라고는 여겨지지 않았다. 더없이 진지하고 참으로 거침없이 일을 처리했다. 마침내 중요한 일들이 매듭 지어지자,

"아아, 휴식 시간이 너무 길어진 듯하구나."라고 말하고는 마치 아무 일도 없었다는 듯 다시 노의 무대에 모습을 드러내려 했다.

"이대로는 시작하기가 어렵겠다. 자, 피리를 불어서 흥을 돋우어라."

히데요시의 말에 따라서 낭랑한 피리 소리가 들려오기 시작했다. 박자에 맞춰 태합은 무대에 올랐으며 무아지경에 빠진 듯 일심으로 노를 추었다.

어느 날, 히데요시가 밀행[密行]에 나섰다. 그런데 어느 막사에서 작은 장고에 맞춰 노래를 부르는 자가 있었다.

"어라, 어떤 놈이냐? 참으로 태평한 자로구나."

히데요시는 이렇게 중얼거리며 성큼성큼 막사 쪽으로 다가가서 가만히 안을 들여다보았다. 그런 줄도 모르고 안에서는 한 사내가 갑옷궤 위에 걸터앉아 장고를 치고, 다른 한 사내는 부채를 펼쳐 들고 노래를 부르며 춤을 추고 있었다. 또 다른 한 사람은 커다란 잔을 든 채 흥겹다는 듯 그것을 지켜보고 있었다.

'좋지 않은 모습을 들키고 말았구나.'

수행하던 사람들은 조마조마해졌다. 비록 전장은 아니라 할지라도 병영 안은 전지나 다를 바 없었다. 그런데 한가로이 술을 마시며

가무를 즐기다니 책망을 들어도 어쩔 수 없는 일이었다. 그런데 히데요시는,

"저길 좀 보아라. 유쾌한 자들이로구나. 모두가 갑옷을 입고 있지 않느냐."라며 아무런 책망도 하지 않고 그 자리를 떠났다. 마침내 본영으로 돌아온 그가 근시들에게 명령했다.

"조금 전 그 자들에게 술을 한 통 보내주어라. 하지만 너무 많이 마셔 취해서는 안 된다고 전해두어라."

일본에서 히데요시에게 그런 일들이 벌어진 사이, 조선의 전장은 어떻게 되었을까?

평양에서 패한 조승훈이 요동으로 물러난 뒤 명나라의 원군은 조선에서 자취를 감추었으나, 각지로 달아났던 조선의 장병들이 곳곳에서 봉기하여 일본군의 통로를 차단하고 후방과의 연락을 방해했으며 식량 보급을 어렵게 하려 했다. 그들의 대부분은 맞서 싸울 필요조차 없는 미약한 세력이었으나, 그대로 내버려두면 일본군에게 적잖은 위험을 줄 우려가 있었다. 쏘면 곧 모습을 감추었다가, 돌아서면 다시 나타나서 일본군을 괴롭혔다. 참으로 성가신 존재여서 일본 장졸들은 그 토벌에 적잖이 애를 먹었으며, 혹은 분주하게 뛰어다니다 지치고, 혹은 무료함에 진력이 나서 사기는 점점 떨어져가고 있었다. 전쟁이 지긋지긋해져서 하루라도 빨리 개선하기를 바라게 되었다.

이러한 정보를 손에 넣은 명나라 정부는 일본통으로 알려진 사기꾼 심유경[沈惟敬]이라는 자를 뽑아 유격장군에 임용하고, 일본군에 대해서 평화촉진운동을 시작했다. 9월이 되자 그가 평양에 모습을 드러냈다.

이미 조선 땅은 정략이 끝난 상태로 점거해야 할 곳은 거의 대부분 점거한 뒤였기에 더욱 앞으로 전진하여 명나라를 친다면 모를까, 그것이 아니라면 강화담판을 여는 것 외에 다른 길은 없었다. 그런데 후방과의 연락이 걸핏하면 끊겨서 식량문제에 도저히 자신이 없었던 일본군에게 적진 깊숙이 들어가 요동을 정벌하고 멀리 북경을 공격한다는 것은 꾀하기 어려운 부분이 있었다. 게다가 조선에 머물고 있는 장졸들의 사기가 떨어지기 시작하고 있었다. 강화담판을 개시하기에 가장 적당한 시기였다.

이에 유키나가는 평양에서 심유경을 만나 우선 50일 동안의 휴전을 약속하고 강화조약의 기초안에 대한 협의를 시작했다.

이보다 앞서 명나라 정부에서는 강화·주전 양 파가 대립했었다. 재상인 석성[石星] 일파(문관)는, 명나라는 지금 서쪽에도 사건을 끌어안고 있어서 복잡한 상황에 놓여 있으니 하루라도 빨리 일본과 강화하고 힘을 서쪽에 쏟아부어야 한다고 주장했다. 이웃 나라를 위해서 커다란 희생을 치른다는 것은 그들이 바라는 바가 아니었다. 그러나 여기에 대해서 이여송[李如松] 등 군부는, 대국인 명나라의 체면을 생각해서라도 철저하게 일본군을 격멸하여 조선에서 몰아 내지 않으면 안 된다고 주장했다. 그렇게 하지 않으면 조선에서의 명나라의 종주권과 수많은 권익을 포기할 수밖에 없는 상황이었다.

심유경을 임명한 것은 전자의 계획에 대한 한 표현이었다. 그러나 권모술수는 중국의 전통적인 방책으로 그로 하여금 화의 협상에 임하게 하는 한편, 다른 쪽에서는 허를 찔러 일본에 타격을 주기 위한 계략을 진행하고 있었다. 명나라 정부는 이여송을 방해어왜총 병관[防海禦倭總兵官]에 임명하고 5만 1천의 정병을 주어 원정에 나서게 했다.

50일 동안의 휴전 기간은 끝났으나 평양에서의 강화조약이 성립될 리 없었다. 이렇게 해서 조선 침략의 첫해가 저물어가려 하고 있었다. 그때 이여송은 이미 요동에서 조선의 국경으로 점차 접근해 오고 있었다.

이듬해인 분로쿠 2년(1593) 정월 초, 이여송이 압록강을 넘어 평양으로 다가오고 있었으며, 조선군과 합류하여 일대 연합군을 편성해서 7일 새벽부터 행동을 개시, 단번에 평양을 함락시키겠다는 듯 맹렬한 급습을 가했다. 유키나가가 장졸들을 지휘하여 이틀 동안 방어전을 펼쳤으나 적의 공격이 맹렬하여 막아내기 어렵다고 판단했기에 후방의 봉산[鳳山]에 있던 오오토모 요시무네(大友義統)에게 급히 원조를 청했다. 그러나 그때 요시무네는 한양에 있던 군감인 오오타니 요시타카의 명령에 따라서 이미 병사를 거두어 퇴각하고 있던 때였다. 유키나가는 병력의 손실을 줄이기 위해서 어쩔 수 없이 평양을 포기했다.

한양의 사령부에서는 명나라 군에 대하여 한양까지 물러나 지키는 작전을 채용했다. 그러나 일본의 각 장수들이 쉽사리 물러나려 하지 않았기에 거듭 전령을 보내서 한양으로 모일 것을 명령했다. 타치바나 쇼겐 무네시게·쿠로다 나가마사·코바야카와 타카카게 등도 개성에 남아서 남하하는 적의 연합군을 요격하여 단번에 분쇄하겠다고 벼르고 있었으나 군감의 독촉이 거세었기에 어쩔 수 없이 개성에서 물러났다. 그러나 한양성 안으로 들어가지는 않고 성 밖에 포진하여 적의 내습을 기다렸다. 타카카게 등이 한양에서 방어전을 펼치는 것은 불리하니 공격에 나서야 한다고 거듭 역설했으나, 사령부의 장수들은 그것은 위험하다며 그들의 주장을 받아들이지 않았다.

이렇게 해서 정월도 끝나가려 할 무렵인 28일, 명나라 군은 이미 일본군 진영에서 10리(4㎞) 떨어진 지점까지 육박해왔다.

타카카게 등은 가만히 앉아서 적을 기다릴 수 없었기에 군감 등과 논쟁을 벌인 끝에 어쨌든 진격해도 좋다는 허락을 얻어, 그날 스스로 선봉에 서서 벽제관[碧蹄館] 밖에 포진해 있던 적의 전위부대에 공격을 가했다. 시각은 오전 7시. 일본군은 맥진하여 적의 중군 속으로 들어가, 예로부터 일본군이 가장 장기로 삼았던 백병전으로 싸움을 몰아가서 적을 이리저리 베며 점차 압박을 가하고 있었다. 적은 조금씩 후퇴하기 시작했다. 오전 10시에는 5리쯤이나 밀려나 있었다. 정오 무렵부터는 더욱 거세게 몰아붙여, 정면에서 압박을 가하는 외에도 타치바나 부대가 적의 우익을, 타카카게 휘하의 몇 개 부대가 적의 좌익을, 3방면에서 공격하기 시작했기에 적은 곧 진이 무너져 발걸음이 어지러워지기 시작했고 마침내는 벽제관을 빠져나가 속속 달아나버렸다. 일본군이 이를 좇아서 최후의 타격을 가했다. 이것이 유명한 벽제관 전투다.

타카카게가 아직 개성에 머물고 있을 무렵, 그는 가신인 소네 효고(曾根 兵庫)를 나고야의 본영으로 보내서 태합의 기거를 문안케 했다. 태합은 혼마루의 높은 망루에서 효고를 접견했는데, 그곳은 카베시마 너머로 현해탄[玄海灘]의 거친 바다가 삭풍에 허연 파도를 일으키고 있는 모습이 눈에 들어오는 곳이었다. 이에야스 이하 장로와 근시들도 자리를 함께 했다. 주객이 인사를 마치고 나자 히데요시가 물었다.

"타카카게가 이렇게 사람까지 보냈으니, 뭔가 헌책이라도 하려는 거겠지?"

"그렇습니다. 카타카게의 생각에 따르면, 지금과 같은 상태로는 어차피 병력이 부족하여 뜻대로 움직일 수 없으니 추가로 10만의 병력으로 하여금 바다를 건너게 하셨으면 합니다. 그렇게 하면 새로운 병력을 조선의 각 성으로 들여보내 이 땅을 지키게 하고 현재 머물고 있는 병력 가운데 제1군인 13만의 병력을 이끌고 타카카게가 선봉이 되어 곧 조선 팔도를 정리하고 멀리 명나라로 들어가 하루라도 빨리 북경을 공격하겠습니다. 새로운 병력을 투입하자는 의견, 현려 있으시기를 청합니다."

참으로 타카카게다운 의견에 태합은 더없이 만족스럽다는 듯 기뻐하며,

"그래, 잘도 말해주었다. 타카카게의 기백이라면 그리 하고 싶겠지."라고 말한 뒤, 좌우를 돌아보며,

"토쿠가와 나리도, 마에다 나곤도 잘 들어주시게. 이 히데요시가 나이 들어서 설령 이번 정벌 중에 죽는다 할지라도, 관백(히데쓰구)을 대장으로 삼아 그를 지키며 무슨 일이 있어도 명나라로 들어가주셨으면 하네. 그러면 나는 망령이 되어서라도 400개 주의 놈들을 단번에 짓밟아 죽이고 사로잡아 죽일 것이니."라고 말한 다음, 이번에는 근시들 쪽을 돌아보며,

"그 석류를 씹어서 불을 뱉었다는 사내, 이름이 뭐였더라?"라고 물었다.

"잘 아시지 않습니까? 그는 칸 쇼조(菅 相丞)입니다."

"그래, 그래. 그 칸 쇼조 말일세. 그런 보잘것없는 사내조차도

집념이 통해서 벼락이 되어 토키히라(時平)를 살해했다고 하지 않는가. 하물며 나의 염력일세. 반드시 짓밟아 죽이도록 하겠네.”

눈을 둥그렇게 뜨고 장담했기에 자리에 있던 장수들도 한동안은 어안이 벙벙해서 눈동자만 이리저리 굴렸다.

어느 날, 곳곳의 막사를 순시하던 태합이 어느 조그만 막사 앞에서 갑자기 말을 멈추었다. 문에 편액이 걸려 있고 그럴듯한 글씨로 ‘오보로즈키요(朧月夜)’라고 적혀 있었다. 히데요시는 고개를 갸웃거리며 그것을 가만히 바라보았다. 그러다 빙그레 웃더니 커다란 목소리로 호통을 쳤다.

“이곳의 주인은 누구냐? 당장 나와라.”

그 소리를 듣고,

“노마 토로쿠(野間 藤六)입니다.”라며 막사의 주인이 달려나와 태합의 말 앞에 무릎을 꿇었다.

“그래, 토로쿠였구나. 방바닥에 깔 재료가 없는 것이냐? 불편했 겠구나. 지금 준비하도록 하겠다.”

태합은 이렇게 말하고 다시 고삐를 쥐어 다른 곳으로 향했다. 기분이 매우 좋은 듯했다. 마침내 본영으로 돌아온 태합은 돗자리를 여러 개 꺼내게 하고, 당시로서는 아직 사치품이라 여겨졌던 정백미 를 더해서 토로쿠의 병영으로 보내게 했다. 근시들은 대체 어떻게 된 일인지 도무지 알 수가 없었다.

“전하께서는 잠시 지나는 길이었는데 토로쿠의 막사에 깔개가 없다는 사실을 어찌 아셨습니까?”

“나는 금방 알 수 있었다만, 너희에게는 알기 어려웠을 게야.”

매우 자랑스럽다는 듯 히데요시가 빙그레 웃으며 이유를 들려주었다.

"옛 노래 가운데, '맑지도 흐리지도 않은 봄밤의 흐린 달빛만한 것이 없구나'라는 것이 있지 않느냐. 토로쿠 놈, 바닥에 깔 것이 없었기에 이 노래에 빗대어 내게 수수께끼를 던진 것이다. 재미있는 놈이야. 내가 그것을 보란 듯이 풀어낸 게야."

지금이야 교과서에도 이 노래가 실려 있어서 그 노래를 알고 있다는 사실이 그리 신기할 것도 없지만, 당시는 이와 같은 노래를 알고 있다는 사실만으로도 매우 진기한 일이었다. 더구나 그것을 수수께끼에 응용하여 태합에게 깔개를 조른 토로쿠도 그렇고, 또 그것을 멋지게 풀어낸 히데요시의 기지도 그렇고, 참으로 재미있는 일화인데, 히데요시가 그것을 풀어낼 것이라고 토로쿠가 예상했다는 사실을 통해서, 히데요시도 옛 노래에 대해 상당한 소양을 가지고 있었다는 사실을 알 수 있다.

벽제관 전투 이후, 이렇다 할 싸움은 없었다. 명나라 정부에서도 이여송이 혼쭐이 나서 달아나 돌아온 이후부터는 갑자기 주전론의 세력이 쇠했다. 이에 다시 심유경으로 하여금 활동케 했다. 그는 기회를 엿보고 있다가 홀연 한양에 모습을 드러냈다. 일본 쪽에서는 외교 담당관인 코니시 유키나가가 전권을 쥐고, 원정 총사령관인 우키타 히데이에·군감인 오오타니 요시타카 등과 함께 심유경과 절충하여 다시 강화에 대해서 협의하기 시작했다.

1. 포로가 된 조선의 두 왕자를 돌려줄 것.

2. 경상·전라·충청 3도를 일본이 영유하고 그 외의 점령지는 조선에게 돌려줄 것.

3. 조선은 일본에 입공할 것. —지금 식으로 말하자면 조선에 대한 일본의

종주권을 인정케 하고, 매해 선물을 일본으로 보내게 해서 통상무역을 열겠다는 뜻.

4. 명나라는 히데요시를 봉책할 것. —지금 식으로 말하자면 명나라는 히데요시가 일본 외교권의 대표자임을 승인하라는 뜻. 이는 곧, 명나라와의 외교교섭을 새로이 하여 통상관계를 협의하겠다는 속내.

이 4개 조항이 유키나가의 강화조약 사안이었으며, 협의의 기초였다. 유키나가 등은, 일본 내에서 의욕에 가득 차 있는 히데요시나 강경하게 싸울 것을 주장하는 타카카게 등의 주전론자와는 달리 오히려 온건파에 속했다. 제아무리 힘이 없는 조선이라 할지라도, 일본에서 제후들이 히데요시에게 굴복한 것처럼 간단히는 일본에게 굴복하지 않으리라는 사실을 잘 알고 있었다. 특히 실력을 가늠할 수 없는 명나라의 힘을 의식하고 있었다. 동시에 일본 출정군의 행동이 뜻대로 되지 않는다는 사실, 특히 수군의 부진 때문에 명나라를 석권한다는 것은 도저히 불가능한 일이라는 사실을 직접 체험하고 있었다. 게다가 출정군은 불편한 진중 생활에 진력이 나서, 오랜 시간 이역에 남아 있다는 사실을 흔쾌히 여기지 않는 실정이었다. 따라서 조선의 남부를 일본이 손에 넣어 조선에 대한 종주권을 획득하고, 이번 원정의 목적이었던 조선 및 명나라와의 유리한 통상관계를 열게 된다면 뜻한 바는 충분히 달성한 것 아닐까 여기고 있었다. 그리고 그들의 생각은 타당한 것이었다.

심유경은, 전지에서의 생활에 어려움을 겪고 있어서 오로지 강화만을 바라고 있는 일본군의 실정을 알고 그 약점을 파고들었다. 특히 유키나가 등의 외교적 상식이 부족하다는 점을 꿰뚫어보고, 중국인 특유의 술책으로 눈속임을 하여 하루라도 빨리 일본군을 철수시키려 했다. 그는 교묘한 외교적 언사로 강화조항의 해석을 매우 애매한 것으로 만들기에 노력하여 어쨌든 협상을 성립시켰다. 유키나가 등은 그런 줄도 모르고 협상 경과를 나고야에 보고한 뒤, 지령을 기다리고 있었다. 나고야에서는, 가조약을 인정하고 나고야에서 명나라의 사신을 인견하겠다는 회신을 보냈다.

이에 심유경은 유키나가에게 일본군의 철수를 요구했다. 유키나가는 4월 21일에 각 도의 병사를 후퇴시켜 경상도로 모이라는 명령을 전달했다.

마침내 5월, 유키나가는 심유경 등을 데리고 8일에 부산을 출발하여 15일에 나고야로 들어갔다.

같은 달 23일, 히데요시는 명나라 사신을 인견했다. 진작에 이러한 날을 예기하여 축성 당초부터 준비해두었던 '혼마루 다실'이 그 인견 장소로 쓰였다. 그곳은 금을 펴서 만든 판자를 곳곳에 사용하여 그야말로 금빛 찬란한 호화로움을 자랑하는 다실이었다.

같은 달 27일, 태합은 가조약을 수정한 새로운 강화조항을 제시하고,

"이 가운데서 1개 조항이라도 명나라 정부가 승인하지 않는다면 결단코 강화를 맺지 않겠다."라고 말했다. 그 조항은 대략 다음과 같은 것이었다.

1. 명나라 황제의 딸을 일본의 후비[后妃]로 보내서 화평의 실제를 내보일 것.

2. 명나라는 앞으로 관선 및 상선의 교통 및 무역을 끊지 말 것.

3. 양국의 교우를 변경하지 않겠다는 뜻을, 양국의 대관[大官]이 함께 서명하여 맹세할 것.

4. 조선 8도 가운데 4개 도는 조선 왕에게 돌려줄 것.

5. 조선 왕은 왕자 및 대관 한두 명을 인질로 일본에 보낼 것.

6. 일본군이 데리고 있는 조선의 두 왕자를 돌려보낼 것.

7. 조선의 권신[權臣] 등은 누세[累世]에 걸쳐서 일본에 위배[違背]하지 않겠다는 뜻을 맹세할 것.

그리고 히데요시는 여기에 고유문[告諭文]을 첨부했다. 그것은 임진왜란에 대한 성명서였다.

그런데 사기꾼이나 다를 바 없는 심유경은 간단히 히데요시의 요구를 승인했다. 그는 이번 기회에 어떻게든 강화를 성립시켜 조선에서 일본군을 철수하게 만드는 것이 목적이었다. 그렇게만 된다면 기고만장하여 명나라로 개선할 수 있으며, 또 정부에 거짓 보고를 하여 어떻게든 일본에 대한 명나라의 체면만을 세울 수 있게 해주면 된다고 생각했다. 그러나 그것 때문에 히데요시가 다시 원정길에 나서리라고는 그 역시도 예상하지 못했다. 결국은 일본이 울며 겨자 먹기 식으로 단념할 수밖에 없을 것이라고 남몰래 생각하고 있었던 것이다.

그런 줄도 모르고 히데요시는 성공을 기뻐하며 나이토 조안(內藤如安)을 비준사로 삼아 명나라 사신을 배웅케 하고, 그를 중국으로 파견했다. 한편 쿠로다 요시타카로 하여금 조선으로 건너가서 키요마사에게 조선의 두 왕자를 돌려보내고, 출정 장졸을 소환시키도록 하라는 명령을 전하게 했다.

이제는 벌써 한여름이었다. 들판과 산 모두 눈부실 정도의 초록색으로 빛나고 있었으며, 밭에서는 외가 익어가고 있었다. 워낙 장기간에 걸친 진중생활로 장졸들의 기분도 지치기 쉬웠기에, 강화도 성립된 지금은 단지 명나라의 대답을 기다리기만 하면 될 뿐이니 장졸을 위로하고 기쁨을 나누기 위해서 히데요시는 기발한 원유회를 기획하여 긴 여름날의 따분함을 잊으려 했다.

때는 6월 20일, 장소는 나고야 성 바깥의 널따란 외밭이었다. 그곳에는 급히 지은 찻집과 주막 등이 마련되어 있었다. 이날은 신분이나 지위를 잊고 즐기기로 되어 있었는데, 히데요시를 비롯하여 이름이 알려진 장수들이 각자의 취향에 따라서 치장하고 나왔으며, 수많은 장졸과 안채의 여자들까지도 참가했다.

찻집 앞에 솥을 걸어놓고 앉아 있는 주인은 태합의 근시인 미카미 요자부로(三上 与三郎). 그 마누라로 분하여 화려한 홑옷에 모자를 쓰고 생글생글 웃으며 부지런히 손님을 부르고 있는 것은 안채의 시녀인 토코나쓰(常夏)였다.

이웃에 나란히 서 있는 주막에서는 차 박사인 마키타 곤스케(蒔田 権佐)가 주인이 되어 있었으며, 미인으로 이름 높은 안채의 시녀 후지쓰보(藤壺)가 단자로 지은 앞치마에 새빨간 어깨끈을 걸친, 듣는 듯한 안주인의 모습으로 기세 좋게 손님을 부르고 있었다.

마침 그곳으로 지나가던 것은 뚱뚱하게 살이 찐 소쿠리 장수 할아버지. 참으로 어설프게 짐을 짊어진 채 돌아다니며,

"소쿠리 사려, 소쿠리."하고 외치는 소리도 어딘가 우습게 들렸다. 눈치 빠르게 그를 알아본 찻집의 안주인이,

"어머, 저건 에도 다이나곤(이에야스)이시네."라고 주인을 돌아보며 속삭이자 주인과 손님들 모두 일제히 소쿠리 장수로 변신한 이에야스의 모습을 보고 커다란 박수갈채.

“누가 봐도 진짜 소쿠리 장수로군.”

“목소리까지 아주 잘 어울려.”

굉장한 인기여서 지나가고 난 뒤에도 한동안은 비평의 말들이 떠들썩하게 오갔다. 뒤이어 반대편에서 나타난 자가,

“오와리의 외가 왔소. 오와리의 외 사시오. 외 좀 드시오, 외 좀 드셔보시오.”

젊은 외장아찌 장수였다. 커다란 목소리로 외치며 땀에 젖은 모습으로 다가왔다.

“와하하하. 야마토 추나곤 아니신가.”

구경하던 자들 사이에서 높다란 소리가 들려오자 그 부근에 있던 사람들이 한꺼번에 폭소를 터뜨렸다. 외장아찌 장수로 분장한 토요토미 히데야스(豊臣 秀保)는 매우 무뚝뚝해서 누가 봐도 억지로 상인이 된 듯했으며, 외치는 소리도 뚝뚝 끊어지는 듯하여 조금도 어울리지 않았다. 전혀 인기가 없었다.

“역시 나이가 어리면 무슨 역할을 맡아도 어울리지가 않아.”

주막의 주인인 곤스케가 중얼거리는 말을 들은 후지쓰보가,

“외장아찌 장수에 어울리지 않아도, 나이는 역시 젊은 게 좋아요.”라고, 비록 가짜 남편이지만 곤스케의 나이가 지긋하다는 사실이 불만인 듯 잠깐 노려보고는 서둘러 젊은 추나곤에게 추파를 던졌다. 혼자 꽤나 분주했다.

맞은편의 밭 사이로 난 길을 따라 오는 것은 행각승으로 분장한 오다 노부오였다. 제자인 사내아이에게 문방구가 든 상자를 들려서 각지를 수행하며 돌아다니는 자의 모습이었다. 그러나 원래는 고 노부나가 공의 적자로 천하를 빼앗긴 태합에게 애송이 취급을

당하며 근근이 명맥을 유지하고 있는 범용한 사람이었기에 전혀 인기가 없었다. 오늘의 가장도 그다지 사람들의 눈길을 끌지 못했다.

"돼지 목에 진주야."라고 속삭이며 야유하는 사람조차 있었다.

잠시 후 모습을 드러낸 것은 마에다 토시이에가 분장한 탁발승. 한없이 야윈 몸에 궤짝을 짊어진 모습으로 느릿느릿 걸어왔다. 마침내 멈춰 서서 사방을 둘러보더니 아득하게 무엇인가를 찾는 듯한 표정으로 고개를 갸우뚱하며,

"잠잘 곳을 좀 내주시오."라고 쓸쓸한 목소리의 꼬리를 길게 늘이며 청하는 모습. 그것은 그야말로 '어둠에 길이 막혀 소매를 털 곳조차 없는, 눈 내리는 사노의 나루터'라는 노래의 소재가 된 호조 토키요리[95]가 각지를 돌아다닐 때 하룻밤 묵을 곳을 찾다 지쳤다는 이야기를 떠오르게 하여 자신도 모르게,

"스님, 묵을 곳을 내드리겠습니다."라고 말하는 자까지 있을 정도였다. 한꺼번에 환호성이 오르고 우레와 같은 박수갈채가 쏟아졌으며, 개중에는 호흡을 맞춘 듯한 대답에 감동하여 눈물을 글썽이는 사내까지 있을 정도였다.

뒤이어 나타난 것은 빨간색의 짧은 홑옷을 위에 입고 활시위 장수로 분장한 쓰가와 산쇼(津川 三松).

"시위를 사십시오, 시위를. 그 외에 필요한 물건도 있습니다."

이것은 또, 누가 봐도 진중을 드나드는 상인다워서 시기에 맞는 취향이라며 매우 인기가 좋았다.

---

95) 北条 時頼(1227~1263). 카마쿠라 막부의 제5대 싯켄(執権). 싯켄의 자리를 물려 주고 전국을 돌아다니며 시찰했다는 전설이 있다.

한편 아리마 나카쓰카사(有馬 中務) 법사는 '아리마 온천의 종업원'이 되어, 여러 사람들을 모아놓고 '온천의 효능서'를 높다랗게 읽어가고 있었다. 그 온천욕의 효능을 선전하는 모습은 아무리 봐도 연기라고는 여겨지지 않을 정도였다.

"자신의 쿠니로 사람들을 끌어들이려는 심산일까? 아주 그럴듯한 생각이군."

이름도 알 수 없는 병사가 익살스러운 모습으로 무엇인가를 중얼거리며 지나갔다. 가장을 한 사람들과 구경하는 장병들이 분주하게 오갔다. 이날 가장 뛰어났다고 정평이 난 것은 마에다 겐이가 분장한 비구니였다. 키가 크고 뚱뚱하며 참으로 밉살맞게 생긴 얼굴을 한 겐이가 하필이면 비구니 모습으로 분장을 했기에 얼핏 보기만 해도 터져나오는 웃음을 참을 수가 없었다. 그러나 정작 본인은 더없이 진지하게 음전한 태도를 취하며,

"언제나 염불을 열심히 외우면 반드시 부처가 될 수 있습니다. 하지만 우선은 이번 생을 으뜸으로 여기고, 내세에서의 일은 아홉 번째, 열 번째로 행해야만 합니다. 염불도 어렵다 여겨지면 낮잠을 자서 기운을 북돋우고 마음을 바로 하시기 바랍니다. 무엇보다 현세가 중요합니다."라고 웃음기 없는 얼굴로 진지하게 말했는데 그 모습도 그렇고, 말의 내용도 그렇고 참으로 유머러스의 극치였다. 평소에는, '저 양반은 주는 거 없이 미워.'라며 뒤에서 숙덕거리던 하녀들까지 배를 움켜쥐고 우스워했다.

그 외에도 이름이 알려진 사람들이 혹은 신관이 되기도 하고, 혹은 당나라의 승려로 분장하기도 하고, 마음이 트인 사람들은 춤을 추며 돌아다니는 승려나 원숭이를 데리고 다니며 공연하는

사람으로 분장하는 등, 저마다 들떠 있었다.

　한편 대장인 태합은 외를 파는 조그만 가게를 내어 적갈색의 묘한 홑옷에 검은 두건을 쓰고 삿갓을 등 뒤로 늘어뜨리고 짚으로 만든 짧은 도롱이를 허리에 두른 차림의 외 장수로 분장했다.

　"맛 좋은 외 좀 드셔보십쇼."

　참으로 싹싹하게 손님을 불렀다. 그 모습이 아무리 봐도 진짜 외 가게의 주인 같았기에 하녀들이 즐거워하며 멀리서 구경했다. 가장을 한 장수들이 이따금 찾아와서, '오늘에야말로 영감을 마음껏 놀려주겠다.'는 듯 외의 가격을 한껏 깎아서 먹고는 가버렸다. '그냥 두지 않겠다.'고 해봐야 작정을 하고 변명 같은 돈만 내놓은 채 줄행랑을 쳤기에 도무지 당해낼 수가 없었다.

　"이래서야 아무리 팔아도 손해만 볼 뿐이다."라고 주인이 투덜댔다. 그럴 때마다 여자들이 소리 높여 웃어댔기에 태합은 그저 머리를 긁을 수밖에 없었다.

　그러한 때에 찾아온 것이 가모우 우지사토였다. 차를 팔며 돌아다니는 자가 되어 앞을 지나려 했다. 그 모습을 본 태합이,

　"오오, 저 사람은 아이즈의 추자부로 아닌가. 날도 더운데 고생이 많군. 차나 한 잔 주시게."

　"네, 감사합니다. 주인장도 건강하신 듯하셔서 다행입니다."

　풍채 좋고 야무진 사내인 가모우 우지사토가 모습을 드러냈기에 여자들도 숨을 죽인 채 바라보았다. 짐을 내린 우지사토는 언제나처럼 미간 부근에 잔주름을 만들어가며 솥에서 끓는 물을 떠 차를 우려서는 태합에게 내밀었다. 넋을 놓고 그의 손놀림을 바라보던 히데요시가,

"과연 리큐의 뛰어난 제자답군. 좋은 솜씨야."라고 칭찬하며 찻잔을 받아들고는 형식에 따라서 마시고 난 뒤,

"참으로 일품일세. 그래, 찻값은 얼마인가?"

"금자 1냥입니다."

"뭐? 황금 1냥이라고? 그건 터무니없이 비싸군."

"아니, 비싸지 않습니다."

"아니, 비싸네."

"결코 비싸지 않습니다. 추자부로가 우린 차는 다른 사람의 것과는 다릅니다."

"다르다 해도 너무 비싸네."

"그렇다면 이 비싼 차를 어째서 드신 것입니까?"

"이거 참 할 말이 없군. 어쩔 수 없지. 이래서는 외를 며칠이고 팔아봐야 찻값도 대지 못하겠어. 이거 참 지독한 놈이로군."

이렇게 말하며 태합은 품속에서 주머니를 꺼내 황금 1냥을 건네 주었다. 우지사토는 무뚝뚝하게 솥을 짊어지고 유유히 자리를 떠났다. 이를 구경하던 사람들이 일제히 와하하 하고 소리높여 웃었다.

뒤이어 찾아온 것은 나이 든 행각승 차림의 오다 우라쿠사이(有樂齋). 외 가게 앞에 서서 참으로 의젓하게 염주를 돌리며,

"외를 시주하지 않으시겠소?"

주인이 자리에서 일어나 곁에 있던 외를 2개 집어,

"자, 받으시오."라며 내밀자 그것을 바라보고 있던 우라쿠사이가,

"아니, 그것은 아직 덜 익었소. 저쪽에 있는 것이 조금 나은

듯하군."

억지를 부려 물건을 바꾸게 했다. 구경꾼들은 더욱 기뻐하며 커다란 박수갈채. 태합은,

"이래서는 장사도 못 해먹겠군."이라고 중얼거리며 결국은 가게를 내팽개치고 밖으로 나왔다. 두어 명이 그의 뒤를 따랐다. 예의 찻집 앞까지 가자 약빠르게 알아본 찻집의 마누라 토코나쓰가 달려 나와서,

"차를 좀 드세요. 따뜻한 만두도 있어요."라고 손을 비비며 교태를 부렸다.

영감, 기분이 좋아져 여기서도 차를 한 잔. 밖으로 나오려는데 기다리고 있던 주막의 안주인인 후지쓰보가,

"식사를 좀 하고 가세요. 단술과 칼국수도 맛있는 것이 있어요."라고 말하며 영감의 손을 잡아 힘껏 당겼다. 태합은 미인의 포로가 되어 나사 풀린 사람처럼 웃으며 안으로 들어갔다. 『태합기』의 저자인 오제 호안은, <더없이 기분이 좋아, 포대[布袋] 화상이 웃을 때처럼 눈과 입 모두 없는 사람 같이 보였다.>라고 이때의 모습을 기록했다.

일본인은 유머를 이해하지 못하는 국민이라고 요즘까지도 일컬어지고 있다. 그러나 그것은 에도 시대에 유교적 도덕과 습관이 좋은 의미로든, 나쁜 의미로든 상하에 침투해버렸기 때문이지, 그 이전의 일본인은 참으로 명랑하고 여유가 있으며 유머도 잘 이해하는 국민이었다. 가장회[假裝會]나 원유회 등도 온전히 서양에서 들어온 것이 아니라, 이러한 전통도 있었다.

이 가장회의 이튿날, 조선에서는 경상도에 집합해 있던 일본군이

어떻게 된 일인지 진주[晉州]를 공격하여 함락시켰다. 이 소식을 들은 명나라 정부는 일본이 과연 진심으로 강화를 맺으려 하는 것인지 의심하기 시작했다. 그리고 비준사인 나이토 조안을 요동에 머물게 한 채, 북경으로 들어오는 것을 좀처럼 허락하지 않았다.

히데요시는 나고야에 머물며 명나라의 대답을 이제나저제나 기다리고 있었으나 아무리 기다려도 소식은 들려오지 않았다. 조선 정부로부터도 아무런 말이 없었다. 이에 태합은 다시 격노하여 이번에야말로 자신이 직접 바다를 건너가 조선과 명나라를 철저히 응징하겠다고 말하기 시작했다. 새로이 30만 대군을 조직해서 그 가운데 10만을 우군으로 삼아 토시이에에게 이끌게 하고, 다시 10만을 좌군으로 삼아 우지사토에게 지휘케 하고, 나머지 10만은 중군으로 삼아 자신이 인솔하여 진격하면 조선 8도는 순식간에 짓밟을 수 있으며, 멀리 북경까지 쳐서 명나라 황제를 항복시키고 400여 주의 인민들을 자신의 깃발 아래 두는 것도 결코 불가능한 일은 아니라고 주장했다. 그 사이에 일본은 이에야스에게 일임하여 맡겨두면 조금도 걱정할 필요 없다는 것이었다. 나고야 진중에 모여 있던 장수들 모두 깜짝 놀라서 히데요시를 적극 말렸다.

당시의 일본은 완전히 평온해져 있었으나 그것은 결코 천하가 안정되었기 때문이 아니라, 군웅들이 히데요시라는 커다란 인물에 짓눌려서 아무것도 할 수 없었기 때문이었다. 일단 그 중압감이 느슨해지면 호시탐탐 기회를 엿보고 있던 맹장들이 곧 날갯짓을 시작하여 천하가 어떻게 뒤집어질지 가늠할 수 없는 상황이었다. 이에야스라는 인물과 무략이라면 그들을 짓누르기에 충분할 터였으나, 그가 어떤 방향으로 천하의 세력을 향하게 할지, 이는 결코 단언할 수 없는 일이었다. 그가 커다란 야심을 품고 있으며, 속내를 알 수 없는 너구리 같은 자라는 점은 예전부터 잘 알려진 사실이었다. 그러한 사실을 잘 알고 있으면서도 태합은 굳이 바다를 건너겠다고 말한 것이었다. 그는 자신의 힘에 대해서 무한한 자신감을 품고 있었던 것이다. 그러나 태합의 천하를 진심으로 걱정하는 자는, 분명히 중대한 사건을 불러일으킬 것임에 틀림없는 그 위험한 계획을 말리지 않을 수 없었다. 그 가운데서도 히데요시와 친척관계에 있는 아사노 나가마사는 정색을 하고 대들며,

"전하는 여우에게 홀리신 것이 틀림없습니다."라고까지 독설을 퍼부었다. 강직하기만 한 그였기에, 그렇게 말하며 화를 내는 것 외에 다른 방법은 떠오르지 않았던 것이다. 이렇게 해서 히데요시는 눈물을 삼키며 자신의 생각을 접었다.

그런데 8월 3일에 애첩인 요도기미가 오오사카 성에서 사내아이를 출산했다. 지난해 가을 히데요시가 어머니의 상중에 머물렀을 무렵, 그녀가 오오사카에서 임신을 한 모양이었다. 계산을 해보면 그렇게 된다. 이 길보가 나고야에 전해지자 히데요시는 펄쩍 뛸 듯이 기뻐했다. 처음 낳은 아들인 쓰루마쓰가 죽었을 때 너무나도 슬퍼한 나머지 넋이 나간 사람처럼 되어버리고 병들어 폐인처럼 되어버렸으며, 심지어는 출가할 생각까지 했을 정도의 그였다. 그 우울함을 달래기 위해서 무모하게도 조선 침략을 꾀한 것이라고까지 당시에 일컬어졌을 정도의 히데요시가 58세의 나이에 아들을 얻었으니 그 기쁨은 말로 표현할 수 없는 것이었으리라. 그는 더없는 기쁨에 가만히 있을 수 없었기에 마침내는 25일에 자기 아들의 얼굴을 보기 위해서 나고야를 출발했다.

오오사카에 도착하여 자신의 아들을 품에 안은 이후부터 히데요시는 사람이 완전히 변해버린 듯했다. 그는 완전히 은퇴할 마음이 들었는지, 은퇴 이후 자신의 아들과 함께 살 집, 즉 후시미 성의 조영에 몰두하기 시작했다. 조선 침략도 어느 정도 마무리 지어졌으니 이제는 나이토 조안이 명나라의 사신을 데리고 돌아오기를 느긋하게 기다리기만 하면 될 것이라고 생각하기 시작했다. 그러나 그 조안은 언제까지고 요동에만 머물러 있었으며, 그가 마침내 북경으로 들어간 것은 이듬해인 분로쿠 3년(1594)도 저물어가던 12월의 일이었다. 그리고 어찌 됐든 명나라의 봉책사[封冊使]―그는 앞선 조약을 비준하여 가져온 자는 아니었다.―가 일단 북경을 출발한 것은 다시 이듬해의 1월. 도중에 정사[正使]인 이종성[李宗城]과 양방향[楊方享]은 조선에 아직 일본군이 잔류해 있는 것을 보고 깜짝 놀랐으며, 이종성이 달아났기에 심유경은 어쩔 수 없이 양방향을 봉책사 대리로 삼아 데리고 8월이 되어서야 마침내 후시미에 도착했다.

6. 명나라의 봉책

(1) 강화조약의 결말

그보다 앞서 히데요시가 나고야에서 명나라 사신에게 건네준 강화조약과 고유문은, 그대로 가져다주면 명나라 정부에서 도저히 받아들이지 않을 것이라 여겨졌기에 일본의 외교 담당자와 명나라의 사신이 서로 상의하여 적당히 수정을 가했다. 그것을 들고 귀국하는 심유경과 함께 길을 나섰던 나이토 조안은 요동에서 머물기를 1년여, 분로쿠 3년(1594) 12월이 되어서야 마침내 북경으로 들어가 명나라 왕을 알현했다. 그때부터 협의가 시작되었고 결국은 (1) 일본은 조선에서 철병할 것. (2) 명나라는 봉책할 것. (3) 앞으로 일본은 조선을 침략하지 말 것, 이라는 명나라에게 일방적으로 유리한 조항을 들고 조안은 봉책사인 이종성·양방향, 그리고 심유경과 함께 북경을 출발하여 분로쿠 4년 6월에 간신히 한양에 도달했다. 그 이듬해인 분로쿠 5년(케이초 원년) 정월, 그들은 남하하여 부산까지 갔으나, 이종성은 일본군이 아직 조선에 머물러 있는 것을 보고 깜짝 놀라서 겁을 먹고 달아났다. 달리 방법이 없었기에 명나라 정부는 양방향을 정사로 삼아 일본에 보내기로 했다. 조선의 임금은 왕자를 사절로 삼아 파견할 생각이었으나, 이도 권신들이 방해하여 생각대로 할 수 없었기에 접반사[接伴使] 황신[黃愼]을 대신 정사로 삼아서 일본으로 건너가게 했다. 그들이 일본에 도착한 것은 7월로 접어든 이후의 일이었다. 참으로 유장[悠長]한 일이어서 조안이 처음 사자가 되었을 때부터 햇수로 4년(만 3년여) 만이었다. 명나라 사신은 히데요시를 일본국왕으로 봉한다는 조서[詔書]와 히데요시의 가신들에게 관위를 부여하는 문서와 새로운 관위를 받게 된 자들에게 내리는 관복을 가지고 있었다.

태합 히데요시는 명나라 사신이 온다는 말을 듣고 크게 기뻐했으며, 이미 아름답게 완성되어 있던 후시미 성을 더욱 아름답게 꾸미고 대대적인 열병식을 거행하여 명나라 사신과 함께 새로 지은 망루에서 관람할 생각으로 각 다이묘의 병사들을 후시미에 주둔케 한 채 그들을 기다렸다. 그런데 히데요시는 조선의 왕자가 오지 않았다는 사실을 알고 우선 분노했으며, 사절에게 알현을 허락하지 않았다. 그런데 공교롭게도 윤7월 13일에 킨키 지방에 대지진이 있어서 후시미 성도 크게 파손되었다. (궁궐도 크게 파손되었으며, 호코지의 대불전도 엉망으로 붕괴되었다.)

(2) 명나라 사신의 알현

9월 2일이 되어 히데요시는 오오사카 성에서 명나라 사신과 접견했다. 히데요시 이하는 명나라 사신이 헌상(그들은 그렇게 생각했다.)한 관복을 입고 있었다. 『속본조통감[續本朝通鑑조쿠혼초쓰칸]』에 의하면, 〈히데요시는 방향과 유경을 성 안으로 불러서 향응을 베풀었다. 그는 위세를 내보이기 위해서 선명한 붉은색 옷을 입고 명나라의 관을 쓴 채 상단의 중앙에 자리 잡았다. 명나라의 두 사신은 그 오른쪽에 앉았으며, 이에야스·히데토시(히데아키일까?)·토시이에·테루모토·히데모토(秀元)·히데노부 6명이 왼편에 나란히 앉았다. 모두 명나라의 관복을 입고 있었다. 그 외의 제후들은 남쪽 툇마루에 앉았으며 신하들이 마루와 정원에 가득 늘어서 있었다. 요리는 명나라의 예법에 따랐다. 상의 높이는 3자(90㎝), 사방이 5자(1.5m), 소와 국과 닭과 물고기 요리를 가득 얹었으며 금을 박아넣고 화초로 장식했다. 참의 이하 시종 이상의 나이 어린 제후들이, 역시 아름다운 차림으로 국을 권하기도 하고 술을 따르기도 했다. 히데요시가 잔을 건네주자 명나라 사신이 절을 하고 받았다. 그 후에 사루가쿠 공연이 있었다. 피리 소리가 낭랑하게 울렸으며 요란한 북소리가 거기에 어우러졌다.〉

중국의 기록 가운데는 『양조평양록[兩朝平壤錄]』에 그날에 관한 내용이 있다. 〈9월 2일, 책사가 들어가 만났다. 방향이 앞에 있고, 유경이 금인[金印]을 들고 계단 아래에 섰다. 한참 지나서 갑자기 전 위의 누른 막이 열렸다. 지팡이를 짚은 한 노인이 푸른 옷을 입은 두 사람을 거느리고 안에서부터 나왔다. 그가 관백(히데요시)이었다. 그를 시위한 자가 신호를 하자 사람들 모두 움츠러들었다. 유경이 서둘러 포복했으며, 방향도 황급히 그대로 했다. 노인은 크게 야단치는 듯한 소리를 냈다. 시신인 유키나가가, "이들은 천조[天朝명나라]에서 예를 취하기 위해 온 자들이니 우대하는 것이 좋을 듯합니다."라고 말하고 나서야 비로소 그가 있는 쪽으로 다가갈 수 있었다. 방향이나 유경이 관백을 알현할 때의 비굴한 모습에는 말로 다 표현할 수 없는 부분이 있었다. 수행한 호칙관[護勅官] 서지등[徐志登]은 귀국한 뒤에 그러한 사실을 사람들에게 몰래 들려주었다.〉

어쨌든 첫 번째 회견은 그렇게 끝났으나, 그 후 히데요시는 크게 노하여 명나라 사신을 내쫓았다. 이때 히데요시가 명나라의 봉책을 찢는 극적 장면이 전개되었다고 오랜 세월 일본 국민은 믿어왔다. 이 장면은 산요의 『일본외사』에 기록된 이후 인구에 회자되었다.

그러나 『일본외사』의 기록은 (다른 여러 서술 역시 그런 것처럼) 많은 부분이 사실과 다르다. 특히 세상 사람들이 가장 통쾌하게 여기고 있는 '봉책을 찢었다.'는 내용은 완전히 오류다. 실제로 아직도 남아 있는 봉책에는 찢은 흔적이 조금도 보이지 않는다. 다른 책, 예를 들어 호리 쿄안(堀 杏菴)의 『조선정벌기[朝鮮征伐記]』에도 히데요시가 화를 냈다는 기록은 있으나, 봉책을 찢었다는 내용은 적혀 있지 않다. 야마가 소코(山鹿 素行)의 『무가사기』에는, 〈즉시 명에서 보낸 의관을 버리고 그 봉책을 내던졌다.〉고 기록되어 있다.

(4) 왜 분노했나

그런데 최근의 사가들은 봉책의 내용을 듣고 히데요시가 분노했다는 사실에조차 이론을 제기하고 있다.

호시노 박사는, 〈봉책을 찢었다는 것은 허담[虛談]이다. 집어던졌다고 한다. (이것도 만들어낸 이야기일지 모른다.) 그 봉책은 호리오 모스케 요시하루가 보관하고 있었는데 손자 때에 대가 끊겨 이시카와 토노모노카미(石川 主殿頭이세 카메야마의 성주)의 집으로 전해졌으며, 지금까지도 그 집안에 남아 있다. 봉책은 두툼한 직물이며 표장도 두꺼운 비단으로 되어 있으니, 히데요시가 제아무리 화를 잘 내는 사람이었다 할지라도 웬만해서는 그것을 찢지 못했을 것이다. 바탕에는 운룡[雲龍]이 가득 새겨져 있으며, 바탕의 색은 처음이 누른색, 다음이 흰색, 그 다음이 빨간색과 같은 식으로, 1자 2치 5푼(37.5㎝)이나 7푼(38.1㎝)마다 바뀐다.

……특히 앞서 히데요시의 노여움에 대해서 말했는데, 명나라에 대한 노여움은 그리 큰 것이 아니었던 듯하다. 히데요시는 명나라로부터 사자가 왔다는 사실을 매우 자랑스러워했다. 국민들도 역시 명나라에서 칙사가 왔다는 말을 듣고, '일본의 국위가 중국에까지 뻗어나가 대명의 천자가 칙사를 보냈다. 태합의 위광은 굉장한 것이다.'라고 떠들썩하게 높이 평가했으며, 히데요시의 위명은 일본 국내에 더욱 울려퍼졌다. 게다가 히데요시는, '조선은 이미 손에 떨어졌으나, 명나라는 대국이니 전투를 개시해도 그리 쉽게 승리를 얻지는 못할 것이다(유키나가가 평양에서 패했으며 벽제관에서도 간신히 막아냈을 정도였으니). 내 스스로가 넘어가려 해도 배가 없고, 병졸 또한 부족하니 쉽사리 뜻대로는 되지 않을 것이다.'라고 생각했기에, 명나라에 대해서 함부로 화를 낼 수도 없는 일이었다. 특히 아시카가(足利) 씨의 옛일도 있는데, 히데요시가, '명나라의 황제로 삼겠다는 약속이 있었기에 화목을 허락한 것이거늘, 일본국왕으로 삼겠다니 참으로 뜻밖의 일이다.'라고 말했다는 것은, 전후 사정으로 봐서 있을 수 없는 일이라 여겨진다. 물론 히데요시는 한때 명나라를 이미 손에 넣은 사람마냥, 천자를 명나라로 받들어 모시고 히데쓰구를 관백으로 삼겠다고 말하고 각 사람들의 녹봉까지 예고했었으나, 그것은 한때의 일이었다. 단지, 조선에 대한 처분이 마음에 들지 않았던 것이다. 왜냐하면 조선의 왕성을 빼앗고 왕자까지 사로잡았을 정도였지만, 명나라가 돌려주라고

했기에 그것을 허락한 일은 매우 커다란 은혜였다. 그런데 그에 대한 답례가 전혀 없었다. 또한 조선을 절반으로 나누어, 그 절반은 일본에게 달라고 했음에도 명나라는 그에 대해서는 아예 들은 척도 하지 않았다. 오로지 조선에게만 유리하게 일을 처리했을 뿐, 일본의 체면은 세워주지 않았다. 어찌 이런 일이 있을 수 있냐며 화를 낸 것이었다. 명나라가 히데요시를 일본의 국왕에 봉하겠다고 해서 화를 낸 것이 아니라 조선의 태도나 명나라의 조선에 대한 처분이 마음에 들지 않았기에 화를 낸 것이었다. 처음 담판 때도 명나라의 황녀를 일본의 후비로 보내라는 조항을 명나라가 거부했기에 그렇다면 조선의 4개 도를 일본에게 넘겨주어라, 조선을 통째로 취하고 싶지만 명나라의 체면을 생각해서 4개 도와 왕성을 조선에게 돌려주는 것이니 절반만은 일본에게 건네주어라, 그 정도는 지극히 당연한 일이다, 라고 말한 것이었다. 그런데 그렇게 되지 않았기에 화가 나서 다시 군대를 일으킨 것이었다. 그리고 명나라의 사자에 대해서도 물론 심기가 불편했기에 답서도 주지 않고 쫓아버리라고 한 것이었다. 그러나 유키나가가 간곡히 청했기에 물품 등도 내어주고 잘 타일러서 돌려보낸 것이었다.〉라고 말했다.

　이러한 견해는 호시노 박사뿐만 아니라 온건한 학자들 대부분이 가지고 있는 견해다. 아마 히데요시도 조금은 의외라고 생각하여 심기가 불편했으리라 여겨지기는 하지만, 결국은 역시 박사의 주장과 같은 상황이었을지도 모르겠다.

　토쿠토미 소호 씨가 『근세 일본국민사[近世日本国民史]』에서 이야기한 내용도 대체로 비슷하다. 씨는 상대방 쪽의 『재조번방지

[再造藩邦誌]』와 당시 예수회 선교사들의 보도를 바탕으로 편찬한 『일본 서교사』, 프로이스의 『일본사』 등에서 이야기한 부분을 인용했다.

『재조번방지』에는, <5일 아침, 정사와 부사 두 사람이 심유경의 숙소로 가니 관백의 사자라며 세 승려가 찾아왔다. 세 사람은 모두 관백이 신임하는 자였다. 그 가운데서도 겐이(마에다 토쿠젠인)라는 자가 일처리의 으뜸이 되는 자였다. 이 자들이 심유경을 만나고 나가자, 유키나가와 마사나리(正成테라자와 시마노카미) 등이 손으로 하카마(袴겉에 입는 하의)를 걷어올리고 두 다리를 드러낸 채 달려왔다. 세 승려는 가마 위에서 가만히 움직이려고도 하지 않았다. 일본인이 그들을 존경하고 있다는 사실을 이로써 알 수 있었다. 그날 저녁, 노리노부(調信소 씨의 신하인 호소카와)가 사람을 보내서 말을 전했다. "심유경이 글을 관백에게 바쳤다. 또한 유키나가·마사나리를 보내서, 철병과 조선 사절에게 알현을 허락할 것 등의 건을 관백에게 청하게 했다. 내일 오후에 대답이 있을 것이다."라고. 6일 밤늦게 타이라노 노리노부가 와서 황신을 만나 말했다. "오늘 오후에 유키나가·마사나리·미쓰나리 들이 고사호(五沙浦)로 와서 관백의 말을 전했다. '천조(명나라)가 천사[天使명나라의 사자]를 보내어 나를 왕으로 봉한 것은 명예로운 일이나, 조선이 무례하니 화의를 허락할 수는 없다. 다시 병사를 내어 정벌하겠다. 철병한다는 것은 있을 수 없다. 천사도 오래 머물러봐야 무익하니 내일 승선하여 출발하라. 조선의 사신도 돌아가라.'">라는 내용이 적혀 있다.

『일본 서교사』에는 또한, <중국의 국사가 알현을 마치고 사카이의 숙소로 물러났다. 이에 태합 전하가 고귀한 승려 4명을 보내

서한을 사자에게 건네고 그들을 두텁게 예우했으며, 또한 간곡한 글로, '무엇이든 원하는 것이 있으면 조금도 사양하실 필요 없소.'라고 말했다. 국사는 이를 보고 크게 기뻐하며, '이처럼 후의를 베풀어주시니 더는 바랄 것이 없다. 단지 조선에 세운 진영을 허물고, 수병[戍兵]의 철수를 청하는 바다.'라는 답서를 보냈다. 이 답서를 받은 전하가 직접 펼쳐서 읽었는데, 진영 운운하는 건에 이르자 갑자기 화를 내며 낯빛을 바꾸었고, 마치 미친 사람처럼 침을 뱉으며 거품을 물었고, 손발을 움직여가며 크게 매도했다. 전신에 땀이 흐르고 머리에서 김이 피어오를 정도였다. 어째서 이처럼 화를 냈는가 하면, '아첨하는 무리들은 언제나, 중국인은 전하를 마치 귀신처럼 두려워하며 조선인은 전하의 병마 소리만 들어도 움츠러든다고 말했으나, 지금 중국인이 하는 말을 보니 마치 전쟁에서 이긴 자가 전쟁에서 진 자에게 말하는 듯하다.'라고 생각했기 때문이며, 또 기껏 약속을 했는데 이래서는 사자들의 말을 거절하거나, 조선의 땅을 떠날 수밖에 다른 길은 없을 듯 보였기 때문이었다.〉라고 기록되어 있다.

프로이스의 『일본사』에는 당시의 선교사 페로의 설을 싣고, 〈히데요시가 사카이로 보낸 네 승려가 중국의 사자로부터 서면을 받아 돌아왔는데 거기에는, 조선에 있는 일본군의 성채를 부수어라, 일본군을 철수시켜라, 조선인을 용서하라, 징벌을 가한들 무슨 이익이 있겠는가, 라는 등의 내용이 적혀 있었다. 이를 읽던 히데요시는, 일본군의 성채 운운하는 곳에 이르자 갑자기 화를 냈다.〉고 적었다.

소호 씨는 제반의 사정을 종합하여 생각해볼 때, 〈이들 기재는 사실에 가까운 듯하다. 히데요시가 명나라 황제의 고문[誥文]을 듣자마자 바로 화를 낸 것은 아니라는 사실에는 의심의 여지가 없다.>라고 결론 지었다.

당시 중국 국서의 내용을 살펴보면, 자신 쪽을 한껏 자랑하고 난 뒤, 히데요시가 중국을 존중해야 한다는 사실을 알고 멀리에서 사자를 보내 따르러 왔으니 그 공순함과 성심을 다한 점을 가상히 여겨 너를 특히 일본 국왕으로 임명해주겠다. 앞으로는 신하로서의 직무를 다하여 두터운 은혜에 감사의 눈물을 흘리며 충의에 힘쓰라. 그리하면 크게 기뻐해주리라, 라는 것이었다. 가조약이고 뭐고 없었다.

이와 같은 화법은 예로부터 중국이 외국을 대할 때면 쓰는 상투적인 화법이었다. 앞서 아시카가 요시미쓰가 통상의 이익을 얻기 위해서 명나라에 사자를 보냈을 때도 명나라 황제는 요시미쓰를 일본의 국왕에 봉했다. 당시 중국인은 (지금과는 달리 동양의 맹주라고 할 수 있는 실력도 가지고 있었지만) 다른 나라는 자신들의 속국인 양 생각하고 있었다. 요시미쓰에게 봉책의 내용 따위는 아무래도 상관없는 일이었으며 통상(그들이 말하는 이른바 입공)을 하여 이익을 얻고, 또 '중국도 나를 존중하여 사자를 보냈다.'라고 과시하기만 하면 되었던 것이다. 그러나 이번의 히데요시는 요시미쓰 때와는 사정이 매우 달랐다. 대군을 움직여 조선을 석권했다. '명을 치겠다.'는 등의 호언장담을 한 것은 설령 허풍에 지나지 않았다 할지라도, 앞서 유키나가 등이 한 말도 있으니 명나라의 사신이 와서 봉책을 받은 것만으로는 아마도 흔쾌한 마음이 들지 않았으리라. 원하는 바는 전혀 다른 곳에 있었다. 그가 화를 낸 가장 큰 이유는 당연히 커다란 이익을 얻으리라 예상했던 조선의 문제가 흐지부지 묻혀버렸기 때문임에 틀림없다. 설령 명나라의 사자가 와서 국민들 앞에 크게 자랑할 수 있게 되었다 할지라도, 조선을 정복했는데 한 점 땅도 취할 수 없게 된다면 태합의 체면은 말이 아니게 된다. 무사의 체면을 걸고서라도 조선을 반드시 손에 넣겠다고 결심한 것도, 이러한 경우에는 당연한 일이었다.

다시 말해서 제1차 조선 원정(임진왜란)은, 싸움에서는 이겼으나 외교전에서 보기 좋게 업어치기를 당한 셈이었다. 즉, 여러 가지 사정을 종합해서 생각해보면, 유키나가와 조안과 그 외의 담당관들이 심유경에게 보기 좋게 한 방 먹은 것이라 여겨진다. 히데요시 또한 그들이 듣기 좋게 한 말을 진심으로 받아들였던 것이라 여겨진다.

심유경은 명나라 정부에 대해서도 거짓을 보고했다. 그는,

"히데요시는 명나라 황제로부터 봉책 받기를 원하고 있으니 사자를 보내서 봉책을 내리면 그것으로 만족할 것이다."라고 보고한 듯하다. 어쨌든 희대의 사기꾼인 심유경을 중심으로, 유키나가 등이 보기 좋게 속아서 미봉책으로 잔재주를 부려 강화조약이라는 것을 성립시킨 셈이다. 그것이 거의 마무리 단계로 접어들었을 때, 일본 측에서는 유키나가 등의 잔재주가 폭로되었고, 명나라의 사신도 심유경의 속임수를 알고 놀라게 된 것이다. 이렇게 해서 히데요시는 다시 한 번 조선 원정에 나서게 되었으며, 중국으로 돌아간 심유경은 문책을 받는 결과를 맞이하게 되었던 것이리라.

유키나가와 조안은 당시 기독교도로 여러 장수들 가운데서도 신지식을 가지고 있었으며, 실행력도 있었기에 결코 허수아비

같은 자들은 아니었다. 그런데 어떻게 된 일인지 어떻게 해서든 강화만 맺으면 된다는 태도가 있었던 듯하다. 거기에 편승하여 심유경이 눈속임을 한 것이었다. 실제로 이때의 외교 실패는 예로부터 오늘날에 이르기까지 졸렬하다고 알려진 일본의 외교사 가운데서도 특히 눈에 띄는 것이다.

한편, 타케우치(竹內) 소장은 이렇게 말했다.

<히데요시의 조선 침략은 조선을 전장으로 한 일본과 명나라의 전쟁이었다. 그 제1차 전쟁(임진왜란)이 끝나갈 무렵에 체결한 강화조건으로 봉왕[封王]과 입공이 문제가 되었다. 당시 히데요시가 명나라 왕이 내건 조건 가운데 '봉왕'을, 화의를 청하기 위해 히데요시를 명나라의 국왕으로 봉하려는 것이라고 이해하여 엇갈림이 생긴 것이라고 말하는 사람들도 있으나, 지금 냉정하게 생각해보면, 제아무리 명의상이라고는 하나 일본군 가운데 단 한 사람도 명나라의 영토로 들어가지 못했는데 명나라 쪽에서 히데요시를 대명의 왕으로 봉한다는 것은, 상식적으로 생각해봐도 있을 수 없는 일이다. 또한 명민한 히데요시가 전쟁개시 당초에는 어땠을지 모르겠으나, 제해권이 거의 적의 손아귀에 있어서 실제 전투가 뜻대로 풀리지 않는 정세 속에서 그러한 강화조건이 논의되리라고 생각했다는 것은 있을 수 없는 일이다. 적어도 담판의 임무를 맡았던 유키나가와 히데요시의 신임을 얻고 있던 이시다·마스다·오오타니 등의 막료는 명나라 쪽에서 히데요시를 일본의 국왕으로 봉한다는 말을, '대명국이 히데요시의 지위를 승인한 것'이라고 이해하고 있지 않았을까? 원래 봉왕(명나라의 봉책을 받는 것)이라는 것은 진공과 따로 떼어서 논할 수 없는 문제였다. 히데요시가 내건

주요한 강화조건 가운데 하나는, 아시카가 시대(무로마치 시대)에 행해졌던 대명무역을 부활시키자는 것이었다. 오늘날의 말로 하자면 일본과 명나라와의 경제관계를 일본에 유리한 쪽으로 끌고 가려 했던 것이다. 그런데 일본과 명나라의 경제관계를 정식으로 부활시키기 위해서는 중국의 전통적 입장상, 그에 앞서 봉책(즉, 공물을 바칠 수 있는 자라는 자격 결정)을 받는 것이 필수조건이었다. 따라서 히데요시는 일본과 명나라의 통상관계를 원활히 하기 위해서 우선은 명나라로 하여금 히데요시가 일본의 실질적인 지배자임을 승인케 하겠다는 의미에서 봉책을 희망했던 것이리라. 봉책·진공은 동양에 군림하는 자라 자부하고 있던 중국의 전통적 형식이었다. 명나라에 대한 사대사상에 사로잡혀 있던 당시의 일본인은 그것을 특별히 이상한 일이라고는 생각지 않았다. 하지만 히데요시 입장에서는, 명나라가 단지 봉[封]만을 허락하고 공[貢] 쪽은 문제로도 삼지 않았기에, 봉만으로는 아무런 의미도 없었던 것이다. 그것이 강화담판 파열의 주요한 원인이 되었으리라 여겨진다.〉

실제로 당시 내외의 여러 글을 보면, 히데요시가 봉책 자체에 대해서는 적잖이 만족스러워했다고 전하고 있다. 명나라에서 가져온 관복만 해도 히데요시는 처음에 매우 기뻐했으며 자랑스럽다는 듯 그것을 입었다는 내용이 『속본조통감』 등에 전해지고 있다. 그것도 명나라 사신이 히데요시에게 바친 것은 30여 벌이었는데, 제후에게 나누어줄 것이 부족했기에 명나라 사신이 따로 준비해둔 것까지 내어 50여 벌을 나누어주었을 정도로 인기가 좋았다고 한다. 타케우치 소장의 견해는 참으로 정곡을 찌른 것이라고 여겨진다.

7. 조선 재침략(정유재란)

(1) 출정

완전히 은퇴한 듯한 기분이 들었던 히데요시도 명나라 및 조선의 태도에 분노하여 명나라 사신을 내쫓자마자 다시 출정 계획을 세우기 시작했다. 큐슈·산인·산요의 다이묘들이 출정준비를 위해서 각자 자신의 쿠니로 돌아간 것은 같은 달인 9월의 일이었다. 이번이 두 번째였기에 준비는 착착 진행되었다.

재원정 때 동원된 숫자는 14만 1천 5백 명이었다. 코바야카와 히데아키(小早川 秀秋처음에는 히데요시가 길렀으며, 다시 타카카게의 양자가 되었다.)가 총사령관, 우키타 히데이에와 모리 테루모토가 부사령관이었으며, 쿠로다 조스이가 참모였다. 이듬해인 케이초 2년(1597) 2월에 출정하라는 명령이었다. 제1대와 제2대는 카토 키요마사, 혹은 코니시 유키나가(이틀마다 교대. 당번을 맡은 자가 제1대, 비번인 자가 제2대가 되었다), 제3대는 쿠로다 나가마사(조스이의 아들) 등, 제4대는 나베시마 나오시게 등, 제5대는 시마즈 요시히로 등, 제6대는 초소카베 모토치카 등, 제7대는 와키자카 야스하루 등, 제8대는 사령부로 테루모토와 히데이에가 번갈아 통감을 맡기로 했다.

키요마사는 케이초 2년 정월 14일에 누구보다 앞서 나고야를 출발했다. 우선 죽도[竹刀]에 있던 옛 망루를 수복시키고 거기에 머물렀으며, 주재하고 있던 수비병과 협동하여 기장[機張]·양산 등을 공격한 뒤, 방향을 틀어 서생포[西生浦]로 들어갔다. 그때 키요마사는 성명서를 발표했다. 〈우리 군은 사자가 한양에 가 있는 동안, 이곳에서 기다릴 것이다. 인민은 결코 소란을 피우거나 달아나서는 안 된다.〉라고. 유키나가는 2월 1일에 상륙했다. 부산의 옛 성을 수리하여 그곳을 근거지로 삼고 지구전을 준비했다. 제3군 이하는 2월 중순에 부산에 도착하여 각각 보루를 쌓고 부근의 토벌에 임했다. 해상에서는 함선을 늘어놓고 제해권을 확고히 쥐려 했다.

임진왜란 때에는 각 부대가 앞다투어 전진했기에 전군의 연락이 원활하지 않아 여러 가지로 불리한 일들이 발생했었다. 따라서 이번에는 진격하기보다 우선 점거한 곳에 확실한 세력을 부식하여 훗날 대대적인 공세를 취할 때의 지반을 닦겠다는 방침을 세웠다. 이에 조선 남부 일대에 군대를 배치하고 방화·약탈·살육 등을 엄중하게 금했다. 그런데 거듭되는 폭풍으로 바다가 거칠어져서 해운이 끊겼기에 식량결핍을 겪게 되었다. 게다가 조선 땅은 여러 해 동안 병화[兵禍]를 입었기에 경작지가 황폐해져서 징발하고 싶어도 농산물이 극히 적었다. 그 때문에 일본군은 나아가지도 못한 채, 덧없이 조선 남부의 끝자락에 머물며 몇 개월을 보낼 수밖에 없었다. 유키나가 등은 가을의 수확을 기다렸다가 진격해야 겠다고 생각하고 있었다.

(2) 명나라 정부의 조치

한편 명나라 정부는, 양방향과 심유경 들이 귀국해서 보고한 내용대로 히데요시가 크게 만족했다고 믿고 있었기에 그들의 공을 크게 칭찬했다. 그런데 조선에서, 일본군이 다시 침입했으니 원병을 보내달라고 청해왔다. 비로소 사절 등의 사기를 알게 된 명나라 정부는 놀라움과 노여움에 두 사람을 잡아다 문초함과 동시에 조선에는, '조령을 굳게 지키고 있으라.'고 명한 뒤, 한편으로 병부상서[兵部尚書] 형개[邢玠]를 총독에, 마귀[麻貴]를 비왜대장군[備倭大將軍]에 임명하고 절하[浙河] 지방의 병력을 동원하여 조선으로 향하게 했다.

(3) 조선의 수군을 격파하다

조선에서는 임진왜란 때 일본 수군을 괴롭혔던 이순신이 해임되고 새로이 원균[元均]이 통제사[統制使]에 임명되었다. 그는 통솔하고 있던 수군으로 하여금 한산도[閑山島] 부근을 유익[遊弋]케 했으나, 이순신만큼의 대장은 아니었던 듯 유키나가의 책략에 그대로 걸려들어 크게 체면을 구겼다. 7월 15일, 그는 유인책인 줄도 모르고 함대를 전진케 하여 절영도[絶影島]로 나가서 저녁에 일본의 함대를 공격했다. 그런데 그의 군은 종일 노를 저어서 지쳐 있었으며, 날이 저물어 주위는 어두워졌고, 거기에 바람까지 불어서 생각한 대로 움직일 수가 없었기에 간신히 가덕도[加德島] 방면으로 달아났다. 병사들은 바짝 말라버린 목을 축이기 위해서 상륙하여 물을 떴다. 그러한 때에 일본군이 섬 위에서부터 나타나 불시에 그들을 쳤기에 적의 장졸 400여 명이 순식간에 쓰러져버리고 말았다. 원균은 달아나서 거제도 부근에 숨어 있었으나 그날 밤 다시 일본군의 습격을 받아 패해 달아났으며, 그는 배를 버리고 뭍으로 도주해버렸다. (아무래도 이때 전사한 듯하다.)

이렇게 해서 조선 남해의 제해권은 일본군의 손에 떨어지게 되었다. 이에 유키나가는 군의 행동을 개시하여 해로를 따라 남해

[南海]·순천[順天]으로 진격하며 각 성을 함락시키고, 수많은 병기와 식량을 빼앗았다. 그리고 두치진[豆恥津]으로 가서 병력의 절반을 상륙시켰다. 이 병사들은 키요마사의 부대에 가세하여 전라도로 들어갔다.

(4) 남원 전투

이러는 사이에 명나라 군도 병사와 식량을 갖추어 조선을 남하하고 있었다. 일본군은 히데요시의 명령에 따라 8월 1일을 기하여 진격을 시작하기로 되어 있었다. 다행히 적의 수군도 격멸되어 후방에서의 위협도 사라졌기에 마침내 총전진을 시작했다. 좌익군은 운봉[雲峰]을 돌파하여 적장인 양원[楊元]이 지키고 있는 남원[南原]으로 향하고, 우익군은 밀양·경산[慶山]·대구[大邱]를 거쳐 전의관[全義館]으로 나아가며, 중앙부대는 부산에서 밀양을 지나 충청도[忠淸道]로 들어가겠다는 작전이었다. 그 병력은 3대를 합쳐서 약 10만 8천.

양원은 전라도 남원성의 성문에 거포를 배치하고 성벽에 총안을 뚫어놓은 채 일본군이 공격해 들어오기를 기다렸다. 싸움은 8월 13일부터 시작되었다. 14일에는 일본군이 적의 성을 3면에서 포위했다. 15일 이른 새벽에 달빛에 의지하여 야습을 꾀하기로 하고 날이 밝기 전에 반드시 함락시키겠다는 기세로 성벽에 풀을 쌓아올려 그것을 타고 넘어 성 안으로 돌입, 곳곳에 불을 지르고 종횡무진으로 적을 베었다. 적은 끝끝내 버텨낼 수 없었기에 성문을 열고 달아나기 시작했다. 일본군이 좌우에서 그들을 난사했다. 적의 시체가 달빛 아래의 길가에 겹겹이 쌓여 쓰러졌다. 이 전투에서 일본군이 취한 수급은 토도 타카토라 부대가 269, 시마즈 요시히로 부대가 420, 오오타 카즈요시(太田 一吉) 부대가 190, 히데이에·유키나가 부대가 3천 여, 와키자카 야스하루 부대가 2천, 계 5천 8백여 급에 이르렀다고 한다. 얼마나 맹렬한 전투였는지를 추측해 볼 수 있다.

(5) 진격

남원에서의 패보가 전해지자 각지의 수비병이 공포에 떨기 시작했다. 전주[全州]성의 병사들은 앞다투어 북쪽으로 달아났다. 일본의 좌익군은 무인지경을 달리듯 20일에는 전주로 들어갔다. 21일에는 카토 키요마사·나베시마 나오시게 부대가 가야산[伽耶山]을 점령했으나, 워낙 산지였기에 식량부족으로 애를 먹었다. 이에 카쓰시게(勝茂 나오시게의 아들)가 계책 하나를 내어, '목숨을 부지하고 싶은 자는 한 사람당 쌀 1되씩을 가지고 우리 군문으로 와서 카드를 받아가라.'라고 쓴 방을 높이 내걸었다. 백성들이 앞다투어 달려와서 쌀을 바치고 카드를 받았다. 이렇게 해서 단번에 쌀 2천 섬이 모였다고 한다.

타카토라는 26일에 직산[稷山]을 빠져나가 충청도로 들어갔다. 이제 한양도 얼마 남지 않았다.

모리 히데모토(毛利 秀元)의 부대는 9월 7일에 마침내 전의관에 도착했다. 그곳의 서쪽 산에 명나라의 부장인 해생[解生]이 진을 치고 있었는데 쿠로다 나가마사 군과 충돌하여 일본군을 어려움에 빠지게 했다. 히데모토가 곧 원군을 내어, 동시에 적진을 공격했다. 적은 밤의 어둠을 틈타서 달아났다.

이렇게 해서 일본군은 점차 진격해 나갔지만, 조선의 땅이 황무해서 식량을 징발할 수 없었기에 멀리 남쪽에서 보급할 수밖에 없었다. 그마저도 수송이 뜻대로 되지 않아 공급이 매우 어려웠다.

(6) 조선의 수군, 다시 맹위를 떨치다

한편 조선의 수군은 원균의 패배로 거의 해체 상태에 있었는데 왕이 이순신을 다시 기용하여 통제사로 삼았다. 그는 남은 병선들을 수습하여 함대를 편성하고 서진 중이던 일본군을 진도[珍島]에서 맞아 벽파정[碧波亭] 부근에서 맹렬하게 공격했다. 유감스럽게도 일본군은 곧 패하여 퇴각했다. 거기에 명나라의 수군도독[水軍都督] 진린[陳璘]도 중국 남부의 수군을 이끌고 와서 이순신과 합류, 고금도[古今島]에 의지하여 일본 수군의 북상을 차단했다.

(7) 작전 변경

기세를 떨치지 못하는 수군에 비해서 육군은 가는 곳마다 승리하여 사기충천, '싸움은 지금부터다.'라며 기세등등했다. 그러한 때에 히데요시로부터 갑자기, '모든 장수들은 부산으로 집결하라.'라는 명령이 떨어졌다. 이는 일본의 작전이 바뀌었기 때문이었다. 치중도 원활하지 않았기에 진격책을 포기하고 조선 남부 일대에 진영을 펼쳐서 둔전[屯田]을 두고 지구전을 준비하겠다는 것이었다. 벌써 10월이었다. 이에 히데모토는 공주[公州] 방면에서 부산 쪽으로 퇴각했다. 그것을 본 조선군이 곧 그들을 추격했다. 일본군도 바로 역습을 시작했다. 그러자 그 전면에서도 역시 조선의 별동대가 모습을 드러냈다. 히데모토는 고전을 면치 못했으나 그들을 간신히 몰아내고 부산으로 물러났다. 시마즈 요시히로는 10월 10일에 해남[海南]성으로 들어갔으며, 계속 후퇴하여 경남의 사천[泗川]에 진을 펼치고 머물렀다. 타치바나 무네시게·쿠키 요시타카 등은 남해성에 머물렀으며, 당도[唐島]와의 사이에 함선을 늘어놓고 그곳을 지켰다. 당도 이북은 죽도의 나베시마 나오시게가, 그 북쪽은 양산의 쿠로다 나가마사가, 양산 이북은 부산에 있는 히데이에·히데모토가, 부산 북쪽은 서생포, 서생포 이북은 울산을 중심으로 하여 지켰다. 코니시 유키나가는 순천에 머물렀다. 전부 경상도의 남해안 및 그 부근뿐이었다.

(8) 울산에서의 농성

카토 키요마사는 울산에 머물러 있었다. 우선 각 성을 수리하기 위해서 울산은 부장인 카토 야스마사(加藤 安政)에게 감독을 맡기고 자신은 기장으로 가서 부근의 요새들을 수축했다. 이는 일본군이 따뜻한 지방에서 자라(큐슈와 추고쿠·시코쿠의 병들뿐) 조선의 추위를 견디기 어렵기에 겨울 동안 머물 준비를 하기 위한 것이었다.

일본군이 움츠러드는 겨울은, 상대에게 있어서는 승세를 탈 시기였다. 명나라 군은 이 기회를 이용하여 일본군에게 커다란 타격을 주기 위한 계획을 세웠다. 11월 중순, 총독인 형개가 4만의 병사를 이끌고 압록강을 건너 29일에 한양으로 들어가서 마귀·양호[楊鎬] 등과 회의를 하여 작전을 짰다. 곧, 좌익군을 이여매[李如梅], 중앙군을 고책[高策], 우익군을 이방춘[李芳春]에게 지휘하게 하고, 따로 팽우덕[彭友德]에게 유격대를 이끌게 하여 남하를 시작, 12월 20일에 경주에 도착했다. 그곳은 울산과 가까웠다.

명나라 군은 오로지 울산의 카토 키요마사를 없애기 위해 힘을 집중했다. 그는 임진왜란 이후, 일본의 호랑이 장군으로 불리며 두려움의 대상이 되어 있었다. 마귀는 양호에게 정병을 한 곳에 집중하여 밀집부대를 만들어서 단번에 울산을 공략하라고 명령했다. 고책은 남쪽으로 돌아들어가서 울산과 부산 사이의 바닷길과 뭍길 모두를 차단했다. 이렇게 해서 고립된 울산을 가려 뽑은 정예부대로 공격하겠다는 계획이었다.

22일 밤, 아사노 유키나가(나가마사의 아들) 등은 언양에서 숙영하고 있었다. 조명연합군은 울산으로 들어갈 예정이었기에 고책이 그곳에 습격을 가했다. 유키나가는 연합군을 돌파하여 울산으로 들어가려 했다. 일본군의 수는 얼마 되지 않았으나 연합군은 다수의 병력이었다. 뚫고 또 뚫으며 앞으로 나아갔으나 이제는 위험하다 싶은 순간, 부장인 카메다 오오스미(亀田 大隅)가 달려와서 그를 간신히 구해냈다. 울산성 부근에 다다르자 그곳을 지키고 있던 카토 야스마사가 성문을 열어 맞아들였기에 유키나가는 간신히 목숨을 건질 수 있었다.

이튿날인 23일부터 연합군이 성벽으로 밀고 들어와 싸움을 걸었다. 일본군은 소총부대의 엄호사격을 받으며 밖으로 나아가 싸웠으나 복병에게 걸려 약 600명의 사상자를 냈다. 그러나 연합군에서는 3천여 명의 사상자가 나왔다.

야스마사는 성의 위급함을 기장에 있는 키요마사에게 보고했다. 키요마사는 출정에 앞서 아사노 나가마사로부터 자신의 아들을 잘 좀 보살펴달라는 부탁을 받았다.

"그러냐. 유키나가를 죽게 내버려둘 수는 없다."라며 곧 수하의 병사 500명쯤을 10척의 작은 배에 싣고 바닷길을 따라서 울산으로 향했다. 24일과 25일에도 조명연합군은 맹렬하게 공격을 퍼부었다. 26일이 되자 성 바깥에서 키요마사가 모습을 드러냈다. 연합군은 그의 모습을 본 것만으로도 두려움에 떨며 저항하려고도 하지 않고 길을 열어 키요마사를 지나게 했다. 성 안의 병사들은 지옥에서 부처님이라도 만난 양 환호했다.

하루는 키요마사가 성문을 열고 밖으로 나가 연합군을 한껏 공략한 뒤 물러났다. 화가 난 연합군은 성벽으로 밀고 들어갔다. 일본군이 그곳으로 퍼붓듯 총탄을 날렸기에 순식간에 시체들이 산더미를 이루었다. 그럼에도 연합군은 지금까지와는 달리 완강하게 저항하며 더욱 맹렬하게 공격했다. 그래도 성을 떨어뜨릴 수 없었기에 성을 엄중히 포위하여 식량이 떨어지기를 기다렸다. 불행히도 성에는 저장해둔 식량이 없었다. 키요마사와 유키나가는 매일 2번씩 병사가 가지고 오는 5인분의 도시락을 자신들은 거의 달걀만큼만 먹고 나머지는 주위의 어린 무사나 굶주려 보이는 병사들에게 나누어주었다. 그래도 식량은 나날이 줄어만 갔기에 결국에는 소나 말을 잡아서 그 고기를 먹었다. 굶주림이 너무 심했기에 종이를 먹기도 하고 벽토[壁土]를 끓여서 먹는 자도 있었다. 젊고 혈기 넘치는 자들은 밤의 어둠을 틈타 성 밖으로 나가서 연합군 시체의 허리에 매달려 있는 주머니를 뒤져서 볶은 쌀과 소고기 육포를 가져다 먹었다. 먹을거리뿐만 아니라 물까지 바닥이 났다. 밤이 깊기를 기다렸다가 성 바깥의 연못에서 길어와 간신히 버텼다. 연못에는 시체가 수없이 버려져 있었기에 피비린내와 인육이 썩은 냄새가 코를 찔렀다. 소변을 마시는 자까지 있었다.

배고픔에 몸이 지치고 목마름에 머리가 멍해진 장졸을 차가운 바람이 가차 없이 채찍질했다. 키요마사는 태연하게 일본군이 구원해주러 오기를 기다렸다. 이렇게 해서 절박했던 케이초 2년(1597)도 저물었다.

마침내 정월. 같은 달 3일에 멀리로 쿠로다 나가마사의 깃발이 보였기에 성 안의 병사들은 펄쩍 뛸 듯이 기뻐했다. 뒤이어 여러 장수들이 속속 구원을 오는 모습이 보였다. 모여든 일본군의 총병력은 4만 2천. 5일에는 구원군이 연합군을 격파하고 성 아래까지 전진해왔다. 성 안의 병사들은 용기가 솟아올라 배고픔도 잊고 성 밖으로 달려나가 지원군과 함께 연합군을 추격했다. 연합군 장수인 양호는 정신없이 달아났으며 병사들도 무기를 버리고 가벼운 몸으로 달아났다. 그러나 역시 달아나지 못한 불행한 자들이 많아서 사방이 시체로 뒤덮였고 삭풍이 피비린내를 산과 들로 퍼뜨렸다. 명나라 군에게 있어서 이 패배는 돌이킬 수 없는 커다란 손실이었던 듯하다. 당시 중국의 역사가는, 〈이번 전쟁은 몇 해에 걸쳐서 국내의 전력을 기울여 결행한 것이었는데 이처럼 성공을 거두지 못했기에 후세에 웃음거리를 남겼다.〉라고 개탄했다.

(9) 투지 이완

그 이후, 명나라의 대군이 순천을 습격할 것이라는 소문이 나돌았다. 코니시 유키나가는 장수들과 회의를 열어,

"순천과 울산을 버리고 부산으로 물러나 지키는 것이 어떻겠는가?"라고 물었다. 대부분의 장수들이 거기에 찬성했으나 카토 요시아키라만은 결단코 반대했다. 이에 멀리 히데요시에게 의견을

물었다. 히데요시는 불같이 화를 내며 무슨 일이 있어도 순천을 사수하라고 명령했다.

그러나 히데요시도 이미 해외원정에 진력이 나 있었다. 그것은 국내의 제후들을 정벌하는 것과 달라서, 순차공략으로 전쟁을 이끌어나갈 수가 없었다. 조명연합군은 그리 강하지는 않았지만 한 번 패해도 두 번, 세 번 패할 각오로 계속해서 들어왔다. 참으로 간단히는 물리칠 수가 없었다. 나이를 먹어 짜증이 심해진 히데요시는 가만히 참고 있을 수가 없었다.

히데요시는 부진한 전투의 책임이 절반쯤은 출정군의 사령관들에게 있다고 생각했다. 지체하지 않고 코바야카와 히데아키와 모리 히데모토에게,

"시코쿠의 병사들을 이끌고 일단 돌아와서 쉬었다가 9월에 다시 출정하라."라고 명령했는데, 6월이 되어 두 사람이 후시미로 가서 히데요시에게 알현을 청하자 히데요시는 히데아키에게는 알현을 허락하지 않고,

'어째서 울산을 얼른 돕지 않았던 것이냐. 어째서 순천에서 퇴각하려 했던 것이냐. 그러고도 장수의 책무를 다할 수 있다고 생각하느냐.'라며 혹독하게 견책했다. 히데모토를 만난 자리에서는 그를 정성껏 위로했으며, 상세한 조선의 정태를 들을 때에는 아무 말도 하지 않고 가만히 앉아서 언제까지고 생각에 잠긴 모습이었다. 지금까지 통감부를 통해서 들은 보고를 바탕으로 히데요시가 머릿속에서 그리고 있던 것과, 지금 히데모토로부터 듣는 자세한 정황 사이에는 커다란 간극이 있었기 때문이었다. 이제 히데요시의 머릿속에서는 '안타깝지만 안 되겠구나.'라는 단념이 샘솟기 시작

했다.

(10) 사천 전투

그러한 가운데 명나라 장수인 형개는 전열을 새로이 가다듬어 일본군을 치려 하고 있었다. 그는 명나라 황제에게 상주하여 양호를 파면케 하고 천진순무[天津巡撫] 만세덕[萬世德]으로 하여금 그를 대신케 했으며, 본국의 병사를 모집하여 전투력을 보강했다. 그런 다음 이여매를 중앙군, 마귀를 동로군, 유정[劉綎]을 서로군의 사령관으로 임명하고, 수군은 진린에게 지휘케 하여 일본군을 압박했다. (이때 요동에서 사변이 일어나 이여송이 전사했기에 여매는 소환되었고, 동일원[董一元]이 그를 대신했다.)

케이초 3년(1598) 7월, 서로군은 순천에 있는 유키나가를 치고, 중로군은 사천에 있는 시마즈 요시히로를 공격하고, 동로군은 울산에 있는 키요마사를 공략하기 위해서 기세등등하게 남하했다.

사천에 있던 요시히로의 방어선 안에는 망진[望津]·통양[通陽]·사천·영춘[永春]·곤양[昆陽]·고성[固城]·김해[金海] 등의 요새가 있었다. 그 가운데서도 망진은 지리상 가장 중요한 요충지였으며 동양에는 다량의 식량과 말의 먹이가 저장된 병참창고가 있었다. 명나라 군이 남하한다는 사실을 안 요시히로는 사천과 맞닿은 곳에 새로운 요새를 구축하고 그곳에서 명나라 군에 대항하려 했다. 9월이 되자 동일원이 진주성으로 들어갔으며, 19일에 망진을 공격했다. 그곳에 있던 명나라의 항복한 병사들이 내응하여 요새에 불을 질렀기에 얼마 버티지 못하고 무너져 일본군은 퇴각해 버리고 말았다. 영춘·곤양·고성도 연달아 떨어졌으며, 사천도 마침내는 버텨내지 못하고 병사들 모두가 새로 지은 요새로 몰려들었다. 다음 달인 10월 1일, 명나라 군이 승세를 몰아 새로 지은 요새에 맹렬한 공격을 퍼부었다. 요시히로가 크게 분전하여 명나라 군을 물리쳤으나 명나라 군이 번갈아가며 새로운 부대로 공격을 해왔기에 제아무리 용맹한 사쓰마의 용사들이라 할지라도 점차 피로가 덮쳐오기 시작했다. 이때 테라야마 히사카네(寺山 久兼)가 은밀히 한 부대를 인솔하여 적의 등 뒤로 돌아들어 치중대를 습격했다. 불의의 습격을 받은 명나라 군이 우왕좌왕 당황하고 있을 때 요시히로가 맹렬하게 역습을 가했다. 명나라 군은 곧 대오를 무너뜨리고 어지러워진 발걸음으로 새끼 거미가 흩어지듯 달아나고 달아나기를 수백 리. 사실인지 아닌지는 모르겠으나 이 싸움에서 일본군이 벤 적의 수급이 3만 8천이었다고 한다. 이를 사천 전투라고 하는데 명나라 군은 이후 요시히로라는 이름만 들어도 두려움을 느꼈다고 한다.

사천에서의 결전은 정월에 있었던 울산 전투와 마찬가지로 명나라 군에게는 회복하기 어려운 커다란 손실이었다. 크게 혼쭐이 난 명나라 군은 이후부터 일본군에게 쉽사리 접근하려 하지 않았다. 일본군이 힘을 충전한 뒤, 분발하여 다시 한 번 총공세에 나서면 명나라 군도 '중재'를 원할 것이라 여겨졌다.

(11) 영원히 중지

그런데 그보다 앞선 8월 18일, 히데요시가 후시미에서 세상을 떠나고 말았다. 그 임종의 순간에,

"나의 장졸들을 이국 땅에서 죽게 하지 말라."라고 유언했기에

출정군을 거두어들이기로 했다. 명령을 받은 아사노 나가마사·이시다 미쓰나리 등이 9월 10일에 하카타로 가서 조선에 있는 일본군에게 히데요시의 명령을 전달했다.

여러 장수들은 우수에 잠긴 채 여러 가지 일들이 있었던―그리고 괴로웠던― 조선 땅에서 물러날 준비를 서둘렀다. 이것이 의기양양한 개선이었다면 모두들 얼마나 기뻐했을지.

11월 12일, 키요마사가 울산성을 출발했다. 유키나가는 15일에 순천을 떠났다. 이를 안 상대 장수가 수군으로 하여금 일본군을 습격케 했다. 유키나가는 사천에 있는 요시히로에게 구원을 청했다. 요시히로는 17일에 함선을 순천 앞바다로 나아가게 했으며 18일 새벽, 불시에 공격을 개시했다. 지용을 겸비한 명제독 이순신도 마침내는 이 전투에서 쓰러지고 말았다. 유키나가는 요시히로의 원조를 받아 당도에 상륙했다.

12월부터 각 부대의 후송이 시작되었다. 이렇게 해서 조선 침략은 허무하게 끝나버리고 말았다. 이야말로 용두사미!

(12) 일화

수많은 역사가들(혹은 에도 시대 이후의 유학자들)은 히데요시의 조선 침략을 무의미한 침략전이라 칭하며, 혹은 공리적인 견지에서, 혹은 인도적인 견지에서 비난하고 있다. 이는 어느 정도 일리가 있는 비평이다. 그러나 전적으로 비난하기만 해서는 안 된다는 비평(득과 실이 있었다는, 혹은 공과 과가 있었다는 비평)도 역시 적지 않다. 나도 거기에 동의하지만 여기서는 일일이 따질 여유가 없으니 그것은 독자 여러분의 판단에 맡기기로 하고, 약간의 참고가 될 만한 내용만 기술하기로 하겠다.

이 원정은 조선 및 명나라는 물론, 동아시아 각 국민과 당시 활발하게 동양을 향해 진출하고 있던 서구인들에게, '일본은 동양의 강국'이라는 인상을 강하게 심어주었다. 그 결과는 이후의 일본에 적잖은 공헌을 했다. 모모야마 시대 말기 및 에도 시대 초기의 남방에 대한 일본 무역 등은 특히 그러한 인상에 커다란 보호와 원조를 받았다. 또한 이 해외원정으로 일본문화 내지는 국민생활이 적지 않은 자극을 받은 것도 사실이었다. 특히 조선 땅으로 건너갔던 다이묘들이 혹은 포로로 사로잡아서, 혹은 새로운 백성으로서 데리고 온 장인들이 일본의 공예 내지는 산업에 미친 공적이 매우 크다는 점은 문명사가들이 특필하고 있는 부분이다.

히데요시의 원정은 명나라 멸망의 커다란 원인 가운데 하나가 되기도 했다. 명나라는 오랜 세월 왜구에 대비한 해상방어와 출병 때문에 상당한 비용을 지출하고 있었는데 마지막으로 이번 한일전쟁에 육해군을 대대적으로 동원하여 막대한 재력과 인력을 희생했기에 국력이 현저하게 피폐해지고 말았다. 만주에서 일어난 애친각라[愛親覺羅] 씨(청나라)를 막아내지 못했던 것도 그 때문이라고 해도 과언은 아니다.

비인도적인 출정이라 일컬어지는 조선 원정에 임해서 히데요시는 물자를 징발할 때는 대가를 지불할 것, 함부로 숙사의 무상제공을 명하지 말 것, 민중에게 행패를 부리거나 추방하지 말 것이라는 등의 명령을 내렸다. 당시 출정군에게는 추호도 군율을 어겨서는 안 된다는 엄숙한 분위기가 있었다고 전해진다. 코니시 유키나가가 승려 겐소(玄蘇)를 통해서 조선의 왕에게 보낸 서한에도, 〈일본은 명나라와 싸우려 하는 것이지 조선과 싸울 생각은 없다. 단지 길을 빌리려 하는 것일 뿐이다. 일본은 나라가 부유하고 백성은 풍요롭기에 땅을 빼앗거나 재물을 약탈할 필요는 조금도 없다. 조선 국내의 곳곳에 성곽을 쌓고 길을 닦는 것도 명나라의 복수전에 대비하여 승리하기 위한 것이다. 그러니 싸우려 드는 자는 용서 없이 칠 것이나 항복하는 자는 얼마든지 용서하겠다.>라고 적혀 있다. 또한 시시토 모토쓰구(宍戸 元次사령관 대리)가 경상도에서 군정을 펼쳤을 때의 포고에도,

　1. 전투에 참가하지 않는 적국의 민중을 보호할 것.

　2. 만약 일본군 가운데 이를 범하는 자가 있으면 바로 처벌할 것.

　3. 민중은 마음 놓고 업무에 힘쓸 것.

　4. 만약 일본군에게 적대행위를 하는 자가 있으면 즉각 잡아다 처형할 것.

　5. 호소할 일이 있으면 문서를 가지고 사령관을 찾아올 것.

이라고 되어 있다. 이 외에 지금까지도 전해지고 있는 원정군의 금제에는 모두 대체로 비슷한 내용들이 담겨 있다고 하는데, 그 가운데에는 난폭하게 행패를 부리는 자는 '참수'에 처하라고까지 규정한 것도 있다고 한다.

　이와 같은 인도적 정신은 적의 포로를 취급하는 태도에도 나타나 있다. 그 가운데 유명한 것은 카토 키요마사가 사로잡은 두 왕자인데, 그들은 일본 장졸들의 다정함에 감읍하여 훗날 돌아갈 때에 수행하던 자들과 함께 감사장을 일본에 보냈다. 키요마사에 대해서는 '자비로운 부처 같다.'라고 했으며 그 후에 키요마사의 송덕비를 만들어 일본으로 보냈다. (단, 이것은 수송 도중에 해협에 잠겼다고

전해진다. 하지만 그 문장의 초벌은 아직도 조선에 남아 있다고 한다.) 『쿠키 문서[九鬼文書]』와 『나베시마 문서[鍋島文書]』에도 두 왕자가 친절한 위무[慰撫]·급양[給養]에 감사의 뜻을 표했다는 내용이 실려 있다고 한다.

어느 날, 8·9세쯤 되는 아이가 달아나지 못하여 서책을 소중하게 끌어안은 채 우왕좌왕하고 있었다. 그 모습을 본 일본군 병사가 아이를 딱하게 여겨 서책과 함께 일본으로 보내서 사랑으로 길렀다고 『태합기』가 전하고 있다. 코니시 유키나가는 자신이 데리고 귀국한 한 소녀를 친딸처럼 키웠는데, 훗날 이에야스의 시녀가 되었다. 그녀가 바로 오오타 줄리(太田 ジュリー)라고, 후에 기독교도로서 오지인 이즈의 시치토(七島)로 유배를 가게 된 여성이다.

(13) 귀무덤

정유재란 때, 히데요시는 출정군에게 적의 수급을 보내는 대신에 코를 베어 보내라고 명령했다. 현대인의 감각으로는 이야말로 잔혹하기 짝이 없는 일이다. 그러나 핏물이 떨어지는 적의 머리를 대장에게 보여주는 것이 전장에서의 명예로 여겨졌던 당시의 무사들에게 있어서 그것은 조금도 이상할 것이 없는 일이었다.

케이초 2년(1597) 8월 13일부터 15일까지 남원에서 펼쳐진 격전에 대해서는 앞서 이야기했는데, 일본군은 16일부터 9월까지 겹겹이 쓰러져 있는 적의 시체에서 머리를 취했다. 그 숫자가 대략 5천 8백여라고 칭해졌는데, 그것이 히데요시에게 도착했을 때에는 5천 5백 2개였다. 이를 보았을 때는 히데요시조차도 슬픔에 잠겼다고 한다. 천군만마 사이를 달리며 탄환소리, 창검이 부딪치는 소리, 그리고 핏줄기를 뿜으며 쓰러지는 모습과 속속 바쳐지는 피비린내 나는 머리를 몇 십 번이고 몇 백 번이고 보고 들은 히데요시에게도 인간의 죽음은 역시 가슴 아파 견딜 수 없는 것이었다. 그것이 설령 적의 코라 할지라도 그 주인 역시, 혹은 조국을 위해서, 혹은 우방을 위해서 쓰러진 자들이었다. 히데요시는 그 코를 대불 앞에 정성껏 묻고 무덤을 만들게 했으며, 거기에 5층 탑을 세우고 9월 28일에 오산의 승려들을 불러다가 대대적으로 시아귀[施餓鬼]를 행했다. 이 무덤이 지금도 남아 있는 귀무덤[耳塚미미즈카]이다. 그러나 그것은 사실 코무덤이다.

코야산 오쿠노인(奧の院) 아시키리(足切) 지장 부근에 높이 약 7자(210m), 폭 2자 2치(66cm), 두께 7치(21cm)인 공양탑이 있다. 이는 사천의 새로 지은 요새에서 맹렬하게 공격해 들어온 명나라 군과 싸웠던 시마즈 요시히로와 타다쓰네(忠恒)가 공동으로 시주하여 쌓은 것으로, 비면에는 조선출정 중에 전사한 적과 아군을 공양하는 것이라고 새겨져 있다.

제7편 히데요시의 만년

1. 후시미 성

(1) 후시미무코지마 축성

대대적인 토목공사를 즐겨 일으켰던 히데요시는 나고야에 있을 무렵부터 은거지의 대대적인 건축을 생각하고 있었다. 그 장려한 주라쿠다이는 이미 히데쓰구에게 주었으니. 그를 위해서 쿄토로부터 공장[工匠]을 불러들여 착착 설계를 시작하고 있었다.

그러는 사이에 요도기미가 두 번째로 아들을 낳았기에 펄쩍 뛸 듯이 기뻐하며 돌아온 히데요시는 더할 나위 없이 들떠 있었다. 진작부터 자신의 아들은 얻을 수 없으리라 체념하여 관백의 자리까지 양자에게 물려준 지금, 58세의 나이에 옥동자 같은 아들을 얻으리라고는 꿈에도 생각지 못했던 일이었던 만큼 그가 기뻐한 것도 당연한 일이었다. 이제는 더 이상 나고야로 내려갈 필요도, 또 그럴 마음도 없었으며 단지 그 아들과 하루하루를 즐겁게 보내며 은거할 곳의 공사와, 새로이 지은 그 성에서 사랑하는 아들의 성장을 즐기는 것만이 당면한 최대의 관심사로 그의 마음을 점령했다.

이렇게 해서 태합은 서둘러 후시미(무코지마) 성 공사에 착수했다. 그 땅은 후시미의 남쪽, 우지가와(宇治川) 왼쪽 기슭에 있는 무코지마였다. 은거할 곳이라고는 하나, 동시에 군사상의 견지에서도 선정한 곳이었다. 그곳은 북쪽으로 우지가와가 흐르고 남쪽에는 오구라이케(巨椋池)가 있어서, 산자수명[山紫水明], 풍광이 매우 빼어나다. 그리고 양쪽 날개처럼 구릉지가 이어져 있으며, 동쪽에서 나 서쪽에서나 쿄토로 들어가려면 반드시 지나야 하는 길목의 중앙이었다.

준비가 시작되자 히데요시는 종종 그곳으로 나가서 지도를 했다. 분로쿠 3년(1594) 정월이 되자 사쿠마 마사자네(佐久間 政実)·타키가와 타다유키(瀧川 忠征)·사토 카타타다(佐藤 堅忠)·미즈노 카메스케(水野 亀助)·이시오 요헤에(石尾 与兵衛)·타케나카 사다에몬(竹中 貞右衛門) 등 6명을 공사의 담당관으로 임명하고 국내의 다이묘·쇼묘에게 부역을 부과했으며, 2월부터 마침내 공사에 착수했다. 처음 인부는 1만 섬당 24명의 비율로 다이묘에게서 징발했으나, 2월 이후에는 대대적인 증원을 행하여 인부와 공장의 총수가 25만 명에 이르렀으며 오로지 축성만을 서두르게 했다.

다이묘들 가운데 어떤 자는 성벽 쌓기를, 어떤 자는 해자 파기를 명령받아 밤낮없이 공사를 서둘렀다. 담당관들은 그러한 공사의 감독과 건축용재 선정 및 운반에 심혈을 기울였는데 마침내는, '저희에게는 이 대공사를 감당할 힘이 없습니다.'라고 죽는 소리를 했을 정도였다. 석재는 다이고·야마시나(山科)·히에이잔의 키라라자카(雲母坂) 부근에서 채굴했으며, 목재는 키소다니(木曾谷)와 토사의 깊은 산에서 채벌했다. 홍수 때문에 용재들을 생각처럼 운반할 수 없었기에 담당자들이 얼마나 마음고생을 했는지 모른다. 히데요시는 종종 공사의 진행상황을 살펴보았는데 빠르게 진척되는 공사에 기분이 좋아져 담당관들을 불러다 녹봉을 올려준 일도 있었다. 돌담이 2중, 3중으로 완성되었을 무렵, 벌써 여기저기에 건물들이 늘어서기 시작했다. 이렇게 해서 가을 무렵에는 대략적인 공사가 끝났다. 히데요시는 그곳으로 바로 거처를 옮겨 웅대하고 아름다운 우지가와 부근의 풍광을 즐기며 나날을 보냈다. 그리고 분로쿠 4년(1595) 3월에는 이 대공사가 완전히 마무리 지어졌다. 그 기간은 겨우 1년 1개월쯤.

(2) 케이초의 대지진

그런데 이듬해인 분로쿠 5년(케이초 원년) 윤7월 13일, 쿄토 부근에 커다란 지진이 있어서 새로 지은 성의 8층짜리 텐슈를 비롯하여 망루와 관사 모두 굉음을 울리며 무너져 500여 명의 사망자나 나오는 커다란 소동이 벌어졌다. 히데요시는 급히 건물 밖으로 달려나와 시녀들과 함께 정원에 있었기에 다행히 다치지도 않고 난을 넘겼다.

그때 정원 바깥에서, "코조스, 코조스."하고 깨진 종소리 같은 목소리로 다급히 부르는 사람이 있었다. 비구니인 코조스가, "오오."라고 대답하며 소리가 들려온 쪽을 돌아보았다. 목소리의 주인이,

"카토 키요마사가 여기에 있습니다. 격렬한 지진이니 쓰러져 밑에 깔린 자도 있으리라 생각하여 200명의 잡병에게 지렛대를 들려 구조하러 왔습니다."라고 말했다. 코조스를 비롯하여 그곳에 있던 사람들 모두 생각지도 못했던 키요마사의 등장에 조마조마한 마음으로 서로의 얼굴만 바라보았다. 그도 그럴 것이 그때 키요마사는 임진왜란과 관련된 일로 참언을 한 자가 있어서 근신 중이었으며,

자결하라는 명령을 기다리고 있던 몸이었기 때문이다. 그러나 키요마사는 이 커다란 재난에 주군의 몸이 걱정되어,

'다치시지는 않으셨을까? 불경한 자들이 이 혼란을 틈타 행여 불경한 짓이라도 하지는 않을까?'라는 생각이 들자 집에 가만히 들어앉아 있을 수 없었기에 금기를 깨고 성으로 들어온 것이었다.

원래 히데요시와 키요마사의 심정적 관계는 마치 부자 사이와도 같은 것이었다. 히데요시의 생모인 오오만도코로와 키요마사의 어머니는 사촌자매 사이였다. 히데요시가 아직 오우미 나가하마에서 5만 관(5천 섬)을 받고 있을 무렵, 키요마사는 어머니에게 이끌려 나가하마로 왔다. 숙부인 카토 카에몬이, "이 녀석 씩씩한 놈이니 어딘가에서는 도움이 될 겁니다. 부엌의 남은 음식이라도 좋으니 밥만은 먹여주시기 바랍니다."라고 청했기에 이후부터 오오만도코로와 키타노만도코로도 손자처럼, 아들처럼 기른 사람이었다. (그의 아버지인 단조에몬효에(弾正右衛門兵衛)는 나카무라에 살았었는데 키요마사가 3세 때 세상을 떠났으며, 할아버지인 키요노부(清信)는 사이토 도산의 휘하에 있었는데 이누야마에서 노부나가 쪽과의 교전 중에 전사하여, 의지할 곳 없는 몸이 되었다.) 처음에는 토라노스케라고 불렸으며 15세가 되던 해의 봄에 관례식을 치르고 170섬을 받게 되었다. 소년 시절에 나가하마 거리에서 행패를 부리던 자를 포박하여 히데요시에게 용감함과 담력을 인정받은 이후부터 히데요시를 따라 동으로 서로 정복전쟁에 나섰으며, 추고쿠 정벌과 야마자키 전투에서 공을 세웠고 시즈가타케 전투에서는 일곱 창의 으뜸으로 표창장을 받아 일약 3천 섬의 신분이 되었다. 히데요시는 키요마사가 완고하기는 하나 정직하다는 사실

을 잘 알고 있었다. 그 녀석은 난폭해서 어쩔 수가 없다고 말하면서도 그 담대함을 아꼈다. 이 부자지간과도 같은 두 사람은 전장에서는 말할 것도 없고, 평화로운 때에도 그림자가 형체를 따라다니듯 늘 함께 다니며 떨어질 일이 없을 것이라 여겨졌으나, 뜻밖에도 심기를 건드렸기에 이번과 같은 조치가 취해진 것이었다.

한편 키요마사는 히데요시가 무사하다는 사실을 알고 마음이 놓였다. 이후부터 코조스를 통해서 여러 가지로 해명을 했다. 히데요시도 문득 그의 어린 시절부터의 일을 떠올리고, 키요마사의 더없이 충성스러운 마음을 생각하여 눈에 눈물을 글썽거리며 그의 처지를 가엾이 여겼다.

키요마사는 어쨌든 중문을 지키라고 부하에게 명하여 불경한 자들의 침입에 대비했는데,

"누가 됐든 내게 알리기 전에 이곳을 지나게 해서는 안 된다."라고 말해두었다.

마침 이시다 미쓰나리가 성에 들어오려 했다. 미쓰나리는 키요마사가 가장 혐오하는 잔꾀에 능한 자였다. 마치 기다리고 있기라도 했다는 듯 키요마사의 가신이 미쓰나리를 가로막았다.

"나는 지부(治部)일세. 걱정하지 말고 지나게 하게."라며 미쓰나리는 안으로 들어가려 했다.

"뭐라고? 지부쇼유가 이제서야 찾아올 리가 없다. 이렇게 늦게 온 지부는 가짜일 것이다. 결코 지날 수 없다."

시뻘겋게 화가 난 미쓰나리가,

"천하의 지부를 모른단 말이냐. 이 지부를 모른단 말이냐! 문을 지키게 한 자가 대체 누구냐?"라고 흥분한 목소리로 따져 물었다.

"카토 카즈에노카미(主計頭)시다."

한편으로는 놀라고 한편으로는 분노한 미쓰나리가 갈팡질팡하고 있자니 지부를 지나게 하라는 히데요시의 명령이 내려왔기에 어쩔 수 없이 미쓰나리를 안으로 들였다. 그날 히데요시는 키요마사에게 한 마디도 건네지 않았으나 키타노만도코로가 일부러 시녀를 보내서 키요마사를 위로하고,

"노여움도 곧 풀리실 터이니 걱정 말고 기다리시게."라는 말을 건넸다.

키요마사는 머지않아 근신이 풀렸으며 예전처럼 다시 일을 할 수 있게 되었고, 정유재란 때에는 선봉에 서는 영광을 누렸다.

(3) 후시미 재축성

한편 무코지마 성이 붕괴되었기에 다시 새롭게 축성할 필요가 있었다. 무코지마 성이 무너진 것은 지반이 약하기 때문이라는 말이 있었기에 같은 달 22일에 히데요시는 맞은편 기슭에 있는 후시미야마(伏見山지금의 모모야마)를 둘러보고 그곳을 새로운 부지로 정했다. 새로운 축조라고는 하나 대부분 개축이었기에,

"12월 말일까지는 옮기고 싶으니 그리 알고 공사를 서둘러라."라고 명령했다. 다이묘·쇼묘·우마마와리[96]들까지 각자 조를 짜서 밤낮 가리지 않고 공사를 진행했다. 히데요시는 매일 현장으로 나가서 여러 가지로 지도를 했다. 그 모습은 은퇴한 부호가 건축을 즐기는 것과 다를 바 없이 보였다. 이번 건축은 '내진'을 무엇보다

---

96) 馬廻. 말을 탄 장수 곁에서 경호하던 기마무사.

중요하게 생각했기에, 예를 들어서 어전의 기둥 가운데 3개를 지하 5자(1.5m)까지 묻었으며, 2개를 주춧돌 위에 세웠다. 천장의 자재들도 곳곳을 꺾쇠로 고정했다.

다테 마사무네도 체류하고 있었기에 종종 공사를 둘러보았다. 어느 날, 히데요시가 마사무네에게 무늬에 공을 들인 의복을 주었다. 그에 대한 예로 마사무네는 오오사카로 다닐 때 쓸 판옥선을 헌상했다. 히데요시는 매우 기뻐하며 다시 미쓰타다(光忠)가 만든 칼을 마사무네에게 주었다. 그 이튿날도 마사무네는 하사받은 명도를 차고 공사현장으로 나갔다. 그런 그를 본 히데요시가 시동들에게 명령했다.

"어제 마사무네에게 저 칼을 도둑맞았다. 가서 찾아오너라."

시동들 네다섯 명이 무리지어 마사무네에게로 달려들었다. 놀란 마사무네는 다가오는 시동들을 흩어놓으며 반정(55m)쯤 달아났다. 그러자 히데요시가,

"저 녀석이 도둑이기는 하나, 용서하기로 할 테니 이리 오라고 해라."라고 이번에는 다른 시동에게 명령했다. 그 시동이 다시 마사무네를 데리러 갔다. 이런 식으로 히데요시는 장난을 쳐가며 후시미 성 공사의 진행을 즐겼다.

새로운 성의 소재지는 현재 모모야마의 능이 있는 부근으로 풍광은 옛날에도 지금처럼 매우 아름다웠다. 동쪽으로 야마시나가와(山科川)를 사이에 두고 코하타야마(木幡山)가 있고, 서쪽으로는 토바·후시미의 마을들이 드문드문 이어져 있고, 남쪽으로는 우지가와가 늪지들의 물을 모으며 동쪽에서 서쪽으로 흐르고 있으며 그 맑은 물줄기의 기슭에서는 새들이 귀여운 소리로 지저귀며

노닐고 있었다. 그 너머는 우지의 절경. 북쪽으로는 오오카메다니 (大亀谷)를 너머 오오이와야마(大岩山)에서부터 서쪽으로 무성한 풀이 자란 들판이 펼쳐져 있었다. 부근은 뵤도인(平等院)과 오우기노시바(扇の芝)·토우노시마(塔の島)·야마부키노세(山吹の瀬)·우지오치(宇治落)·카타우라(片浦)의 쿠라마쓰(蔵松)·마키(槇)의 코게쓰(鉤月)·후시미의 영산백 등의 가경으로 가득했으며, 서쪽으로 조금만 가면 오토코야마 하치만·야마자키·키쓰네가와(狐川)·요도·이모아라이(一口) 등이 있고, 물이 가득한 요도가와에 배를 띄워 내려가면 기슭의 조용한 풍취, 기슭에 늘어선 인가, 강을 오르내리는 배, 아침이면 안개 속에서 들려오는 노 젓는 소리, 저녁이면 붉은 석양에 도드라져 보이는 돛배 등 참으로 아름다운 풍광이었다.

그처럼 아름다운 자연 속에 히데요시는 인공미를 다한 건물을 세웠다. 그리고 산 아래의 강변에는 인공산을 쌓고 그 위에 멋진 나무들을 심어 그 그늘에 서면 나무들 사이로 장엄한 건축의 아름다움을 볼 수 있게 했다.

성은 혼마루·니노마루·산노마루가 층층이 펼쳐져 있었다. 혼마루 내곽의 동쪽, 가장 높은 곳에 8층짜리 텐슈카쿠가 있었으며 그것을 둘러싸고 구석 곳곳에 망루가 서 있었다. 그 건물들 내부의 곳곳을 금은으로 아로새겼다고 『일본 서교사』는 기록했다. 혼마루의 남쪽은 야마자토마루였으며, 텐슈카쿠의 북쪽으로는 마쓰노마루·야마오카마루(山岡丸) 등이 있었다. 마쓰노마루는 측실인 쿄고루 씨의 거처였다. 그 근처에 나가쓰카쿠루와(長束廓오오쿠라쿠루와)가 있었다. 그 서쪽이 정문이었는데 센조지키(千畳敷)·이시다마루

(石田丸지부쿠루와)·시모쓰케쿠루와(下野廓) 등이 있었고, 산노마루의 외곽으로 나서게 되어 있었다. 그리고 남쪽에는 조선 원정을 기념하는 나고야마루가 있었으며, 이어서 마스다쿠루와(增田廓). 맞은편 기슭의 무코지마는 나성으로 그 일부가 남아 있었다.

혼마루의 야마자토마루에 '학문소[學問所]'라는 이름의 다실이 있었다. 히데요시는 그곳으로 마음 맞는 신하들을 불러 스스로 차를 타서 손님에게 내주었고, 다도의 묘미와 여러 가지 이야기를 나누며 즐겼다.

훗날(1620) 이 성은 토쿠가와 막부에 의해서 해체되어 그 자재들은 쿄토의 각 절과 신사에 주어졌고, 요도 성 증수[增修]의 재료로 쓰였다. 니시무라 신지 씨는 자신의 『국민의 일본사 · 아즈치모모야마 시대』 속에서,

〈지금도 성 터에서는 종종 기와가 출토되는데 국화와 오동나무 문양에 금박을 입힌 것을 볼 수 있다. (기와의 문양이 7·80종이나 된다고 하니 그 설계가 얼마나 다양하고 다채로웠는지 알 수 있다.) 그것들과 곳곳에 남아 있는 글들과 현존하는 옛 그림들을 비교하여 살펴보면, 모모야마 성의 구조를 대충은 짐작해볼 수 있다. 당시에 이러한 것들이 하나가 되어 서 있던 모습은 말할 것도 없이 참으로 아름답고 참으로 장대했을 것이다. 이 성은 히데요시의 마지막 토목공사로 거기에는 난숙함이 있고 집성[集成]이 있어서 다른 아즈치모모야마 시대 초기의 것들과 비교해보면, 어딘가 차분하고 우아하고 새로운 가운데서도 시대를 대표하는 것 같은 전형적인 요소가 다수 존재했다. 요코하마(橫浜)의 산케이엔(三溪園) 안에 있던 '요도기미 화장실(淀君化粧の間)'은 소박하고 세련되면서

도 그 시대 예술 특유의 활달하고도 자유로운 기운이 넘쳐나서 재미있다. 오오사카 성과 모모야마 성은 처음과 끝과 같은 관계에 있는데, 전자가 그 대두를 대표한다면 후자는 그 달성을 대표하는 것이었다. 예를 들자면 이 모모야마 성은 별이 떨어지기 직전에 한층 더 밝게 빛나는 것처럼, 세상을 떠나기 직전의 히데요시의 호화로움과 영광을 이야기해주는 하나의 커다란 상징이었다.>라고 말했다.

이 땅을 모모야마(桃山)라고 부르는 것은 겐로쿠 시절(1688~1704)에 폐성의 터를 전부 갈아엎고 거기에 복숭아나무(桃樹)를 심어, 그곳이 복숭아꽃의 명소로 세상에 알려졌기 때문이다.

2. 환락 추구

(1) 요시노에서의 꽃놀이

분로쿠 3년(1594), 히데요시는 벌써 60세가 되었다. 오랜 세월에 걸친 노고와 방종한 생활이 그의 심신을 매우 지치게 했는지 나이보다 더 심하게 늙어 보였다. 그는 초조함을 느끼며 어떻게 해서든 장수하지 않으면 안 되겠다고 생각했다. 그러기 위해서는 심기일전하여 편안한 마음으로 살아갈 필요가 있었다.

봄이 와서 따뜻한 햇살이 꽃을 미소 짓게 하고 새를 지저귀게 하는 2월 25일, 그는 요시노(吉野)에서의 꽃놀이를 생각해냈다. 백발의 노인이 수염을 붙이고 눈썹을 그려, 참으로 화사하게 젊어진 듯했다. 관백 히데쓰구도 쿄토를 출발하여 토마(当麻)를 지나 나라로 들어가서 히데요시 일행과 합류했다. 27일에는 요시노야마에 올라 하나조노(花園)·사쿠라다(桜田)·누타야마(奴太山)·카쿠레야노마쓰(隠家の松)·센본자쿠라(千本桜) 부근을 거닐었다. 젊고 아름다운 여인을 사랑하기보다 다도를 즐기고 노(가면극)에 심취하고 시작에 더욱 흥미를 느끼게 된 히데요시는 이때도 시를 지었다. 끝없이 피어 있는 꽃길 아래를 지나며,

〈요시노야마 우듬지의 꽃 빛깔에, 눈 내린 듯 놀란 새벽〉이라고 읊었다. 관문의 숙소에 핀 꽃 아래에서는,

〈요시노야마 붙드는 자 없어도 오늘 밤은 꽃그늘에서 깃들리〉라고 읊었다.

히데쓰구·히데토시·이마데가와 하루스에·호소카와 유사이 등도 여기에 화답했다. 카네노토리이(金の華表)·니오몬(二王門)을

지나서 조오도(蔵王堂)로 나갔으며, 그날 밤에는 히데쓰구가 마련한 숙소에서 묵었다. 그리고 사쿠라다케(桜嶽)를 지나 고다이고(後醍醐) 천황(1288~1339)의 행궁이 있던 터를 찾아가서 회고의 정에 잠긴 뒤, 이마구마노(今熊野)·탓텐잔(達天山)·벤자이텐(弁財天) 등을 둘러보고 그날 밤에도 산속에서 묵었다. 밤에는 떠들썩한 향연. 평소의 우울함을 잊고 세상의 고뇌도 모른다는 듯 한가로운 놀이였다. 30일에는 일동이 5수씩의 시를 짓고 요시노야마를 떠났다.

(2) 코야 참배

그런 다음 히데요시는 코야로 향했다. 그것은 어머니 오오만도코로의 추선공양을 위해서였다. 히데쓰구는 오오타에서 히데요시와 헤어져 코오리야마를 거쳐 쿄토로 돌아갔다.

히데요시는 어머니가 위독하다는 소식을 접하고는 나고야에서 쿄토로 돌아갈 때 각 신사와 산사에 어머니의 연명을 기원케 했는데, 그때 코야산에는 탑을 봉납하겠다고 약속했었다. 어머니는 돌아가셨으나 히데요시는 그 추복[追福]을 위해서 코야산에 세이간지(青巌寺)를 건립했다. 코야의 모쿠지키 상인은 히데요시가 가장 신뢰하던 사람 가운데 한 명이기도 했고, 꼭 한 번은 코야로 올라가서 어머니의 추선을 하고 싶다고 예전부터 생각하고 있기도 했다. 이번의 코야 참배는 그것을 실현하는 것이 주요한 목적이었다. 3월 3일, 히데요시는 코야로 올라갔다. 그날 밤은 세이간지에서 묵고, 이튿날은 산 안의 승려들을 모아 대법회를 열었으며 뒤이어 시가 모임을 가진 뒤, 본당 안쪽에서 코보 대사가 입과 양손, 양쪽

발 등 5군데에 붓을 쥐고 썼다는 글을 보았다. 5일에는 노 공연을 개최하여 승려들에게 보시했다. 금당의 개축비로 1만 섬을 기진하기도 했다. 그런 다음 하산하여 텐야산(天野山) 콘고지(金剛寺)로 갔다가 사카이를 거쳐서 오오사카로 돌아갔다.

신작 요곡인 『요시노 꽃놀이』·『코야 참배』·『아케치 정토』·『시바타 정토』·『호조 공략』 등이 비서인 유키 호쿄에 의해서 지어진 것은 이 직후의 일이었다. 하나같이 히데요시가 자랑스러워하는 장면들을 극화한 것이다.

뒤이어 코와카 다유가 명령에 따라서 『미키 공략[三木攻]』·『혼노지 공략[本能寺攻]』 등을 새로 만들고 하치로가 안무를 했다.

그러나 히데요시에게는 그러한 것만으로는 도저히 풀리지 않는 마음속의 응어리가 있었다. 그는 어떻게 해서든 그것을 잊기 위해 다시 치기 어린 주연을 시작하곤 했다.

3. 히데쓰구 처단

　히데요시가 자꾸만 초조함에 시달리고 한없는 우울함에 사로잡힌 것은 자신의 사후에 대한 불안 때문이었다. 그는 세상에서 은퇴한 기분이 되어 후시미 성을 축조할 무렵부터 자신의 몸이 갑자기 늙어 지쳐가는 것을 남몰래 느끼기 시작했다. 분로쿠 2년 (1593) 가을 무렵부터 자꾸만 감기에 걸리기도 하고, 배가 아프기도 하고, 기침이 나기도 했다. 눈까지 흐릿해졌으며 왠지 기분이 개운치 않았다. 의원에게 진찰을 받아보기도 하고 아리마의 온천으로 가보기도 했으나 역시 효과는 없었다.

　'이제는 노쇠해서 죽음이 다가온 것이다.'라고 느끼지 않을 수 없었다. 이에 그는 아들 히로이기미의 앞날이 걱정되었다. 그 아들이 성장할 때까지 자신의 몸이 그럭저럭 건재하다면 특별히 걱정할 것도 없을 테지만, 아무래도 그렇게는 되지 않을 것 같다는 생각이 들었기에 편안히 지낼 수가 없었다. 가장 걱정이 되는 것은 후계자로 관백의 자리를 물려준 히데쓰구와 히로이기미의 앞으로의 관계였다.

　자신의 아들은 귀여운 법이다. 백옥보다도 진주보다도 몇 배나 더 강하게 집착하게 되는 법이다. 히데요시는 이제 와서 히데쓰구에게 후계자의 자리를 내준 것을 후회했다. 자신의 손으로 일군 공적과 천운에 의해서 얻은 부와 힘을 전부 히데쓰구에게 물려줘야 한다는 사실이 안타깝게 여겨졌다. 그것은 그의 성격이 치졸했기 때문이 아니었다. 그 무엇보다도 자신의 아들이 사랑스러웠기 때문이었다. 하지만 커다란 도량을 가진 그였기에 자신의 아들을 얻었다고 해서 일단 히데쓰구에게 주었던 것을 되찾아야겠다고는 생각지 않았다. 이에 히로이기미와 히데쓰구의 사이를 반발이 없도록, 반목하여 등을 돌리는 일이 없도록, 언제까지나 서로 원만하게 지낼 수 있도록 해야겠다고 생각했다. 그 방법으로 토요토미 씨의 전 소유권을 5등분 하여, 그 가운데 4를 히데쓰구에게 잇게 하고, 1을 히로이기미에게 주려 했다. 그러나 서로 반발할 가능성을 충분히 품고 있는 두 사람이 과연 그것으로 원만함을 유지할지, 그것은 여전히 불안한 일이었다. 이에 히데쓰구의 딸과 히로이기미를 결혼시켜 타협의 길을 꾀해볼까도 생각했다. 그처럼 호방하던 히데요시도 자기 아들을 위해서는 역시 망설이지 않을 수 없었다. 나이 들었다는 사실이 그 망설임을 더욱 크게 만들었다. 불안한 미래는 생각하면 생각할수록, 망설이면 망설일수록 더욱 불안해지는 성질을 가지고 있다. 히데요시는 더욱 커다란 근심에 잠겨서 마음고생이 한층 더 심해졌다. 근심과 심려는 심신에 가장 커다란 독이다. 그의 노쇠는 점점 더 눈에 띄게 급속도로 진행되었다.

히데요시는 크고 강한 욕망의 소유자였다. 또한 강한 아집의 소유자이기도 했다. 아집은 늙음과 함께 강한 집착으로 변해갔다. 그리고 히데요시의 아들에 대한 집착과 거기서 오는 초조함과 불쾌함은 자연스럽게 히데쓰구에게도 강렬하게 반영되었다. 예전의 방종하고 음탕했던 생활 때문에 심신이 상해서 심각한 신경쇠약에 시달리고 있던 히데쓰구의 신경질이 더욱 심해져 상식에서 벗어나는 행동이 속출했다. 그것이 예전부터 히데쓰구에게서 부족함을 느꼈던 히데요시를 더욱 불쾌하게 했다. 그 불쾌함이 자기 아들에 대한 사랑과 욕심 때문에 더욱 강해져서, '그런 놈은 죽이는 편이 낫다.'는 생각이 깃들기 시작했다.

히데쓰구는 상한 심신을 치유하기 위해서 멀리 아타미(熱海)의 온천에 가 있었다. 그러나 때는 이미 늦어서 심신을 치유하기에 앞서 운명이 틀어져버리고 말았다. 히데요시의 결심이 선 이상, 그것을 결행할 구실이나 기회를 찾는다는 것은 그리 어려운 일이 아니었다. 머지않아 히데쓰구는 반역자라는 이유로 코야에 유폐되었으며, 마침내는 자결을 명받았다. 그것은 분로쿠 4년(1595) 7월 13일의 일이었다.

8월 2일에는 그 일족도 전부 살해당했다. 아무런 죄도 없는 부인·세 자녀·30여 명의 첩들이 쿄토 안을 끌려다니다 산조가와라(三条河原)에서 참수당했으며, 목은 강변에 묻혔고 그 무덤은 축생총[畜生塚치쿠쇼즈카]이라 불리게 되었다. 그러한 모습을 보고 들은 쿄토의 사민들은, 혹은 동정의 눈물을 흘리고, 혹은 상식에서 벗어난 히데요시의 잔인함과 매정함을 저주했다. 이후부터 그들의 머릿속에서 도량이 크고 넓은 히데요시의 화려한 모습은 사라지고 무시무시하고 추한 노옹의 모습이 떠다니기 시작했다. 그것은 민심이 토요토미 씨를 떠나기 시작했다는 사실을 이야기해주는 일이었다. 실제로 도읍의 길목에는 토요토미 씨를 저주하는 글들이 나붙기도 했다.

한편 히데요시는 히데쓰구 등이 살던 주라쿠다이를 부정하다며 허물게 했다. (이렇게 해서 그토록 호화로웠던 건축은 다이토쿠지의 당문, 니시혼간지의 히운카쿠(飛雲閣) 등에 간신히 예전의 아름다운 모습을 남겼을 뿐이다.)

이러한 행동은 여러 다이묘들까지도 불안하게 만들었다. 특히 히데쓰구를 토요토미 가의 후계자로 생각하여 마음을 주었던 사람들은 남몰래 불만을 느꼈으며, 특히 커다란 불안을 느꼈다. 의구심과 뜬소문이 사람들을 자꾸만 당혹스럽게 만들었다. 그것이 다시 히데요시를 불안하게 만들었다. 이에 히데요시는 이시다 미쓰나리와 마스다 나가모리 등에게 명령하여 시마즈 요시히로·모리 테루모토 등에게 사정을 보코케 했다. 히로이기미를 위해서는 마에다 토시이에를 스승으로 삼아 후시미에 있는 히데쓰구의 저택에서 머물게 했다.

4. 다이고에서의 꽃놀이

히데쓰구에게 자결을 명령한 날로부터 며칠 뒤인 분로쿠 4년 (1595) 7월 17일부터 히데요시는 다시 병마에 휩싸였다. 이때는 근육에 이상이 있었다고 한다. 상당히 오랜 기간 시달렸으나 이듬해 인 분로쿠 5년(케이초 원년) 2월 14일에 완전히 나았기에 오오사카 에서 후시미 성으로 돌아갔다. 그해 여름에 강화를 위해서 명나라의 사신이 왔으며 가을에 역사적인 회견이 행해졌다.

이듬해의 정월부터 다시 조선으로의 출병이 행해졌다. 그해 10월, 그것은 조선에 있는 일본군에게 남쪽으로 물러나 둔전을 두고 지구전을 준비하라는 명령을 내렸을 때였다. 히데요시는 다시 병상에 눕게 되었다. 난젠지의 승려인 쇼다의 『일용집[日用集 니치요슈]』에 그 무렵의 상황이 간략하게나마 전해지고 있다. 27일, 그는 쿄고쿠 타카쓰구의 저택에서 향응을 받았다. 차를 너무 많이 마셔서 근육이 어떻게 되었다고 하는데, 아직 연회가 끝나기도 전에 발병하여 그대로 물러났다. 여러 의원들이 온갖 방법을 동원하 여 치료했으나 이튿날에도 여전히 식사조차 하지 못했다. 11월 1일이 되자 낯빛도 조금은 좋아졌으며 식사도 어느 정도는 할 수 있게 되었다. 그러나 12월이 되어서도 아직은 좋지 않았는지 8일에는 시의인 타케다(竹田)·로안(驢庵)·유조(祐乗)·모리카 타(盛方)·유안(祐庵) 5명이 태합의 병에 대한 당번을 게을리했다 는 이유로 벌을 받았다.

이듬해인 케이초 3년(1598) 정월, 히데요시는 마에다 겐이와 논의하여 기분전환을 위해 따뜻한 봄이 오면 다이고로 꽃놀이를 가기로 했다.

'나의 아들인 히데요리에게 장래 걸림돌이 될 히데쓰구는 이미 정리하여 가정적으로는 아무런 근심도 없고 제후들도 얌전하여 아무런 동요도 없으나, 히데요리는 어린아이로 아직 앞날이 멀었다. 그런데 나의 몸은 요즘 병이 들어서 아무래도 오래 살 수는 없을 것 같다.'며 히데요시는 남몰래 품고 있는 마음속 괴로움을 떨쳐낼 수가 없었다. 다이고에서의 꽃놀이도 '하다못해 유락[遊樂]으로 이 우울함을 털어내고 마음을 가볍게 하여 어떻게 해서든 언제까지고 건강하지 않으면 안 된다.'라는 마음의 한 표현이었다.

히데요시는 앞선 해의 3월 8일에도 이에야스 등과 함께 다이고로 꽃놀이를 나가 한껏 즐기다 왔었다. 이번에는 히데요리·키타노만도코로·요도기미 외에도 일가권속을 데리고 가서 놀이를 즐겨야겠다고 생각했다. 이에 히데요시는 코조스를 보내서 요도기미에게도 그 계획을 알리게 했다. 뛸 듯이 기뻐할 줄 알았으나 그녀는 딱 잘라 거절했다. 그러나 히데요시는 그녀가 종종 히스테리를 일으킨다는 사실을 알았기에 굳이 마음에도 두지 않고 아사노 나가마사·이시다 미쓰나리에게 명하여 꽃놀이 준비를 하게 했다.

2월 9일, 히데요시는 스스로 다이고의 산보인으로 사전답사를 가서 불당과 방에서부터 부엌까지 둘러보았으며, 연못을 칭찬하기도 하고 당탑과 전우의 수선을 담당관에게 명하기도 했다. 앞선 해에도 꽃놀이를 와서 1천 5백 섬을 기진하여 수리케 했는데, 얼마 지나지 않아서 코야의 모쿠지키 상인이 말을 타고 쿄토로 오기도 하고, 마에다 토쿠젠인·마스다 나가모리·나가쓰카 마사이에 등이 주지스님에게로 선물을 가지고 가기도 했다.

16일에도 히데요시는 다시 다이고로 가서 이번에는 장대한 침전을 지으라는 둥, 담을 쌓으라는 둥, 금당을 재흥하라는 둥 더욱 일을 크게 만들었으며 절에 얼마간 땅을 기진했다. 히데요시는 20일에도 그곳을 찾았다. 여기에다 연못을 만들어라, 연못 가운데 섬에 노송나무껍질로 지붕을 인 호마당[護摩堂]을 세워야 한다, 거기에 다리를 놓아라, 폭포를 2개 만들어라는 등의 지도를 하고, 주라쿠다이 터에서 명석[名石]을 옮겨오게 하기도 하고, 침전의 용재를 얼른 마련하라고 재촉하기도 했다. 토목은 점점 더 장대한 것이 되어갔다. 22일과 다음 달인 3월 3일, 11일 등 몇 번이고 히데요시는 현장으로 나가서 상황을 둘러보기도 하고 지도를 하기도 했다. 꽃놀이 정도에도 히데요시는 열심이었다. 이는 단지 은퇴한 자의 즐거움이었기 때문이 아니라 히데요시는 무슨 일에나 그렇게 임했다. 13일에는 오후부터 비, 그러나 15일에는 맑을 것이라 했기에 그날을 꽃놀이 당일로 정했다. 14일은 흐림, 히데요시는 또 다이고를 찾았다. 모든 준비가 전부 갖추어졌다.

마침내 3월 15일, 우선 여성들의 행렬은 가장 앞에 키타노만도코로, 가마 곁을 지키는 자는 코이데 하리마·타나카 효부(田中 兵部). 두 번째가 니시노마루(요도기미), 그를 따르는 자는 키노시타 스오(木下 周防)·이시카와 카몬노스케(石河 掃部助). 세 번째로는 마쓰노마루(시첩인 쿄고쿠 씨), 토치기 카와치(지)노카미(栃木 河内守)·이시다 타쿠미노카미(石田 木工守)가 이를 수행했다. 네 번째는 산노마루(시첩인 가모우 씨), 따르는 자는 오오타 규이치·히라쓰카 이나바(지)노카미(平塚 因幡守). 뒤이어 다섯 번째가 오캬쿠닌(토시이에의 딸, 히데요시의 첩), 카타기리 이치노카미(片桐 市正)·카와하라 초에몬(河原 長右

衛門)이 따랐다. 여섯 번째로는 다이나곤도노온우치(大納言殿御內토시이에의 하녀)를 요시다 마타자에몬(吉田 又左衛門)이 따랐다. 일가권속이 모두 모여 놀이에 나섰다.

태합 히데요시가 가장 먼저 산보인에 들어가 자리를 잡았고, 다른 가마들도 뒤이어 도착했다. 우선 산보인에서 모두가 식사를 한 다음 화사한 옷차림으로 천천히 걸어서 꽃놀이가 시작되었다. 길가에는 기존의 벚나무에 이번 꽃놀이를 위해서 새로 심은 벚나무들도 있었다.

곧 마스다 쇼쇼(益田 少将)가 세운 다실에 도착했다. 그곳에서 차를 마시고 다시 산에 오르니 한창 절정을 이룬 꽃이 흐드러지게 피어 있었다. 이번 꽃놀이를 맞아서 일본 전국의 유산계급이 히데요시의 눈에 들기 위해 경쟁적으로 온갖 진귀한 물건을 헌상했다.

두 번째 다실은 신쇼 도사이(新庄 道斎)가 지은 것. 소나무와 삼나무와 모밀잣밤나무 세 그루가 심겨져 있고 옆의 바위로 둘러싸인 연못에는 잉어와 붕어를 풀어놓았으며 그 외에도 여러 가지로 이채로운 모습. 여기서도 차를 한 잔 마셨다.

세 번째 다실은 매우 풍류가 넘치는 모습이었는데, 거기서도 차를 한 잔.

네 번째 다실까지는 장장 15정(1.6㎞). 게다가 험한 오르막을 여인들이 걸어서 올라야 했기에 매우 지쳤다. 거기에는 임시 어전이 세워져 있었는데 금은으로 장식되어 있었으며, 아름다운 방이 여럿 마련되어 있었다.

다섯 번째는 토쿠젠인 승정[僧正]이 준비한 다실. 태합의 어전은 말할 것도 없고, 여인들의 방에는 하녀들이 들어갈 공간까지 마련되어 있었다.

여섯 번째는 나가쓰카 오오쿠라타이후가 준비한 곳. 여기에 마스다 우에몬노조(增田 右衛門尉)가 있어서 진기한 음식으로 장만한 밥상을 올렸다. 사람들은 여기서 다시 옷을 갈아입었다. 오오타 규이치는 자신의 글에서 일본을 통일하고 해외원정까지 나선 당시의 히데요시를 크게 칭찬했으나, 사실은 그 이틀 전에 조선에서 명나라 군이 내려온다는 소식을 듣고 두려움을 느낀 유키나가 등이 순천에 물러나야 할지 말아야 할지 히데요시에게 물어온 것에 대해서, '결코 물러나서는 안 된다.'는 답을 주고 난 직후였다. 백성들도 전란이 멎어 천하가 태평해진 것을 기뻐하면서도 태합이 아낌없이 써대는 돈을 벌기 위해서 비지땀을 흘리지 않으면 안 되었다.

이후로도 일곱 번째, 여덟 번째 다실이 이어졌으며, 온갖 사치와 아름다움과 정취를 다한 곳들을 지나 정성껏 마련된 숙소에서 하룻밤을 보냈다.

그러나 히데요시는 그해 가을의 단풍은 끝내 보지 못했다. 뿐만 아니라 이듬해 봄에는 주상의 행행을 청하겠다는 히데요시의 계획 따위는 실현할 길이 없는 꿈이 되어버리고 말았다. 단, 그는 다음 달인 4월 13일에도 산보인으로 가서 하루의 행락을 즐겼다.

5. 비참한 임종

옛 문인은, '영웅의 말로는 비참하다.'고 말했다. 하지만 모든 영웅의 말로가 비참했던 것은 아니다. 그것은 그들이 즐겨 말했던 '미인박명'이 반드시 옳은 것만은 아니었던 것과 같은 이치다. 그러나 히데요시의 말로는 비참한 것이었다. 예로부터 오늘에 이르기까지의 수많은 영웅들 가운데서, 그 생애는 더 없이 화려했으나 그 임종은 참으로 가슴 아팠다는 점에서 타이라노 키요모리[97]와 토요토미 히데요시는 쌍벽을 이룬다. 전자는 겐지의 봉기에 분노하여 죽음 직전까지 강렬한 아집에 조바심을 쳤으며, 후자는 자기 아들의 장래를 걱정하여 참으로 가슴 아플 정도의 집착에 괴로워했다.

다이고에서의 꽃놀이 이후, 히데요시는 4월 15일에 후시미에서 쿄토로 들어가 이에야스와 함께 바둑·장기 등을 즐겼다. 같은 달 18일에는 히데요리를 데리고 입궁하였다. 그런데 5월 단오가 끝나갈 무렵, 다시 발병했다. 곧 의원인 안요인(安養院)이 맥을 짚어보고 약을 썼으나 효과가 없었기에 8일에 아리마의 온천으로 가서 치유하기로 했다. 그러나 병이 중했기에 갈 수가 없었다. 타케다 호인(竹田 法印)이 약을 써보았으나 역시 효과가 없었다. 5월 하순부터 병세가 점차 악화되었다. 병증[病症]은 허손[虛損]이라는 진단이 내려졌다. 허손이란 신체쇠약을 의미한다. 병이

---

97) 平 淸盛(1118~1181). 무사계급이 신흥계급으로 떠오르던 시절에 대항세력이었던 미나모토 씨를 제압하고 일본의 정권을 쥐었다. 막부 이전의 무가정권을 수립. 그는 환영과 원인을 알 수 없는 열병에 시달리다 세상을 떠났다. 타이라노 키요모리에 관한 이야기는 『다이라노 기요모리』(현인, 2023.10.)를 참고하시기 바란다.

중하면 쇠약해지는 것은 당연한 일이다.

6월에 들어서부터 나날이 야위었으며 식욕이 떨어지고 배가 심하게 아팠다. 그러나 6월 16일은 '카쇼노이와이98)'라는 행사가 있는 날이었기에 의식이 행해졌으며, 제후들이 참가했다. 타이코는 요 위에 방석을 깔고 6세가 된 히데요리와 나란히 앉아서 사람들의 인사를 받았다. 그때 히데요시는 추로와 고부교에게,

"이 아이가 15세가 되면 일본의 정치를 물려줄 생각이네. 히데요리가 천하를 통할하며 이 가례[嘉禮]를 행하는 모습을 곁에서 볼 수 있다면 얼마나 즐거울지. 그것이 나의 소망이네만, 아무래도 목숨이 얼마 남지 않은 듯하니 그 소망은 도저히 이룰 수 있을 것 같지가 않네. 안타까운 일일세."라고 말하며 눈물을 줄줄 흘렸다.

'그 호기롭던 태합께서 눈물을 흘리시다니.'라는 생각에 자리에 있던 다이묘들 역시 자신도 모르게 눈물을 글썽이며 그 앞에서 물러났다. 그 모습을 본 사람들은,

'아무래도 분위기가 심상치 않아. 태합께서 돌아가신 것일까?'라고 생각했으며, 곧 소문이 돌기 시작했다. 이것이 죽을병인 듯하다는 사실은 히데요시 자신도, 제후들도 어느 정도 짐작하고 있었다.

공을 이루고 이름을 떨친 지금, 히데요시에게 스스로의 목숨은 그리 아까울 것도 없었다. 그러나 어린 아들을 다난한 세상에 홀로남겨놓고 죽어야 한다는 생각이 들면 견딜 수가 없었다.

'어린 아들을 위해서 살아남아야 한다.'는 집념과, '나는 곧

---

98) 嘉祥の祝. 위로는 다이묘에서부터 아래로는 말단의 벼슬아치까지 성으로 들어오면, 그들에게 과자를 하사하던 의식.

죽을 것이다.'라는 자각이 커다란 근심이 되고 공포가 되어 병든 몸을 더욱 괴롭혔다.

겉으로는 평온한 듯하지만 그 바닥에서는 불온한 소용돌이가 맴돌고 있는 것이 이 세상이라는 사실을 히데요시는 아주 잘 알고 있었다. 단, 자신이 존재하기에 다스려지고 있는 것이라는 사실도 충분히 알고 있었다. 자신이 목숨을 잃고 나면 세상에서는 곧 커다란 소요가 일어나리라, 그리고 그 후 급작스럽게 대두할 자는 이에야스. 그에게는 범하기 어려운 위엄과 무게감이 있어서 히데요시조차 인정하지 않을 수 없는 존재였다. 겉모습은 더없이 온유했으나 속으로는 굳은 의지와 힘을 숨기고 있어서 무슨 생각을 품고 있는지 헤아릴 수가 없었다. 한번은 우키타 히데이에의 집에서 노 공연이 있었는데 그날 히데요시가 정원으로 나가려 하자 이에야스가 무심한 듯 히데요시를 위해서 신을 바로 놓아준 일이 있었다. 히데요시는 이에야스의 어깨를 툭 치며,

"토쿠가와 나리께서 신을 바로 놓아주시다니, 황공하군."이라고 말했다.

'그 사람, 내가 살아 있는 동안에는 몸을 사리느라 아무 짓도 하지 않을 테지만, 죽고 나면 어떻게 나올지 알 수 없어.'라는 생각이 들면 히데요시는 머리를 쥐어뜯고 싶을 정도의 오뇌에 사로잡히지 않을 수 없었다.

히데요시에게는 믿을 만한 친척이 없었다. 동생인 히데나가는 이미 세상을 떠났으며, 그의 양자인 히데야스도 이미 숨을 거두었다. 히데쓰구는 앞서 자결케 했다. 친족관계에 있는 아사노 나가마사는 강직하고 믿을 만한 사람이었으나 그의 인물과 관록으로는

도저히 제후들을 리드해나갈 수 없을 터였다. 게다가 히데요시는 벼락출세를 한 자였기에 그를 대대로 섬겨온 신하도 없었다. 이시다 미쓰나리·카타기리 카쓰모토·카토 키요마사·후쿠시마 마사노리 등은 하나같이 그의 고굉지신으로 믿을 만한 가신들이었으며, 혹은 재간을 가지고 있고, 혹은 치밀한 사려를 가지고 있고, 혹은 절조와 용기를 가지고 있어서 한 무리의 대장이 되기에는 충분한 인재였으나, 어떤 자는 힘이 부족하고, 어떤 자는 그릇이 작고, 또 어떤 자는 용감하나 무모한 성격이어서 만인 위에 설 가망은 없었다. 게다가 그들은 미쓰나리·유키나가 등을 중심으로 하는 진보적인 문치파와 키요마사·마사노리를 중심으로 하는 보수적인 무단파로 갈리어 걸핏하면 대립해서 마치 견원지간을 떠올리게 하는 사이가 되어 있었다. 히데요시 사후에 그들이 대동단결하여 토요토미의 사직을 지킨다는 것은 도저히 상상할 수도 없는 일이었다. 히데요시 사후에 예상되는 정세는 대략 이처럼 절망적인 것들뿐이었으나, 그러한 절망적인 정세 속에서도 히데요시는 어떻게 해서든 한 줄기 희망을 이어나가지 않으면 안 되었다. 그것은 물에 빠진 자가 지푸라기라도 잡고 싶어 하는 심정과 같은 것이었다.

7월 15일, 히데요시는 제후를 토시이에의 집으로 집합시켜 서약서를 쓰게 했다. 그것은 아직도 여러 집안에 남아 있는데 일례로 모리 집안에 남아 있는 것을 소개하겠다.

<경백[敬白] 서약문 내용

1. 히데요리 공에 대한 봉공은 태합에 대한 봉공과 마찬가지로 소홀함이 없도록 할 것.

덧붙임, 표리·별심 추호도 있어서는 안 된다.

1. 규율과 법률은 지금까지와 같이 배반하는 일이 없도록 할 것.

1. 동료에 대해서는 사사로운 원한을 품지 말 것.

1. 동료끼리 무리를 짓지 말고, 공적인 일로 소송·다툼·언쟁이 있을 때에는 부자·형제·지기라 할지라도 편들지 말고 법도에 따르겠다고 각오할 것.

1. 제멋대로 쿠니로 돌아가지 말 것.

위의 각 조항을 어길 시는 이 서약문에 따라서 중한 벌을 받게 되리라.

케이초 3년 7월 15일 하시바 아키추나곤 테루모토

나이다이진(이에야스) 나리

다이나곤(토시이에) 나리

그 이튿날, 후시미가 어딘가 어수선했으며, 히데요시가 죽었다는 둥, 전쟁이 시작될 것이라는 둥 유언비어가 난무해서 사람들의 마음을 놀라게 했다. 그러나 그것은 그 무렵 후시미에서 열린 씨름대회장에 묶어두었던 말 2마리가 풀린 것이 원인이 되어 소란스럽게 싸움이 벌어진 일이 뜻밖의 방면으로 발전하여 일어난 일이었다. 그 정도로 어떤 요인이 있으면 곧 엄중한 일이 벌어질지 모를 사회정세에 이르러 있었다.

히데요시는 마침내 다시 일어설 수 없다는 사실을 깨달았다. 7월 27일에 백은 1천 개를 조정에 헌상했으며, 친왕·후궁 및 공경에 이르기까지 수많은 사람들에게 여러 가지 선물을 보냈다. 각 장수에게도(원정 중인 사람들에게도) 금은·도검 등을 하사했다. 이는 그가 생전에 보내는 마지막 유품이었다.

8월 5일, 히데요시는 이번에도 이에야스·토시이에·테루모토·히데이에 및 고부교에게 앞서처럼 서약서를 교환하게 했다.

그날 히데요시는 이에야스 이하 고타이로에게 자필로 서장을 써주었다. 그것은 평소 천하를 집어삼킬 듯하던 예전의 편지와는 전혀 다른 것이었다.

7일에는 고부교 등에게 인척관계를 맺게 했다. 히데요시는 자신의 사후에 벌어질 각 장수들의 알력이 눈에 보이는 듯했기에 어떻게 해서든 그것을 막아 서로가 협력하여 히데요리를 받들게 하고 싶다는 생각뿐이었던 것이다.

이튿날인 8일에는 토쿠가와 히데타다·우키타 히데이에·호소카와 타다오키 등이 히데요리 공을 잘 받들겠다는 내용 이하 10개 조항에 대한 서약서를 제출했다. 그리고 이에야스와 토시이에도 그날 거듭 서약서를 제출했다. 그 첫 번째 조항은, 〈오늘 직접 말씀하신 내용 조금도 잊지 않고 히데요리 공에 대해서 봉공하겠다.〉는 것이었다.

이처럼 집요하다 싶을 정도로 서약서와 혈판을 거듭 요구한 것도 오로지 히데요리의 앞날에 대한 안전을 보장하기 위해서였다. 지킬 마음이 없다면 휴지조각이나 다를 바 없는 서약서이기는 했으나 그래도 얼마간 마음이 차분해진 것이리라. 히데요시는 세세한 유언을 남겼다.

그 내용은 참으로 면밀한 것이었다. 그 내용을 가만히 읽어보면 히데요시의 심중, 유탁[遺託]의 내용, 당시 제후와 관리들의 토요토미 씨에 대한 관계를 추측해볼 수 있으며, 또 이후 사람들이 행한 바를 아울러 생각해보면 참으로 흥미진진한 것이다. 『일본외사』가 전하는 임종 당시의 유탁이나, 그것을 바탕으로 토쿠가와 시대의 여러 책에서 이야기하고 있는 바와는 그 분위기가 사뭇 다르다.

한편 8월 10일이 되었다. 히데요시의 정신에 이미 이상이 생긴 듯했다. 타이로 4명의 이름으로 3개 조항의 명령서가 내려졌다. 내용을 살펴보면 히데요시는 이미 제정신이 아닌 듯했다.

13일에는 카타기리 카쓰모토 이하 히데요리를 섬기는 자들이 고부교에게 서약서를 제출했다. 16일에는 네 타이로를 머리맡으로 불러서 다시 한 번 히데요리의 장래를 부탁했다. 17일에는 이전 해부터 대불전으로 옮겨왔던 시나노 젠코지(善光寺)의 본존여래를 갑자기 시나노로 돌려보내기로 했다. 그보다 앞선 케이초 원년(1596)의 대지진 때 히가시야마의 대불전이 붕괴되고 본존이 손상되었기에, 예전에 타케다 신겐이 맞아들인 이후 그대로 코슈에 남아 있던 젠코지의 본존을 대불전으로 옮겨와 안치했었다. 그런데 히데요시가 병에 걸려 점점 더 위독해지자 젠코지의 저주라고 말하는 자가 나타났다. 이에 그럴 리는 없었지만 어쨌든 돌려보내는 것이 좋겠다고 결정된 것이었다.

17일 밤도 깊어서 축시(18일 오전 2시), 일세의 영웅 히데요시는 63세를 일기로 마침내 숨을 거두었다. 그러나 유언에 따라서 근시들은 죽음을 굳게 숨겼으며, 유해는 마에다 토쿠젠인과 코야의 모쿠지키 상인이 직접 짊어지고 밤새 은밀히 히가시야마로 가서 아미다가미네에 묻었다. 사실은 그 날짜도 전해지지 않기에 죽음 직후라고도 하고, 혹은 8월 29일 밤이라고도 한다. 기엔 주고(義捐 准后)의 일기에는 이듬해 4월 12일이었다고 기록되어 있다. 이는 어쩌면 그날 비로소 정식 장례식이 행해진 것일지도 모르겠다. 모쿠지키 상인 등은 대불 수축이라는 명목으로 분묘와 사당을 지었다.

그런데 최근에 호화로움을 자랑하는 태합의 장례식 순서지가, 무쓰노쿠니로 내려가 머물던 한 가신의 집안에서 계보와 함께 발견되었다.

　히데요시 임종의 순간은 이에야스·토시이에조차 알지 못했다. 그런 줄도 모르고 이에야스는 성으로 들어가기 위해 길을 나섰다가 미쓰나리가 은밀히 알려주었기에 도중에 발걸음을 되돌렸다. 토시이에도 미쓰나리의 통보로 비로소 알게 되었으나 세상의 눈을 의식한 듯 성으로 들어가 아사노 나가마사에게,

　"용태는 어떠신가?"라고 물었다. 나가마사도,

　"오늘 아침에도 죽을 드셨습니다."라고 대답했다고 한다. 그랬기에 다른 자들은 누구도 그 사실을 알지 못했다. 그러나 날이 지남에 따라서, 숨기기보다 드러나는 것이 더 빠르다는 세상의 말처럼 언제부턴가 사람들은 히데요시의 죽음을 알게 모르게 감지하고 있었다. 그러나 그 누구도 히데요시의 죽음을 공공연히 말하는 자가 없었다. 같은 해 12월 18일 기엔 주고의 일기에, 그날 이에야스를 비롯하여 여러 다이묘가 대불을 참배(사실은 히데요시의 무덤에 성묘)했기에 〈오늘이 태합 댁의 기일일까?〉라고 추측했으나 아직 공표가 없었기에 잘 모르겠다는 내용이 적혀 있다. 근신들이 상투를 자른 것도 출정군이 돌아오고 난 뒤였다. 이듬해인 케이초 4년(1599) 3월 5일, 비로소 히데요시의 상이 발표되었으며, 조정에 아미다가미네에 신사를 세우겠다는 뜻을 상주했다. 4월 18일에 조정으로부터 호코쿠다이묘진(豊国大明神)이라는 신호[神號]가 내려져, 히데요시는 신으로서 영원히 모셔지게 되었다.

일본의 옛 행정구역명

토산도
40.오우미/고슈
45.미노/노슈
50.히다//히슈
57.시나노/신슈
63.시모쓰케/야슈
64.코즈케/조슈
67.데와/우슈
68.무쓰/오슈

호쿠리쿠도
39.와카사/자쿠슈
46.에치젠/엣슈
47.카가/카슈
48.노토/노슈
49.엣추/엣슈
65.에치고/엣슈
66.사도/사슈

산인도
19.이와미/세키슈
21.이즈모/운슈
25.호우키/하쿠슈
28.타지마/탄슈
29.이나바/인슈
30.오키/온슈
31.탄고/탄슈
32.탄바/탄슈

산요도
16.스오/보슈
17.나가토/조슈
18.아키/게이슈
20.빈고/비슈
22.빗추/비슈
23.비젠/비슈
24.미마사카/사쿠슈
27.하리마/반슈

키나이
33.셋쓰/셋슈
34.이즈미/센슈
35.카와치/카슈
37.야마토/와슈
38.야마시로/조슈

난카이도
12.이요/요슈
13.토사/도슈
14.아와/아슈
15.사누키/산슈
26.아와지/탄슈
36.키이/키슈

사이카이도
1.오오스미/구슈
2.사쓰마/삿슈
3.휴가/닛슈
4.부젠/호슈
5.분고/호슈
6.치쿠젠/치쿠슈
7.치쿠고/치쿠슈
8.히젠/히슈
9.히고/히슈
10.이키/잇슈
11.쓰시마/타이슈

토카이도
41.이가/이슈
42.이세/세이슈
43.시마/시슈
44.오와리/비슈
51.미카와/산슈
52.토오토우미/엔
53.스루가/슨슈
54.이즈/즈슈
55.사가미/소슈
56.카이/코슈
58.무사시/부슈
59.아와/보슈
60.카즈사/소슈
61.시모우사/소슈
62.히타치/조슈

혼노지의 변(1582) 이후의 세력도

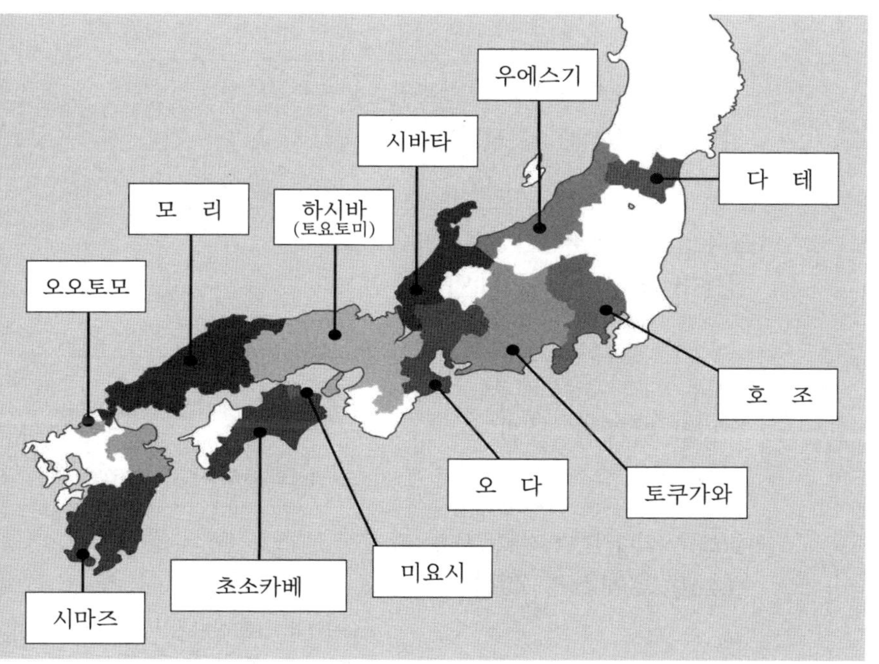

약 700년 동안 일본을 지배했던 사무라이, 칼의 역사
사무라이 이야기(상, 하)

—문고간행회 편집부 엮음 각 권 15,000원

일본 최초의 무가정권을 수립한 기념비적 인물
(전기) 다이라노 기요묘리

—가사마쓰 아키오 지음 16,800원

일본 특유의 정치형태인 막부를 세운 최초의 인물
(전기) 미나모토노 요리토모

—하야시 이사무 지음 17,000원

시대의 기린아 오다 노부나가 전기의 최고봉
신장공기(오다 노부나가)

—오타 규이치 지음 18,000원

혼돈의 전국시대를 평정한 진정한 영웅
(전기) 도쿠가와 이에야스

—나카무라 도키조 지음 14,000원

전국시대 최고의 무장으로 꼽히는 다케다 신겐의 일대기
(소설) 다케다 신겐

—와시오 우코 지음 13,400원

치열했던 가와나카지마 전투, 그 중심에 섰던 우에스기 겐신의 인간상
(소설) 우에스기 겐신

—요시카와 에이지 지음 13,400원

일본 역사상 최대의 미스터리인 혼노지의 변을 소재로 한 소설
(소설) 아케치 미쓰히데

—와시오 우코 지음 13,000원

당대 최고의 지적 유희가 낳은 기서, 미시마 유키오가 극찬한 작품

가축인 야푸

—누마 쇼조 18,000원

일본을 대표하는 두 거장(소설+만화)의 만남

(삽화와 함께 읽는) 도 련 님

—나쓰메 소세키 지음 / 곤도 고이치로 그림 11,200원

한 편의 시처럼 펼쳐놓은 '비인정'의 세계

풀 베 개

—나쓰메 소세키 지음 11,800원

인간의 심리를 날카롭게 파헤친 성장소설

갱 부

—나쓰메 소세키 지음 12,600원

일본의 국민작가 나쓰메 소세키의 주옥같은 단편

(개정증보판) 나쓰메 소세키 단편소설 전집

—나쓰메 소세키 지음 15,000원

인간 나쓰메 소세키의 정신세계를 엿볼 수 있는 한 권의 책

나쓰메 소세키 수상집

—나쓰메 소세키 지음 13,000원

현존 최고의 탐정, 셜록 홈즈를 낳은 작가

아서 코난 도일 자서전

—아서 코난 도일 지음 14,000원

독재는 어떻게 태어나는가? 파시즘의 창시자

(개정증보판) 무솔리니 나의 자서전

—베니토 무솔리니 지음 17,000원

옮긴이 **박현석**

　나쓰메 소세키, 다자이 오사무, 와시오 우코, 나카니시 이노스케, 후세 다쓰지, 야마모토 슈고로, 에도가와 란포, 쓰보이 사카에 등의 대표작과 문제작을 꾸준히 번역해 소개하고 있다. 국내 최초로 번역한 작품도 상당수 있으며 앞으로도 국내에 잘 알려지지 않은 작가·작품을 소개하여 획일화된 출판시장에 다양성을 부여할 계획이다.

　또한 일본 역사에 관한 책도 '인물과 사건으로 읽는 일본, 칼의 역사' 시리즈로 구성하여 우리에게 아직은 낯선 일본의 역사도 함께 소개하고 있다. 이 시리즈를 통해서 일본인들의 저변에 흐르는 사상을 조금이나마 엿볼 수 있으리라 여겨진다. 시리즈로는 지금까지 『사무라이 이야기』(상·하), 『다이라노 기요모리』, 『미나모토노 요리토모』, 『신장공기(오다 노부나가)』, 『도쿠가와 이에야스』를 출간했다.

도요토미 히데요시

1판 1쇄 인쇄 2026년 4월 20일
1판 1쇄 발행 2026년 4월 28일

지은이 다케다 간지
옮긴이 박현석
펴낸이 박현석
펴낸곳 玄 人(현인)

등　록 제 2010-12호
주　소 서울시 도봉구 덕릉로 62길 13, 103-608호
전　화 010-2012-3751
팩　스 0505-977-3750
이메일 gensang@naver.com

ISBN 979-11-90156-59-2